权威·前沿·原创

皮书系列为
“十二五”“十三五”国家重点图书出版规划项目

金蜜蜂中国企业社会责任报告研究（2018）

GOLDENBEE RESEARCH ON CORPORATE SOCIAL RESPONSIBILITY REPORTING IN CHINA (2018)

主　编／殷格非　于志宏　管竹笋
副主编／代奕波　林　波　贾　丽

社会科学文献出版社
SOCIAL SCIENCES ACADEMIC PRESS (CHINA)

图书在版编目(CIP)数据

金蜜蜂中国企业社会责任报告研究. 2018 / 殷格非，于志宏，管竹笋主编. -- 北京：社会科学文献出版社，2018.12

（金蜜蜂企业社会责任蓝皮书）

ISBN 978-7-5201-4016-4

Ⅰ. ①金… Ⅱ. ①殷… ②于… ③管… Ⅲ. ①企业责任-社会责任-研究报告-中国-2018 Ⅳ. ①F279.23

中国版本图书馆 CIP 数据核字（2018）第 266497 号

金蜜蜂企业社会责任蓝皮书
金蜜蜂中国企业社会责任报告研究（2018）

主　　编 / 殷格非　于志宏　管竹笋
副 主 编 / 代奕波　林　波　贾　丽

出 版 人 / 谢寿光
项目统筹 / 谢蕊芬
责任编辑 / 谢蕊芬　张小菲　隋嘉滨　赵　娜　胡　亮　胡庆英

出　　版 / 社会科学文献出版社 · 社会学出版中心（010）59367159
地址：北京市北三环中路甲 29 号院华龙大厦　邮编：100029
网址：www.ssap.com.cn
发　　行 / 市场营销中心（010）59367081　59367083
印　　装 / 三河市龙林印务有限公司

规　　格 / 开　本：787mm × 1092mm　1/16
印　张：23.25　字　数：350 千字
版　　次 / 2018 年 12 月第 1 版　2018 年 12 月第 1 次印刷
书　　号 / ISBN 978-7-5201-4016-4
定　　价 / 128.00 元

皮书序列号 / PSN B-2018-693-1/1

责扬天下（北京）管理顾问有限公司简介

责扬天下是一家长期致力于推动中国社会责任与可持续发展事业的专业咨询机构。公司拥有一支具备国际视野与丰富经验的社会责任专家团队，持续为客户提供高质量的社会责任咨询项目服务，借助丰富的实践与研究经验，与企业一同创新管理模式，协助客户成长为真正面向未来的可持续发展企业。

作为中国企业社会责任发展的重要推动者和中国企业社会责任管理咨询的先锋和开拓者，公司已成为社会责任与可持续发展领域的研究、咨询、培训及可持续品牌传播和建设的领先的综合服务提供商。公司成立十多年来提出的一系列企业社会责任思想既是中国企业社会责任领域的重要创新，也是公司服务和推动中国企业社会责任发展的重要理论武器和工具。这些理论和工具包括以企业责任竞争力、产业责任竞争力、国家责任竞争力构成的责任竞争力理论体系，以必尽责任、应尽责任和愿尽责任构成的社会责任三层次理论，以利益相关方为导向以可持续发展为目标的可持续品牌理论，以蜜蜂和谐共生为模型的金蜜蜂可持续发展思想，金蜜蜂企业社会责任报告评估体系、金蜜蜂企业社会实践评估体系、金蜜蜂可持续品牌评估体系等。截至2018年10月，责扬天下已累计出版社会责任相关著作22部，发布社会责任相关研究报告30余份，参与国际社会责任标准ISO 26000、ISO IWA 26、ISO20121等的制定，是GB 36000系列三项社会责任国家标准和GB 31598大型活动可持续性管理体系国家标准的起草单位。

责扬天下主要面向政府相关机构、行业组织和国际相关专业机构、企业社会责任先锋公司开展专业服务。为其提供服务的企业中有世界500强企业超过70家，已基本建立了数据信息最全面、最准确，数据引用最多的中国社会责任实践信息库、社会责任报告数据库、社会责任案例库。

责扬天下也是最早投身于社会责任教育的专业机构，于2009年成立金蜜蜂社会责任教育中心，面向企业、非企业组织及CSR经理人等提供专业、领先的社会责任培训指导，旨在以培训帮助客户掌握国际商业发展的趋势、创新管理模式、提升可持续发展能力，是社会责任与可持续发展的人才培养基地。截至2018年10月，责扬天下已累计培训约3.5万人次。

欢迎各界与我们沟通交流。

地址：中国北京市海淀区中关村南大街12号百欣科技楼402室

邮编：100081

电话：+86 10 62137913

传真：+86 10 62137910

邮箱：csrreport@goldenbeechina.com

网址：www.goldenbeechina.com

编委会名单

主要编撰者简介

殷格非 从2003年开始一直专注于企业社会责任、企业公民和可持续发展的研究与推广。责扬天下创始人、首席专家。德国勃兰登堡应用科技大学技术与创新管理理学硕士，ISO 26000社会责任国际标准起草组专家，ISO IWA 26专家，ISO 26000利益相关方全球网络（ISO 26000 SGN）联席秘书长。率先提出企业责任竞争力理念，并推动形成企业责任竞争力、产业责任竞争力和国家/区域责任竞争力理论体系，提出了责任三层次论、责任竞争三阶段论、责任竞争规则体系、中国企业社会责任实践三大领域、十条路径以及可持续品牌等理念、概念和主张，并主导创建了“金蜜蜂”企业社会责任品牌。策划、组织了一系列有影响力的企业社会责任国际论坛和研讨。独著有《责任竞争力——解码企业可持续发展》《企业社会责任管理：解码责任竞争力》。主编我国第一部关于企业社会责任报告的图书《如何编制企业社会责任报告》（2008年1月出版）、我国第一部企业社会责任管理教程《企业社会责任管理基础教程》（2008年9月出版）等15部著作。另在国内期刊上发表各类文章100余篇。各类出版物总计达四百余万字。

于志宏 在社会责任领域拥有15年的工作经验。北京大学法学硕士，责扬天下首席专家。擅长为政府和行业协会制定相关的政策和标准，为企业和相关机构制定社会责任战略与规划、企业社会责任品牌传播方案。在中国企业海外社会责任管理方面积累了丰富经验。主编《如何编制企业社会责任报告》《企业社会责任管理基础教程》《责任竞争力——全球最佳企业社会责任实践》《中国企业社会责任发展报告（2006—2013）》《企业社会责任行动指南》《企业社会责任在中国》《中国外商投资企业履行社会责任优秀案例集2014》《融合创造价值——中国电子信息CSR典型实践案例集》，编译《国家责任竞争力》和《企业责任联盟》。

管竹笋 责扬天下（北京）管理顾问有限公司常务副总经理，中国企业联合会管理现代化工作委员会专家，华中科技大学金蜜蜂企业社会责任研究院执行院长，国际注册管理咨询师。企业社会责任管理咨询从业经验超过10年，具有丰富的社会责任/可持续发展的项目服务经验，擅长企业社会责任战略规划及管理体系建设。具备开阔的国际视野，先后多次赴欧洲、非洲、东南亚调研考察社会责任，长期为中国企业走出去和在华跨国公司提供社会责任管理咨询服务。先后主持完成80余项企业社会责任报告项目，20余项企业社会责任战略规划项目，50余项企业社会责任管理项目，多项责任品牌传播项目。服务客户涉及电力能源、建筑地产、化工、金属矿产、金融、航空、汽车、快销等行业百余家知名企业。亦为政府机关、行业组织，如国务院国资委、环保部等政府相关部门及中国工经联、中国企业联合会、中国对外承包工程商会等行业机构提供咨询服务。同时，在生物多样性研究方面也富有经验。持有高等学校教师、国际注册项目管理师等资格证书。主编《ISO 26000一百五十问》《ESG管理与信息披露实务》《金蜜蜂中国企业社会责任报告研究（2017）》等。

代奕波 责扬天下（北京）管理顾问有限公司副总经理，是企业社会责任高级咨询顾问，荷兰屯特大学MBA。专长于为企业建立社会责任管理体系，包括制定战略和规划、建立指标体系、开发部门管理工具等。在社会责任报告编制方面具有丰富经验，已为数十家中国企业和跨国公司提供相关咨询服务。GRI可持续发展报告标准简体中文译版同行评审委员会主席。《ESG管理与信息披露实务》主编，《企业社会责任在中国》（中英文）、《金蜜蜂中国企业社会责任报告研究（2017）》副主编。编译《国家责任竞争力（2007）》《国家责任竞争力（2009）》。

林　波　责扬天下（北京）管理顾问有限公司副总经理，毕业于中国政法大学，新闻、法律双学位，中科院心理所心理学在职研究生。长期从事企业社会责任领域研究、咨询工作，发表个人专栏、专题研究逾40万字，《中国外商投资企业社会责任报告编写指南（CAFEICSR1.0）主要编写人之一。中国电子信息行业社会责任系列标准专家组成员，《电子信息行业社会责任指南》（SJ/T 16000 - 2016）、电子信息行业社会责任治理评价指标体系》(T/CESA 16003 - 2017）主要编写人之一。IPC - 1401A《供应链社会责任管理体系指南》技术组副主席。参与编写《金蜜蜂中国企业社会责任报告研究（2017)》《中国企业社会责任发展报告》《外资企业社会责任案例集》《电子信息行业绿色供应链案例集》等，著有《权利的缺陷》等。

贾　丽　责扬天下（北京）管理顾问有限公司咨询副总监。先后参与10项政府机构、社会组织社会责任研究课题和近30份社会责任报告编制。连续三年参与《金蜜蜂中国企业社会责任实践指数》和《金蜜蜂中国企业社会责任报告研究》的数据分析和报告撰写。《金蜜蜂中国企业社会责任报告研究（2017)》副主编。

摘　要

2018年1月，责扬天下（北京）管理顾问有限公司发布第一本金蜜蜂企业社会责任蓝皮书，系统分析2017年中国企业社会责任报告整体发展状况，并提出了相应建议。沿用2017年金蜜蜂企业社会责任蓝皮书的研究方法，责扬天下对中国2018年1月1日至10月31日发布的企业社会责任报告进行系统分析，编写了《金蜜蜂中国企业社会责任报告研究（2018）》。研究报告由总报告、分报告、行业报告、专题报告四大部分构成。

总报告依据“金蜜蜂中国企业社会责任报告评估体系”，从基础信息、核心内容、基本原则三个层面，实质性、完整性、可信性、可读性、可比性、创新性六个维度，对2018年企业社会责任报告质量进行整体研究。结合2009年以来的研究成果，分析2009年到2018年中国企业社会责任报告的整体发展趋势，总结发展特征，提出改进建议。

分报告选取不同性质的企业为研究对象，分别详细解读其社会责任报告的年度特征，分析其报告指数的发展趋势，便于不同受众了解特定类型企业的社会责任报告发展情况。2018年，在对中央企业、在华外商投资企业、内地在港交所上市企业进行持续分析的基础上，新增对陕西省属国有企业、上海市属国有企业的两份专项研究报告。

行业报告选取了采掘业、汽车制造业、电力行业、建筑行业、ICT行业、银行业、房地产行业、食品行业等8个主要行业为研究对象，详细分析其在框架、核心议题、管理方法、展现形式等方面的特征和发展趋势，为不同行业的受众提供参考借鉴。其中，食品行业研究报告为首次发布。

专题报告中共有三篇研究报告，一是对中国优秀企业社会责任报告的案例研究，本年度选取了报告综合质量较高的中国石化、南方电网、中国建筑、APPLE 中国四家企业为研究对象，系统分析其 2018 年社会责任报告在主题、框架、内容、设计、传播等方面的特征，并从专家视角剖析报告亮点，为其他企业提供更为具体的参考和指导。二是对 ICT 行业社会责任报告中性别平等信息披露情况的研究报告。三是对 ICT 行业社会责任报告中儿童权利相关信息披露情况的研究报告。

关键词： 社会责任　评估体系　报告指数　阶段性特征

目　录

Ⅰ　总报告

Ⅱ　分报告

Ⅲ　行业报告

Ⅳ　专题报告

皮书数据库阅读**使用指南**

总 报 告

General Report

B.1 金蜜蜂中国企业社会责任报告研究

殷格非 管竹笋 贾 丽 李若楠 茆 娟

摘 要： 本报告依据“金蜜蜂中国企业社会责任报告评估体系2018”，对中国企业2018年1月1日至10月31日公开发布的1579份社会责任报告进行评估，结合2009年以来的研究成果，发现报告呈现如下特征：报告总体水平延续2018年的阶段式发展特征，维持在1300点水平；报告注重披露精准扶贫、污染防治、SDGs、海外信息披露等热点议题；报告更加注重披露核心议题的管理方法；内地在港上市公司报告水平较高；交通运输仓储业、采掘业、信息技术业和电煤水生产和供应业报告整体质量高。根据以上特征，报告提出了加强报告实质性议题识别、加强核心议题管理方法披露、回应国家发展趋势和社会关注热点、加强企业社会责任报告编制能力建设等建议。

关键词： 社会责任信息披露　报告指数　管理方法　创新性

一　金蜜蜂中国企业社会责任报告分析

（一）中国企业社会责任报告概况

从2001年到2018年，中国企业发布的社会责任报告数量逐年增长。截至2018年10月31日，我们通过网络查询、企业主动寄送、企业官方网站下载等渠道，共搜集到各类社会责任报告1676份，其中企业报告1623份，纳入评估的企业报告有1579份（见图1、图2）。

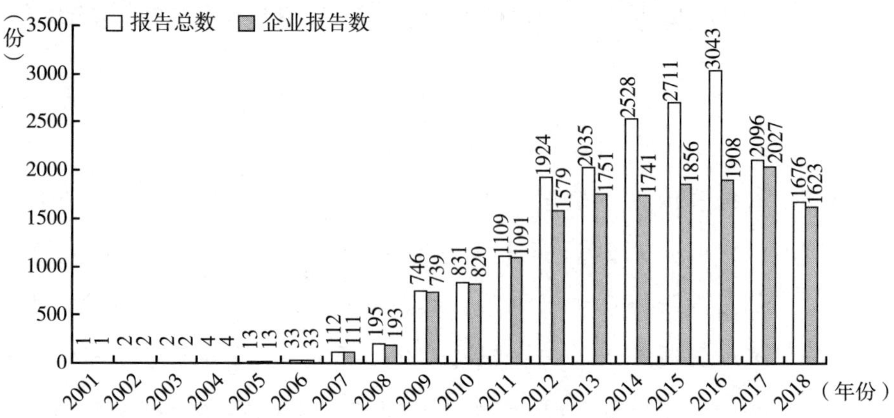

图1　历年社会责任报告发布数量

注：2018年的数据为当年1月1日至10月31日的数据。

1. 报告结构化参数分析

（1）发布次数

2018年所评估的报告中，发布5次及以上的数量最多，有877份，占比55.54%。首次发布的报告数量有245份，占比15.52%（见图3）。

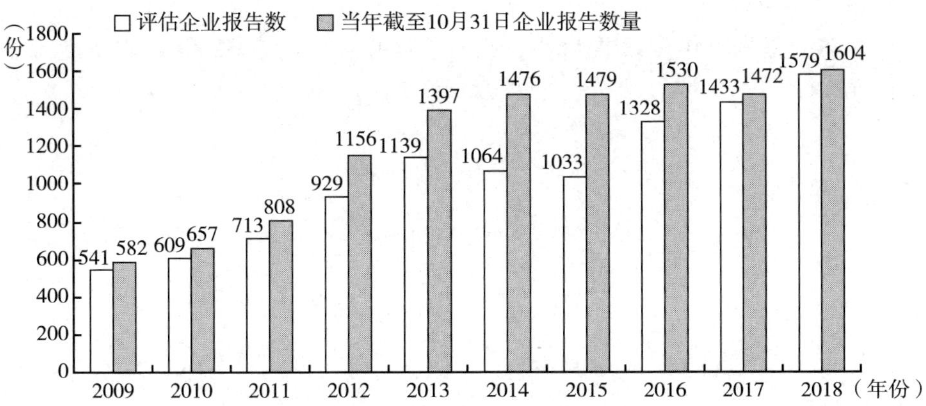

图 2　截至当年 10 月 31 日企业报告发布及评估数量

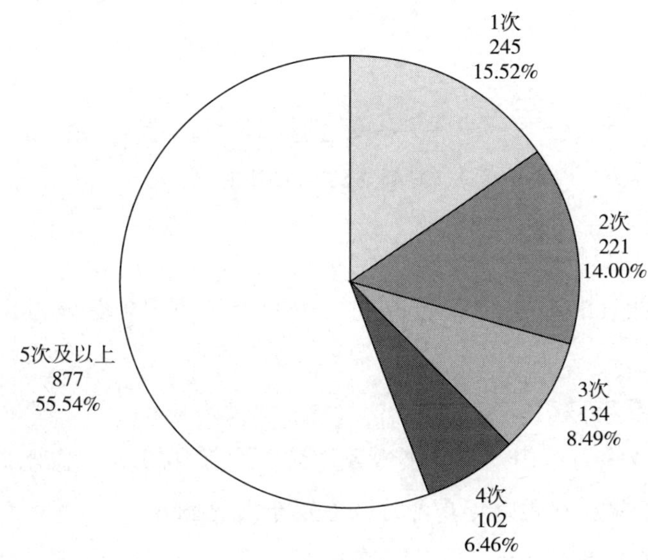

图 3　报告发布次数

说明：书中所用数据来源于金蜜蜂中国企业社会责任报告数据库，主要为责扬天下对 2018 年 1 月 1 日至 10 月 31 日中国大陆、港澳台及国外的企业公开发布的 1579 份社会责任报告的评估结果，参考 2009 年以来历年评估结果。

（2）发布周期

发布的报告以年度报告为主，占比97.97%，仅有32份为非年度报告（见图4）。

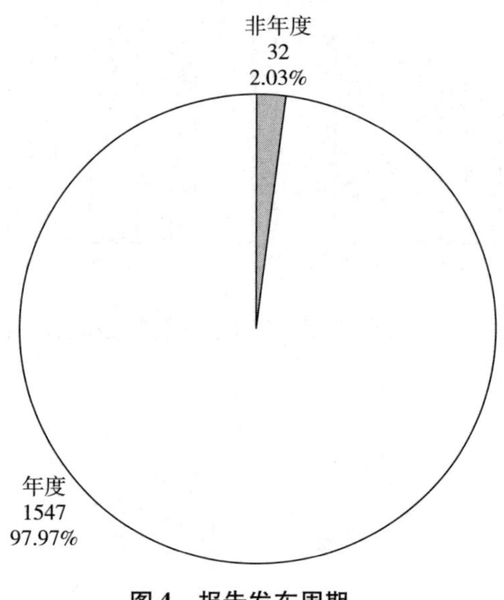

图4　报告发布周期

（3）报告篇幅

超6成报告的篇幅在30页以上，30页及以下报告数量占比为37.30%（见图5）。

（4）报告时效

距财年4个月以内发布的报告数量最多，有1057份，占比66.94%；但有11.78%的报告在距财年6个月以上发布（见图6）。

2. 报告主题参数分析

（1）行业分布

2018年报告发布的重要主体是制造业，发布的报告数量占比达41.10%；其次为金融保险业、信息技术业、电煤水生产和供应业和社会服务业，占比分别为9.31%、8.04%、7.66%和6.59%。报告发布数量最少的为农林牧渔业，占比仅为1.52%（见图7）。

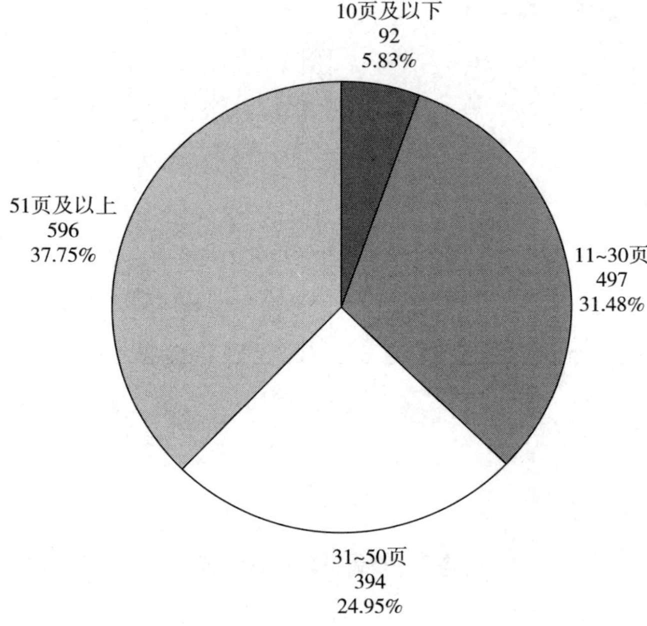

图5　报告篇幅

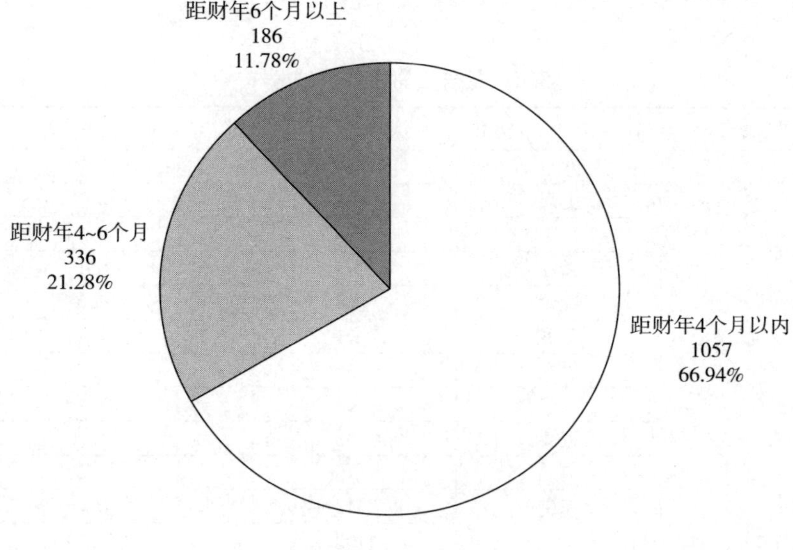

图6　报告时效

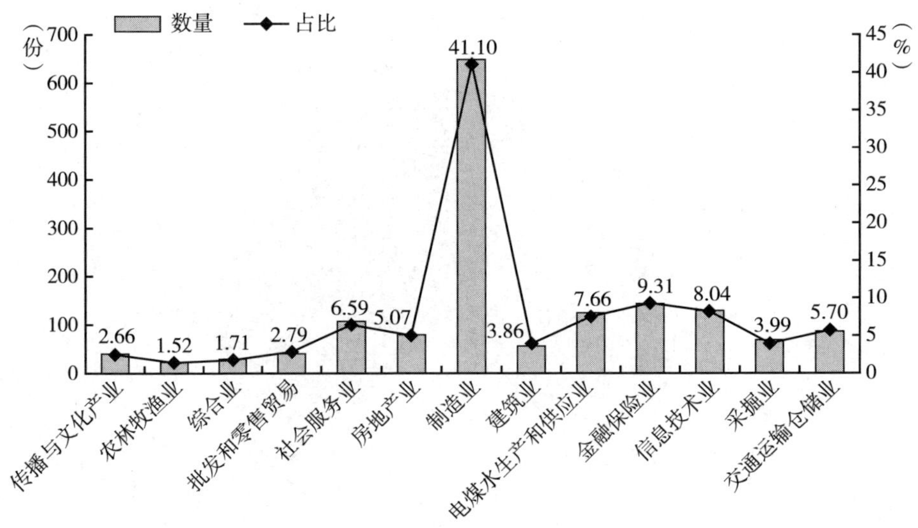

图 7　报告主题行业分布

（2）地区分布

报告发布主体中，东部企业发布的数量最多，有 1102 份，占比 69.79%（见表 1）。

表 1　报告发布主体区域分布

区域	省、自治区、直辖市	企业数量（家）	所占比重（%）
东部	北京	264	16.72
	上海	317	20.08
	广东	150	9.50
	浙江	97	6.14
	福建	64	4.05
	江苏	75	4.75
	山东	51	3.23
	辽宁	23	1.46
	天津	30	1.90
	河北	19	1.20
	海南	12	0.76
东部小计		1102	69.79

续表

区域	省、自治区、直辖市	企业数量(家)	所占比重(%)
中部	湖北	26	1.65
	安徽	38	2.41
	河南	41	2.60
	山西	18	1.14
	湖南	30	1.90
	江西	14	0.89
	吉林	12	0.76
	黑龙江	10	0.63
中部小计		189	11.97
西部	广西	14	0.89
	内蒙古	7	0.44
	四川	31	1.96
	云南	21	1.33
	新疆	17	1.08
	陕西	27	1.71
	贵州	15	0.95
	重庆	20	1.27
	青海	4	0.25
	宁夏	4	0.25
	甘肃	6	0.38
	西藏	2	0.13
西部小计		168	10.64
港澳台及国外		120	7.60
总计		1579	100.00

（3）规模分布

报告发布主体中，成长型企业为1288家，占比81.57%；领袖型企业为291家，占比18.43%（见图8）。

2018年，世界500强和中国500强企业中发布报告的比例较上年均有所上升。中国有120家企业进入《财富》世界500强，其中83家企业发布了报告，占比69.17%。在中国企业联合会、中国企业家协会发布的

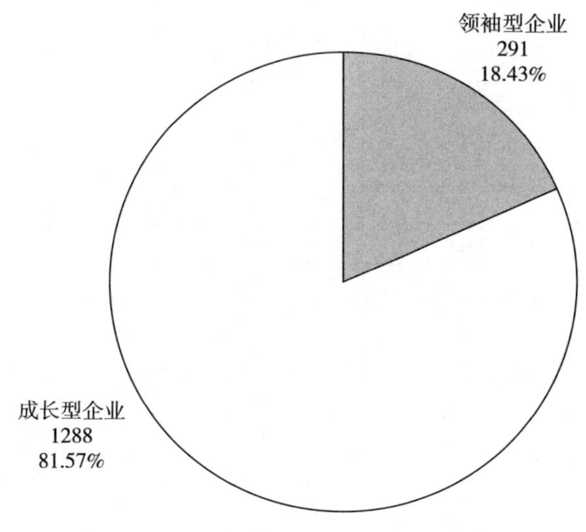

图 8　企业规模分布

2018 年中国企业 500 强中，有 159 家企业发布了社会责任报告，占比 31.8%（见图 9）。

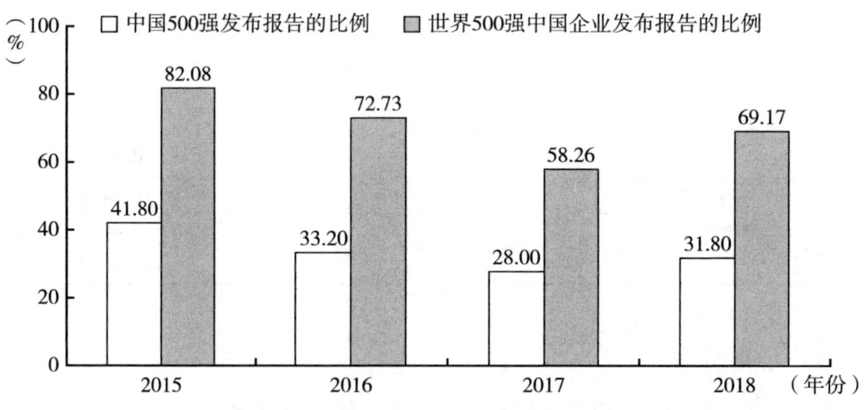

图 9　500 强企业发布报告情况

（4）性质分布

在报告发布主体中，国有及国有控股企业有 909 家，占比 57.57%。民营企业有 483 家，占比 30. 59%。外资及港澳台企业有 134 家，占比 8. 49%（见图 10）。

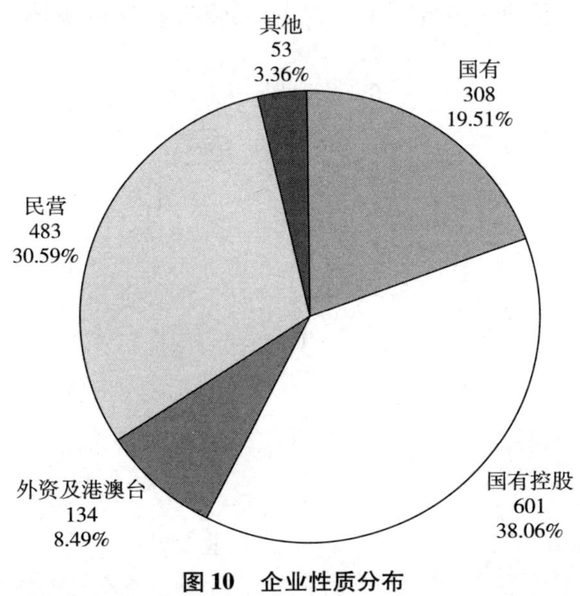

图 10　企业性质分布

（5）上市情况

在报告发布主体中，76. 38% 的企业是上市公司，数量为 1206 家，比 2017 年增长 42. 53%。373 家企业为非上市公司，占比 23. 62%（见图 11）。

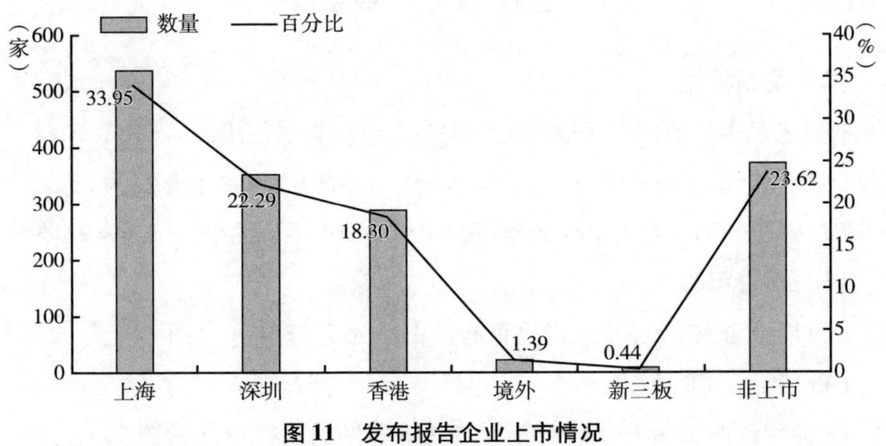

图 11　发布报告企业上市情况

3. 报告技术参数分析

（1）报告名称

名称为“社会责任报告”的报告占比达93.16%（见图12）。

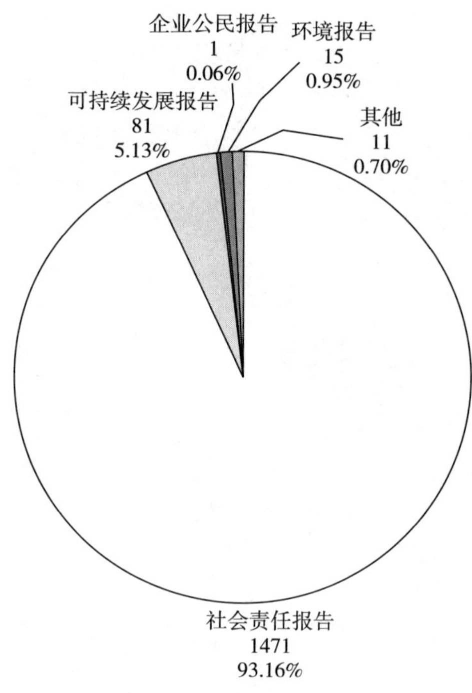

图12　报告名称分布

（2）编制依据

被参考最多的前两种编制依据分别为全球报告倡议组织（GRI）的《可持续发展报告指南》和中国社科院（CASS－CSR3.0），占比分别为22.36%和20.08%（见图13）。参考ISO 26000和GB/T 36001编制的报告比例为22.49%。

（3）报告审验

有115份报告经过专业机构审验，占比为7.28%（见图14）。

（4）意见反馈渠道

超过50%的报告有注明邮箱、电话等意见反馈渠道（见图15）。

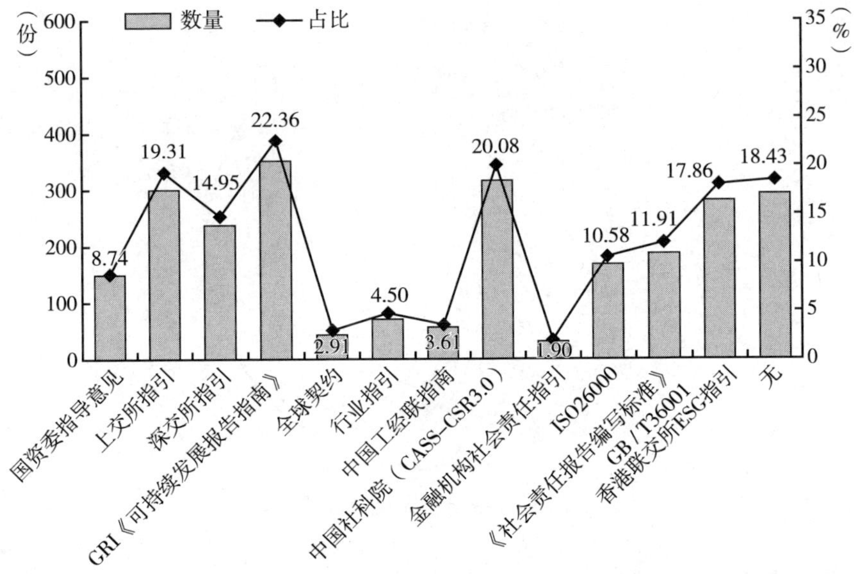

图 13　报告编制参考依据

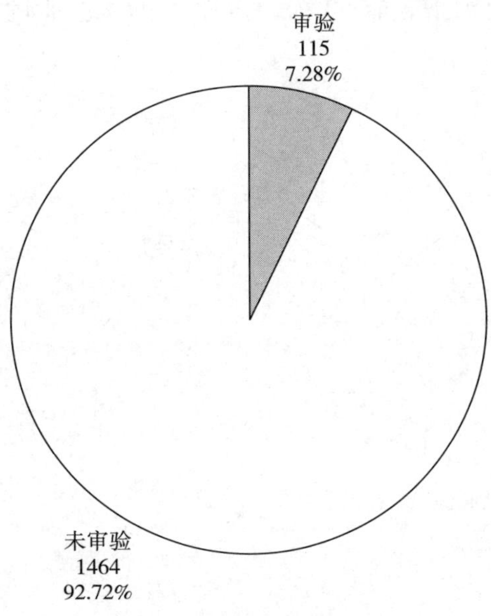

图 14　报告审验情况

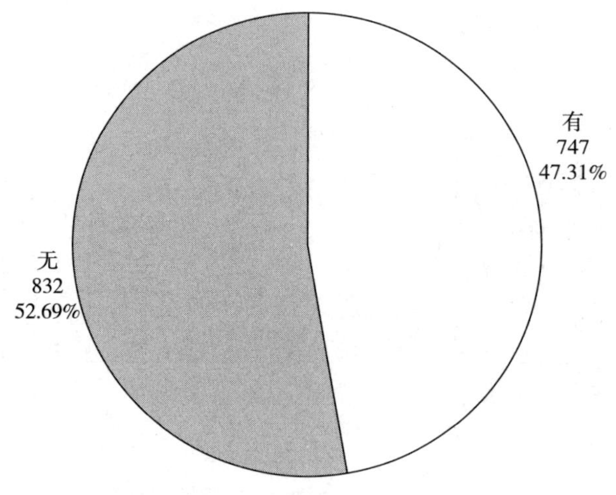

图 15　报告意见反馈渠道

（5）报告覆盖区域

国别报告包括外资企业发布的中国区报告和中国企业发布的海外社会责任报告。2018 年国别报告有 63 份，占比 3.99%；非国别报告有 1516 份，占比 96.01%（见图 16）。

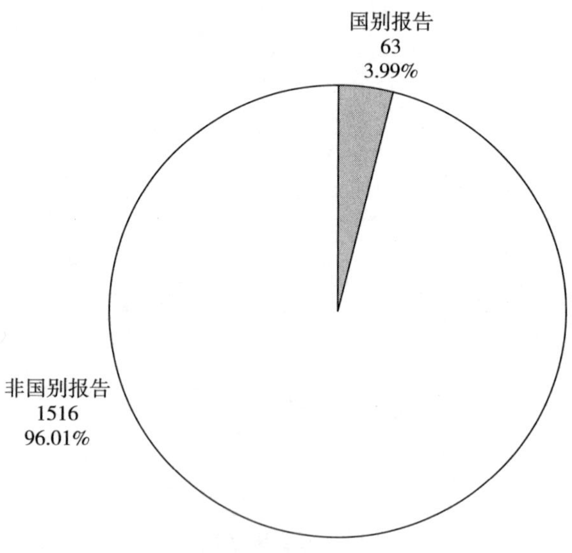

图 16　报告覆盖区域

（6）报告介质

电子版式报告是报告发布的主要介质，占比 93.41%（见图 17）。

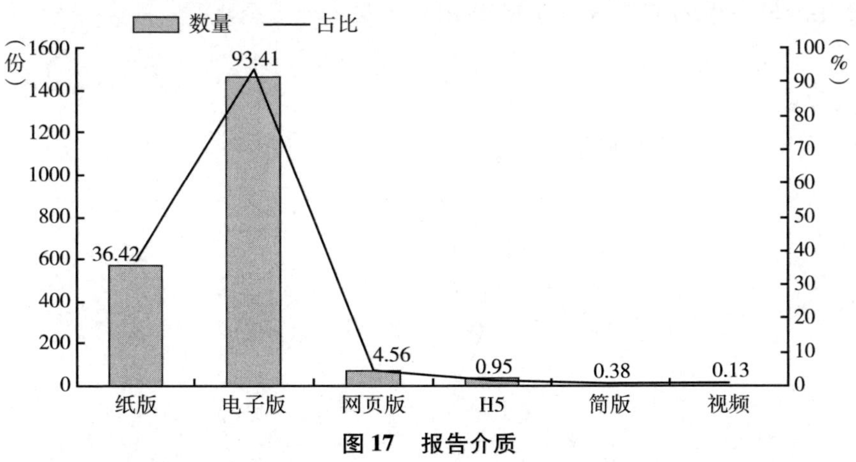

图 17　报告介质

（7）语言类型

近 9 成的报告为中文版报告；同时发布中英文版本报告的企业数量为 175 家，占比 11.08%（见图 18）。

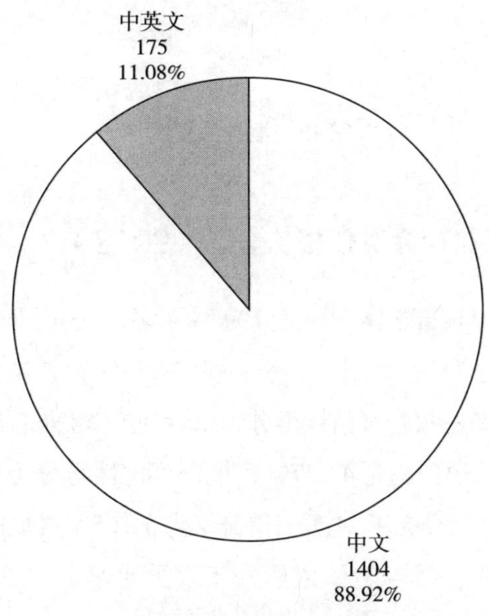

图 18　报告语言类型

（8）报告独立性

绝大多数报告为完全独立报告，仅有 84 份报告为企业发布的年报附件或是作为年报中的具体章节（见图 19）。

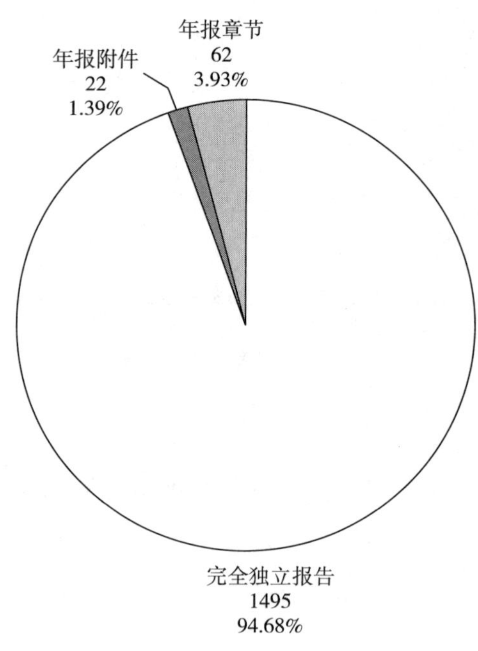

图 19　报告独立性

（二）中国企业社会责任报告分析（2018）

本研究的 1579 份报告整体平均得分为 54. 42 分，平均得分率为 54. 42%。其中，内容实质性得分为 39. 29 分，得分率为 59. 53%；结构完整性得分为 9. 27 分，得分率为 51. 52%；报告可信性得分为 1. 14 分，得分率为 28. 45%；报告可读性得分为 1. 91 分，得分率为 47. 67%；报告可比性得分为 1. 57 分，得分率为 39. 33%；报告创新性得分为 1. 24 分，得分率为 31. 05%（见图 20）。

中国企业社会责任报告整体依然处于发展水平（见表 2）。处于追赶和发展阶段的报告占比连续三年提升（见图 21）。交通运输仓储业企业报告质

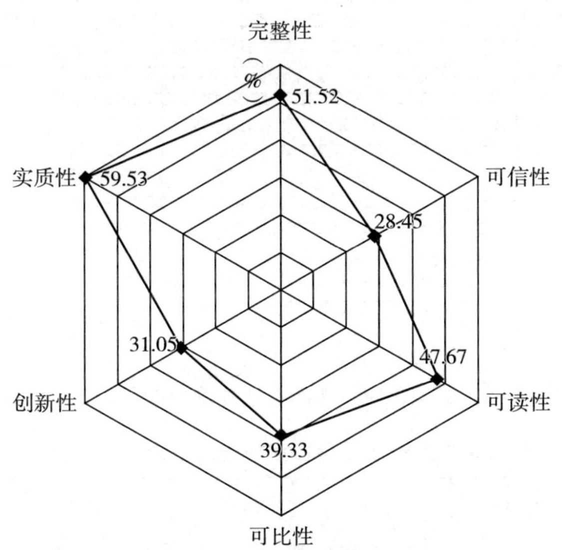

图 20　中国企业报告平均得分率

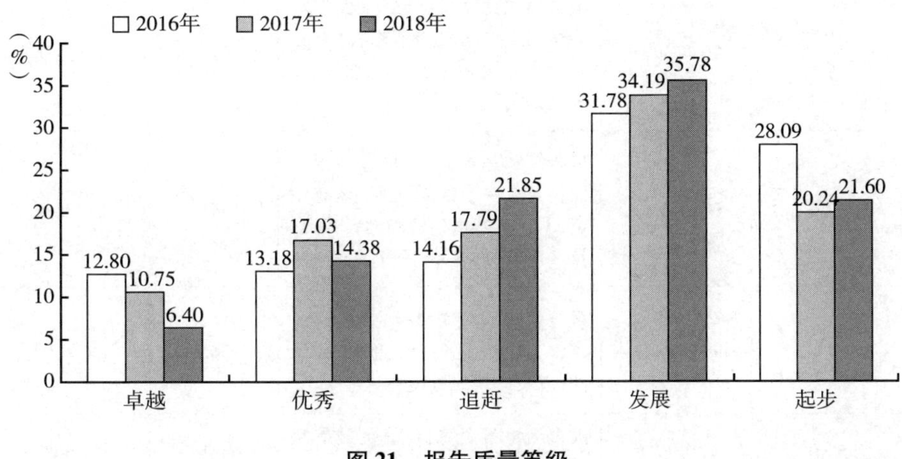

图 21　报告质量等级

量最高，其次是采掘业企业报告和信息技术业企业报告。传播与文化产业报告整体质量不高，依然处于起步阶段（见图 22）。

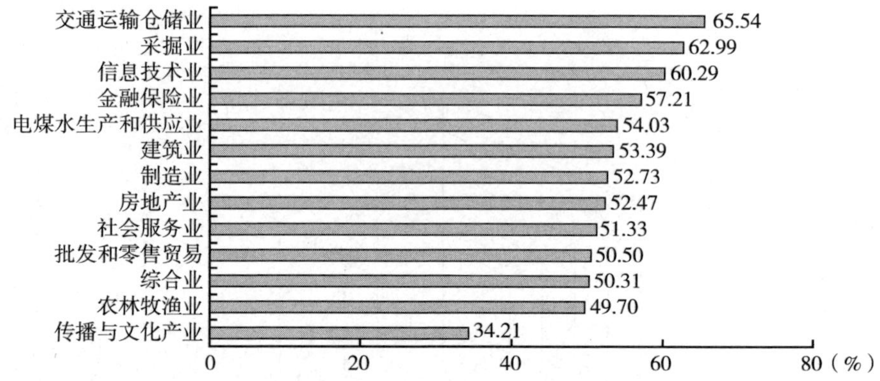

图 22 各行业报告得分率

表 2 中国企业社会责任报告类型分布（2018）

报告类型(级别)	得分区间	报告特征	报告数量	比重
卓越(A+)	80 分及以上	报告结构完整,信息披露系统且层次清晰,具有高度的可比性、可信性和创新性,以及极好的可读性	101	6.40%
优秀(A)	70~79 分	报告结构比较完整,信息披露较为全面且层次较为清晰,具有较高的可比性、可信性和创新性,以及良好的可读性	227	14.38%
追赶(B)	60~69 分	报告结构基本完整,信息披露全面且具有一定的层次性,具有一定的可比性、可信性和创新性,以及一定的可读性	345	21.85%
发展(C)	40~59 分	报告结构不太完整,信息披露尚完整,具有一定的可比性、可信性,以及一定的可读性	565	35.78%
起步(D)	40 分以下	报告结构不太完整,信息披露缺乏层次性	341	21.60%

1. 结构完整性

企业社会责任报告的结构完整性主要从公司概况、报告参数、战略与治理、高管声明、利益相关方、风险机遇分析、实践内容和计划内容八个方面进行评价。“实践内容”得分率最高，为96.71%，绝大多数报告都涉及经济、环境和社会三方面的实践内容；“公司概况”得分率为78.22%，大多数企业将社会责任报告视为展示企业的一个平台；“高管声明”“计划内容”“风险机遇分析”“战略与治理”得分率相对较低，企业在披露高管对社会责任的认识、社会责任计划、履责背景、发展战略、社会责任治理体制等方面还有待加强（见表3）。

表3　结构完整性各部分得分情况

得分情况	指标							
	公司概况	报告参数	战略与治理	高管声明	利益相关方	风险机遇分析	实践内容	计划内容
平均得分	1.76	1.31	0.89	0.66	0.97	0.71	2.18	0.80
平均得分率(%)	78.22	58.23	39.40	29.39	43.08	31.37	96.71	35.38

（1）报告主体概况

企业重视对主营业务、服务市场等公司基础信息的披露，尤其是国有企业和国有控股企业（见表4）。

表4　不同性质企业“报告主体概况”得分情况

得分情况	企业性质			
	国有	国有控股	外资及港澳台	民营
平均得分	1.97	1.78	1.77	1.64
平均得分率(%)	88.02	79.30	78.86	73.06

（2）报告参数

过半报告披露了报告发布周期、报告时间范围、报告数据说明、报告参考依据及编制流程等“报告参数”信息。国有企业对这些信息披露最为充分，民营企业对“报告参数”相关信息的披露还有待加强（见表5）。

表5　不同性质企业“报告参数”得分情况

得分情况	企业性质			
	国有	国有控股	外资及港澳台	民营
平均得分	1.58	1.30	1.53	1.19
平均得分率(%)	70.37	57.63	67.86	52.78

例如，《国家电网公司2017企业社会责任报告》中“报告参数”部分包含报告时间范围、报告发布周期、报告数据说明、报告编制流程、报告参照标准等内容，指标覆盖全面。

（3）战略与治理

总体来看，“战略与治理”得分率呈持续增长态势，领袖型企业得分率同比略有下降，成长型企业得分率明显上升，企业愈加重视战略、公司治理和社会责任管理方面的信息披露（见图23）。

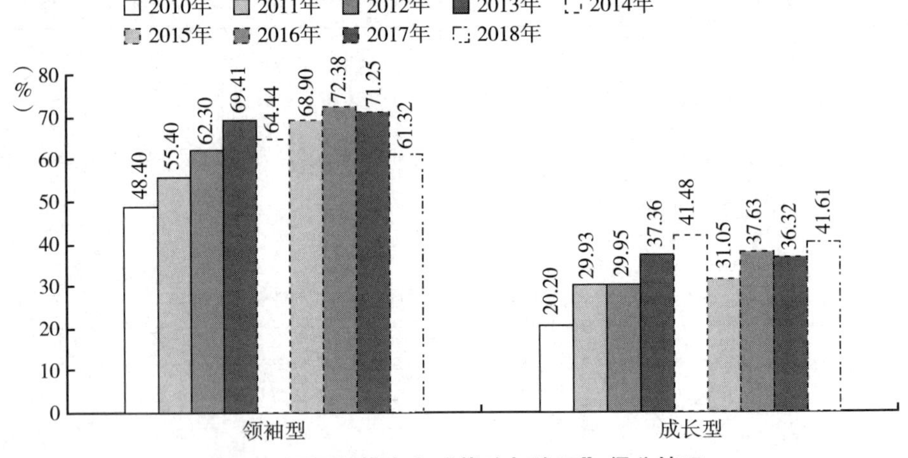

图23　不同规模企业“战略与治理”得分情况

（4）高管声明

国有企业最为重视披露高管对社会责任的认识、在社会责任方面的承诺、公司主要开展的社会责任实践和社会责任工作方面的计划等信息，其次为外资及港澳台企业；相较而言，民营企业和国有控股企业在这方面的披露还有待进一步加强（见表6）。

表6　不同性质企业“高管声明”得分情况

得分情况	企业性质			
	国有	国有控股	外资及港澳台	民营
平均得分	1.02	0.61	0.95	0.50
平均得分率(%)	45.83	27.14	42.14	22.31

例如，在《佳能（中国）2017~2018企业社会责任报告》中，佳能股份有限公司和佳能（中国）有限公司的两位首席执行官分别阐述对社会责任的认识、承诺及实践，内容丰富，主题明确。

（5）利益相关方

金融保险业、交通运输仓储业企业更加重视对利益相关方进行集中说明、对利益相关方及议题进行识别和排序，以及对利益相关方沟通渠道和方式等信息的披露，得分率均超过60%（见图24）。

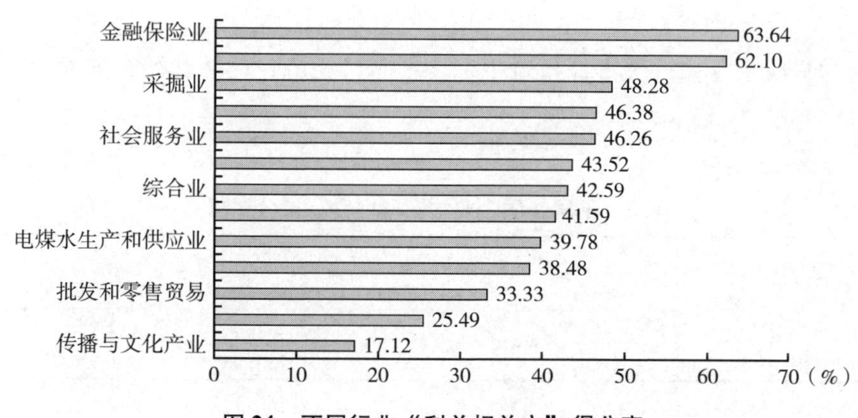

图24　不同行业“利益相关方”得分率

例如，在《中国南方电网2017企业社会责任报告》中，披露公司全面开展利益相关方识别及社会责任议题管理相关信息，包括议题筛选、议题优先级排序等管理程序。

（6）风险机遇分析

领袖型企业对企业发展机遇、面临的风险和应对措施等方面信息的披露率更高，注重分析面临的宏观形势（见图25）。

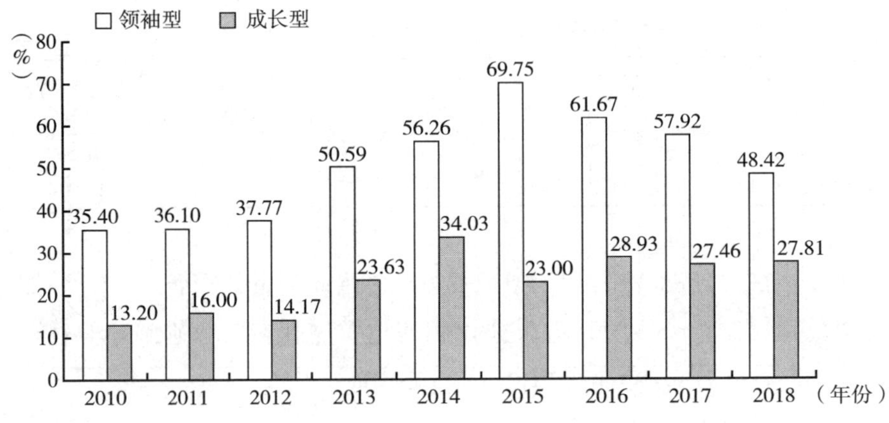

图 25　不同规模企业"风险机遇分析"得分率

例如，《朗诗绿色集团 2017 社会责任报告》详细分析公司在新时代背景发展的风险与机遇，并介绍公司所采取的应对策略、规划和行动。

（7）实践内容

约 9 成企业在社会责任报告中综合披露了经济、环境和社会方面的实践信息（见表 7）。

表 7　不同性质企业"实践内容"得分情况

得分情况	企业性质			
	国有	国有控股	外资及港澳台	民营
平均得分	2.20	2.19	2.06	2.17
平均得分率(%)	98.15	97.53	91.43	96.33

（8）计划内容

计划内容主要描述企业社会责任的总体规划以及在经济、环境、社会等具体责任履行方面的规划。领袖型企业更为重视披露社会责任、经济、社会和环境方面的规划信息，2018 年计划内容得分率为 51.00%，高出成长型企业 18.75 个百分点（见图 26）。

2. 报告可信性

报告可信性从表述的客观性（含负面信息的披露和中立、客观的表达两

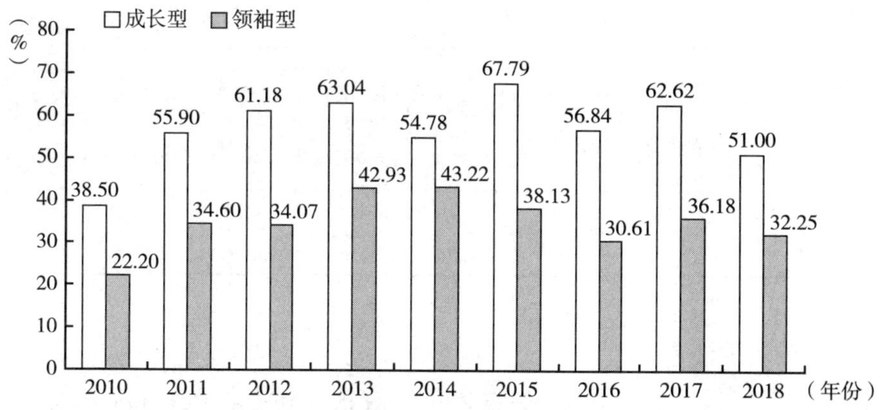

图 26　不同规模企业“计划内容”得分率

个指标）、利益相关方评价、CSR 专家评价、第三方审验和标注信息来源等五个方面考察。2018 年，报告可信性整体得分率为 34.27%，比 2017 年上升 30%。近 9 成的报告都采用了中立、客观的表达，但是负面信息披露率不到 26%，报告平衡性有待进一步加强。报告中有利益相关方评价的比例达到 55.62%，同比增长 31.61%。报告在 CSR 专家评价和第三方审验方面得分率较低。各行业企业报告可信性得分均低于 45%，金融保险业、交通运输仓储业、电煤水生产和供应业报告可信性得分率相对较高，超过 40%（见表 8、表 9）。

表 8　报告可信性各项指标得分情况

得分情况	指标					
	负面信息的披露	中立、客观的表达	利益相关方评价	CSR 专家评价	第三方审验	标注信息来源
平均得分	0.10	0.36	0.45	0.02	0.06	0.15
平均得分率（%）	25.87	88.84	55.62	2.68	7.70	18.77

表 9　不同行业企业报告可信性得分情况

得分情况	行业					
	交通运输仓储业	采掘业	信息技术业	金融保险业	电煤水生产和供应业	建筑业
平均得分	1.45	1.03	1.26	1.57	1.43	0.78
平均得分率（%）	42.47	33.05	36.96	42.76	40.86	23.61

续表

得分情况	行业						
	制造业	房地产业	社会服务业	批发和零售贸易	综合业	农林牧渔业	传播与文化产业
平均得分	1.01	0.92	1.30	1.02	1.07	1.11	0.79
平均得分率(%)	29.69	27.30	37.76	30.67	30.00	32.35	25.68

3. 报告可读性

报告可读性从信息定位、信息表达、信息饱和度、色彩和版式等五个方面进行考察，其中信息定位考察是否有信息导航工具，信息表达考察表达形式是否丰富，以及文字、图片、表格应用是否合理，信息饱和度考察篇幅是否适中，色彩考察色彩搭配是否和谐，以及能否体现公司企业文化，版式考察字体、字号、行间距、页面布局是否合适。过半的企业社会责任报告较为重视版式和信息饱和度，但是通过导航栏等清晰定位信息方面还有待提升（见表10）。

表10　“报告可读性”各项指标得分情况

得分情况	指标				
	信息定位	信息表达	信息饱和度	色彩	版式
平均得分	0.24	0.35	0.47	0.30	0.55
平均得分率(%)	29.50	43.34	58.82	37.28	69.20

4. 绩效可比性

绩效可比性从纵向可比（含跨年度绩效对比和绩效实现程度对比两个指标）、行业内可比和跨行业可比等三个方面进行考察。披露跨年度绩效对比的报告相对较多，披露绩效实现程度对比、行业内可比和跨行业可比的报告相对较少。社会服务业、采掘业和电煤水生产和供应业在绩效可比性方面优于其他行业（见表11、表12）。2018年，报告中披露绩效实现程度的得分率仅为25.95%，较2017年降低38.80%。

表 11 “绩效可比性”各项指标得分情况

得分情况	指标			
	跨年度绩效对比	绩效实现程度	行业内可比	跨行业可比
平均得分	0.41	0.17	0.58	0.41
平均得分率(%)	61.16	25.95	43.25	31.06

表 12 不同行业企业报告“绩效可比性”得分情况

得分情况	行业					
	交通运输仓储业	采掘业	信息技术业	金融保险业	电煤水生产和供应业	建筑业
平均得分	1.45	2.04	1.34	1.55	2.06	1.43
平均得分率(%)	49.32	53.88	36.96	39.65	51.34	34.72

得分情况	行业						
	制造业	房地产业	社会服务业	批发和零售贸易	综合业	农林牧渔业	传播与文化产业
平均得分	1.41	1.41	2.29	1.36	1.41	1.18	1.84
平均得分率(%)	36.57	35.34	56.12	34.00	36.11	29.41	39.86

5. 报告创新性

报告创新性从理念、结构和形式等三个方面进行考察。2018 年，报告在理念、结构、形式方面的创新性得分率均较上年有所提升。报告相对更重视理念创新，披露符合可持续发展原则、体现行业特色、自成体系和便于传播的社会责任理念，展示理念和便于传播的具有创新性的形式相对较少。交通运输仓储业企业的报告在创新性方面优于其他行业企业报告（见表 13、表 14）。

表 13 “报告创新性”各项指标得分情况

得分情况	指标		
	理念创新	结构创新	形式创新
平均得分	0.20	0.11	0.10
平均得分率(%)	38.03	28.34	24.51

表 14　不同行业企业报告“报告创新性”得分情况

得分情况	行业					
	交通运输仓储业	采掘业	信息技术业	金融保险业	电煤水生产和供应业	建筑业
平均得分	2.23	1.30	1.59	1.36	1.63	1.63
平均得分率(%)	55.10	31.80	39.49	32.77	40.14	40.12

得分情况	行业						
	制造业	房地产业	社会服务业	批发和零售贸易	综合业	农林牧渔业	传播与文化产业
平均得分	0.98	1.50	0.85	1.17	1.28	0.83	0.63
平均得分率(%)	23.71	36.78	20.63	28.00	30.86	18.95	13.51

在《中国铝业集团有限公司 2017 社会责任报告》中，中国铝业集团有限公司通过活泼鲜明的理念和内容彰显企业特色和行业特点，突出报告理念的创新性；通过问答形式，巧妙地将内容呈现，突出报告形式的创新性。

6. 报告实质性

(1) 内容实质性评价的整体情况

2018 年，报告实质性整体得分率为 59.29%，与 2017 年基本持平。根据研究体系，报告内容实质性包括利益相关方识别、利益相关方的要求和期望、沟通渠道和方式、利益相关方的内容、议题披露的程度、利益相关方的理念和方针、对利益相关方的责任绩效、利益相关方责任理念与机构战略相关八个方面，对应的指标覆盖率分别为 66.25%、39.10%、44.77%、58.95%、28.77%、38.33%、42.52%、20.34%，其中每个方面都涉及出资人、员工、客户、环境、社区、政府、供应商、同行、社会组织、媒体、金融机构、监管机构十二个利益相关方。利益相关方识别和利益相关方的内容两项指标覆盖率较高，利益相关方的责任理念与机构战略相关的指标最低（见图 27、图 28）。

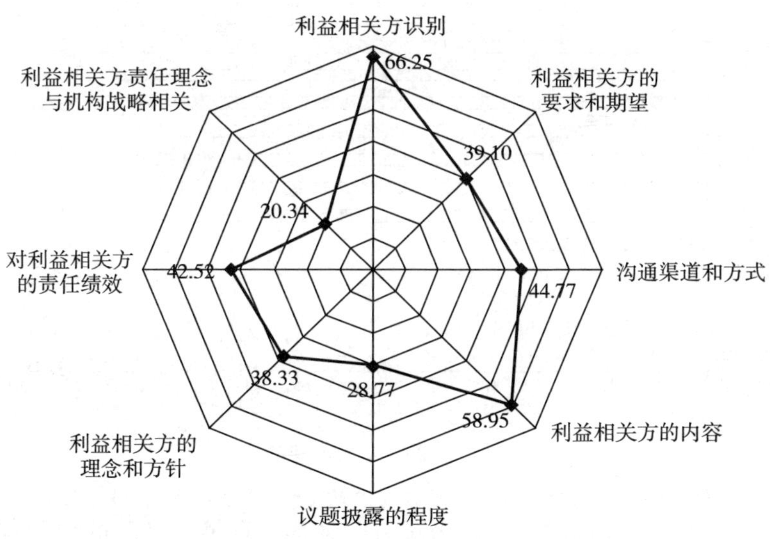

图 27　内容实质性指标覆盖率（分类别）

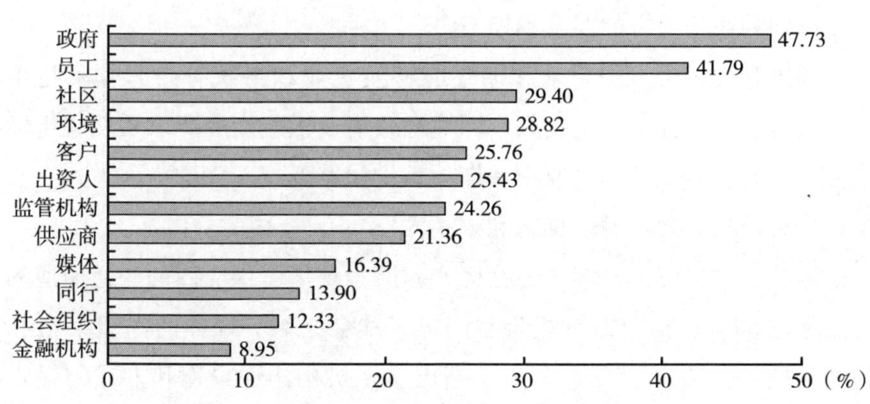

图 28　内容实质性指标覆盖率（分利益相关方）

（2）内容实质性评价的具体情况

①识别利益相关方群体

识别出员工、客户、社区、环境和出资人的报告均在 90% 以上，识别出金融机构的报告最少（见图 29）。

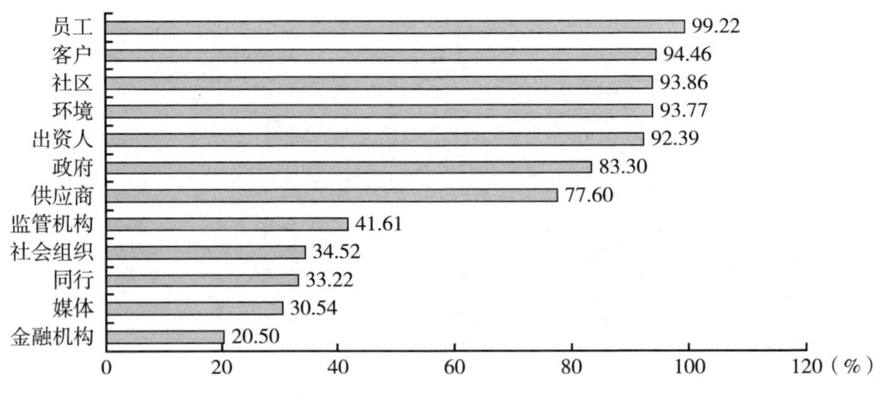

图 29　利益相关方识别情况

几乎所有行业报告对员工、出资人、客户、环境、社区的识别都较好；几乎所有行业报告对金融机构、媒体、同行和社会组织的识别都不高（见表 15）。

②识别利益相关方的要求和期望

识别出利益相关方的要求和期望能够使企业和组织有效回应利益相关方。员工、客户、社区、出资人、环境、政府及供应商的要求和期望指标识别率相对较高；金融机构的要求和期望识别率略低（见图 30）。

③与利益相关方沟通的渠道和方式

披露员工、出资人、客户、社区、政府、环境、供应商的沟通渠道的报告占比超过 50%；指出监管机构、同行、社会组织、媒体的沟通渠道和方式的报告所占比重在 15% ~23%；指出金融机构沟通渠道和方式的报告比重较低，未超过 10%（见图 31）。

④与利益相关方相关的内容

披露员工、环境、社区和客户相关内容的报告较多，比重均在 90% 以上；披露金融机构、媒体相关内容的报告较少，比重在 20% 以下（见图 32）。

表 15　不同行业识别利益相关方群体情况

单位：%

行业/利益相关方	出资人	员工	客户	环境	社区	政府	供应商	同行	社会组织	媒体	金融机构	监管机构
交通运输仓储业	93. 15	100. 00	98. 63	100. 00	95. 89	94. 52	73. 97	38. 36	39. 73	36. 99	20. 55	34. 25
采掘业	98. 28	100. 00	91. 38	98. 28	100. 00	89. 66	68. 97	51. 72	44. 83	20. 69	18. 97	27. 59
信息技术业	96. 74	100. 00	97. 83	92. 39	96. 74	90. 22	83. 70	36. 96	42. 39	42. 39	13. 04	46. 74
金融保险业	98. 99	100. 00	97. 98	89. 90	100. 00	96. 97	59. 60	42. 42	40. 40	49. 49	24. 24	74. 75
电煤水生产和供应业	90. 32	98. 92	91. 40	92. 47	98. 92	87. 10	75. 27	38. 71	34. 41	40. 86	25. 81	40. 86
建筑业	86. 11	91. 67	83. 33	80. 56	86. 11	77. 78	66. 67	22. 22	16. 67	11. 11	16. 67	38. 89
制造业	89. 98	99. 40	95. 59	95. 79	94. 39	76. 95	85. 77	28. 86	29. 46	22. 85	21. 24	34. 47
房地产业	96. 55	100. 00	91. 38	84. 48	86. 21	75. 86	63. 79	17. 24	27. 59	24. 14	8. 62	22. 41
社会服务业	87. 76	100. 00	91. 84	95. 92	93. 88	93. 88	83. 67	40. 82	65. 31	38. 78	34. 69	79. 59
批发和零售贸易	92. 00	100. 00	100. 00	100. 00	100. 00	72. 00	60. 00	12. 00	24. 00	32. 00	4. 00	48. 00
综合业	88. 89	100. 00	94. 44	88. 89	94. 44	66. 67	66. 67	27. 78	16. 67	27. 78	11. 11	27. 78
农林牧渔业	100. 00	100. 00	100. 00	100. 00	58. 82	88. 24	70. 59	23. 53	23. 53	29. 41	23. 53	52. 94
传播与文化产业	97. 30	97. 30	81. 08	86. 49	70. 27	91. 89	72. 97	51. 35	48. 65	48. 65	27. 03	56. 76

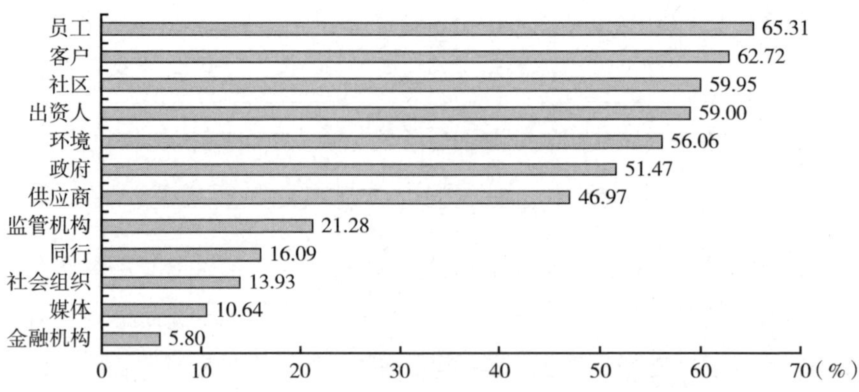

图 30　识别利益相关方要求和期望情况

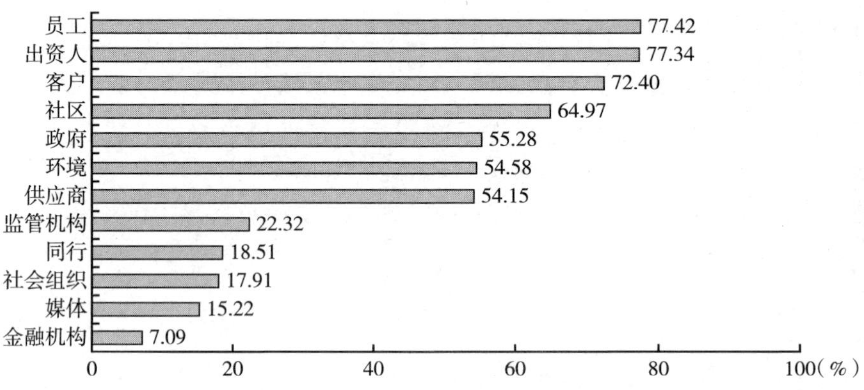

图 31　与利益相关方沟通的渠道和方式情况

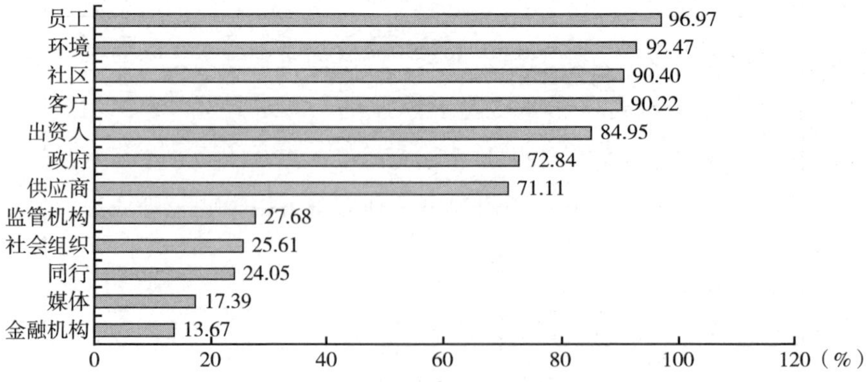

图 32　与利益相关方相关的内容

⑤针对利益相关方议题披露的程度

报告中利益相关方信息披露较为充分的是政府和员工，分别为47.73%和41.79%。其次是社区、环境、客户、出资人、监管机构等相关方，指标覆盖率在20%～30%。对媒体、同行、社会组织、金融机构信息披露的覆盖率最低，不到20%（见图33）。

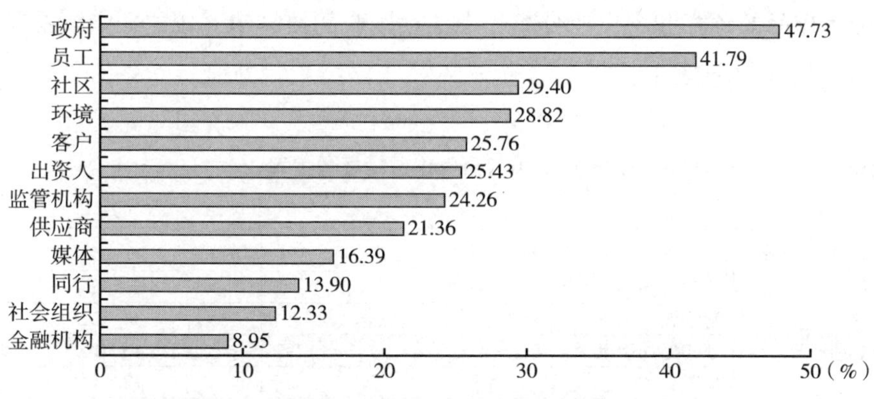

图33　内容实质性指标覆盖率（分利益相关方）

——出资人

在出资人方面，从是否发生法律纠纷、为出资人带来利润情况等四个方面对报告进行评价。出资人议题指标平均覆盖率为25.43%，其中，为出资人带来利润情况的披露情况较好，但对是否发生法律纠纷等方面信息的披露情况较差（见图34）。

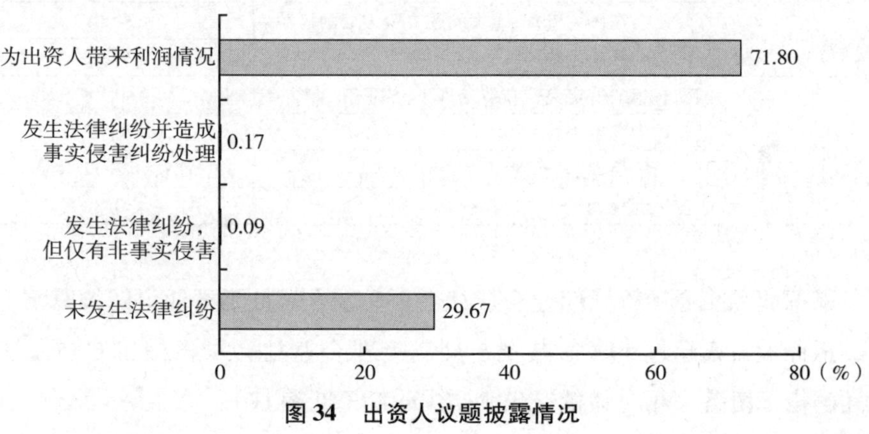

图34　出资人议题披露情况

——员工

在员工责任方面，从劳资、职业健康与安全、社会保障、工会、培训与发展等5个议题20项指标对报告信息披露情况进行评价。社会保障的指标覆盖率相对较高，工会议题的指标覆盖率相对较低；为工会及民主活动提供足够经费、员工薪酬合理规划倡导情况、员工培训发展预算、健康安全设施及劳保用品的预算和支出、分享工会活动经验的披露情况较差，指标覆盖率不超过30%（见表16）。

表16 员工责任议题指标覆盖率

单位：%

员工责任议题	具体指标	覆盖率
劳资	劳动合同签订情况	69.46
	薪酬发放情况	34.52
	薪酬增加制度建设情况	46.71
	员工薪酬合理规划倡导情况	12.11
职业健康与安全	提供健康安全用具、设施	56.40
	健康安全设施及劳保用品的预算和支出	23.27
	职业健康安全管理体系	56.49
	研发降低健康安全风险的措施	36.76
社会保障	依法参与社会保障情况	75.78
	缴纳社会保障费用情况	31.06
	符合当地文化习俗的必要福利	33.48
	对困难员工提供额外帮助	59.17
工会	成立工会	53.63
	为工会及民主活动提供足够经费	5.54
	保障工会在民主管理、重大问题决策方面的权益	34.08
	分享工会活动经验	28.11
培训与发展	国家规定的特定岗位技能培训	40.48
	员工培训发展预算	20.07
	员工技能培训、升迁制度	87.72
	职业生涯规划、学历教育	30.88

采掘业和交通运输仓储业企业社会责任报告对员工责任议题披露情况较好，指标覆盖率超过50%；传播与文化产业企业社会责任报告对员工责任议题的指标覆盖率相对最低，仅为25.54%（见表17）。

表 17　不同行业员工责任议题指标覆盖率

单位：%

	劳资	职业健康与安全	社会保障	工会	培训与发展	平均覆盖率
交通运输仓储业	45.89	46.58	65.07	45.21	48.63	50.27
采掘业	42.24	71.98	59.48	33.19	56.90	52.76
信息技术业	39.40	42.93	56.79	35.05	43.48	43.53
金融保险业	38.89	30.05	47.73	28.54	46.21	38.28
电煤水生产和供应业	41.40	48.12	50.00	29.84	50.81	44.03
建筑业	47.22	48.61	65.28	37.50	47.92	49.31
制造业	43.29	45.19	47.55	30.06	43.84	41.98
房地产业	38.79	37.07	40.52	28.45	43.53	37.67
社会服务业	29.08	40.82	44.90	19.90	47.96	36.53
批发和零售贸易	28.00	31.00	48.00	26.00	38.00	34.20
综合业	30.56	41.67	43.06	20.83	34.72	34.17
农林牧渔业	30.56	41.67	43.06	20.83	34.72	34.17
传播与文化产业	25.68	15.54	41.22	14.19	31.08	25.54

——客户

在客户责任方面，从产品和服务、营销信息和客户信息与隐私保护等 3 个议题 12 项指标对报告信息披露情况进行评价。客户信息与隐私保护议题的各个指标的覆盖率均较低；向客户提供产品/服务营销成本情况、引导鼓励责任消费、客户信息保护负责人联系方式的可获取性、明确说明信息收集目的这四个绩效指标的覆盖率较低，均不足 10%；超过 9 成的企业社会责任报告披露产品/服务质量相关信息。传播与文化产业企业报告产品/服务议题指标覆盖率较低，综合业、传播与文化业企业报告营销信息议题指标覆盖率较低，金融保险业和房地产业企业报告客户信息与隐私保护议题指标覆盖率相对较高（见表 18、表 19）。

表 18　客户责任议题指标覆盖率

单位：%

客户责任议题	具体指标	覆盖率
产品和服务	产品/服务质量	90.31
	产品/服务价格合理	10.03
	产品/服务质量的制度体系	52.16
	研发可持续的产品/服务	36.76
营销信息	提供完整、真实、准确的产品/服务信息情况	47.75
	向客户提供产品/服务营销成本情况	1.82
	向客户(包括特殊人群,如盲人、聋哑人)提供产品/服务信息的渠道情况	19.98
	引导鼓励责任消费	7.53
客户信息与隐私保护	通过合法且公正的方式获取客户信息	14.71
	明确说明信息收集目的	5.28
	建立客户信息获取、使用和保护制度	21.02
	客户信息保护负责人联系方式的可获取性	1.90

表 19　不同行业客户责任议题指标覆盖率

单位：%

	产品和服务	营销信息	客户信息与隐私保护	平均覆盖率
交通运输仓储业	48.29	24.66	12.67	28.54
采掘业	53.02	16.38	6.90	25.43
信息技术业	53.02	16.38	6.90	25.43
金融保险业	48.99	29.04	20.45	32.83
电煤水生产和供应业	44.35	13.17	8.06	21.86
建筑业	43.75	13.19	9.72	22.22
制造业	48.75	19.04	8.92	25.57
房地产业	42.67	22.41	22.84	29.31
社会服务业	50.00	17.35	9.69	25.68
批发和零售贸易	48.00	20.00	6.00	24.67
综合业	38.89	11.11	1.39	17.13
农林牧渔业	47.06	20.59	1.47	23.04
传播与文化产业	27.03	10.14	3.38	13.51

——环境

在环境责任方面，从环境管理、环境保护意识和能力建设、降污减排、资源节约与利用、生态系统保护等5个议题20项具体指标对报告信息披露情况进行评价。环境管理、降污减排、资源节约与利用议题的指标覆盖率相对较高，生态系统保护议题的指标覆盖率相对较低；涉及绩效的指标覆盖率普遍不高，如设立环保培训经费、生态保护资金等。采掘业企业报告的环境责任议题指标覆盖率较高，批发和零售贸易、农林牧渔、传播与文化产业企业报告的环境责任议题指标覆盖率较低；采掘业企业报告生态系统保护议题指标覆盖率最高（见表20、表21）。

表20　环境责任议题指标覆盖率

单位：%

环境责任议题	具体指标	覆盖率
环境管理	实施环境影响评价	19.90
	投入环保资金	34.08
	建立环境管理体系	50.87
	为行业提高环境管理水平贡献经验	22.75
环境保护意识和能力建设	环境保护意识培训	31.92
	设立环保培训经费	4.76
	建立环保培训制度	11.25
	推行绿色办公	49.48
	倡导公众参与环保公益活动	32.61
降污减排	减少垃圾和废弃物的排放	79.58
	有控制废弃物排放的资金	16.96
	建立降污减排制度	49.83
	进行碳捕获/碳补偿	4.50
资源节约与利用	资源使用和能耗符合国家规定	60.81
	有支持资源节约与利用的专项资金	13.06
	有资源、废旧物品综合再利用制度及措施	50.87
	使用新材料、新能源	38.24
生态系统保护	减少运营对生物多样性影响的措施	15.57
	有生态保护资金	2.94
	建立生态系统保护制度	5.54
	倡导公众采取恢复生态系统的行动	9.78

表 21　不同行业环境责任议题指标覆盖率

单位：%

	环境管理	环境保护意识和能力建设	降污减排	资源节约与利用	生态系统保护	平均覆盖率
交通运输仓储业	40.07	31.23	48.29	51.71	16.78	37.62
采掘业	50.00	35.17	57.76	55.60	23.71	44.45
信息技术业	26.09	24.78	32.07	37.23	3.53	24.74
金融保险业	18.69	26.06	25.00	32.58	2.27	20.92
电煤水生产和供应业	37.10	28.82	37.10	48.92	18.01	33.99
建筑业	43.75	36.11	35.42	49.31	14.58	35.83
制造业	34.97	24.17	41.58	40.58	6.01	29.46
房地产业	24.14	25.52	33.62	40.09	10.34	26.74
社会服务业	27.55	29.80	30.61	42.86	11.22	28.41
批发和零售贸易	14.00	22.40	28.00	27.00	0.00	18.28
综合业	23.61	20.00	33.33	36.11	9.72	24.56
农林牧渔业	26.47	29.41	17.65	17.65	2.94	18.82
传播与文化产业	10.81	16.76	13.51	17.57	2.03	12.14

——社区

在社区责任方面，从社区沟通、就业培训、社区发展、文化教育、捐赠救灾等 5 个议题 16 项具体指标对报告信息披露情况进行评价。社区发展和文化教育议题的指标覆盖率相对较高；组织和支持员工参与社区志愿活动的覆盖率最高，处理社区纠纷指标的覆盖率最低。农林牧渔业和传播与文化产业企业报告的社区议题指标覆盖率相对较低，建筑业、交通运输仓储业、采掘业、金融保险业企业及电煤水生产和供应业报告的社区议题指标覆盖率相对较高；采掘业和金融保险业企业报告社区发展议题指标覆盖率最高（见表 22、表 23）。

表 22 社区责任指标情况

单位：%

社区责任议题	具体指标	覆盖率
社区沟通	评估社区影响，了解社区需求并确认优先发展事项	18.77
	主动与社区沟通，了解并回应利益相关方的意见和建议	30.97
	处理社区纠纷	0.17
	制订社区参与计划，参与社区公共服务和管理	25.78
	组织和支持员工参与社区志愿活动	61.94
就业培训	雇用本地员工	28.72
	促进就业平等	23.18
	提升社区居民技能水平	18.08
社区发展	支持社区公共基础设施建设	42.47
	帮助提高社区公共服务、管理水平和卫生医疗水平	39.10
	开发特色资源，帮助社区发展特色产业	24.39
文化教育	尊重和保护社区文化传统和遗产，为社区文化活动和项目提供便利	11.59
	支持社区教育发展，增加社区儿童和弱势群体受教育机会，减少社区文盲	53.55
	帮助社区学校改善教育设施，提高教育质量	32.96
捐赠救灾	支持社区慈善事业发展，为社区发展和防灾减灾提供捐赠	45.85
	发挥技术和设备优势，参与社区防灾减灾活动	12.80

表 23 不同行业企业社区责任指标情况

单位：%

	社区沟通	就业培训	社区发展	文化教育	捐赠救灾	平均覆盖率
交通运输仓储业	41.37	36.07	42.92	33.79	33.56	37.54
采掘业	33.79	35.63	54.02	34.48	31.90	37.97
信息技术业	34.35	34.78	28.62	32.97	23.37	30.82
金融保险业	32.32	16.16	53.87	45.45	34.85	36.53
电煤水生产和供应业	27.96	33.69	44.80	34.05	37.10	35.52
建筑业	35.00	37.96	43.52	50.00	30.56	39.41
制造业	24.61	17.70	31.06	29.06	29.06	26.30
房地产业	23.79	18.97	37.36	39.66	37.07	31.37
社会服务业	22.86	25.85	29.25	28.57	19.39	25.18
批发和零售贸易	28.80	16.00	21.33	21.33	26.00	22.69
综合业	18.89	33.33	25.93	24.07	44.44	29.33
农林牧渔业	11.76	23.53	11.76	23.53	23.53	18.82
传播与文化产业	13.51	18.02	11.71	30.63	8.11	16.40

——政府

在对政府的责任方面，从遵守法律法规及政策情况等4项具体指标对报告信息披露的情况进行评价。遵守法律法规及政策情况指标覆盖率较高，响应政府倡导的产业投资活动和慈善公益活动的指标覆盖率较低（见图35）。

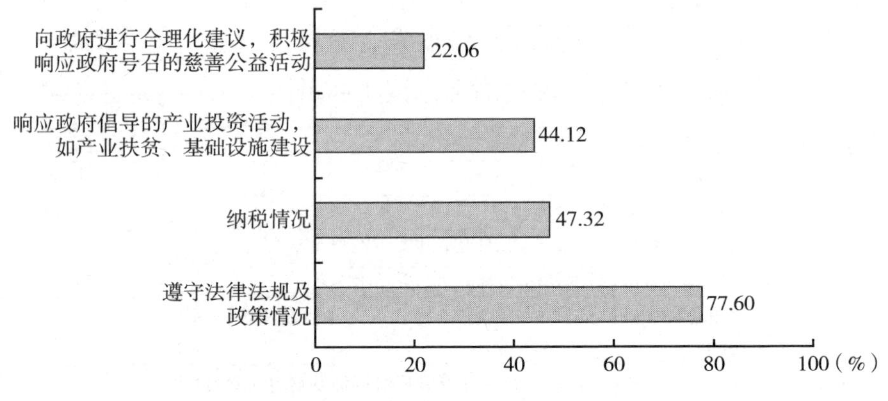

图35　政府议题指标覆盖率

——供应商

在供应商责任方面，从采购原则、供应商资质、供应商管理3个议题11项具体指标，对报告信息披露情况进行评价。供应商3个议题的指标覆盖率从高到低依次为采购原则、供应商资质、供应商管理；对供应商因社会责任审核认证所增加的成本的分担指标的覆盖率最低。电煤水生产和供应业、信息技术业、建筑业、制造业、房地产业、社会服务业供应商责任议题指标覆盖率相对较高（见表24、表25）。

表24　供应商责任议题指标覆盖率

单位：%

供应商责任议题	具体指标	覆盖率
采购原则	采购原则公开，合同签订执行情况	45.67
	采购价格合理，按期付款	9.95
	采购合同对道德、环境的考虑	25.43
	鼓励负责任的供应商	30.28

续表

供应商责任议题	具体指标	覆盖率
供应商资质	对供应商资质要求	48.96
	对供应商因社会责任审核认证所增加的成本的分担	1.73
	提高供应商社会责任水平的做法，包括审核、培训、辅导等活动	25.00
	为行业内供应链社会责任水平提高贡献经验的情况	9.00
供应商管理	供应商社会责任管理制度	21.02
	供应商社会责任管理机制	13.15
	供应商社会责任管理信息披露	4.76

表 25　不同行业供应商责任议题指标覆盖率

单位：%

	采购原则	供应商资质	供应商管理	平均覆盖率
交通运输仓储业	30.48	18.15	10.50	19.71
采掘业	22.84	13.36	2.30	12.84
信息技术业	31.79	20.65	10.87	21.11
金融保险业	18.43	18.69	10.10	15.74
电煤水生产和供应业	30.65	22.85	17.92	23.81
建筑业	38.19	23.61	16.67	26.16
制造业	28.86	24.95	14.83	22.88
房地产业	29.74	19.40	21.26	23.47
社会服务业	35.20	19.90	12.24	22.45
批发和零售贸易	15.00	17.00	2.67	11.56
综合业	23.61	15.28	14.81	17.90
农林牧渔业	29.41	5.88	1.96	12.42
传播与文化产业	12.16	6.76	4.50	7.81

——同行、社会组织、媒体、金融机构和监管机构

在同行、社会组织、媒体、金融机构、监管机构 5 个利益相关方方面，涉及 15 项具体指标。报告对行业标准与规范的遵守情况、促进行业发展的活动情况、主动接受监管部门的监督和配合监管部门的检查等指标披露较多，而对实施行业标准和规范的预算、回应 NGO 等民间组织的诉求、对金融机构的履约情况、与金融机构建立战略合作关系的披露较少（见表 26）。

表 26　同行、社会组织、媒体、金融机构和监督机构指标覆盖率

单位：%

利益相关方责任议题	具体指标	覆盖率
同行	依法公平竞争，杜绝价格联盟	10.99
	尊重竞争对手，维护公平竞争环境	12.54
	尊重和保护知识产权	18.17
社会组织	行业标准与规范的遵守情况	21.54
	实施行业标准和规范的预算	0.69
	行业标准与规范制定的参与情况	13.75
	促进行业发展的活动情况	21.63
	回应 NGO 等民间组织的诉求	3.29
	与 NGO 等民间组织积极合作	13.06
媒体	主动向媒体公开信息情况	13.84
	重视媒体监督，关注媒体评价	18.94
金融机构	对金融机构的履约情况	8.74
	与金融机构建立战略合作关系	9.17
监管机构	主动接受监管部门的监督	26.90
	配合监管部门的检查	21.63

⑥对利益相关方的责任理念和方针

对员工、环境、客户、社区、出资人等利益相关方的责任理念和方针指标覆盖率较高，均超过 50%；对媒体、金融机构、社会组织、监管机构等利益相关方的责任理念和方针披露较少，指标覆盖率尚未超过 10%（见图 36）。

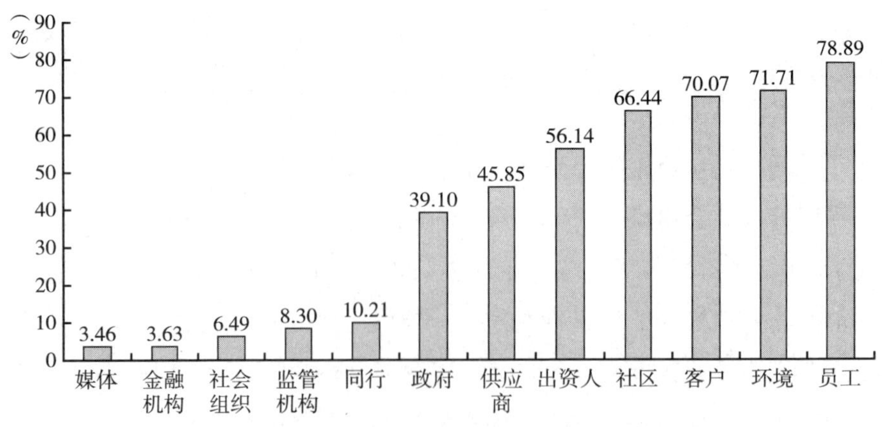

图 36　利益相关方责任理念和方针的指标覆盖率

⑦对利益相关方的责任绩效

超过60%的报告披露员工、环境、社区、出资人、客户等利益相关方的责任绩效；金融机构、媒体、同行、监管机构的责任绩效指标覆盖率较低，均未超过10%（见图37）。

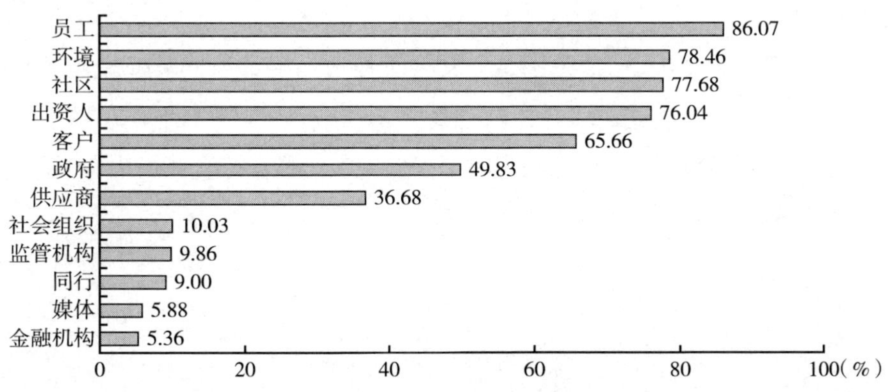

图37　利益相关方责任绩效的指标覆盖率

⑧对识别出的利益相关方责任理念与机构战略相关

识别出客户的责任理念与机构战略相关的指标覆盖率最高，为41.09%；其次为员工、环境、出资人、社区等利益相关方，责任理念与机构战略相关的指标覆盖率超过30%；而金融机构、媒体、监管机构、社会组织和同行责任理念与机构战略相关被识别出的比重不超过10%（见图38）。

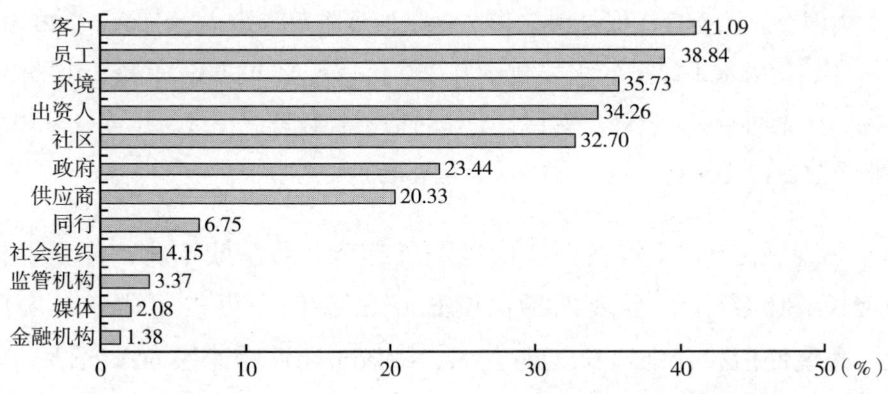

图38　识别出的利益相关方责任理念与机构战略相关的指标覆盖率

二　金蜜蜂中国企业社会责任报告阶段性特征

（一）报告总体水平呈现阶梯式上升趋势，优秀水平以上报告同比略有下降

从2009年到2018年，中国企业社会责任报告质量水平呈阶梯式上升趋势。2009~2011年，报告综合指数维持在1000点的基准水平；2012~2015年，报告综合指数达到1200点；2016~2018年，报告综合指数升级到1300点以上（见图39）。

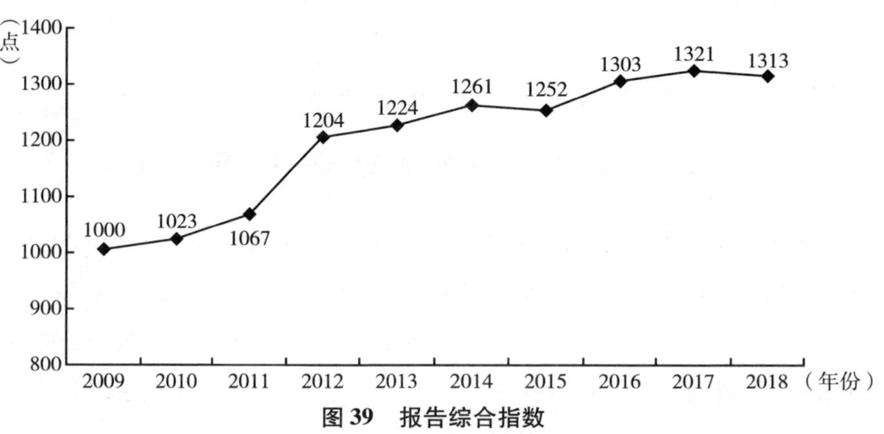

图39　报告综合指数

中国企业社会责任报告整体依然处于发展水平，平均得分为54.42分。2018年，优秀水平以上的报告数量有330份，占比20.90%，较2017年明显减少（见图40）。追赶、发展、起步阶段报告数量占比有所增多，发展阶段报告数量占比最高，达35.91%（见图41）。

（二）报告六个维度指数均呈增长趋势，与基期相比，创新性指数增长480.65%，可读性指数增长156.28%，报告可信性、实质性、完整性指数分别增长20%左右，绩效可比性增速仅为2.22%

从2009年到2018年，中国企业社会责任报告完整性、可比性、实质

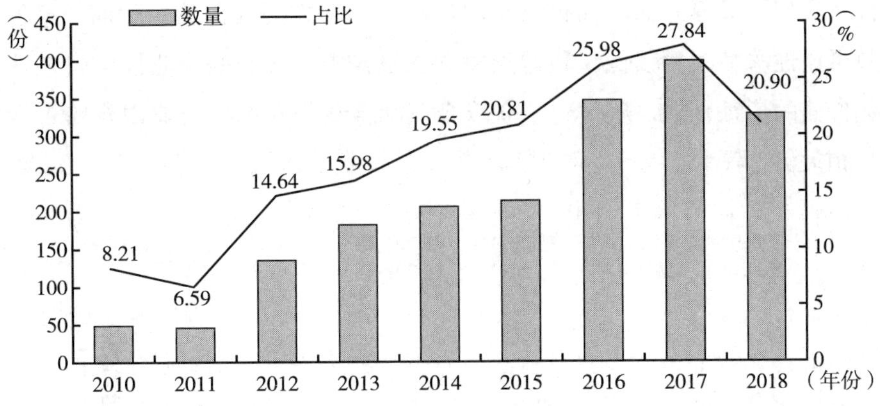

图 40　优秀水平以上报告数量及占比

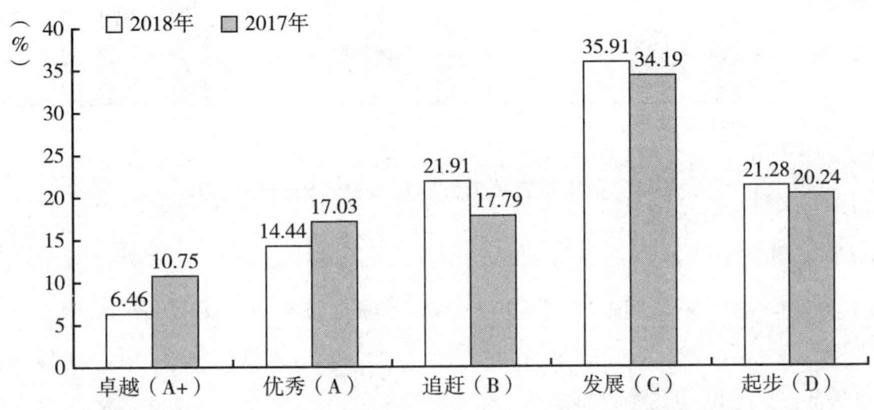

图 41　不同质量报告的比重变化

性、可信性、可读性、创新性指数均呈增长趋势。报告创新性指数始终领先，比基期增幅达480.65%；可读性指数2016年超过2000点，步入新的台阶；可信性、实质性、完整性指数稳步增长；可比性指数整体变化不大（见图42、图43）。

近年来，中国企业社会责任报告质量稳步提升，尤其注重提升报告的创新性和可读性。一批先进企业的社会责任报告积极响应“一带一路”倡议，紧跟国家发展战略，同时与SDGs等国际标准接轨；在报告的文字表达、排版设计、表现形式等方面不断提升，增强利益相关方阅读体验。然而，报告的绩效可比性水平依然较低，利益相关方从报告中了解到的企业社会责任绩效变化方面的信息有限，从报告中获取企业社会责任绩效在行业内及跨行业的水平相关信息较少。

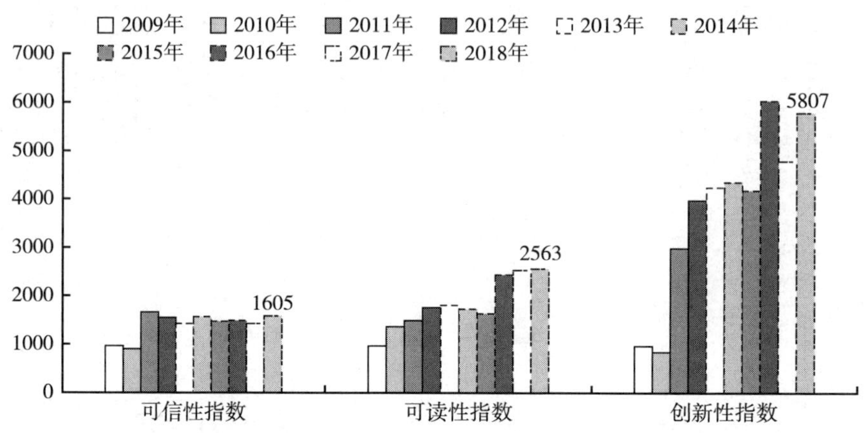

图 42　历年报告可信性、可读性、创新性指数

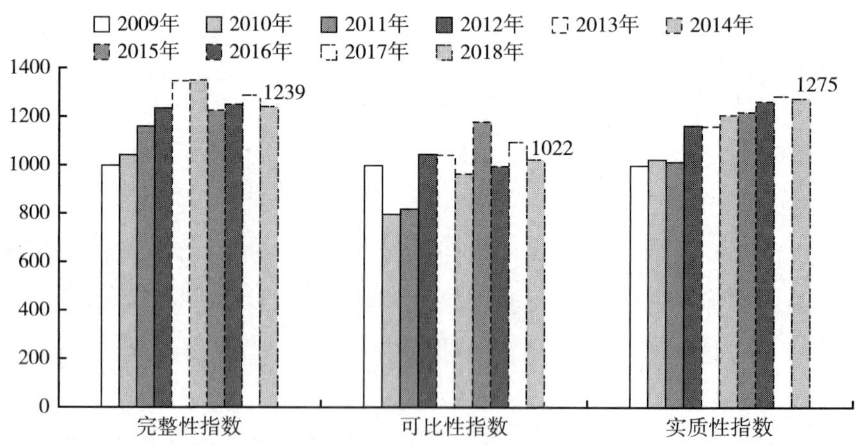

图 43　历年报告完整性、可比性、实质性指数

（三）企业注重在报告中披露精准扶贫、污染防治、气候变化等热点议题。领袖型企业、电煤水生产和供应业、建筑业及交通运输仓储业报告在这方面表现更为突出

企业更加注重在报告中披露精准扶贫、污染防治、气候变化、“一带一路”等热点议题的相关信息。在报告结构上，部分企业根据 SDGs 搭建框架，将社会责任实践与 SDGs 进行对标，或专门设置“一带一路”、精准扶贫、党建等专题。在报告形式上，运用超链接、二维码等设置，方便利益相关方了解更多感兴趣的信息，同时增加视频、H5、AR 等创新的互动形式，增强报告趣味性。

领袖型企业更加契合时代热点，在内容、结构、形式上契合时代热点的指标覆盖率分别高出成长型企业 35.19、33.12 和 30.76 个百分点（见图 44）。在行业方面，交通运输仓储业在内容上契合时代热点的指标覆盖率最高，达 41.10%；其次是综合业、建筑业及电煤水生产和供应业，社会服务业和传播与文化产业契合时代热点指标覆盖率较低（见图 45）。

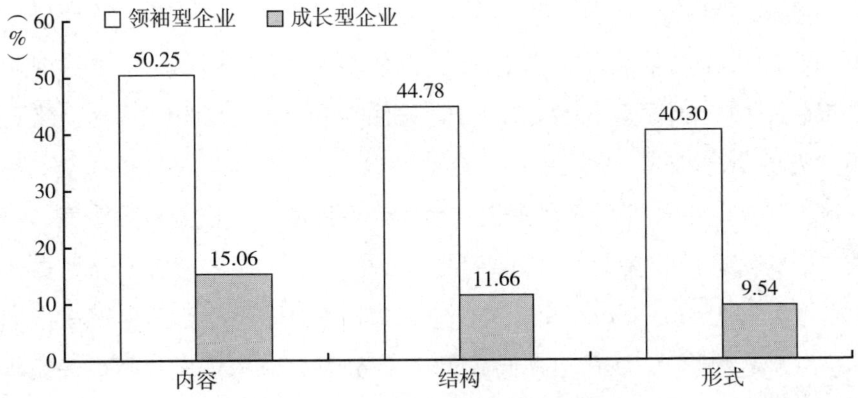

图 44　领袖型企业和成长型企业在内容、结构、形式上契合时代热点指标覆盖率

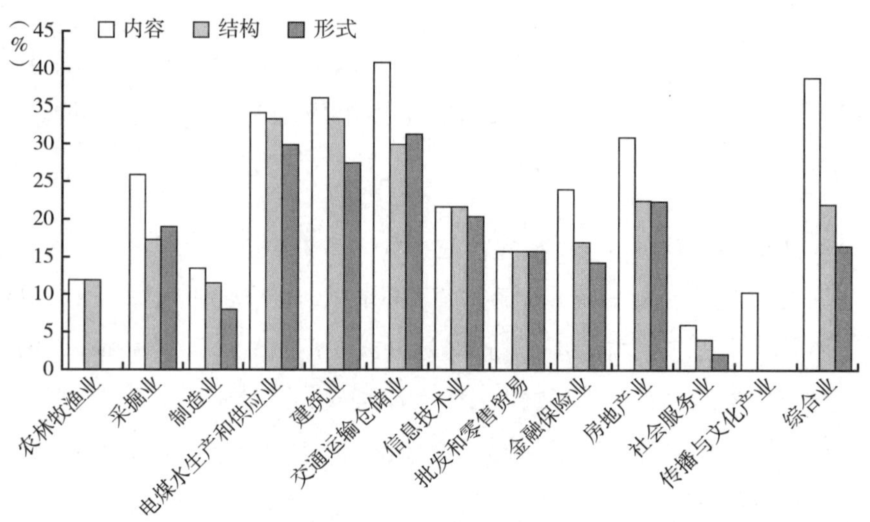

图 45　不同行业在内容、结构、形式上契合时代热点指标覆盖率

（四）报告对政府和员工的履责信息披露程度较高，对媒体、同行、社会组织、金融机构的信息披露程度较低。必尽责任信息披露呈减少趋势，应尽责任和愿尽责任信息披露呈增加趋势

报告更加注重披露对政府、员工、社区、环境等利益相关方的履责信息，其次是客户、出资人、监管机构和供应商，对媒体、同行、社会组织和金融机构的信息披露指标覆盖率较低（见图 46）。这说明企业注重在报告中回应国家政策要求，同时关注对员工、社区、环境等核心利益相关方的信息披露。

报告整体上更加注重必尽责任方面的信息披露，其次是应尽责任，愿尽责任方面的信息披露率最低。2018 年，必尽责任、应尽责任、愿尽责任指标覆盖率分别为 46. 12%、29. 35%、19. 32%（见图 47）。必尽责任指标覆盖率呈减少趋势，比 2010 年降低 9. 95 个百分点；应尽责任和愿尽责任指标覆盖率呈增加趋势，分别比 2010 年提升 13. 17 个百分点和 30. 73 个百分点。随着中国企业社会责任意识不断提升，企业更加注重披露利益相关方关注的信息，以及从可持续发展角度解决重大问题的相关信息。

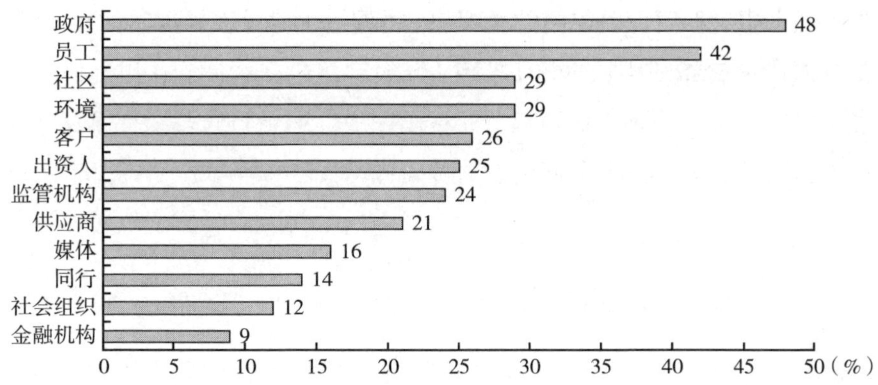

图 46　各利益相关方信息披露指标覆盖率

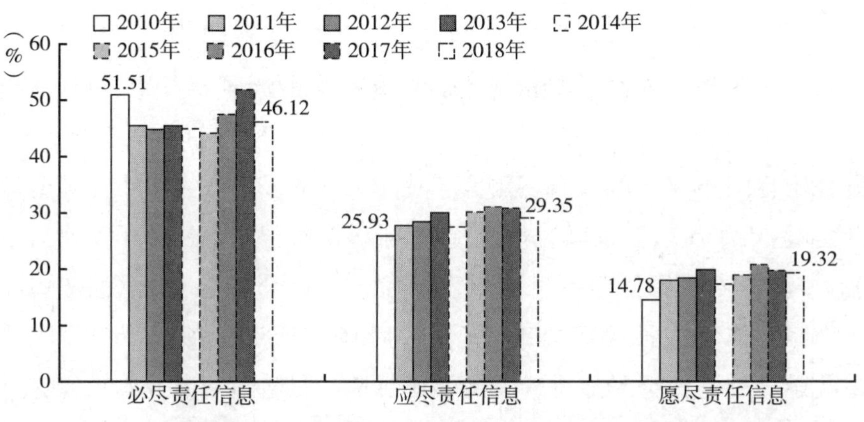

图 47　历年报告中必尽责任、应尽责任、愿尽责任信息指标覆盖率

（五）领袖型企业报告综合指数始终高于成长型企业，两者之间的差距缩小。领袖型企业报告更能反映企业战略、文化及品牌形象等特征，且更关注对社会组织、同行、媒体、社区等利益相关方的信息披露

从 2009 年到 2018 年，领袖型企业和成长型企业的报告综合指数均呈上升趋势，领袖型企业报告综合指数始终高于成长型企业，但两者的差距逐渐缩小（见图 48）。2015 ~2018 年，领袖型企业与成长型企业在创新性、可读性、可比性、可信性、完整性和实质性指数方面的差距都在缩小，其中完整性和实质性方面的差距最小（见图49）。

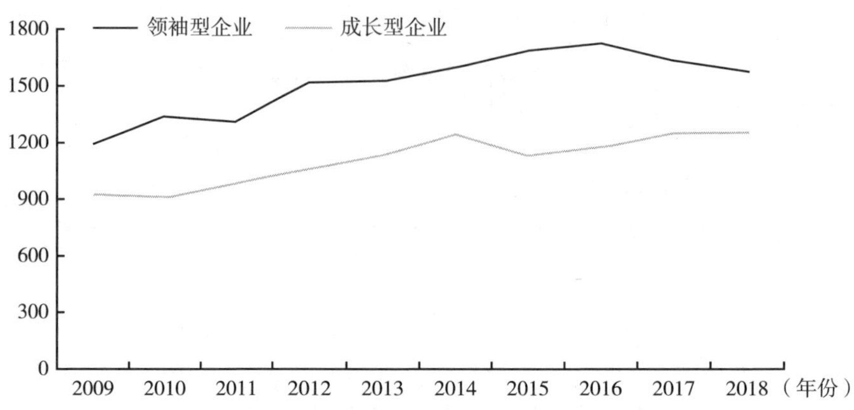

图48　领袖型企业和成长型企业综合指数

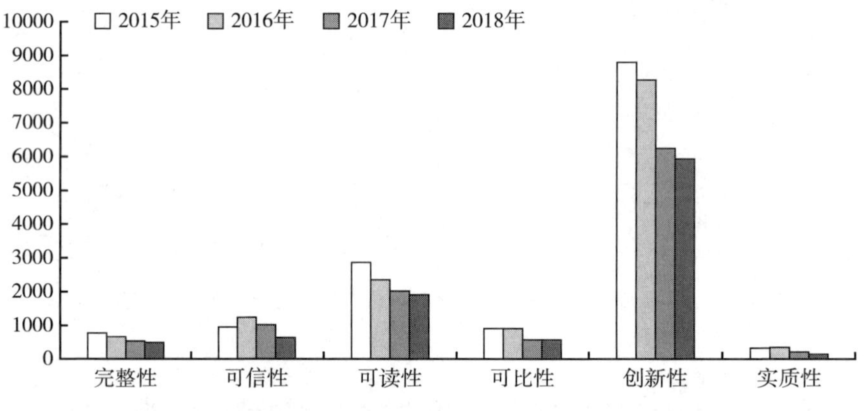

图49　领袖型企业和成长型企业六个维度指数差值变化

领袖型企业报告更能反映企业战略、文化及品牌形象等特征，在内容、结构和形式上更具有企业特色，分别比成长型企业高出29.17个百分点、33.97个百分点和31.76个百分点（见图50）。领袖型企业更注重在报告中融入企业战略、文化、品牌等方面的特征，根据企业特点构建报告框架，披露企业对社会责任的战略考量、负责任文化等内容，将企业主营业务、品牌logo等元素融入报告设计，增强社会责任与企业形象的关联度。

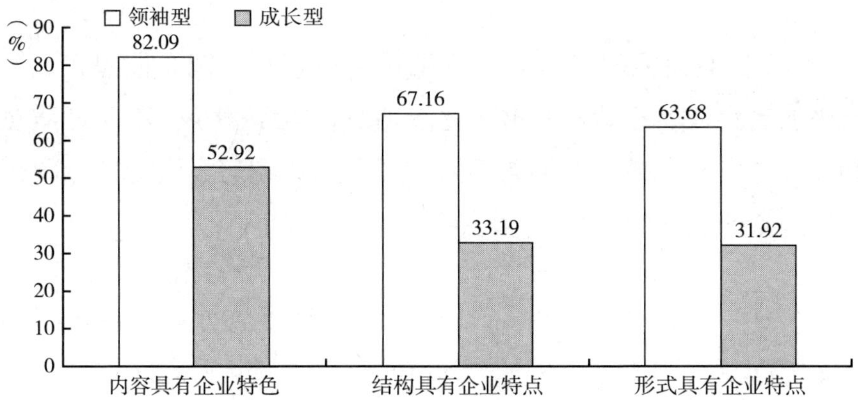

图 50　领袖型企业和成长型企业特色指标覆盖率

领袖型企业对利益相关方信息披露的指数均高于成长型企业，尤其是对社会组织、同行、媒体、社区的信息披露，分别比成长型企业高出 146.88 个百分点、114.03 个百分点、87.08 个百分点和 72.35 个百分点，对出资人和金融机构的信息披露程度相差不大（见图 51）。

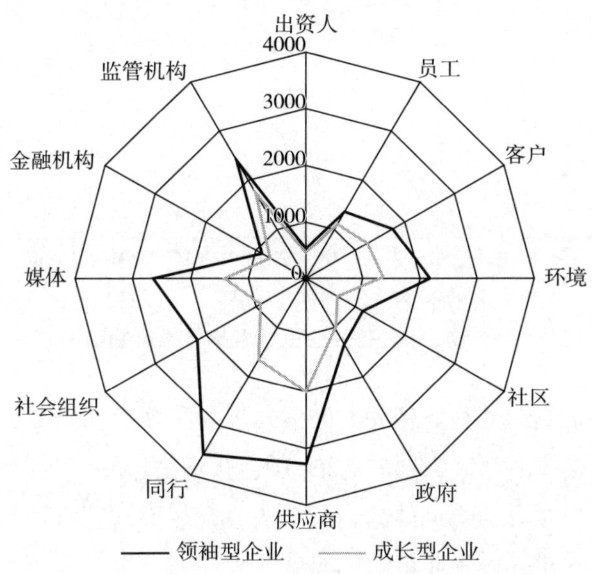

图 51　领袖型企业和成长型企业利益相关方指数对比

（六）国有企业报告呈高水平稳定发展趋势，国有控股企业、外资及港澳台企业、民营企业报告逐步追赶，差距缩小。不同性质企业对利益相关方信息披露的侧重不同，国有企业政府、同行指标覆盖率高，外资企业供应商、客户指标覆盖率高

从 2009 年到 2018 年，国有企业报告综合指数始终处于领先地位，国有控股企业、外资及港澳台企业、民营企业综合指数增长较快，与国有企业的差别逐渐缩小（见图 52）。2018 年，四类企业的报告在实质性方面的差距最小，国有企业和外资及港澳台企业报告的创新性、可读性和可信性明显高于民营企业（见图 53）。

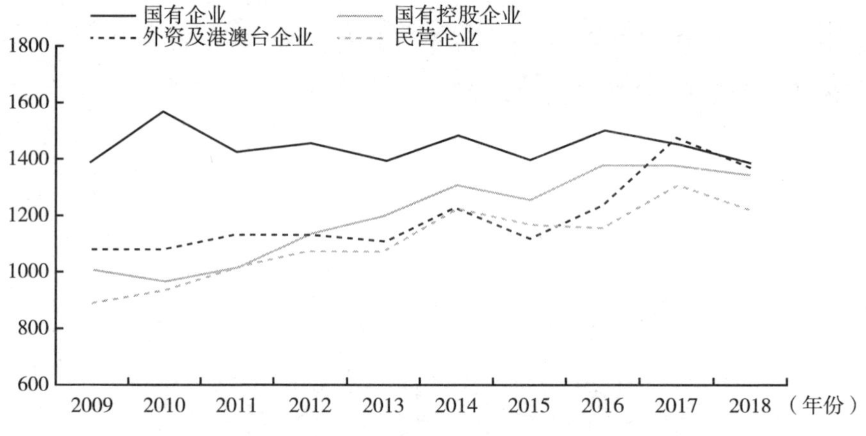

图 52　不同性质企业综合指数发展趋势

不同性质企业对各利益相关方的信息披露程度存在差异。国有企业更加注重对同行、媒体、社区和政府的信息披露，外资及港澳台企业更加注重对供应商、环境和客户的信息披露。国有控股企业对监管机构、员工和出资人的信息披露程度比其他企业更高（见图 54）。

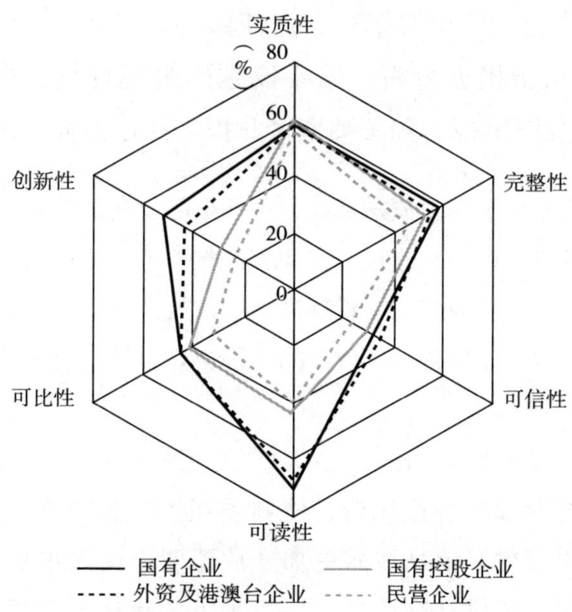

图 53　不同性质企业六个维度得分率

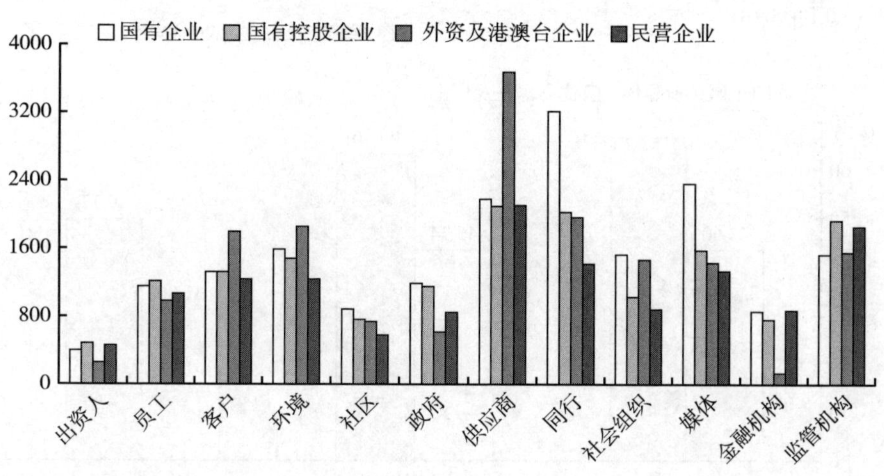

图 54　不同性质企业利益相关方指数

（七）报告更加注重披露社会责任核心议题的管理方法，包括议题识别排序、风险机遇分析、核心议题的管理计划、措施及实施进展，优秀水平及以上报告和领袖型企业报告在这方面表现更加突出

企业更加注重在报告中披露对社会责任核心议题的管理方法，分析公司发展的风险和机遇，识别利益相关方和利益相关方关注的关键议题，在此基础上阐述核心议题的管理理念、管理措施、绩效及下一步计划。优秀水平及以上报告和领袖型企业报告在这方面的表现更好。绩效可比性指标覆盖率更高（见图55）。

优秀水平及以上报告加强社会责任信息披露管理，关键绩效连续披露，并进行同行业和跨行业比较，使利益相关方更准确、全面、系统地了解公司的履责成效，信息披露更加开放透明。优秀水平及以上报告比中国企业整体报告关键社会责任议题管理方法指标覆盖率更高，尤其是社会责任计划内容、利益相关方识别和排序以及风险机遇分析，比中国企业整体水平分别高出27.92个百分点、27.77个百分点和27.08个百分点（见图56）。

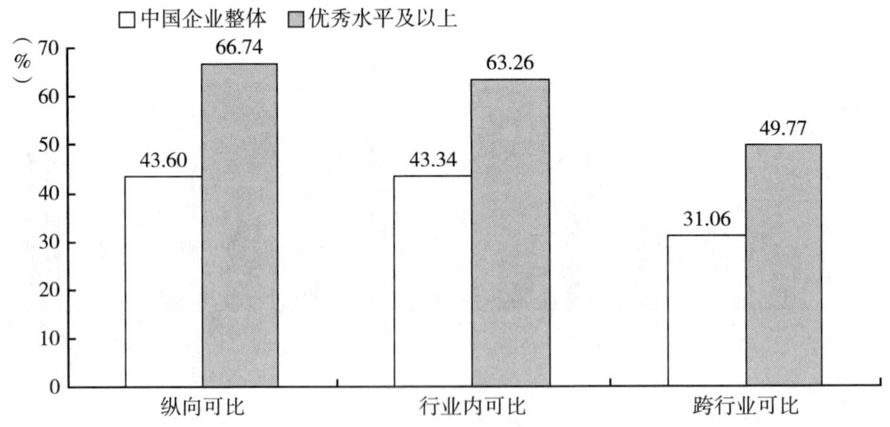

图55　可比性指标覆盖率

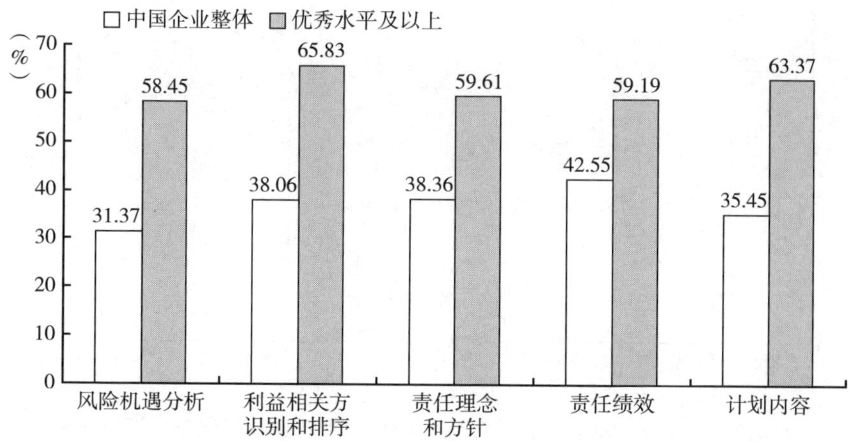

图 56　关键社会责任议题管理方法指标覆盖率

领袖型企业比成长型企业报告更加披露关键社会责任议题管理方法，报告可比性更强（见图 57）。风险机遇分析、计划内容、利益相关方识别和排序分别比成长型企业高出 20.64 个百分点、18.71 个百分点和 16.10 个百分点（见图 58），责任理念和方针与计划内容的披露也显著高于成长型企业。

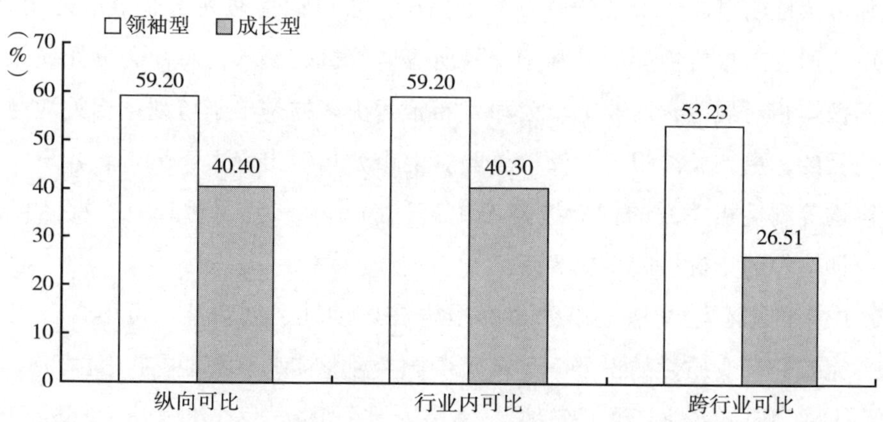

图 57　领袖型企业和成长型企业报告可比性指标覆盖率

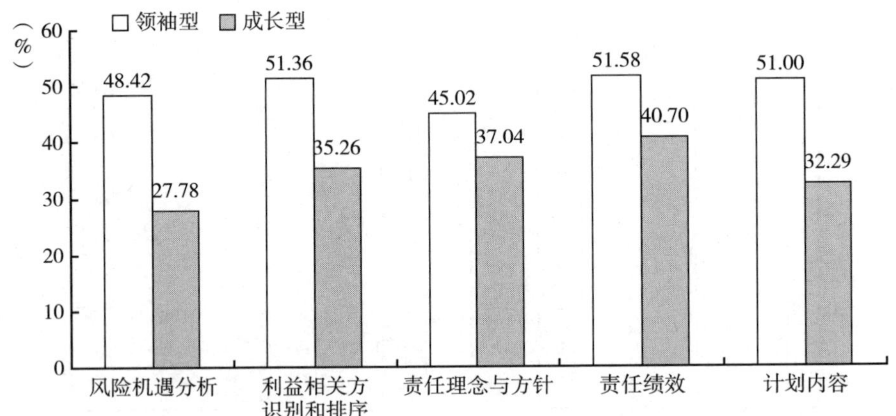

图 58　领袖型企业和成长型企业报告关键社会责任议题管理方法指标覆盖率

（八）非上市公司报告综合指数略高于上市公司。上市公司出资人、员工、客户、环境、监管机构等指标的得分率较高。内地在港交所上市公司报告得分明显高于沪深交易所和中国企业整体水平，客户、环境、社区、供应商、同行信息披露表现突出

2018 年，非上市公司综合指数略高于上市公司。非上市公司报告创新性和可读性明显高于上市公司，上市公司报告可比性略高于非上市公司方。上市公司发布报告更多的是基于交易所等监管机构要求，对社会责任绩效数据的披露相对规范，而非上市公司发布报告更多的是出于与利益相关沟通交流的目的，更加关注报告的阅读体验。上市公司对出资人、员工、客户、监管机构等利益相关方的指标披露率更高，而非上市公司对政府、社区供应商、环境等的指标披露率更高。

中国内地在港交所上市公司的报告在可读性、创新性、可信性、可比性、完整性和实质性的得分率均高于中国企业整体水平，且更加关注客户、环境、社区、供应商、同行的信息披露。沪深上市公司报告六个维度得分率略低于中国企业整体水平。深交所上市公司更加关注对出资人、监管机构和媒体的信息披露。

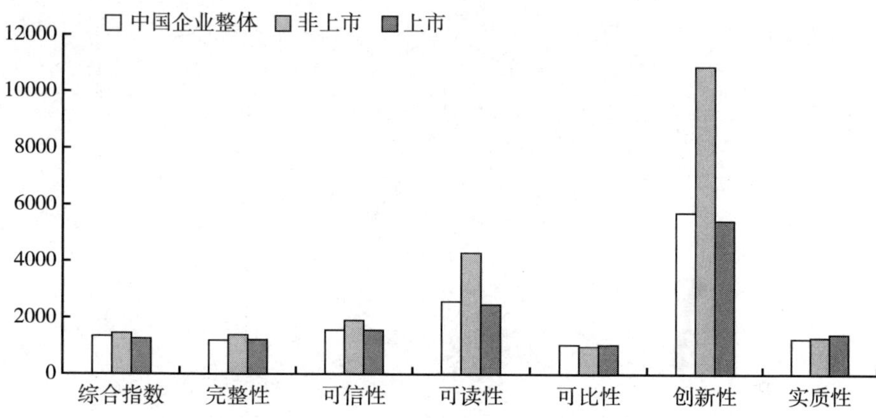

图 59　上市公司和非上市公司报告指数对比

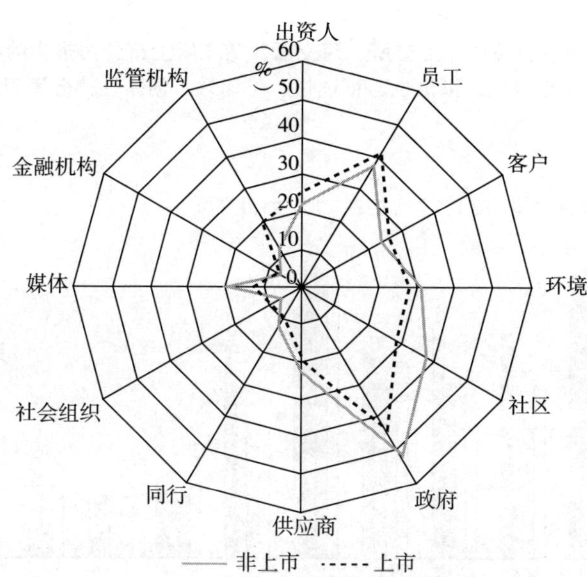

图 60　上市公司和非上市公司利益相关方指标覆盖率

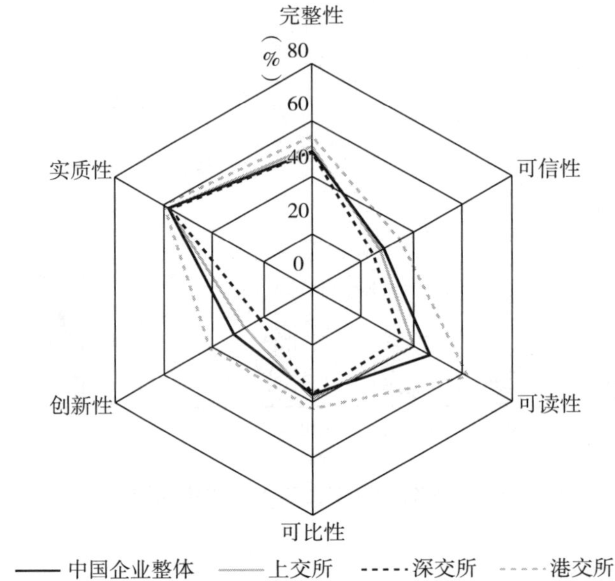

图 61　中国企业整体、上交所、深交所、港交所上市公司报告的实质性、完整性、可信性、可读性、可比性、创新性得分率对比

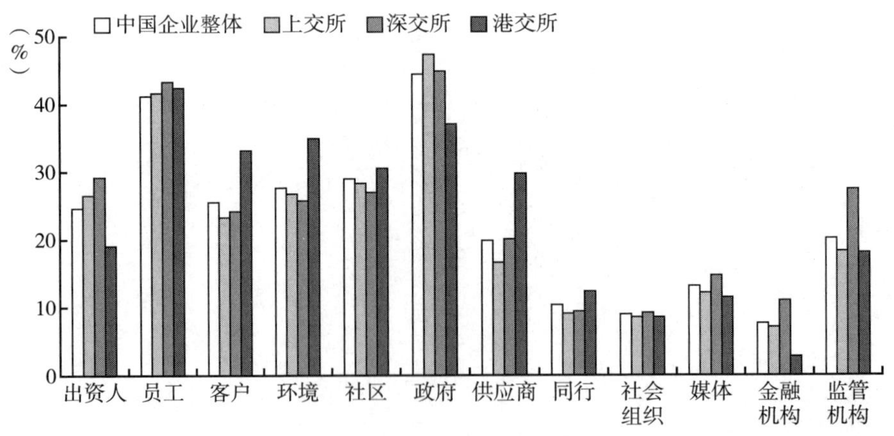

图 62　中国企业整体、上交所、深交所、港交所上市公司利益相关方指标覆盖率

（九）交通运输仓储业、采掘业、信息技术业和电煤水生产和供应业报告整体质量较高。采掘业和信息技术业综合指数同比增长显著。各行业对利益相关方信息披露侧重不同。交通运输仓储业、建筑业与电煤水生产和供应业报告行业特色更突出

2018 年，行业报告综合指数排名前三的分别是交通运输仓储业、采掘业和信息技术业，总平均分分别为 65.54 分、62.99 分和 60.29 分，报告整体水平达到了追赶级别。采掘业和信息技术业综合指数同比增长 6.05% 和 6.60%，电煤水生产和供应业、交通运输仓储业报告水平同比略有降低（见图 63）。

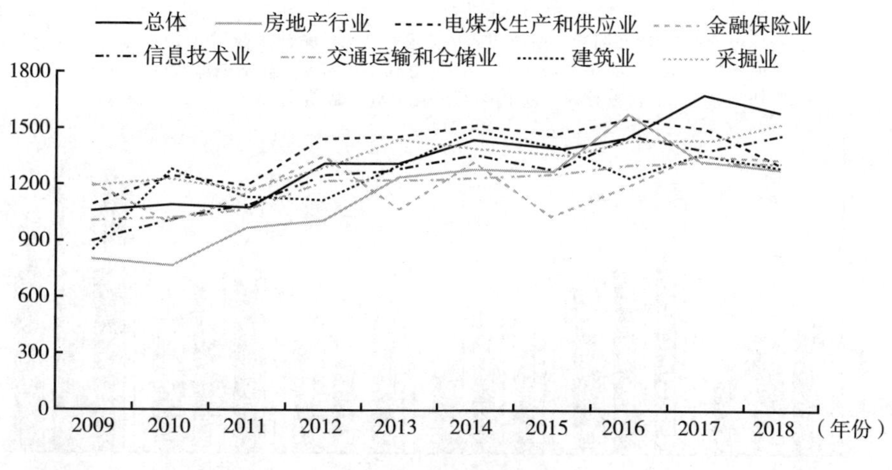

图 63 各行业综合指数

不同行业对各利益相关方信息披露的指标覆盖率存在差异。采掘业和建筑业报告在员工、环境和社区指标的信息披露程度更高，金融保险业和信息技术业报告在客户、媒体指标的信息披露程度高，电煤水生产和供应业报告在政府、供应商指标的信息披露程度高，交通运输仓储业报告在环境、社会组织和媒体指标的信息披露程度高。

表 27　各利益相关方指标覆盖率排名前三的行业

利益相关方	指标覆盖率排名前三的行业
出资人	交通运输仓储业、信息技术业、采掘业
员工	采掘业、交通运输仓储业、建筑业
客户	金融保险业、房地产业、信息技术业
环境	采掘业、交通运输仓储业、建筑业
社区	采掘业、建筑业、金融保险业
政府	金融保险业、电煤水生产和供应业、采掘业
供应商	建筑业、社会服务业、电煤水生产和供应业
同行	采掘业、信息技术业、社会服务业
社会组织	社会服务业、采掘业、交通运输仓储业
媒体	信息技术业、交通运输仓储业、金融保险业
金融机构	农林牧渔业、社会服务业、电煤水生产和供应业
监管机构	农林牧渔业、社会服务业、信息技术业

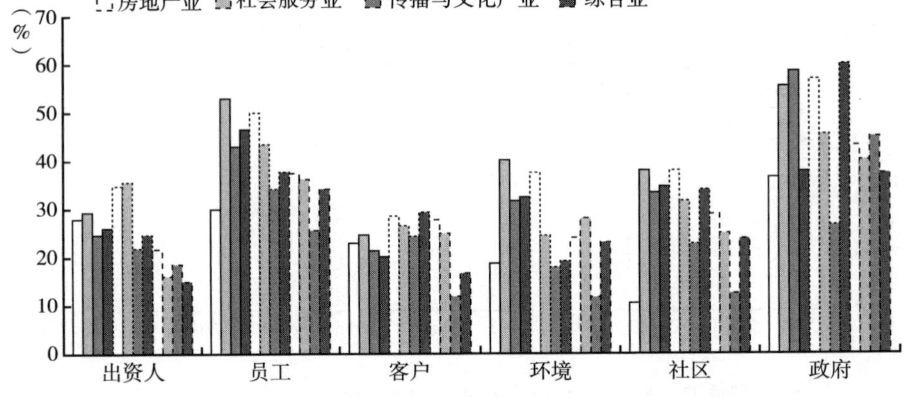

图 64　各行业出资人、员工、客户、环境、社区、政府指标得分率

交通运输仓储业、建筑业与电煤水生产和供应业报告行业特色更突出。交通运输仓储业、建筑业与电煤水生产和供应业的社会责任报告更加注重披露行业特色议题，报告设计更多结合了行业特色元素，传达行业特性。农林牧渔业的报告内容行业特色更加突出，指标覆盖率达 76.47%（见图 66）。

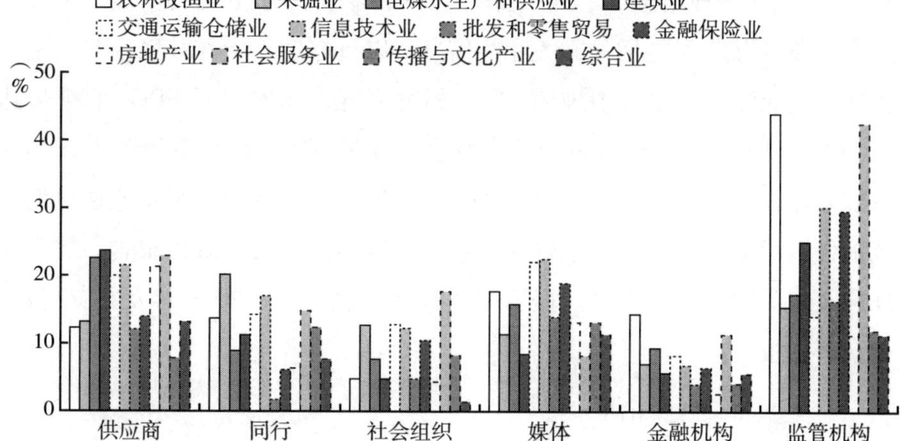

图 65　各行业供应商、同行、社会组织、媒体、金融机构、监管机构指标得分率

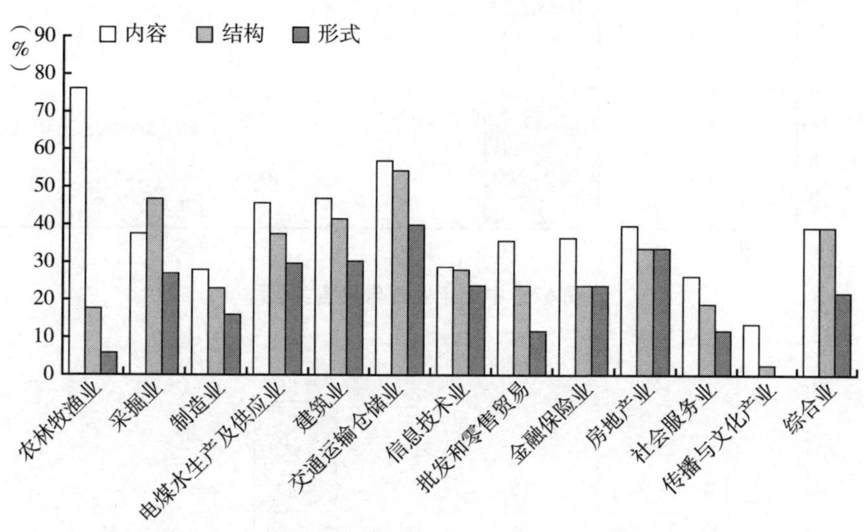

图 66　不同行业在内容、结构、形式上体现行业特色的指标覆盖率

（十）报告更加注重披露海外履责信息，融入国际语言体系，披露海外利益相关方关注的属地化雇佣及采购、社区发展等信息

2018 年，企业发布中英文社会责任报告的比例增加到 10.55%（见图

67）。中国企业积极响应“一带一路”倡议，加快全球化发展步伐，更加注重回应和披露海外利益相关方关注的信息，以更好融入所在社区，与当地共同发展。企业注重在报告中披露 SDGs 相关内容，明确提及 SDGs 的报告达到了 114 份（见图 68）。部分企业在社会责任报告中专门设置海外专题和专门章节来披露海外信息，树立负责任的海外形象。一些领袖型企业通过发布区域报告、国别报告、项目报告或专项报告等不同形式的海外报告，满足与海外利益相关方的沟通需要。据不完全统计，中国企业 2018 年发布 10 份海外社会责任报告。

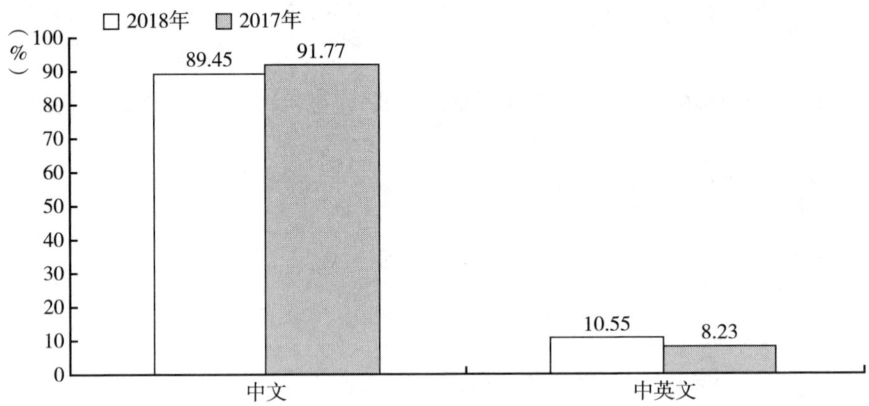

图 67　中国企业报告语言类型

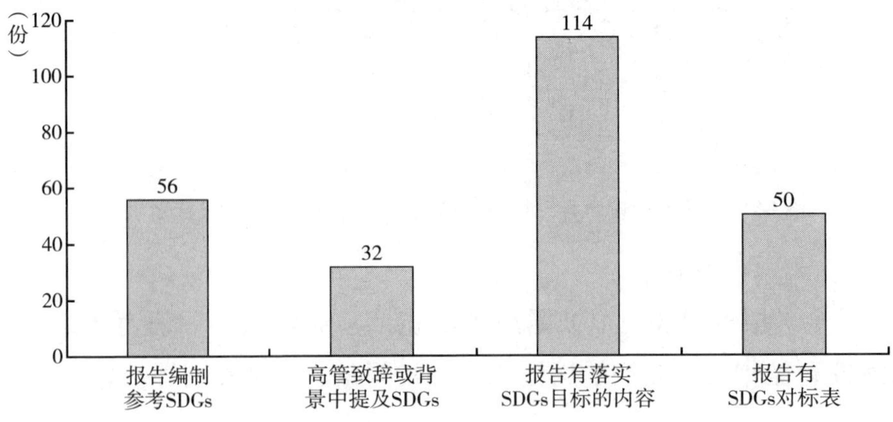

图 68　报告中包含 SDGs 内容情况

三　金蜜蜂中国企业社会责任报告建议

（一）发挥政府、监管机构等对报告的质量规范和监管作用，提升企业社会责任信息披露的有效性，形成各方值得阅读、企业愿意披露的有效循环

在政府、监管机构、行业组织及社会各界的大力推动下，中国企业社会责任报告水平稳步提升，步入优秀报告行列的数量越来越多。然而，仍有超过一半的报告处于起步和发展水平，报告中披露的履责信息多为部分社会责任议题的一般性描述。社会各方较难依据报告对企业社会责任绩效做出判断及行为决策，企业从社会责任报告中获得的积极反馈也较少，无法形成正向循环，导致社会责任报告的作用边缘化。

监管机构适当规范和约束，对报告质量提升作用非常明显。内地在港交所上市公司报告质量的显著提升，即为一个明显的例证。建议政府、监管机构、行业组织等加强对企业社会责任报告的规范，进一步明确发布社会责任报告的企业范围、报告编制原则及核心披露内容；增强社会责任信息披露的强制性范围，加强对企业披露的社会责任信息的监管，提升报告实质性和可信性，让各界能够依据报告对企业社会责任绩效作出有效判断，给予负责任的企业资本或市场方面的更多正向反馈。

（二）加强披露社会责任核心议题识别及筛选的相关内容，在报告中披露对可持续发展影响大及利益相关方关注的核心信息

企业应从自身经营对可持续发展的影响和利益相关方关注两个角度，识别社会责任核心议题，并在报告中针对性进行披露。一方面，分析自身生产经营活动的哪些领域会对经济、社会和环境的可持续发展产生较大影响；另一方面，通过问卷调查、访谈交流等方式，了解内外部利益相关方关注的企业社会责任议题。通过这种方式，更好地发挥社会责任报告对经济、社会和

环境综合影响的作用，同时披露利益相关方真正关注议题的实施进展，增强报告的互动性。

（三）加强对社会责任核心议题管理方法的披露，便于利益相关方了解企业的履责理念、计划及实施进展，增强报告可比性

优秀社会责任报告是企业社会责任理念、计划、管理及绩效的综合反映，其中绩效是披露的重点。每项社会责任核心议题都需要投入资源进行系统管理，才能获得进展及成效。在识别社会责任核心议题的基础上，企业应进一步就每项社会责任核心议题的管理方法进行披露。一是该议题为何重要，即企业在该议题下所面临的风险机遇分析；二是如何对该议题进行管理，即管理制度、管理机制的设置及采取的主要行动；三是该议题管理的实施进展及核心绩效数据；四是未来计划。通过这种方式也可以逐步提升报告的绩效可比性，反映出企业履行社会责任的进展和成效。

（四）回应国家发展趋势和社会热点议题，加强对所在行业特色议题的披露，从报告框架、内容及设计等各方面提升报告时代性和行业特性

国家大政方针及行业发展趋势，为企业未来可持续发展明确了方向和路径，是企业识别社会责任核心议题的重要依据，也是社会各界关注的重点内容。企业应将新时代社会主要矛盾的变化、三大攻坚战等国家重要发展要求、所在行业的发展趋势及面临的可持续发展挑战，作为搭建报告框架、确定重点披露内容的重要依据。企业应注重在报告中披露风险管理、污染防治、精准扶贫等方面的举措，总结改革开放以来的社会责任成绩，并加强披露党建对企业管理的作用，各行业应披露行业特性议题等。

（五）根据不同企业的实际需求，全方位、多层次地加强社会责任报告能力建设

10 年来，中国企业社会责任报告质量显著提升。但是，我们也应充分

认识到企业社会责任报告质量提升面临的问题及其复杂性。不同企业对社会责任的理解、社会责任管理现状及社会责任报告编制能力存在差异，对社会责任报告提升的实际需求不同。

处于起步和发展阶段的企业，应建立报告编制团队，加强对社会责任报告及基础编制工具的理解，增强对客户、员工、环境、社区等主要利益相关方的关键绩效信息披露。而优秀及以上水平的企业，则应考虑如何进一步提升社会责任报告与企业自身经营发展的关联，披露对企业可持续发展的认识、社会责任议题识别、相应的计划、管理举措及成效，加强供应商、同行、社会组织等方面的信息披露，发挥在可持续发展方面的影响力。同时，加强优秀企业的报告编制经验传授，带动中国企业社会责任报告水平的整体提升。

（六）保持报告创新性、可读性的较高水平，增强利益相关方在报告编制过程中的参与和互动，提升报告可信性

从前述分析可知，中国企业社会责任报告的创新性和可读性水平较高，企业注重在报告中披露前沿议题，创新报告编辑和展现形式，让报告更易“悦读”。建议企业在保持创新性和可读性的基础上，增强利益相关方在报告编制过程的参与度。一是在报告编制前期广泛了解利益相关方关注的议题，作为报告确定披露内容的重要环节；二是在报告编制过程中让利益相关方参与进来，比如增加员工、合作伙伴、专家学者等利益相关方的声音或经历，让第三方从客观的视角评价企业社会责任工作；三是增强报告编制过程的透明度，让外界能够更清晰地了解报告准备及编制的过程。

（七）积极响应“一带一路”倡议，对标联合国2030可持续发展目标，加强对国际报告标准的应用，提升报告国际化水平

随着我国企业不断加快和加深“走出去”步伐，履行社会责任的情况受到更高的关注度。企业应从报告编制方法、内容和形式等方面，不断提升报告的国际化程度。一是报告编制采用国际报告编制标准、指南，参考其报

告编制原则、方法及核心指标；二是披露对联合国2030可持续发展目标的认识，以及为实现与自身业务相关的重要目标所采取的行动；三是跨国企业加强发布英文版及其他语言版本的报告，方便海外利益相关方获取企业社会责任信息；四是“走出去”企业应积极响应“一带一路”倡议等要求，通过在报告中增加海外履责相应内容、发布不同类型的海外社会责任报告，加强在海外履责信息披露。

四 金蜜蜂中国企业社会责任报告研究方法

（一）报告研究方法和技术路线

1. 理论模型

中国社会责任报告研究体系的理论基础是“三重底线”理论、利益相关方理论和责任层次理论。“三重底线”理论认为，企业的行为不仅要考虑经济底线，还应当考虑社会底线与环境底线。① 利益相关方理论的核心观点认为企业是其利益相关方相互关系的联结，并进一步具体发展为利益相关方公司和利益相关方管理的概念。② 责任层次理论认为，一个企业所应承担的责任可以分为必尽责任、应尽责任和愿尽责任。其中，必尽责任是指法律法规规定企业必须承担的责任；应尽责任是指高于法律法规要求、符合利益相关方普遍期望、有助于增强企业竞争力的责任；愿尽责任是指法律法规没有明确规定、利益相关方也没有明确期望，但有助于社会和环境可持续发展的企业自愿承担的责任。责任层次理论应用于社会责任报告中，可理解为企业所披露的社会责任信息包括：必尽责任信息的披露、必须披露的信息、应该披露的信息和自愿披露的信息。

本报告基于上述理论构建“中国社会责任报告研究理论模型”，为编制

① 殷格非等：《企业社会责任管理基础教程》，中国人民大学出版社，2009。

② 阿奇 B. 卡罗尔等：《企业与社会—伦理与利益相关方管理》，黄煜平、朱中彬等译，机械工业出版社，2004。

高质量的社会责任报告提供一个基准工具，符合这一目标的报告应包括完整的核心内容、基础信息，并满足基本原则。其中，核心内容从经济、社会和环境三重底线出发，用于研究企业对所有者、员工、客户、环境、社区和政府等利益相关方披露社会责任信息的广度和深度；基础信息主要指报告的完整性，包括公司概况、报告说明、战略与治理、高管声明、利益相关方、风险机遇分析、实践内容和计划内容等；基本原则包括可信性、可读性、可比性和创新性等四个方面。基础信息呈现好、核心内容回应好、基本原则遵循好，是高质量社会责任报告的主要特征。我们把符合这些要求的高质量报告称为“三好”报告（见图69）。

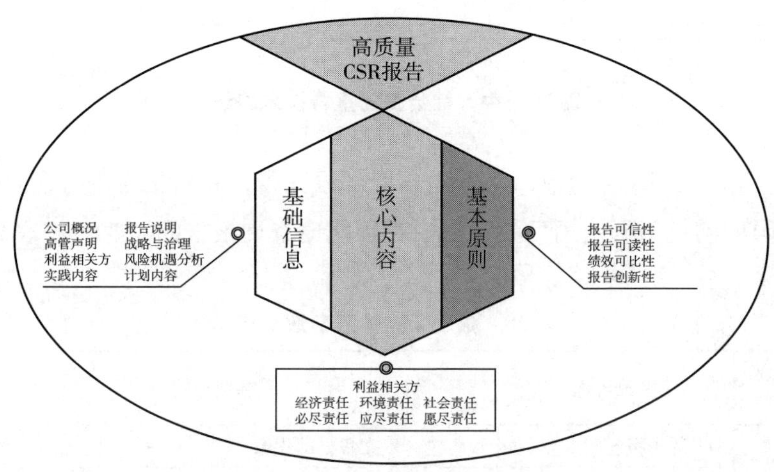

图69　中国社会责任报告研究理论模型

2. 技术路线

根据上述理论模型，制定了如下研究技术路线（见图70）。

3. 研究体系

“金蜜蜂中国企业社会责任报告评估体系2018”（简称“GBEE－CRAS 2018”）由两大部分构成：一是分类参数，用来对报告进行定位；二是质量指标，用来对报告质量进行测量。

（1）报告参数部分。本研究综合参考国内外关于企业社会责任报告研

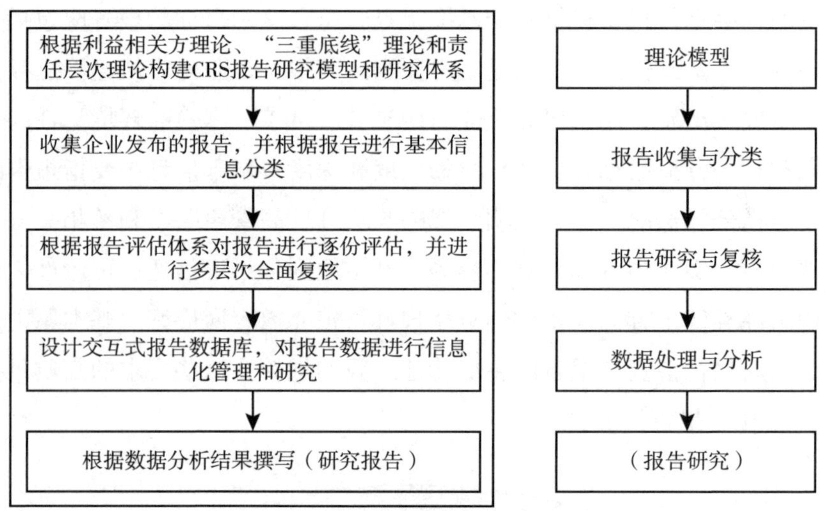

图 70　中国社会责任报告技术路线

究文献，选取了 18 个参数，从不同角度定位报告，并对报告进行有效分类，以最大限度满足不同使用目的和使用对象便捷查询报告的需要（见表 28）。

表 28　报告研究体系参数构成

报告类别参数	参数名称	参数说明
I1 报告结构参数	I11 发布报告的次数	报告主体发布报告的次数
	I12 发布周期	报告是年度报告或跨年度报告
	I13 报告篇幅	报告的长短
	I14 报告时效	报告发布日期距财年截止日的时间
I2 报告主体参数	I21 总部所在地	报告主体总部所在地
	I22 所在行业	报告主体所在行业
	I23 企业规模	报告主体规模的大小
	I24 企业性质	由股权结构所决定的报告主体的性质
	I25 企业上市情况	报告主体的上市情况
I3 报告技术参数	I31 报告名称	报告的名称，如“企业社会责任报告、可持续发展报告”等
	I32 编制依据	报告编制所采用的标准，如《上海证券交易所上市公司环境信息披露指引》等

续表

报告类别参数	参数名称	参数说明
I3 报告技术参数	I33 报告审验	报告是否经过第三方审验,并出具独立审验报告
	I34 反馈意见渠道	报告读者(利益相关方)向报告主体反馈意见的方式
	I35 内容覆盖区域	报告的范围是否限于某个具体国家
	I36 报告介质	报告的载体为纸质或电子介质形式
	I37 语言类型	报告所采取的语言,如中文、英文等
	I38 语言风格	报告在行文中是平实的或是宣传性的
	I39 报告独立性	报告是否为完全独立的,或是为年度财务报告的附件

（2）报告质量指标部分。根据“中国社会责任报告研究理论模型”，从结构完整性、报告可信性、报告可读性、绩效可比性、报告创新性和内容实质性六个维度对报告进行综合评价（见表29）。

表29　报告研究体系研究指标构成

一级指标	二级指标	三级指标
B 基础信息	B1 公司概况 B2 报告说明 B3 战略与治理 B4 高管声明 B5 利益相关方 B6 风险机遇与分析 B7 实践内容 B8 计划内容	由30个指标构成
P 基本原则	P1 报告可信性 P2 报告可读性 P3 绩效可比性 P4 报告创新性	由23个指标构成
C 核心内容	C1 利益相关方群体识别 C2 利益相关方的要求与期望 C3 沟通的渠道和方式 C4 针对利益相关方议题披露的程度 C5 对利益相关方的责任理念与方针 C6 对利益相关方的责任措施 C7 对利益相关方的责任绩效 C8 对利益相关方的责任理念是否与机构战略相关	覆盖经济、社会和环境三大方面、12个利益相关,由138个指标构成

4. 指标权重与评分统计

对“金蜜蜂中国企业社会责任报告评估体系 2018”指标权重的确定与评分采取五个步骤：

（1）根据专家意见确定一级指标三个组成部分的权重并赋分。①

（2）根据专家确定的权重，对三个组成部分内的二级、三级指标进行等权赋分。

（3）根据具体指标权重，对报告披露的信息逐项评分。

（4）对报告进行逐份复核，包括全面复核和抽样复核。

（5）根据复核结果，确定报告最终得分。

5. 报告来源

报告来源于如下渠道：企业主动寄送、向企业索取、企业官方网站下载以及网络查询。

（二）报告指数编制方法和技术路线

1. 指数构成

中国企业社会责任报告指数的基础是中国企业社会责任报告研究体系。金蜜蜂中国企业社会责任报告指数系列包括 3 大板块 6 个子系列共 39 项指数。具体如图 71 所示。

金蜜蜂中国企业社会责任报告指数反映和监测中国企业社会责任报告整体状况的变动趋势。综合指数板块包括金蜜蜂中国企业社会责任报告综合指数子系列，共 7 项指数。

利益相关方指数板块反映和监测中国企业社会责任报告中利益相关方履责信息披露水平和程度的变动趋势。这一板块包括股东指数、员工指数、客户指数、环境指数、社区指数、政府指数、供应商指数、同行指数、社会组

① 为了保证研究指标体系权重设立的科学性，我们向国内企业社会责任领域的研究机构、咨询机构、审验机构、行业协会和知名企业的 19 名专家发出了“企业社会责任报告研究专家征询意见函”，在要求时间内有 14 名专家反馈。将专家反馈意见等权平均后显示，报告核心内容占报告权重的 66%，报告基本原则占 18%，报告基础信息占 16%。

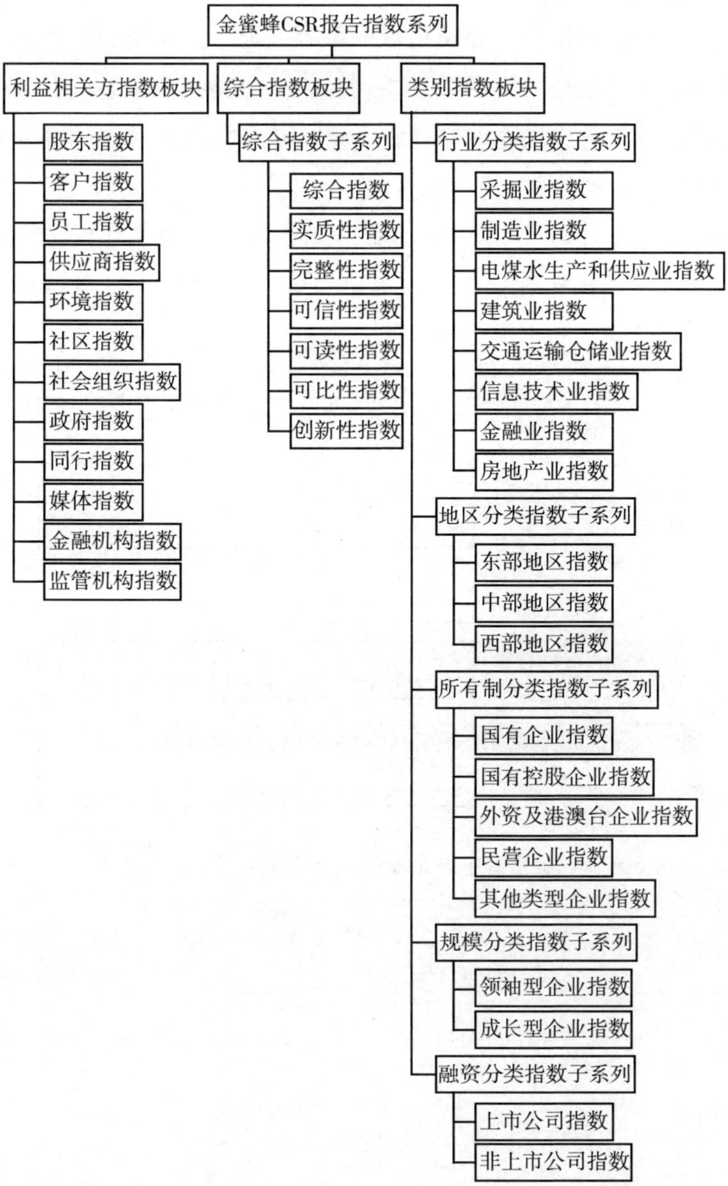

图 71　金蜜蜂中国企业社会责任报告指数系列结构

织指数、媒体指数、金融机构指数、监管机构指数，共 12 项指数。

类别指数板块包括行业分类指数子系列、地区分类指数子系列、所有制分类指数子系列、规模分类指数子系列和融资分类指数子系列共 20 项指数，反映和监测各分类下中国企业整体社会责任信息披露的状况的变动趋势。

2. 指数编制技术路线

金蜜蜂中国企业社会责任报告指数以 2009 年 10 月 31 日为基期，以 1000 点为基点，以历年评估的中国企业社会责任报告为样本空间。具体编制方法如图 72 所示。

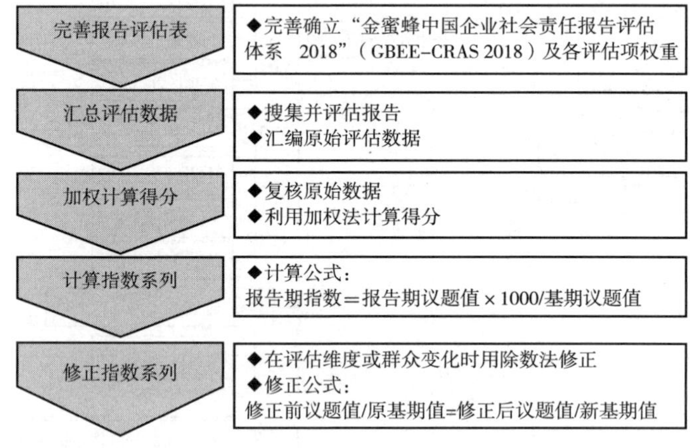

图 72　金蜜蜂中国企业社会责任报告指数编制流程

分　报　告

Sub Reports

B.2
金蜜蜂中国中央企业社会责任报告研究

谭幸欣　于翔海　管竹笋

摘　要： 本报告依据“金蜜蜂企业社会责任报告评估体系2018”，对收集到的54家由国务院国资委监管的中央企业2018年发布的社会责任报告进行评估和分析，并提出针对性建议。研究发现，中央企业报告质量整体居于优秀水平，具有注重披露特色社会责任理念、积极回应社会热点、参考报告主流规范、展示形式丰富多样等阶段性特征。

关键词： 中央企业　社会责任报告　国家战略　理念特色

中央企业是维护政治稳定、巩固经济基础、保护生态环境、促进社会和谐的重要支柱，在国家可持续发展的进程中扮演着重要角色。国务院国资委重视企业履行社会责任，2012 年所有中央企业均发布了社会责任报告。2016 年 7 月，国务院国资委印发《关于国有企业更好履行社会责任的指导意见》，促进国有企业成为履行社会责任的表率。2017 年 1 月，国务院国资委印发《关于推进中央企业信息公开的指导意见》，帮助中央企业更好地开展社会责任信息披露工作。

一　中央企业社会责任报告概况

截至 2017 年 12 月，国务院国资委监管的中央企业共有 96 家。通过企业主动寄送、企业官方网站下载及网络查询等方法，截至 10 月底我们共收集到 54 家中央企业发布的企业社会责任报告，发布报告的中央企业数量占中央企业总数量的 56.25%。依据“金蜜蜂企业社会责任报告评估体系 2018”对这些报告进行评估。

在中央企业发布的报告中，有 79.63% 的报告名称为社会责任报告，有 16.67% 的报告名称为可持续发展报告，其余两份分别为社会价值报告和环境、社会及管治报告。

在发布报告的中央企业中，有 34 家领袖型企业，占比为 62.96%。制造业企业发布报告 14 份，占比为 25.93%。

中央企业在编制报告时均参考了国务院国资委《关于中央企业履行社会责任的指导意见》。此外，中国社会科学院《中国企业社会责任报告编写指南》（CASS－CSR 3.0）、全球报告倡议组织《可持续发展报告标准》（GRI Standard）、ISO 26000 以及社会责任报告国家标准 GB/T 36001《社会责任报告编写指南》均为编制报告的重要参考依据（见图 1）。

基于报告评估结果，对中央企业发布的企业社会责任报告进行整体描述，并结合在企业社会责任报告编制咨询方面的经验，对这些报告的整体质量进行比较、分析和判断，总结中央企业社会责任报告的特点，并在此基础上提出相关建议。

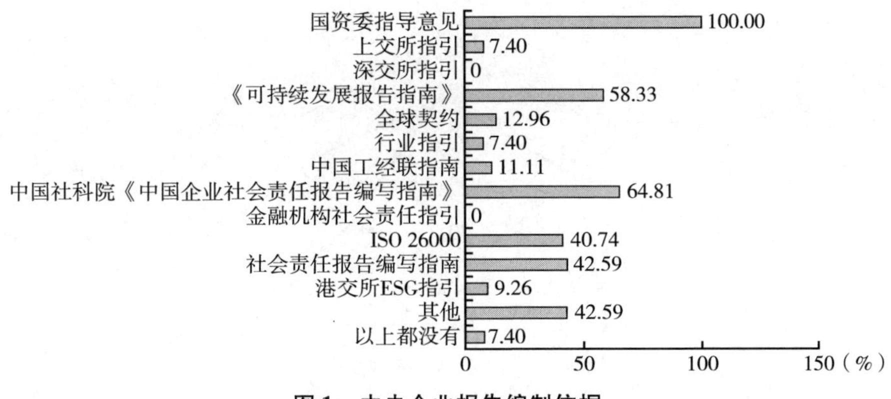

图1　中央企业报告编制依据

二　中央企业社会责任报告分析

（一）报告总体情况

中央企业社会责任报告平均得分率为73.12%，是总体报告得分率的1.35倍，在六个维度的得分率均明显高于总体报告水平。其中，报告在可读性和创新性方面的得分表现尤为突出，由此看出，中央企业普遍注重对报告呈现效果的优化，重视企业社会责任理念展现，表现企业及行业可持续发展特色，整体自成体系，并结合社会最新动向，赋予报告更丰富的时代内涵，同时，注重报告形式和传播渠道的创新，具有较好的沟通功能和阅读体验。

（二）具体分析

1. 结构完整性

报告完整性覆盖率高——形成相对成熟的信息披露规范。中央企业社会责任报告的完整性方面平均覆盖率为80.76%（见图2）。其中，战略与治理、高管声明、风险机遇分析和计划内容的覆盖率分别为77.50%、76.67%、61.11%和68.33%，明显高于总体报告水平。所有的报告在实践内容上都包

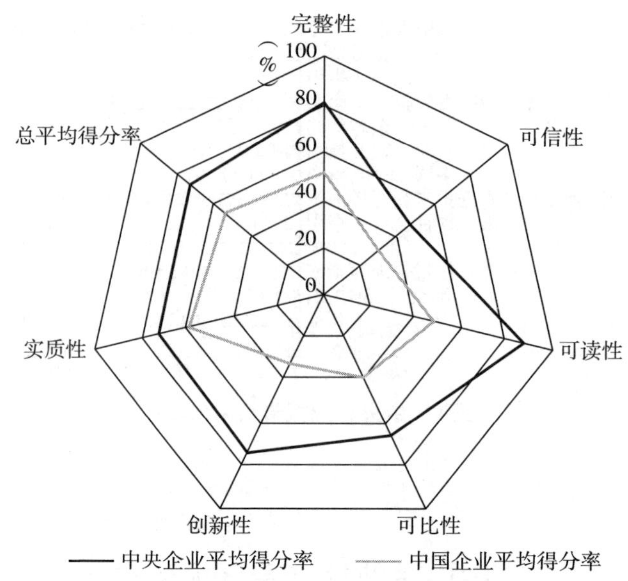

图 2　中央企业社会责任报告六个维度得分

含了经济责任、环境责任和社会责任三部分。由此可看出，中央企业报告普遍注重报告结构和内容的完整性，社会责任信息披露相对成熟和规范。

2. 报告可信性

报告可信性不足——负面信息披露仍待加强。中央企业社会责任报告的可信性方面平均覆盖率仅为 46.67%，是六个维度中得分率最低的一项。其中，利益相关方评价覆盖率为 76.67%，负面信息披露略有不足，覆盖率仅为 43.33%，有 CSR 专家评价和第三方审验的报告也较少，分别仅占 33.33% 和 16.67%。

3. 报告可读性

报告可读性强——提升沟通的效率及效果。中央企业社会责任报告的可读性方面平均覆盖率为 86.67%，为六个维度中得分率最高的。中央企业在报告版式、信息表达、色彩搭配等方面表现出色，报告的表达形式丰富，合理运用文字、图片和表格的搭配，体现企业的文化，使读者能够清晰地理解报告所传达的信息，更好地发挥报告的沟通价值。

4. 绩效可比性

报告可比性良好——披露丰富的绩效信息。中央企业社会责任报告的可比性方面平均覆盖率为65.00%。其中，70.00%的报告采用了行业或国家标准，56.67%的采用了跨行业标准，具有较强的行业内及跨行业对比性。中央企业注重跨年度的绩效对比，覆盖率高达86.67%，但对绩效目标实现程度披露不够充分，目前覆盖率为43.33%。

5. 报告创新性

报告创新性突出——展现时代特征和企业特色。中央企业社会责任报告的创新性方面平均覆盖率为73.44%，是总体报告得分率31.94%的2.30倍。中央企业在报告内容、形式和结构上注重创新，结合社会最新动态，展现行业与企业特色，提炼具有企业特点的社会责任理念并对其进行深入解读，体现出企业对社会责任的积极思考。

6. 报告实质性

报告实质性强——积极回应相关方关注点。中央企业社会责任报告的实质性方面平均覆盖率为72.30%。报告对各利益相关方的关注度整体情况与中国企业整体基本一致，但对各利益相关方的重视程度均高于总体水平。中央企业侧重对具有明显影响的利益相关方履责信息披露，如员工、客户、环境、社区、政府、供应商、同行等，而在一定程度上疏忽了具有潜在影响的利益相关方，如出资人、社会组织、媒体、金融机构和监管机构等（见图3），这可能会为中央企业的社会责任管理带来潜在的风险。

三　中央企业社会责任报告阶段性特征

（一）质量领先——整体居于优秀水平

中央企业社会责任报告平均得分率为73.12%，是总体得分率54.13%的1.35倍。大部分报告得分率都超过70%，都在优秀或以上水平，其中处于卓越水平的报告数量占比高达65.52%（见图4）。中央企业社会责任报

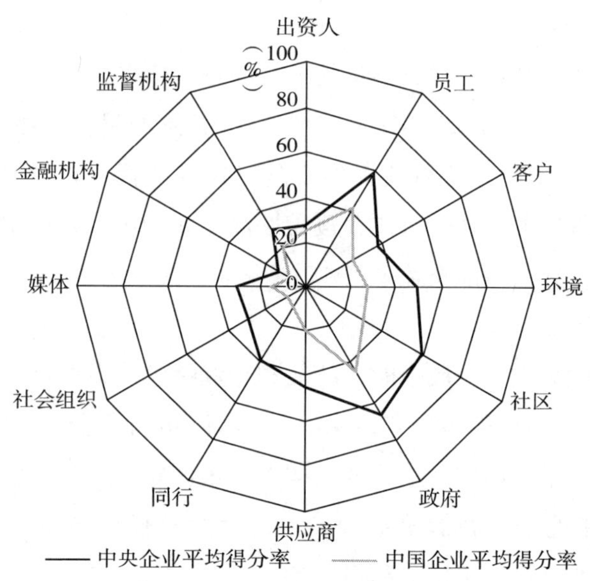

图 3　各利益相关方指标覆盖率

告的综合指数发展趋势与总体综合指数基本保持一致，虽在 2018 年有所下降，但总体仍呈现平稳上升的态势，且始终保持高于总体的水平（见图 5），为其他企业做出了良好的示范。

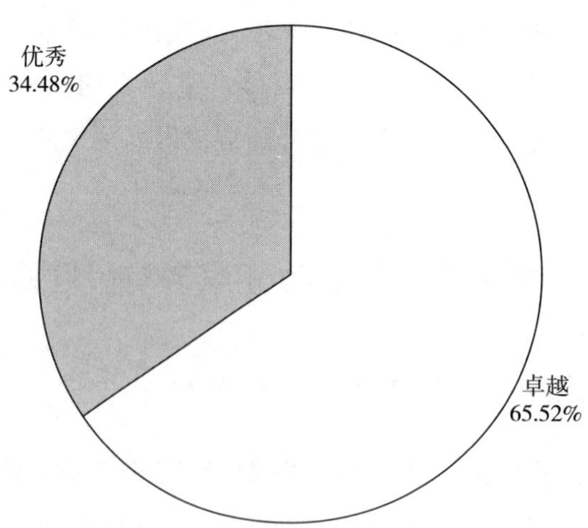

图 4　中央企业社会责任报告质量

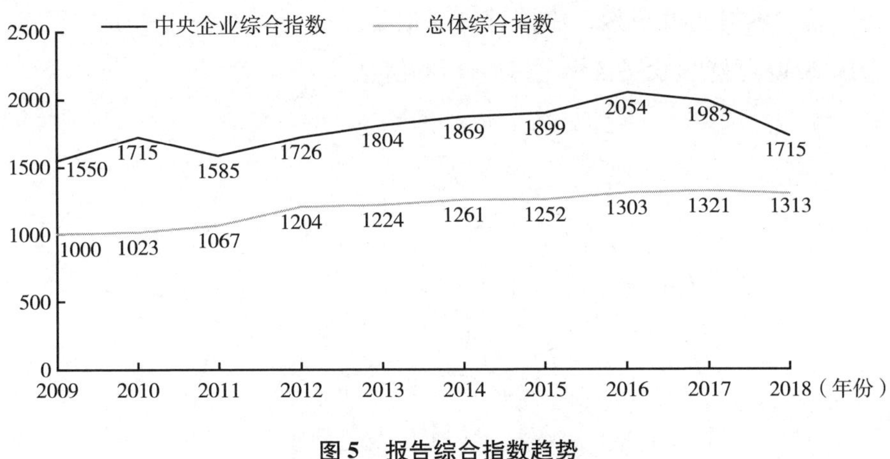

图5　报告综合指数趋势

（二）展示管理——披露特色社会责任理念

七成以上的中央企业在报告中披露了社会责任管理信息。其中，71.19%的中央企业报告披露了建立社会责任管理机构的信息，79.66%的中央企业报告披露了制定社会责任管理制度的情况。部分中央企业的报告披露了企业社会责任管理模型或范式，展示了社会责任融入公司战略、企业文化、管理运营等方面的经验。如中国机械工业集团有限公司在报告中展现了其社会责任管理模型（见图6）。大部分中央企业善于在报告中披露其特色的社会责任理念，不仅体现出企业及行业的特点，还彰显出企业在开展社会责任管理时灵活运用专业特长的能力（见表1）。

（三）回应热点——积极落实国家发展战略等实践

中央企业在社会责任报告中积极披露落实国家战略等实践，设置专题栏目，披露国企改革、精准扶贫等国家战略实践与绩效，适应国家“一带一路”倡议等对企业“走出去”的要求，披露海外运营中的社会责任履行信息。此外，中央企业关注全球热点，披露社会实践对联合国2030可持续发展目标（SDGs）和减缓全球气候变化等的贡献，展示央企的责任担当。如上海诺基亚贝尔股份有限公司等在报告中以专题形式披露了其推进“一带一路”倡议的措施及成效，中国移动通信集团公司等在报告中介绍了落实联合国2030可持续发展目标（SDGs）的信息。

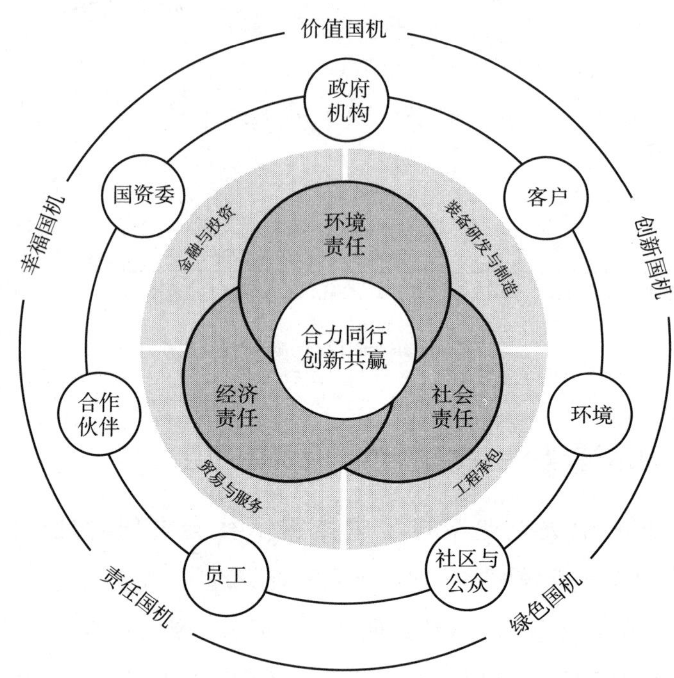

图6　中国机械工业集团有限公司社会责任管理模型

表1　中央企业特色社会责任理念示例

企业名称	社会责任理念/社会责任观/可持续发展观
中国建筑股份有限公司	牢记使命　拓展幸福
中国南方电网有限责任公司	万家灯火　南网情深
中国石油化工集团公司	新时代新征程　为美好生活加油
中国移动通信集团公司	连接新时代
国家开发投资公司	开发价值　投资未来
中国铝业公司	点石成金　造福人类
鞍钢集团有限公司	制造更优材料　创造更美生活

（四）关注沟通——主动回应利益相关方关注点

中央企业注重与员工、环境、社区和政府等重要利益相关方的全面沟通。81.48%的报告有针对利益相关方明确、集中的说明，85.19%的报告披露了与利益相关方的沟通渠道与方式，61.11%的企业在报告中识别利益相关方并对重要议题进行排序。如中国石油化工股份有限公司在报告中披露了其建立与利益相关方沟通与反馈的机制，并从利益相关方关注的议题中挑选出十三项重点议题，在正文中逐一详细回应。

（五）注重规范——注重参考社会责任报告主流规范

中央企业在注重参考中国社科院《中国企业社会责任报告编写指南》和《社会责任报告编写指南》（GB/T 36001－2015）等国内主流规范的同时，对全球报告倡议组织《可持续发展报告标准》（GRI Standard）、ISO 26000《社会责任国际标准》、香港联合交易所《环境、社会及治理（ESG）报告指引》等国际主流规范也十分重视。其中，采用了香港交易所2015年底发布的《环境、社会及治理（ESG）报告指引》的报告占香港联交所上市企业的55.55%，比去年大幅提升。如国家电网有限公司报告不仅参考了国资委指导意见、《社会责任报告编写指南》、行业协会指南等国内规范，还参考了全球报告倡议组织《可持续发展报告指南》（GRI G4）、ISO 26000《社会责任国际标准》等4项国际通用标准、指南及倡议，表现出其立足行业背景、满足国际要求的企业社会责任信息披露规范性（见图7）。

（六）形式生动——报告展现形式丰富多样

中央企业报告创新性得分率为73.44%，是参与评估企业平均水平的2.39倍，创新性较强。报告通过引入责任专题、利益相关方评价、延伸阅读等形式，使内容丰富多元，运用生动、形象的设计风格展现管理内容和关键绩效，语言亲和力强。如中国长江三峡集团有限公司在报告中设置“砥砺奋进的五年”章节，系统地展示了公司五年来各领域的亮点绩效；上海诺基亚中国建筑股份有限公司在报告中设置“35年正芳华”章节，集中展示了公司在社会责任管理及实践的发展脉络。

报告概况

报告时间范围：
2017年1月1日~12月31日，部分内容超出上述范围。

报告发布周期：
年度报告，一般在下一年度2月底之前发布。

报告组织范围：
国家电网有限公司整体（组织结构参见“公司概况”）。

报告数据说明：
本报告披露的2017年数据、部分经济绩效数据与最终统计数据略有差异。本报告披露的2016年数据为最终统计数据，与2016年报告数据略有差异。

报告延伸阅读：
公司治理机制、社会责任管理、利益相关方参与机制、指标计算方法、GRI报告索引等信息，请登录国家电网有限公司社会责任网站http://www.sgcc.com.cn/html/sgcc_main/col2017031221/column_2017031221_1.shtml。

报告语言版本和索取：
本社会责任报告有中文和英文两种版本、均以纸质版和网络版两种形式提供。如需纸质版报告，请发电子邮件至csr@sgcc.com.cn，或致电86-10-66598394。网络版报告见国家电网有限公司社会责任网站。

报告编制流程：
详见国家电网有限公司社会责任网站。

报告参照标准：
联合国可持续发展目标
全球报告倡议组织GRI《可持续发展报告指南》
国务院国资委《关于中央企业履行社会责任的指导意见》
国务院国资委《关于国有企业更好履行社会责任的指导意见》
GB/T 36001-2015《社会责任报告编写指南》
《国家电网公司履行社会责任指南》
中国社科院经济学部CSR中心《中国企业社会责任报告编写指南》
中国工业经济联合会《中国工业企业及工业协会社会责任指南》
国际标准化组织ISO《ISO 26000：社会责任指南（2010）》
英国社会责任研究机构AccountAbility《AA1000》系列标准
……

图7　《国家电网有限公司 2018 社会责任报告》内容节选

四　中央企业社会责任报告建议

（一）提升整体水平，关注披露质量

兼顾平衡社会责任报告六大原则。在保持完整性、可读性、可比性、创新性等现有优势的同时，进一步加强可信性等不足之处，加强负面信息和利益相关方评价的披露，积极邀请有资质的第三方参与审核认证，引领报告的整体水平再创新高。

加强信息披露职责。深入调研利益相关方的诉求，加强以实质性议题为核心的信息披露深度，提升报告的有效性和针对性，同时，还要保障信息披

露的及时性，提前计划和安排报告编制工作，把报告发布时间尽量控制在6月之前，提升信息披露的时效性。

（二）保持创新活力，发挥示范效应

增强报告创新活力。一方面，结合中央企业自身的战略、文化和履责实践等，总结凝练出具有企业特色的社会责任理念作为报告主线贯穿全文，并对其进行深入、细致的解读；另一方面，结合联合国2030可持续发展议程、五大发展理念、“一带一路”倡议、中国品牌等社会责任领域新理念、新发展，优化报告结构，赋予报告更丰富的时代内涵。

发挥中央企业示范效应。中央企业是中国企业社会责任发展的先锋，宜以自身的可持续发展带动整个价值链的可持续发展，鼓励和帮助包括同行、价值链等在内的合作伙伴系统披露社会责任信息，更应借助各行业平台，积极与同行及价值链企业交流、分享报告编制经验，促进更多中国企业增强报告编制水平，提升中国企业报告整体质量，发挥起在社会责任理念与实践上的标杆作用。

（三）重视相关方参与，促进坦诚沟通

扩大利益相关方识别范围。将媒体、社会组织、金融机构和监管机构等具有潜在影响的利益相关方纳入利益相关方识别的范围，重视各利益相关方对报告编制过程的参与，充分听取诉求，建立可及的沟通渠道与方式，形成更为全面的利益相关方参与机制及管理体系，扩大利益相关方识别范围，拓宽信息披露的广度，此外，还可借助利益相关方的视角，解读企业的履责信息。

尝试坦诚、适度地披露负面信息，以增强报告可信性，如针对员工离职率、安全生产事故等发生概率较高的事件进行披露，或以负面案例解决措施为导向，在报告中披露企业针对负面情况开展的补救措施和处理结果以及在管理制度、机制等方面的改进信息。此外，标注报告信息来源、扩展阅读以

增强报告内容的可追溯性，同时主动披露行业专家、媒体等评价，提升报告的可信性，赢得更广泛利益相关方的信任。

（四）加强立体传播，打造责任品牌

丰富报告传播方式。通过中文版、英文版、简版、H5 版、交互版等多样化报告类型，增加报告的传播方式，满足不同利益相关方群体的阅读需求。此外，在发布传统综合性年度社会责任报告的基础上，积极尝试发布企业国别报告或项目专项报告，丰富与利益相关方沟通方式，帮助企业树立负责任的形象。

提升报告的使用效率。全方位拓宽报告传播渠道，充分利用微博、电子杂志、微信等新兴媒体，满足更广泛的传播需求，同时，如增加报告在国内外企业可持续管理相关论坛上的曝光次数、把报告作为企业重要的对外宣传刊物等，并可通过信息反馈表、二维码、网络链接等形式加强与利益相关方的互动，为利益相关方对报告提出意见和建议提供渠道，并对反馈信息进行及时和充分的回应。

B.3 金蜜蜂在华外商投资企业社会责任报告研究

郭 静 吴亚楠 姜 龙 林 波

摘 要： 本报告依据“金蜜蜂企业社会责任报告评估体系2018”，对收集到的在华外商投资企业2018年发布的123份社会责任报告进行评估和分析，并提出针对性建议。研究发现，在华外商投资企业社会责任报告的实质性、创新性、可读性、可信性、完整性、可比性均高于中国企业整体平均水平，并呈现以下阶段性特征：报告质量持续提升，整体处于发展阶段；编制紧跟国际趋势，披露国际最新热点；内容响应中国发展，推动本土化的进程；关注创新议题披露，升级产品和服务品质；重视员工发展议题，助力员工价值创造；报告可信性待加强，负面信息等披露不充分。

关键词： 在华外商投资企业 国际趋势 本土化 员工价值 可信性

在华外商投资企业（以下简称外资企业）是指依照中华人民共和国法律规定，在中国境内设立的，由中国投资者和外国投资者共同投资或者仅由外国投资者投资的企业。2017年，中国新设立外资企业35652家，同比大幅增长27.8%。中国各行业实际使用外资达1363.2亿美元，同比增长2%。其中，非金融领域实际使用外资1310.4亿美元，创历史新高，位居全球第二，外商投资持续稳定发展。[①] 改革开放40年来，外资企业已经成

① 数据来源：中华人民共和国商务部《中国外商投资报告2018》。

为中国经济发展的重要组成部分。它们积极发挥投资、技术、管理等优势，为中国经济社会和环境问题的解决做出贡献，既是中国对外开放的受益者，也是中国经济、社会发展的贡献者，更是中国发展的命运共同体。2017 年，中国外商投资规模创历史新高，外资企业以占全国不到 3% 的数量，创造了全国近一半的对外贸易、1/4 的规模以上工业企业利润、1/5 的税收收入，为促进国内实体经济发展、推进供给侧结构性改革发挥了重要作用。① 在与中国共同发展的进程中，企业社会责任成为外资企业本土化的重要措施。外资企业将自身发展战略与中国宏观经济发展战略相协调，不断创新的同时，也为中国经济社会发展遇到的挑战与问题提供解决方案。

一　在华外商投资企业社会责任报告概况

截至 2018 年 10 月 31 日，通过企业主动寄送、企业官方网站下载及网络查询等方式，我们收集到外资企业发布的企业社会责任报告 134 份（含 11 份环境专项报告）。与截至 2017 年 10 月 31 日收集到的外资企业发布的企业社会责任报告数量 142 份（含 63 份环境专项报告）相比，同比减少 5.63%（见图 1）。但“企业社会责任报告”“可持续发展报告”等综合性报告数量同比增加 55.70%。依据“金蜜蜂企业社会责任报告评估体系 2018”，我们对其进行了评估。②

评估样本中，有 41.46% 的外资企业已连续五次及五次以上发布社会责任报告，连续性较好，表明部分外资企业已逐步建立起常态化的社会责任报告发布机制（见图 2）。

评估样本中，外资企业社会责任报告行业分布排在第一位的是制造业，占比达 51.22%；排在第二位的是金融业，占比达 11.38%（见图 3）。这凸显出外资企业中的制造业企业对编制并发布社会责任报告的重视。

① 数据来源：中华人民共和国商务部《中国外商投资报告 2018》。

② 因环境专项报告仅针对环境，未面向所有利益相关方全面披露履责信息，会导致数据统计偏差，因此本评估中未包含环境专项报告。

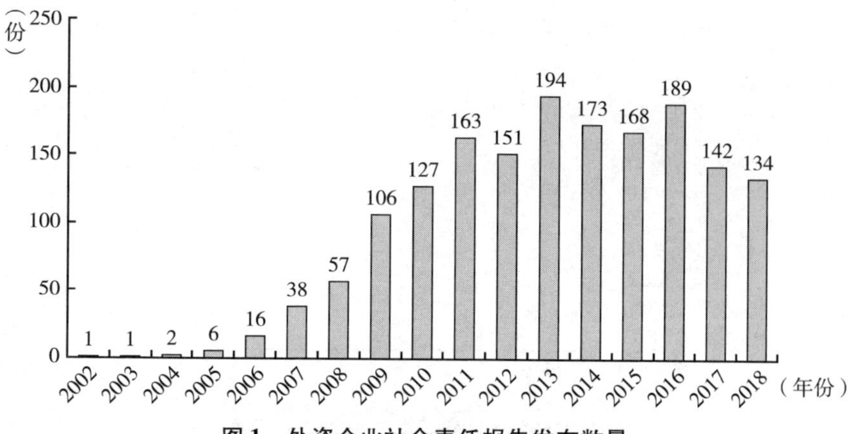

图 1　外资企业社会责任报告发布数量

说明：2018 年的数据截至 2018 年 10 月 31 日。本次研究样本选取原则为外资企业发布的社会责任报告、可持续发展报告等披露企业经济、环境和社会绩效信息的综合性报告。

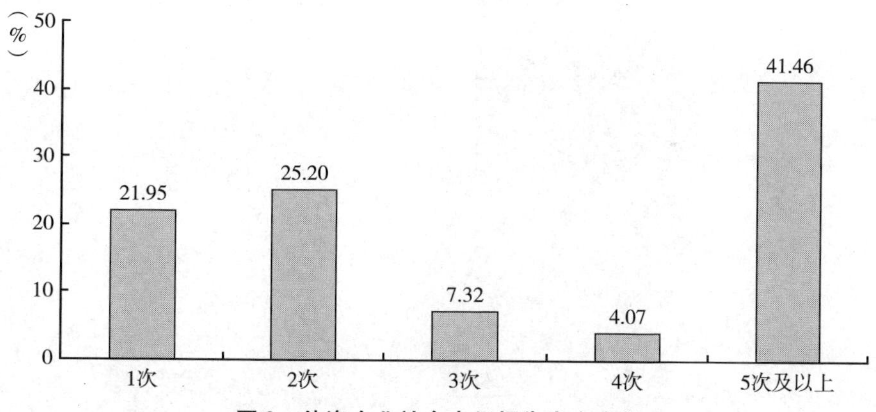

图 2　外资企业社会责任报告发布次数

43.09% 的外资企业社会责任报告页数超过 50 页（见图 4），反映了外资企业社会责任报告的丰富性和翔实性，也从侧面表明了外资企业希望通过报告这一社会责任信息披露机制与利益相关方实现良好互动与沟通，以期获得利益相关方的认可、理解和支持。

外资企业在报告编制依据上呈现多元化的特征，其中，参考 ESG 指引、GRI（GRI G4 和 GRI Standards）等标准的比例较大，分别达到

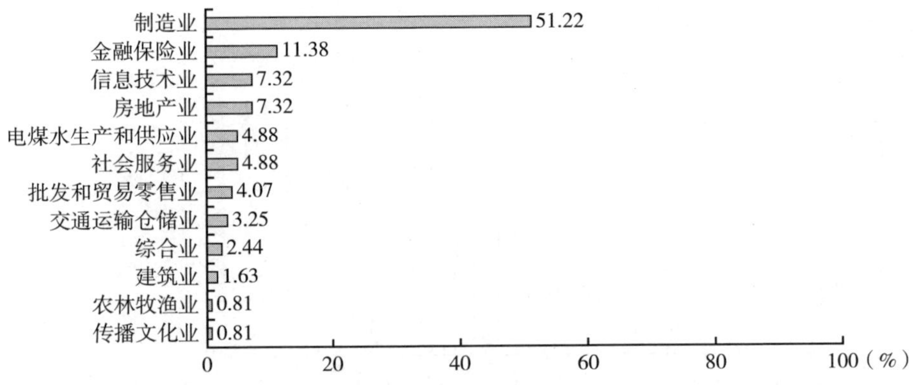

图3 外资企业社会责任报告行业分布

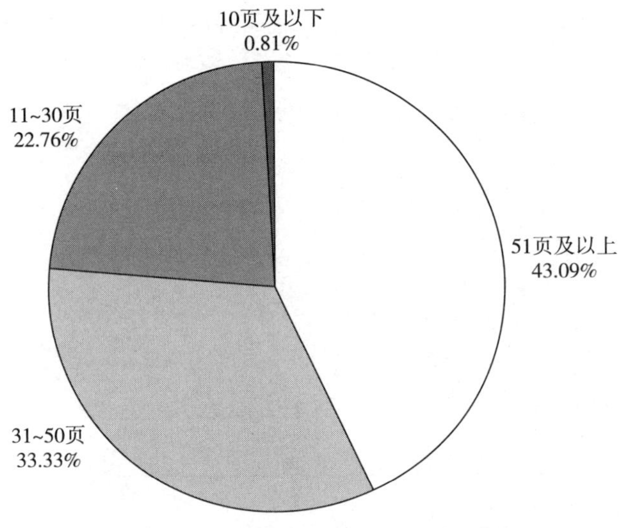

图4 外资企业社会责任报告页数

26.29%和20.10%（见图5）。此外，需要说明的是，参考的其他标准包括《中国外商投资企业社会责任报告编写指南（CEFI－CSR1.0)》，占比达18.04%，这说明在2017年12月22日，中国外商投资企业社会责任工作委员会正式发布《中国外商投资企业社会责任报告编写指南（CEFI－CSR1.0)》之后，评估样本中部分外资企业积极开展了应用，进一步提升了履责信息披露的规范化、标准化，也表明外资企业社会责任信息披露标准的应用更具针对性。

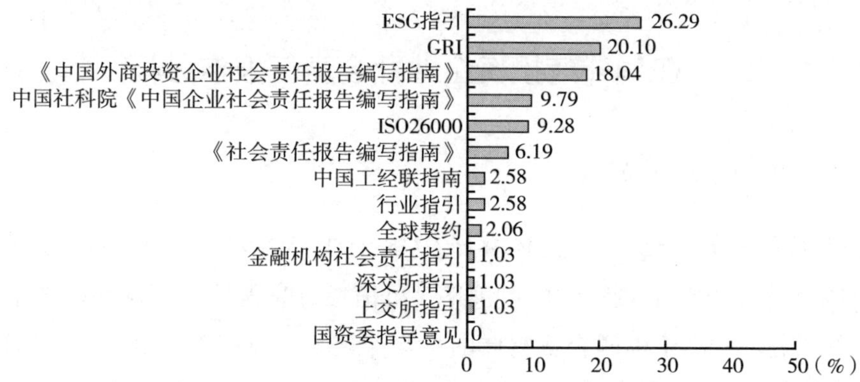

图5　外资企业社会责任报告编制参考依据

61.29%的外资企业社会责任报告采用电子版形式，纸质版的采用比例也较高（见图6）。与2017年相比，网页版、H5等传播形式有较大幅度的减少。

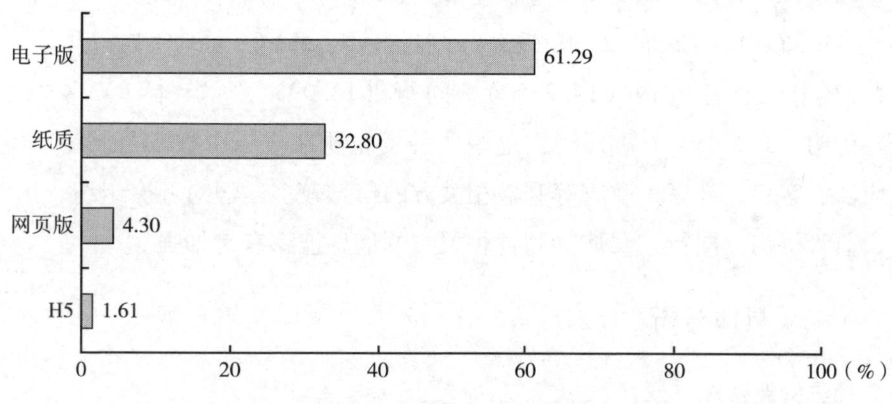

图6　外资企业社会责任报告发布形式

基于报告参数，我们对外资企业发布的企业社会责任报告进行整体描述，并结合企业社会责任报告编制咨询方面的经验，对这些报告的整体质量

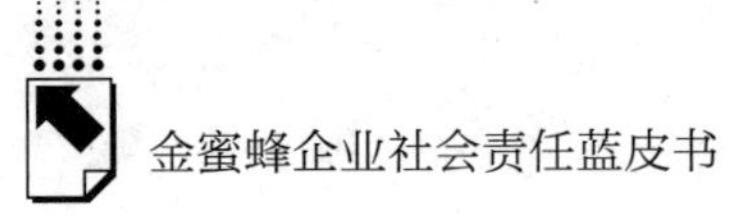

进行比较、分析和判断，尝试总结外资企业社会责任报告的特点，在此基础上提出相关建议。

二 在华外商投资企业社会责任报告分析

（一）报告总体情况

外资企业的报告质量整体高于中国企业平均水平，平均得分率为58.31%。其实质性、创新性、可读性、可信性、完整性、可比性六个维度的平均得分率均高于中国企业整体的平均得分率（见图7）。其中，可读性得分率最高，表明外资企业更加注重报告沟通的有效性和读者阅读的友好性。另外，同比2017年，外资企业的报告在实质性、创新性、可读性、可信性、完整性、可比性六个维度均有所提升，其中可读性和创新性提升较大，均超过20%。

从利益相关方角度来看，2018年指标覆盖率从大到小依次为员工（37.52%）、环境（35.93%）、供应商（35.11%）、客户（32.86%）、社区（31.86%）、政府（30.89%）、社会组织（15.31%）、出资人（14.63%）、监管机构（14.23%）、同行（14.09%）、媒体（13.41%）、金融机构（1.22%）（见图8）。这说明外资企业在报告中披露员工、环境、供应商、客户、社区、政府等利益相关方的信息较多，但对社会组织、出资人、监管机构、同行、媒体等利益相关方的信息披露有待加强。

（二）具体分析

1. 结构完整性

外资企业报告结构完整性高于中国企业整体平均水平，实践内容披露较为完整。其完整性指标平均覆盖率为59.73%，比中国企业整体完整性指标平均覆盖率（51.52%）高出8.21个百分点。战略与治理、高管声明、风险机遇分析、实践内容和计划内容的指标覆盖率分别为46.75%、51.83%、

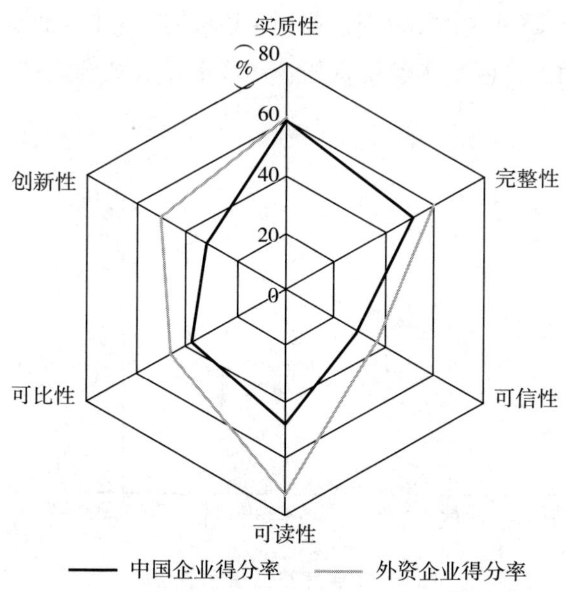

图 7　外资企业社会责任报告整体质量分析

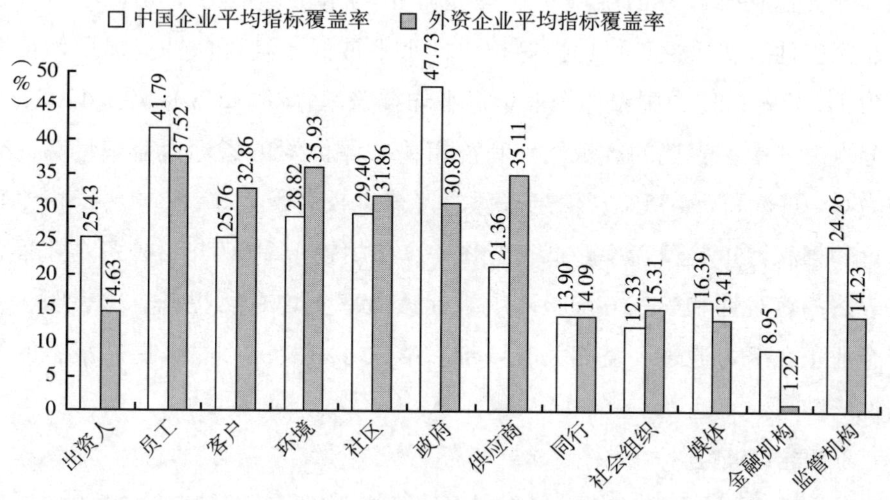

图 8　外资企业利益相关方覆盖率

38.75%、94.85%和34.76%（见图9），其中，高管声明指标覆盖率高于中国企业平均水平23.43个百分点。超过94%的外资企业社会责任报告在实践内容发布方面，都涵盖了经济责任、环境责任、社会责任的信息。

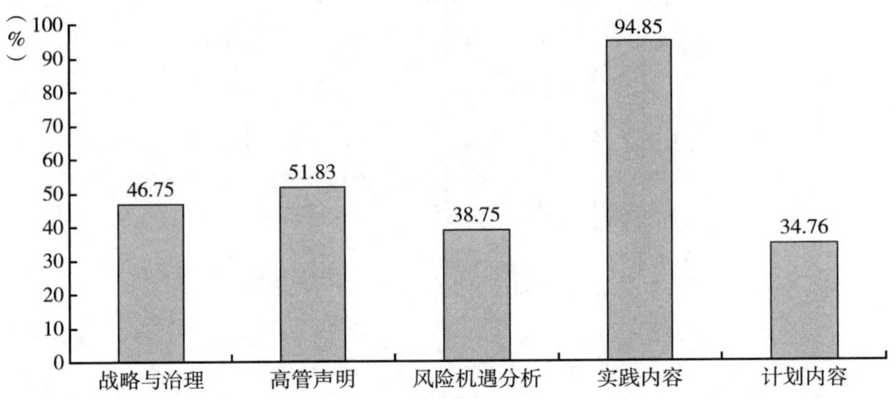

图9 报告完整性指标覆盖率

2. 报告可信性

外资企业报告可信度高于中国企业平均水平，但与中国企业的可读性、完整性、实质性、可比性等相比，水平最低。其可信性指标平均覆盖率为41.32%，比中国整体企业指标平均覆盖率（28.45%）高出12.87个百分点。其中，表述的客观性和利益相关方评价两项指标覆盖率最高，分别为65.04%和59.35%；信息来源的覆盖率较高，为33.33%；CSR专家评价和第三方审验覆盖率略低（见图10）。相较于2017年，外资企业报告在表述的客观性和第三方审验两项指标覆盖率上均有所提升，这表明，外资企业正在努力通过利益相关方评价、第三方审验等方式来提高报告的可信性。

3. 报告可读性

外资企业报告可读性是六个维度中指标平均覆盖率最高的一项，表明履责信息传递和与利益相关方沟通效果较好（见图11）。其可读性指标平均覆盖率为72.85%，比中国整体企业平均水平高出25.18个百分点。信息清晰

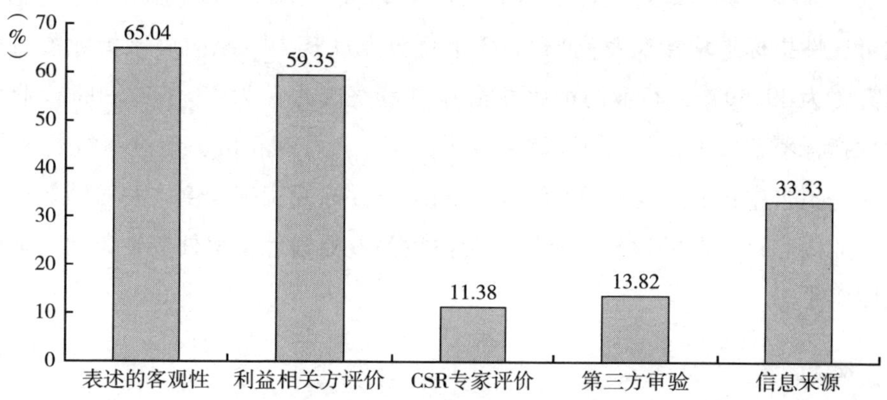

图 10　报告可信性指标覆盖率

定位、信息清晰表达、信息饱和度、色彩、版式均高于中国企业整体平均水平。由此可见，外资企业在报告版式、信息表达、色彩搭配等方面表现出色，可使读者更加清晰地理解报告所传达的信息，更好地发挥了报告的沟通价值。

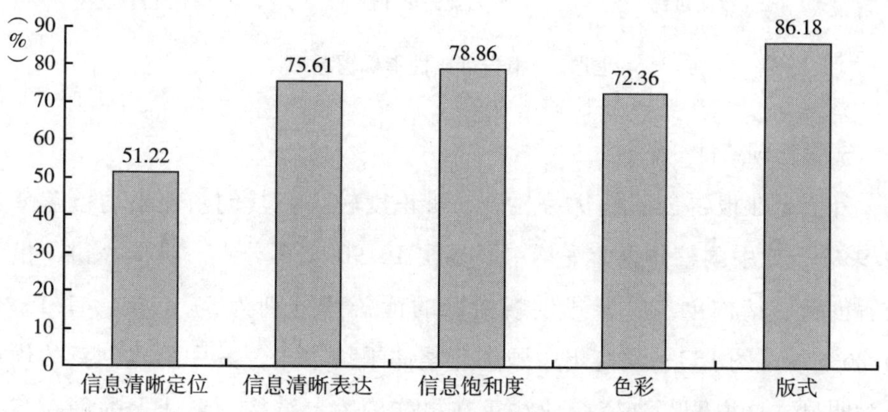

图 11　报告可读性指标覆盖率

4. 绩效可比性

外资企业报告绩效可比性高于中国企业整体平均水平，绩效信息披露机

制较为完善。其绩效可比性指标平均覆盖率为 47.36%，比中国整体企业绩效可比性指标平均覆盖率高出 8.03 个百分点。其中，纵向可比指标覆盖率最高，为 49.59%；行业内可比性指标覆盖率次之，为 47.97%；跨行业可比性指标覆盖率最低，为 42.28%（见图 12）。可以看出，超过 40% 的外资企业在报告中披露了跨年度绩效对比和绩效目标的实现程度，并对绩效进行了行业内和跨行业的比较，有助于利益相关方更好地了解外资企业社会责任实践水平。

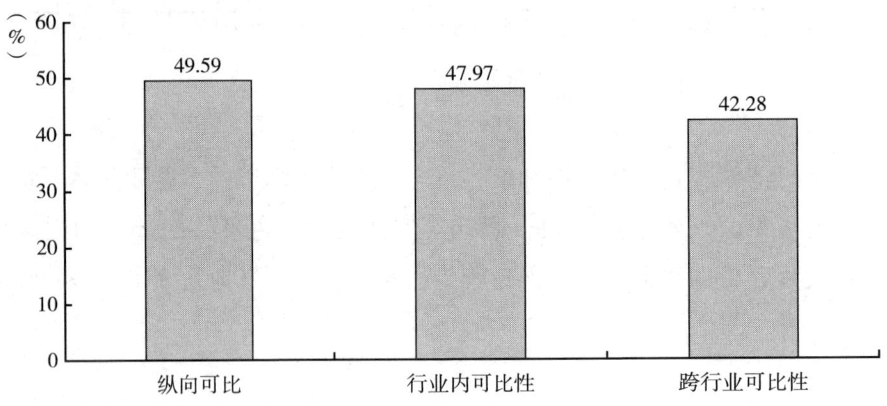

图 12　报告可比性指标覆盖率

5. 报告创新性

外资企业报告创新性优势显著，辨识度较高。其创新性平均覆盖率为 49.95%，比中国整体企业平均水平高出 16.90 个百分点。具体来讲，报告内容创新、结构创新、形式创新指标的覆盖率分别为 57.45%、47.15%、45.26%（见图 13），均高出中国企业整体平均水平，其中形式创新的优势尤为明显。这说明，外资企业注重在报告内容、结构、形式上的创新与改进，报告具备鲜明的企业和行业特色。

6. 报告实质性

外资企业报告实质性在六个维度中相对偏低，对利益相关方要求与期望回应的披露有待加强。其实质性平均覆盖率为 61.39%，略高于中国企业整

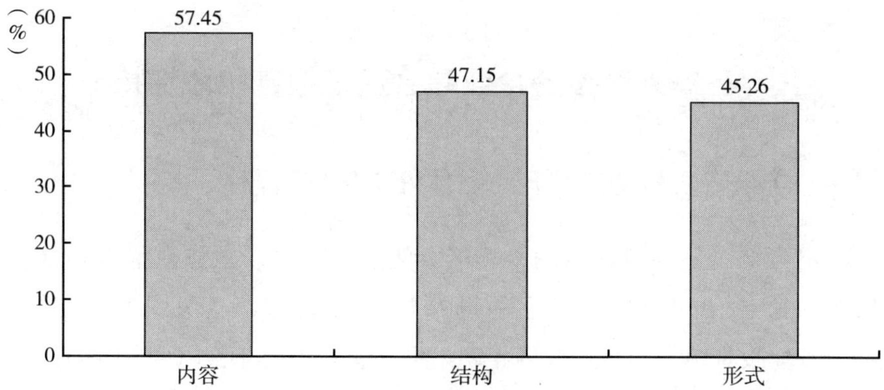

图 13　报告创新性指标覆盖率

体平均水平（59.53%）。具体来说，外资企业社会责任报告可识别出大部分利益相关方群体，覆盖率为 64.91%；对于识别出的利益相关方，大部分外资企业也能够披露与之有关的社会责任信息与内容，这一指标覆盖率为 56.84%。但在利益相关方的要求与期望、沟通渠道和方式方面，指标覆盖率分别为 43.97% 和 48.71%，表明外资企业在这两方面的披露程度不够（见图 14）。

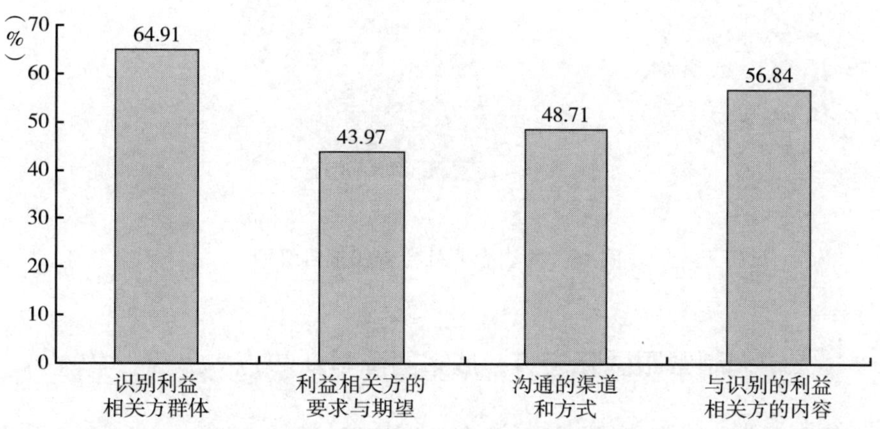

图 14　报告实质性指标覆盖率

三　在华外商投资企业社会责任报告阶段性特征

（一）报告质量持续提升，整体处于发展阶段

2018 年，外资企业报告的平均得分为 58. 31 分，报告质量整体处于发展阶段。其中，卓越和优秀水平的报告占比为 32. 52%（见图 15）。外资企业社会责任报告综合指数连续两年超过中国企业综合指数（见图 16），且报告实质性、完整性、可信性、可读性、可比性、创新性六个维度均高于中国企业平均水平。

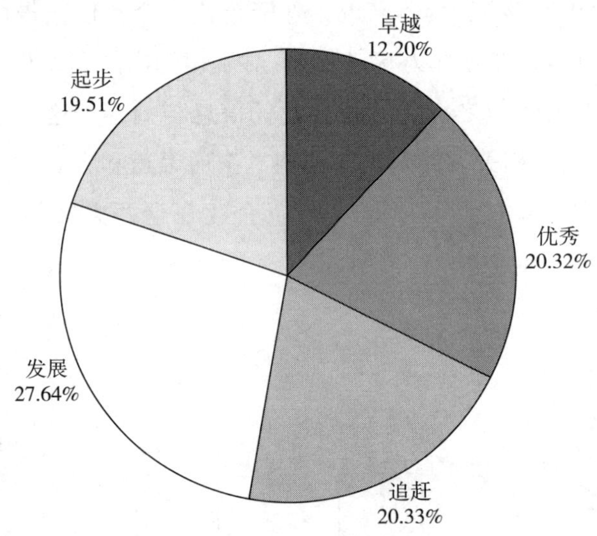

图 15　外资企业社会责任报告级别

（二）编制紧跟国际趋势，披露国际最新热点

外资企业社会责任报告注重对全球可持续发展进程的响应和披露。报告反映了外资企业通过回应、对接国际可持续发展倡议，制定具体的行为策略和实施路径，为全球可持续发展做贡献。联合国可持续发展目标（SDGs）

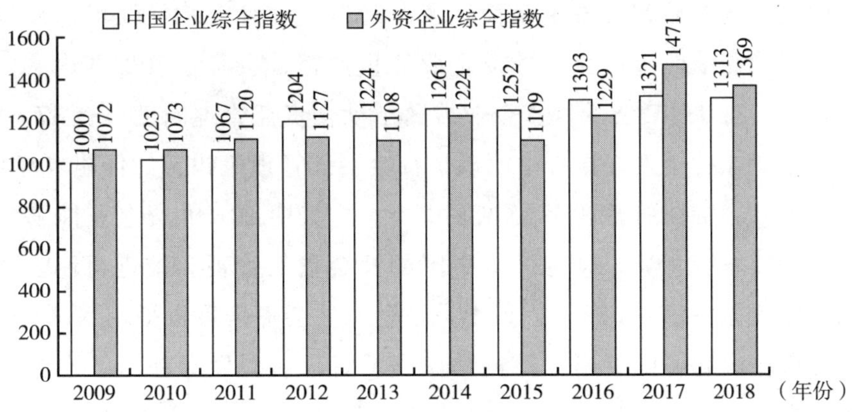

图16　外资企业社会责任报告综合指数

自提出以来，已成为全球企业发展和管理的重要语境。评估样本中，有11.38%的外资企业将SDGs作为编制参考标准，开展了SDGs对标，有20.33%的外资企业在报告中阐述了落实SDGs的相关情况。例如，英特尔支持SDGs，在每年的报告中披露相关实践进展；富士施乐（中国）在报告中设置“贡献2030可持续发展”专题，详细阐述富士施乐（中国）对全球可持续发展的贡献；玫琳凯中国将自己的业务和联合国可持续发展目标进行对标，构建可持续发展目标管理体系，将关键行动的衡量指标经过转化和加权，形成综合指数，通过逐年披露，便于利益相关方更好地了解其行动进展。

另外，外资企业在编制报告时注重参考全球可持续发展标准委员会（GSSB）发布的《GRI可持续发展报告标准》（GRI Standards）、联合国“全球契约”十项原则、国际标准化组织《ISO 26000：社会责任指南（2010）》等国际标准。评估样本中，有20.10%的外资企业参考了GRI标准（GRI G4和GRI Standards）。

（三）内容呼应中国发展，推动本土化进程

国别报告是外资企业发布报告的主流。这反映出外资企业对在中国发展的战略意识的加强以及外资企业社会责任本土化进程的加快，也有

助于中国的各利益相关方更全面地了解外资企业社会责任及可持续发展理念、行动和绩效等信息。外资企业注重披露社会责任管理的内容。评估样本中，有33.33%的外资企业披露了社会责任管理制度，有37.39%的外资企业在社会责任报告中明确了社会责任管理机构，如佳能（中国）就建立了社会责任管理机制（见图17）。这表明部分外资企业能够结合中国可持续发展背景，制定适应中国的社会责任管理和推进机制。高管声明指标覆盖率达51.83%，高于中国企业社会责任报告平均水平23.43个百分点。由此可以看出，外资企业高层管理者对发布在华社会责任报告的重视。

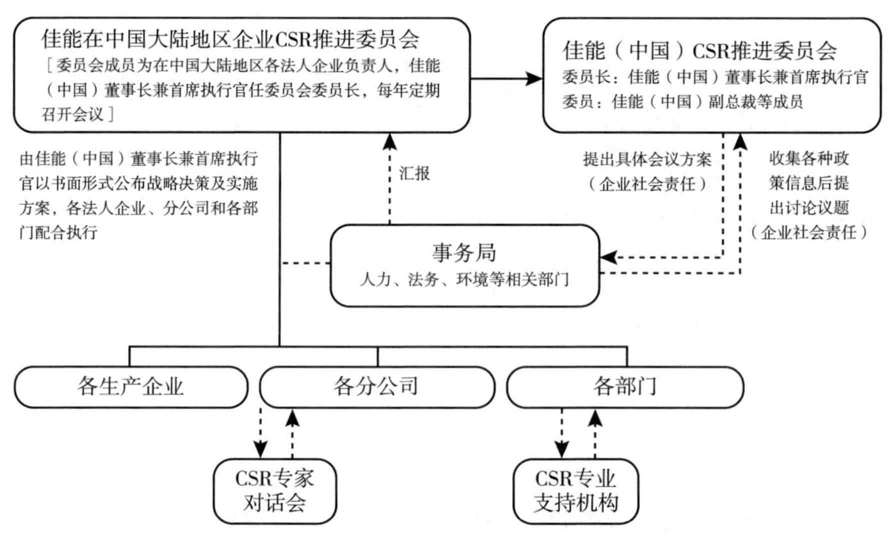

佳能在中国大陆地区企业CSR推进委员会组织体系

图17 佳能（中国）的社会责任管理机制

资料来源：《佳能（中国）企业社会责任报告2017~2018》。

中国正处在快速发展和转型过程中，近年来提出了“创新、协调、绿色、开放、共享”、“经济新常态”和“一带一路”倡议等一系列新理念、新政策。为响应新发展、新需求，外资企业制定并在报告中披露本土化的社会责任理念、战略。例如，伊顿将公司理念与中国本土政策相结合，形成伊顿在中国的特色可持续发展理念，贡献中国新型工业化、信息化、城镇化、农业现代化协同发展（见图18）。

图18 伊顿在中国的可持续发展理念

资料来源：《伊顿（中国）2017年可持续发展报告》。

2018年是中国改革开放40年。为呼应这一历史进程，部分外资企业在社会责任报告中设置改革开放40年专题栏目，梳理并披露履责的实践和绩效，彰显外资企业在华发展逐步从“赢在中国”转变为“与中国同行”和“与中国共赢”。例如，中国松下的报告中设置“感恩中国”专题，索尼（中国）的报告增加了“1978～2018索尼在中国四十载光阴，创美好未来”专题，佳能（中国）的报告也呈现了“四十载光彩 创造新价值”的内容。

（四）关注创新议题披露，升级产品、服务品质

外资企业关注创新相关议题，注重披露产品质量与安全信息，通过创新为利益相关方提供优质的、符合本土需求的技术、产品和服务，助力利益相关方解决环境、健康等方面的问题，促进社会可持续发展。评估样本中，有45.15%的外资企业披露了其如何通过技术创新等研发可持续的产品和服务。另外，我们也关注到，基于消费需求的升级，责任消费、可持续消费被更多消费者接受，也进一步带动企业在创新研发和生产中注重融入“绿色”“低

碳”“可持续发展”等理念。评估样本中，有13.82%的外资企业披露引导鼓励责任消费的内容。

（五）重视员工发展议题，助力员工价值创造

外资企业对员工信息披露的重视程度相对较高，员工议题指标覆盖率最高，职业健康与安全、培训与发展、社会保障三个议题的指标覆盖率均超过40%，分别为48.98%、44.31%、41.06%。从员工议题的各子项指标平均覆盖率来看，“员工技能培训，升迁制度”指标覆盖率最高，达到91.87%（见图19）。这表明，外资企业关注员工的可持续就业能力，注重通过培训、升迁等方式，提升员工创造价值的能力，为员工提供更加广阔的发展机会。

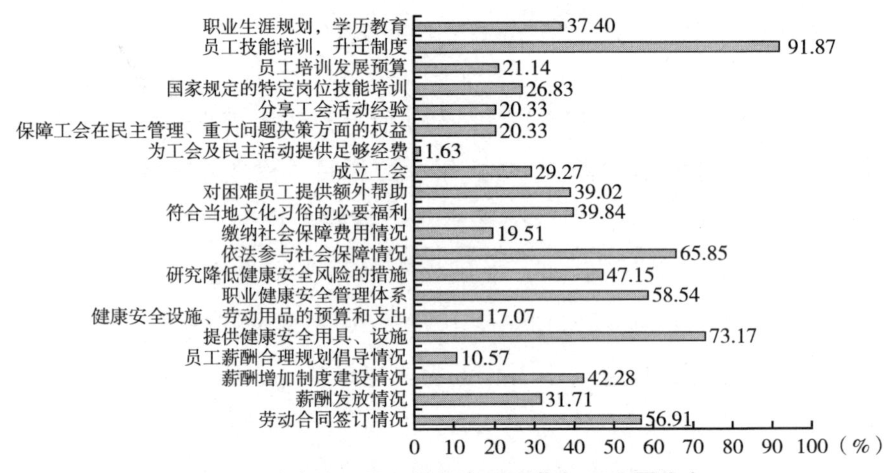

图19 外资企业员工议题各子项指标平均覆盖率

例如，永旺（中国）希望无论是初入职的员工，还是崭露头角的初级管理人员，抑或有一定经验的中级管理人员和经验丰富的高级管理人员，都有适合自己的能力培养与发展空间，进而完成层层递进的自我修炼。对此，永旺（中国）启动了新员工培训、永旺（中国）商学院（ACBS）、中层干部培养项目（BMP）、永旺清华学院、下一代经营者培养项目（JMP）等培训项目（见图20），为所有员工提供能力提升平台。

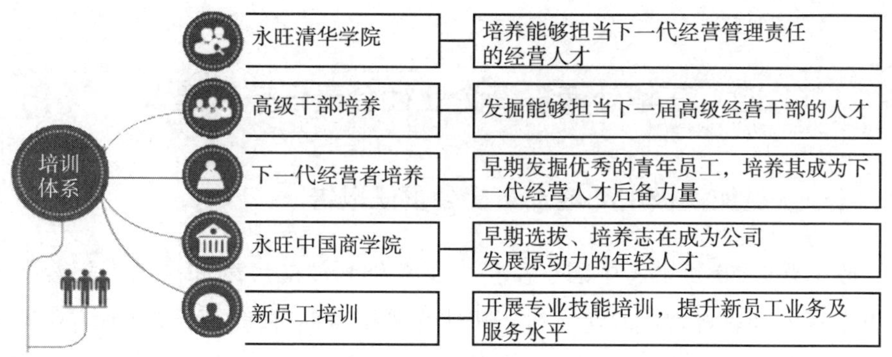

图 20　永旺中国的员工培训体系

资料来源：《永旺（中国）可持续发展报告》。

（六）报告可信性待加强，负面信息等披露不充分

2018 年，外资企业社会责任报告可信性指标覆盖率是六个维度中最低的。从报告可信性的各子项指标的覆盖情况来看：（1）报告未充分增加第三方审验和 CSR 专家评价；（2）未清晰地标注报告相关信息的主要来源；（3）员工离职率/流失率、安全事故、职业病发病率、因工伤损失工作日数等负面信息披露较少，部分外资企业针对已经发生的负面事件缺少回应（见图 21）。因此，外资企业需进一步提升社会责任报告的可信性，充分带动利益相关方参与报告编制的全过程。

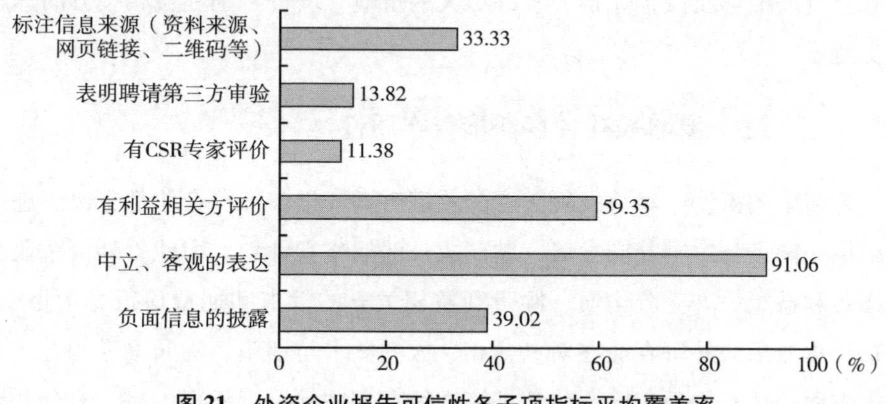

图 21　外资企业报告可信性各子项指标平均覆盖率

四 在华外商投资企业社会责任报告建议

（一）更加积极主动地发布社会责任报告

改革开放40年来，中国逐步扩大了对外开放的广度和深度。随着中国在更多省市设立自贸试验区，进一步优化外资营商环境，外资企业将获得更大的发展空间。中国相关的监管机构也对外资企业信息披露提出了更多的要求。但与庞大的外资企业数量相比，发布社会责任报告的企业仍占少数。建议外资企业加快发布中国区的社会责任报告，积极披露企业运营对利益相关方造成的社会和环境影响，以此促进企业与利益相关方的沟通与交流，获得利益相关方更广泛的支持，以实现在中国更好的发展和长期战略的实现。

（二）主动应用《中国外商投资企业社会责任报告编写指南》（CEFI－CSR1.0）

《中国外商投资企业社会责任报告编写指南》（CEFI－CSR1.0）的发布对外资企业本土化社会责任信息披露提出了新的要求，外资企业需要主动应用和参考，对要求进行深度回应。在信息披露时需要遵循完整全面、客观准确、明确回应、及时可比、易读易懂、获取方便等原则，进一步提升中国区的社会责任报告质量，让报告发挥更大的价值，增进中国利益相关方的理解与支持。

（三）进一步增强社会责任报告实质性

当前中国正处于经济发展转变的关键时刻，许多外资企业都提出了进一步根植中国，与中国共同发展、共同成长的战略和计划。因此，外资企业与中国各利益相关方充分沟通、倾听利益相关方的诉求和期望显得尤为重要。评估样本显示，外资企业在对利益相关方的要求与期望、沟通渠道和方式的披露方面，仍有提升空间。建议外资企业在编制社会责任报告时，充分开展利益相关方沟通，以筛选更加符合中国利益相关方诉求的实质性议题，同时在报告中增加这部分信息的披露，编制更具实质性的社会责任报告。

（四）进一步提升社会责任报告可信性

社会责任报告是企业与利益相关方沟通的重要载体。研究显示，外资企业社会责任报告在可信性方面存在明显欠缺，建议外资企业在报告中增加利益相关方评价、CSR 专家点评和第三方审验，同时以更加坦诚和透明的态度正视负面信息，主动披露负面事件发生的原因、应对措施以及进展情况，更好地增强报告的可信性。

（五）积极发挥新媒体传播的优势

外资企业应重视社会责任报告的沟通作用，广泛应用新媒体等传播渠道，将 H5、AR、VR 等技术融入报告传播，实现报告发布和传播形式的多元化，将企业的责任亮点和成效向更广范围传播，使社会责任报告成为创造价值的载体。同时，建议外资企业可以通过日常交流、利益相关方沟通会、“责任行”活动等多种形式传播履责实践和责任品牌理念，提升企业负责任的影响力。

B.4
金蜜蜂中国内地在香港联交所上市公司社会责任报告研究

罗伟　张越　管竹笋

摘　要：　本报告依据“金蜜蜂企业社会责任报告评估体系 2018”，对收集到的 238 份内地在联交所上市公司发布的社会责任报告进行评估。评估发现，内地在联交所上市公司社会责任报告整体质量高于中国企业社会责任报告整体平均水平，并呈现以下阶段性特征：报告重视利益相关方的识别和沟通；环境和员工定量信息披露更详细、更深入；绿色供应链成为报告披露热点；社区投资更重视披露社区发展、文化教育和就业；社会责任管理及高层管理者承诺等相关信息的披露程度有待提高。

关键词：　ESG 指引　联交所　绿色供应链　社会责任管理

香港交易及结算所有限公司（Hong Kong Exchanges and Clearing Limited）全资附属公司香港联合交易所有限公司（以下简称联交所）是全球主要交易所之一。2017 年是联交所《环境、社会及管治报告指引》（简称 ESG 指引）正式执行的第二年，23 个“不遵守就解释”指标已经全部生效。2018 年 5 月，联交所首次发布《有关 2016—2017 年发行人披露环境、社会、及管治常规情况的报告》，并将对发行人 ESG 信息披露现状进行定期评估，为内地在联交所上市公司的 ESG 管理与信息披露提出了更高要求。本研究依据“金蜜蜂企业社会责任报告评估体系2018”，参考ESG指引，对内地在联交所上市公司发布的ESG报告进行评估，并提出相关建议，以推动公司进行更有效的ESG信息披露，满足监管方、投资者和其他利益相关方的要求和期望，进而实现公司自身的可持续发展。

一　内地在联交所上市公司社会责任报告概况

截至2018年9月17日，通过主动寄送、公司官方网站下载、联交所网站下载以及网络查询等方式，我们共收集到内地在香港联交所上市公司发布的社会责任报告238份，同比增长106%。其中，“环境、社会及管治报告”（ESG报告）106份，“社会责任报告”78份，“可持续发展报告”26份，另有28份报告将社会责任信息作为公司年报的一部分进行披露。

第1次发布报告的公司数量为70家，占比29.41%；发布5次及以上报告的公司数量为86家，占比36.13%（见图1）。

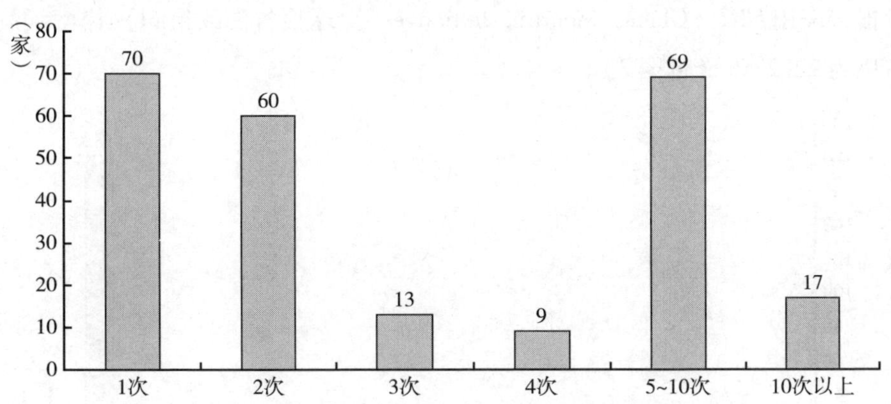

图1　内地在香港联交所上市公司社会责任报告发布次数

在行业分布上，制造业公司发布报告最多，占比32.35%，同比增加8.21%，其次为金融业，占比19.75%（见图2）。

在发布报告的内地在香港联交所上市公司中，其中有22家公司进入《财富》世界500强，98家公司进入《财富》中国500强。

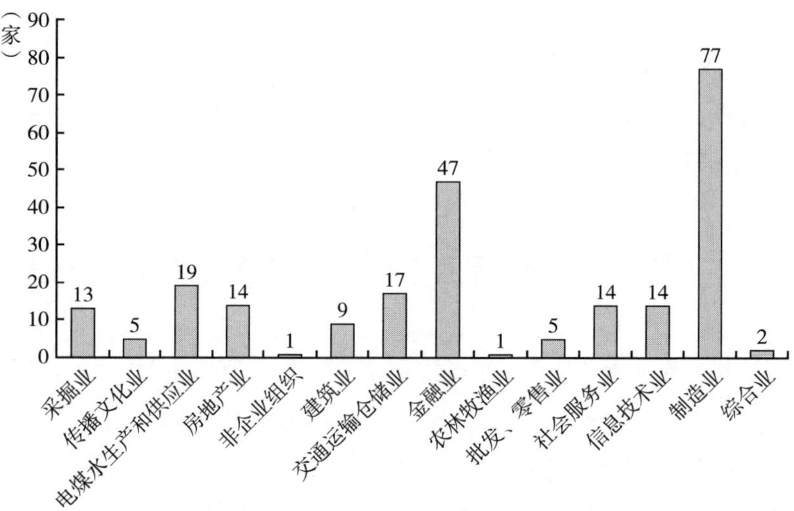

图2　内地在香港联交所上市公司社会责任报告行业分布

76家公司同时发布了中英文对照版或英文版报告，占比31.92%。

182份报告明确说明采用香港联交所ESG指引编制，占比76.47%；53份报告采用GRI（Global Reporting Initiative，全球报告倡议组织）指南编制，占比为22.27%（见图3）。

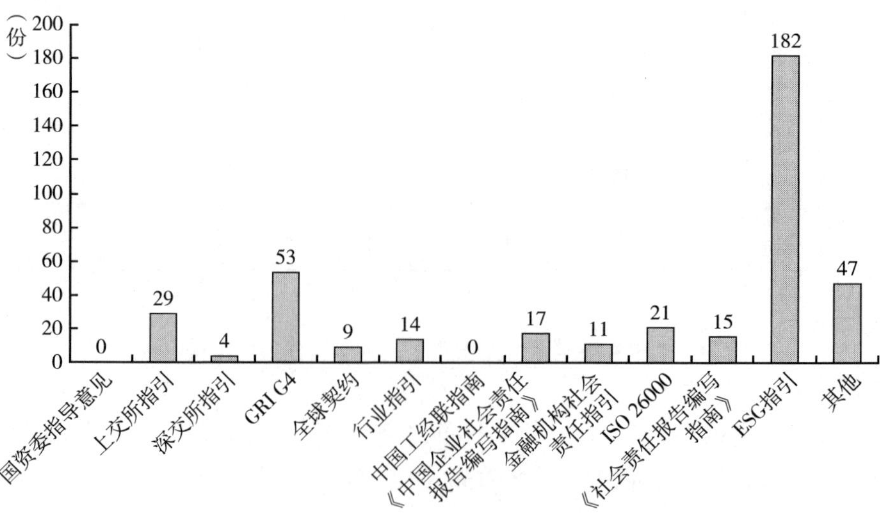

图3　内地在香港联交所上市公司报告编制参考依据

篇幅超过 30 页的报告数量为 168 份，占比 70. 59% （见图 4）。

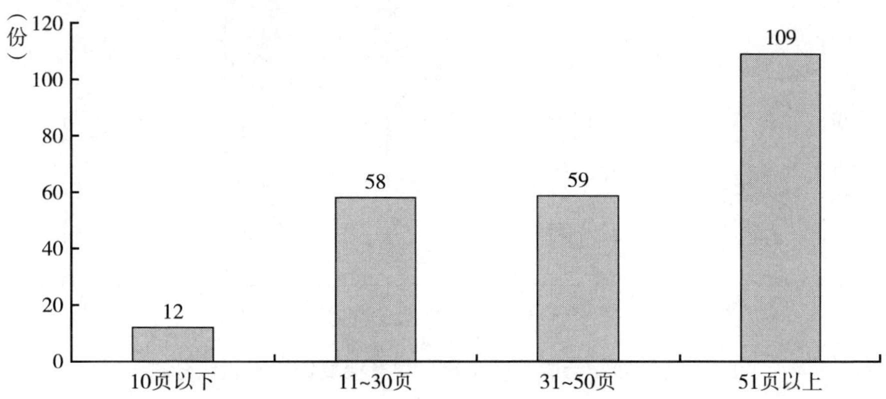

图 4　内地在香港联交所上市公司社会责任报告页数

二　内地在联交所上市公司社会责任报告分析

基于报告评估结果，本报告对内地在联交所上市公司发布的社会责任报告进行整体描述，并结合在社会责任报告编制咨询方面的经验，对这 238 份报告整体质量进行比较、分析和判断，从而总结内地在联交所上市公司社会责任报告的特点，并在此基础上提出相应改进建议。

（一）报告总体情况

我们根据得分情况，将报告分为起步、发展、追赶、优秀和卓越 5 个层次。2018 年，中国内地在联交所上市公司社会责任报告平均得分为 57. 47 分，高于中国整体报告的平均水平，但低于 2017 年内地在香港联交所上市公司社会责任报告总体得分。其中优秀以上水平报告共 62 份，占比 26. 05% （见图 5）。

报告的完整性、可信性、可读性、可比性、创新性和实质性均高于中国整体的平均水平（见图 6）。其中可读性高出 15. 01 个百分点，表明中国内地在香港联交所上市公司注重对读者阅读的友好性。

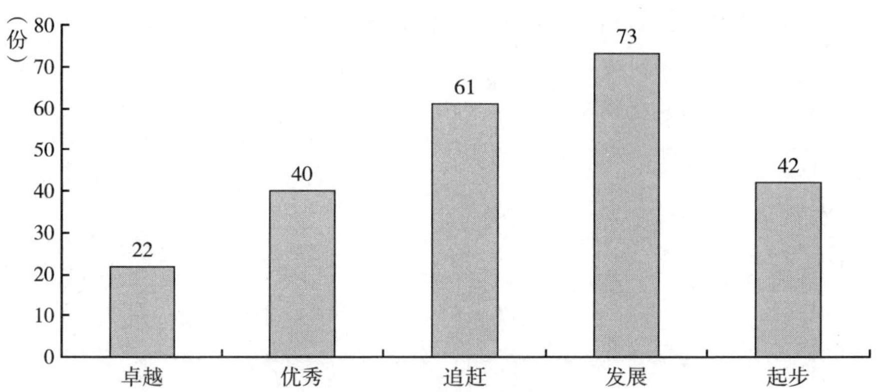

图 5　内地在香港联交所上市公司社会责任报告质量分布

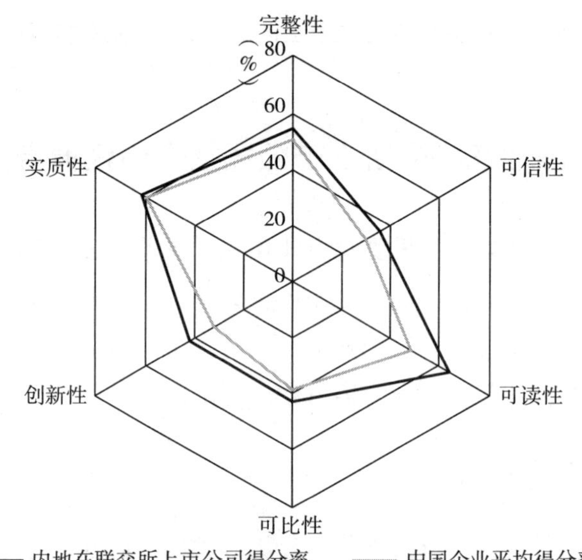

图 6　内地在香港联交所上市公司社会责任报告整体质量分析

（二）具体分析

1. 结构完整性

内地在香港联交所上市公司社会责任报告完整性得分率为 54.86%，比中国企业整体水平高 3.34 个百分点。报告对公司概况信息披露率最高，其次为报告参数和实践内容，完整性指标覆盖率分别为98.32%、85.29%和86.13%。高管声明、风险与机遇，计划内容信息披露较少，分别为47.06%、38.66%和30.25%（见图7）。

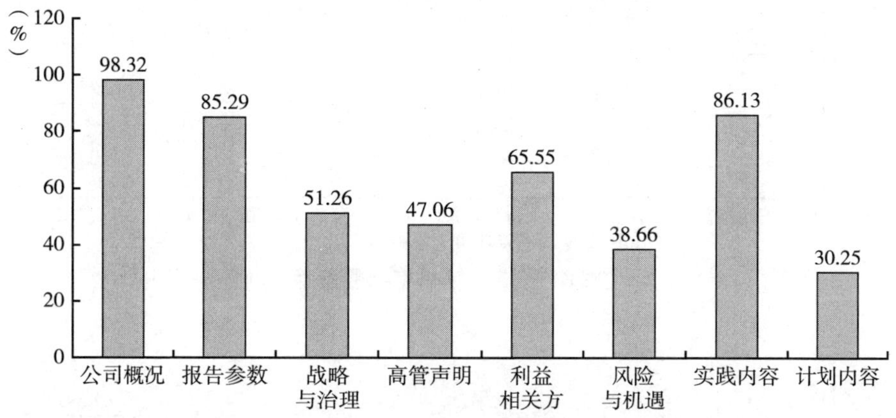

图7 报告完整性指标覆盖率

2. 报告可信性

内地在香港联交所上市公司社会责任报告可信性得分率为35.23%，比中国企业整体水平高6.78个百分点。从报告可信性指标覆盖率上看，客观中立地表达覆盖率最高，为92.02%，表明超过9成以上的公司对报告对披露信息的可靠性进行了说明。利益相关方评价和负面信息披露分别为53.78%和42.44%。信息来源、第三方审验、CSR专家评价覆盖率较低，分别为27.73%、25.63%和1.68%（见图8）。

3. 报告可读性

内地在香港联交所上市公司社会责任报告可读性较高，得分率为62.68%，比中国企业整体得分率高15.01个百分点。其中版式合适率为82.89%，信息饱和度、信息清晰表达和色彩搭配合理分别为70.61%、66.67%和62.72%（见图9）。总体而言，内地在香港联交所上市公司社会责任报告具有较好版式设计，能够清晰说明信息情况，色彩搭配较为合理，能够有效传递报告信息。

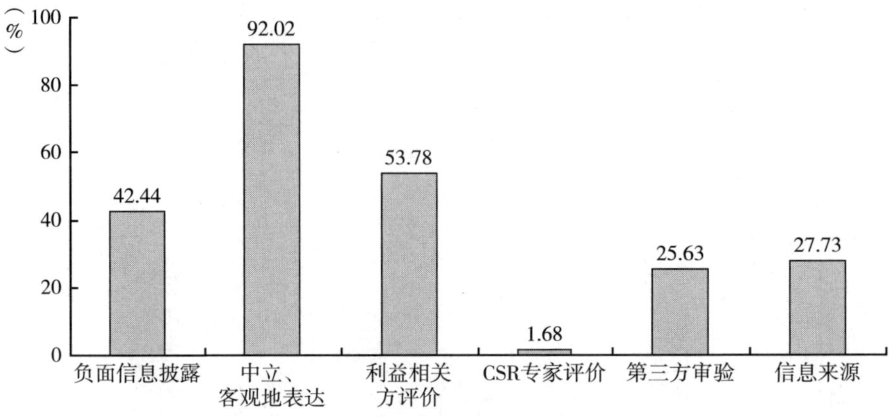

图 8　报告可信性指标覆盖率

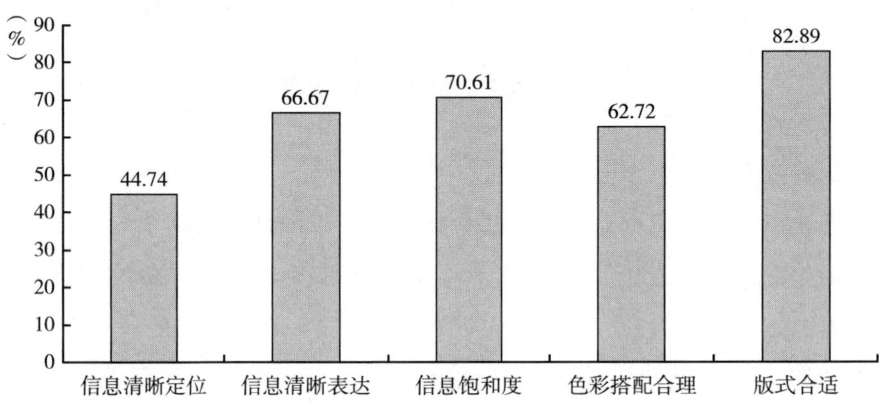

图 9　报告可读性指标覆盖率

4. 绩效可比性

内地在香港联交所上市公司社会责任报告绩效可比性得分率为 42.48%，比中国企业整体水平高 3.15 个百分点。其中行业内可比性和跨行业内可比性覆盖率均为 41.18%。纵向可比性覆盖率较低，为 25.21%（见图 10），说明内地在香港联交所上市公司社会责任报告在纵向绩效信息披露方面有待提高，需要加强同一指标连续多年的纵向信息的比较。

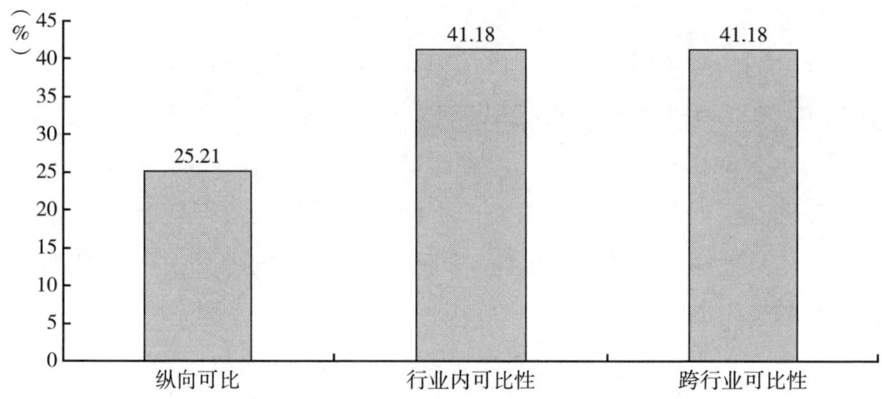

图 10　报告可比性指标覆盖率

5. 报告创新性

内地在香港联交所上市公司社会责任报告创新性得分率为 42.48%，比中国企业整体水平高 11.43 个百分点。报告在内容创新的指标覆盖率为 48.60%，而结构创新和形式创新指标覆盖率为 39.08% 和 35.43%（见图 11），说明报告在结构和形式等呈现方面还需加强。

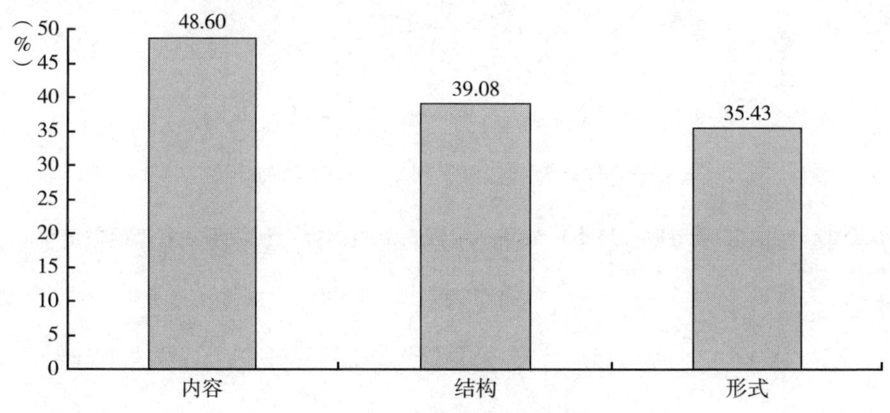

图 11　报告创新性指标覆盖率

6. 报告实质性

内地在香港联交所上市公司社会责任报告实质性得分率为 61.08%，比中国企业整体水平高 1.55 个百分点。从利益相关方角度看，指标覆盖率从大到小依次为员工（42.30%）、政府（36.82%）、环境（34.39%）、客户（32.91%）、社区（30.44%）、供应商（29.55%）、出资人（19.25%）、监管机构（17.57%）、同行（12.13%）、媒体（11.30%）、社会组织（8.30%）、金融机构（2.93%）（见图 12）。内地在香港联交所上市公司非常重视雇佣、发展及培训、排放物、资源使用、供应链管理等 ESG 指引要求议题的信息披露，但在监管机构、同行、媒体，社会组织、金融机构等非强制信息的披露方面有待加强。

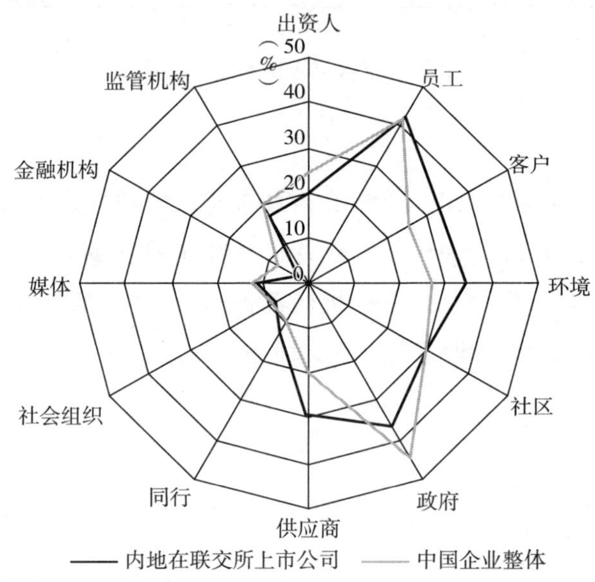

图 12　内地在香港联交所上市公司和中国企业整体报告利益相关方指标覆盖率

三　内地在联交所上市公司社会责任报告阶段性特点

（一）重视披露治理框架和战略，社会责任管理及高层管理者承诺等相关信息的披露程度有待提高

51.26%的公司披露了治理框架，45.38%的公司披露了公司战略，30.25%的公司披露了社会责任管理制度，仅 27.31%的公司披露了社会责

任管理机构（见图 13），说明公司更加重视披露治理框架和战略，社会责任管理制度和管理机构信息披露有待进一步提高，表明公司需加强社会责任管理制度的建设。

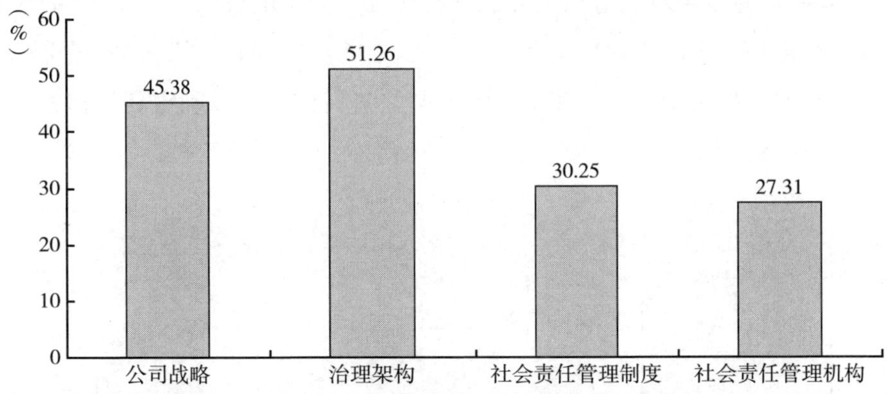

图 13　公司治理信息和社会责任管理信息披露情况

研究数据表明，39.92% 的公司披露了高管对社会责任的认识，36.13% 的公司披露了高管在社会责任方面的承诺，47.06% 的公司披露了主要开展的社会责任实践，28.57% 的公司披露了高管在社会责任工作方面的计划（见图 14）。这表明内地在联交所上市公司较少披露社会责任管理制度和机构信息，高层管理者对社会责任的理解和参与有待进一步提高。

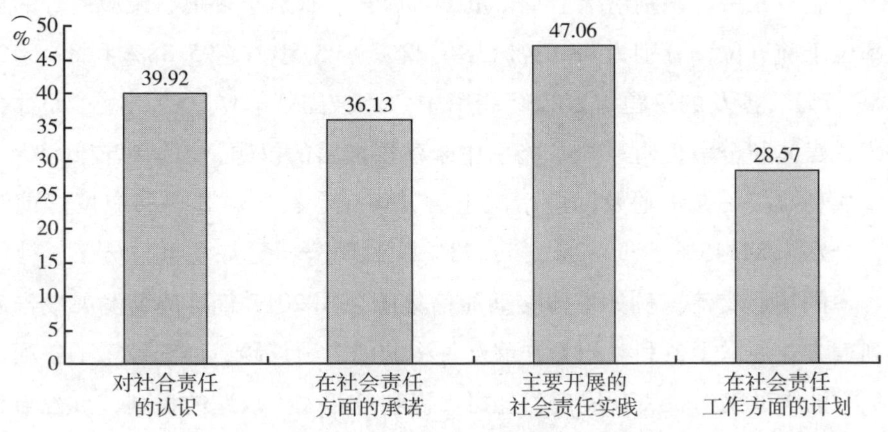

图 14　高管对社会责任重视程度信息披露情况

（二）报告重视利益相关方的识别和沟通，对员工、社区、客户、环境、供应商等利益相关方的识别率高

63.45%的报告对利益相关方识别有明确、集中的说明，65.55%的报告披露了利益相关方的沟通渠道及方式（见图15），说明约2/3的公司重视在报告编制的过程中识别利益相关方，并与之进行沟通，以确定利益相关方关注的核心议题。

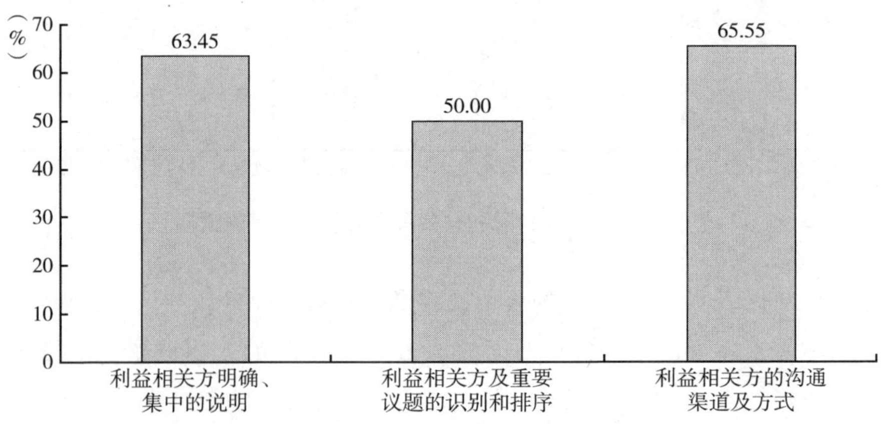

图15　利益相关方识别、排序和沟通渠道情况

从利益相关方识别情况上看，员工、客户、社区、环境、供应商等的识别率位于前五位，分别为98.74%、96.22%、95.80%、95.38%和89.50%（见图16），涉及的议题均为ESG指引中“不披露就解释”的议题；而社会组织、媒体和金融机构等ESG指引中未建议披露的议题，识别率较低。

从利益相关方沟通及回应情况上看，员工、社区、客户回应位居前三位，分别为84.45%、79.83%、77.73%，说明公司更加注重与员工、社区和客户的沟通交流。例如中国移动通信集团公司2017年可持续发展报告通过列表方式列举了各利益相关方重点关注的前五项议题，详细披露了各利益相关方的沟通渠道，直观展现了公司重视利益相关方议题的识别，重视与利益相关方的沟通。

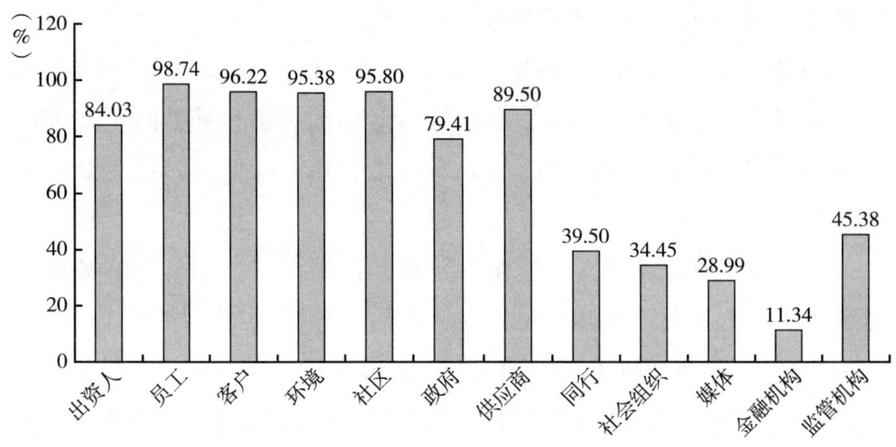

图 16　利益相关方识别情况

（三）报告注重环境定量信息披露和数据的纵向对比，体现环境管理成效

报告遵守 ESG 指引中环境 A1 和 A2 层面的一般披露和关键绩效的要求，重点披露了排放物和资源利用等议题的相关指标。

超过 95% 的公司披露了排放物的绩效信息，不同行业公司根据行业特色识别排放物种类。例如中国铝业股份有限公司在 2017 年 ESG 报告中披露了二氧化硫、氮氧化物和烟尘等公司废弃物排放量（见图 17），以及通过创新生产工艺降低废气排放量的举措，并对 2017 年二氧化硫排放量增加的原因做出解释。

	2016年	2017年
二氧化硫排放量（吨）	40524.00	42723.00
氮氧化物排放量（吨）	20300.84	14624.30
烟尘排放量（吨）	2568.00	2421.00

图 17　中国铝业股份有限公司 2017 年 ESG 报告废气排放情况

超过95%的公司披露了资源使用的绩效信息，其中优秀报告更注重资源使用的管理方法的披露。例如华润啤酒（控股）有限公司2017年ESG报告中披露了其在用水、污水和水源管理方面的措施，并披露了连续两年用水量和用水强度的对比情况，直观展现了公司在降低资源消耗量方面的管理绩效。

另外，采掘业的环境指标覆盖率较高，达56.2%，不仅能够披露公司业务活动对环境及天然资源的重大影响和保护行动，也能列举相应的绩效数据。例如兖州煤业股份有限公司在2017年ESG报告中披露了公司采煤对自然生态系统的影响，通过科学治理，减缓了生态系统破坏，通过披露绩效数据，展示了公司对环境及天然资源管理的成效。

（四）员工信息披露更详细、更深入，体现更规范的人力资源管理和更完善的人才发展保障

从员工责任议题指标覆盖率上看，职业健康发展、社会保障、劳资和培训发展覆盖率较高，分别为50.32%、45.48%、46.64%和48.32%，有效回应了ESG指引中B1（雇佣）、B2（健康与安全）、B3（发展及培训）三个层面的内容，表明内地在联交所上市公司对员工信息披露的重视程度相对较高。

在员工结构上，联交所上市公司不仅会按照性别、学历、年龄披露员工信息，还披露了员工雇佣类型和雇佣地区有关信息，体现了公司更为规范的人力资源管理。例如交通银行2017年社会责任报告在员工结构上除了披露员工性别、学历、年龄以外，还披露了连续两年当地高管、境外高管、少数民族高管、女性高管人数比例，员工结构绩效信息详细，体现了交通银行人力资源管理的规范性（见图18）。

在培训及发展上，内地在联交所上市公司不仅能按照ESG指引要求披露按性别和雇佣类型（如高级管理层、中级管理层）划分的接受培训百分比、人均培训时长等强度数据，也注重披露员工培训体系、职业发展通道等信息，体现了公司为员工提供的更为完善的人才培养和职业发展保障。例如

本行重视员工基本权益的保障，致力于打造尊重、多元、和谐的工作氛围，提升员工幸福感。截至报告期末，本行共有境内外行员工91240人，其中女性员工占52.90%，境外员工占2.56%，少数民族员工3976人，残疾员工116人。

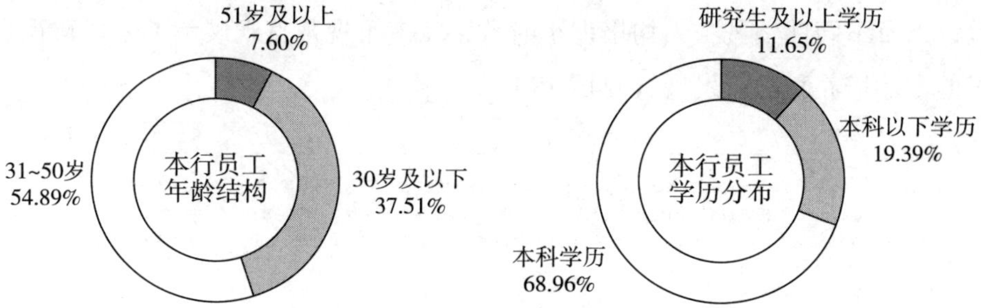

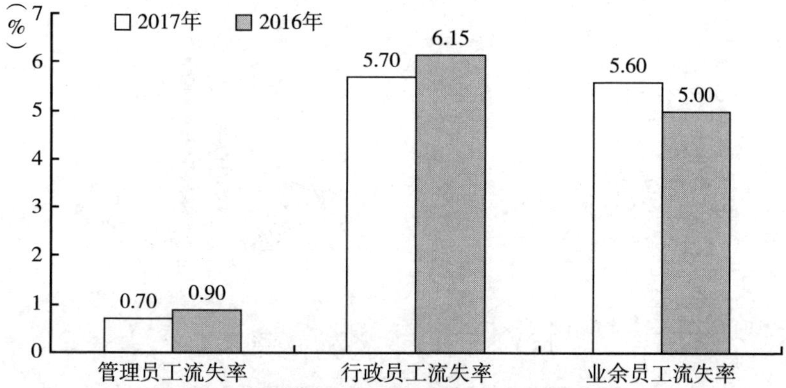

本行员工年龄结构

51岁及以上 7.60%
30岁及以下 37.51%
31~50岁 54.89%

本行员工学历分布

研究生及以上学历 11.65%
本科以下学历 19.39%
本科学历 68.96%

本行境内员工流失率统计-按员工类型

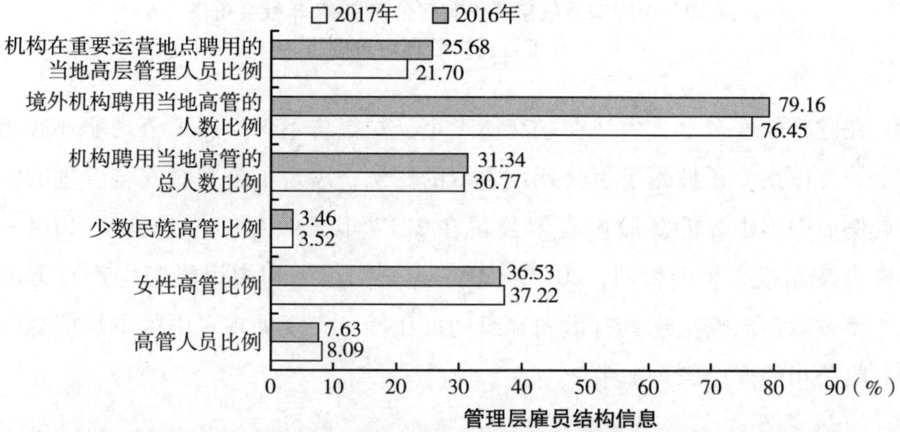

（%）

	2017年	2016年
管理员工流失率	0.70	0.90
行政员工流失率	5.70	6.15
业余员工流失率	5.60	5.00

管理层雇员结构信息

（%）

	2017年	2016年
机构在重要运营地点聘用的当地高层管理人员比例	21.70	25.68
境外机构聘用当地高管的人数比例	76.45	79.16
机构聘用当地高管的总人数比例	30.77	31.34
少数民族高管比例	3.52	3.46
女性高管比例	37.22	36.53
高管人员比例	8.09	7.63

本行严格执行国家各类劳动用工法律法规，杜绝使用童工及强制员工劳动，不因性别、相貌、信仰等因素歧视员工、提供公平、适合的就业岗位和待遇，做到同工同酬，截至报告期末，本行与所有在岗劳动合同制员工签订劳动合同，解决员工后顾之忧。

图18　交通银行2017年社会责任报告员工结构信息披露

中国东方航空股份有限公司 2017 年社会责任报告不仅披露了员工培训与发展管理办法，还披露了培训总投入、完成各类培训批次数量、参加培训人次，以及不同性别员工人均培训小时数，从多重视角直观展示了公司重视员工的人才培养和职业发展（见图 19）。

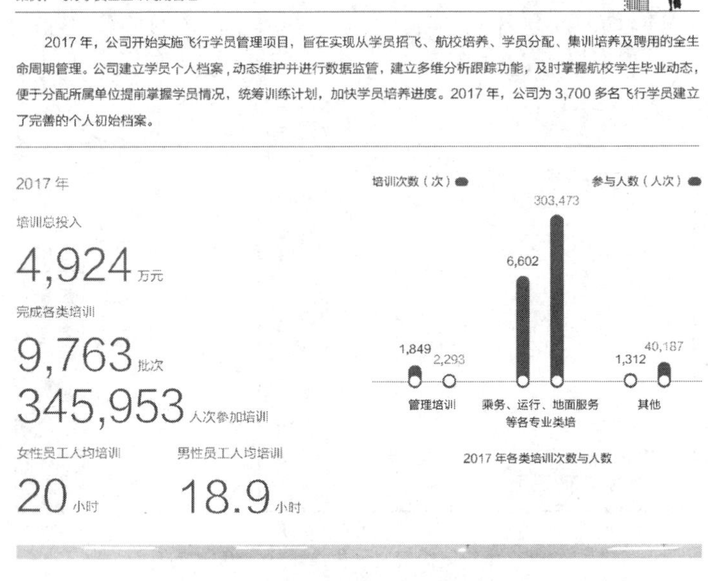
案例：飞行学员全生命周期管理

2017 年，公司开始实施飞行学员管理项目，旨在实现从学员招飞、航校培养、学员分配、集训培养及聘用的全生命周期管理。公司建立学员个人档案，动态维护并进行数据监管，建立多维分析跟踪功能，及时掌握航校学生毕业动态，便于分配所属单位提前掌握学员情况，统筹训练计划，加快学员培养进度。2017 年，公司为 3,700 多名飞行学员建立了完善的个人初始档案。

2017 年

培训总投入

4,924 万元

完成各类培训

9,763 批次

345,953 人次参加培训

女性员工人均培训 20 小时

男性员工人均培训 18.9 小时

图 19　中国东方航空股份有限公司 2017 年社会责任报告员工培训信息披露

在健康与安全上，内地在联交所上市公司报告不仅披露了公司职业健康安全管理体系，还披露了因公死亡人数的比例，展现了公司对安全管理的重视。例如中国中煤能源股份有限公司在 2017 年 ESG 报告中披露了 2014 ~ 2017 年安全投入生产费用，2012 ~ 2017 年全国煤矿和中煤能源生产百万吨死亡率数据，数据呈现具有横向和纵向可比性，直观展现了中国中煤能源股份有限公司的安全管理成效。

（五）绿色供应链管理成为报告披露热点，强调管理过程的绿色、透明和公正

内地在联交所上市公司重视供应链管理，采购原则、供应商资质、供应

商管理的覆盖率分别为37.61%、31.30%、21.01%，均高于中国企业整体水平（见图20）。

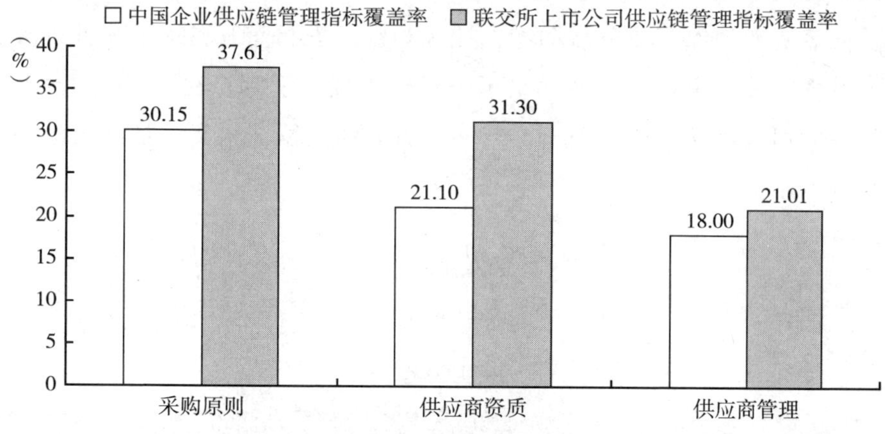

图20 供应商指标覆盖率

研究数据表明，内地在联交所上市公司社会责任报告在采购管理、供应商资质管理和供应商管理三方面得分均高于全国企业平均水平，绿色供应链成为报告披露热点，越来越多报告披露公司为保障供应链的绿色、透明所采取的举措和成效。例如中国石化上海石油化工股份有限公司在2017年企业社会责任报告中披露通过绿色采购、绿色仓储、绿色物流等构成的绿色供应链管理体系，维护绿色、公正的市场环境，带动供应商履行社会责任。

（六）社区投资注重披露社区发展、文化教育和就业培训等方面的信息，社区投入资金、时间等方面的统计有待进一步完善

超过五成报告披露了社区发展、文化教育和就业培训等方面的信息，说明内地在联交所上市公司重视社区发展，但各公司结合行业特性、专注社区贡献范畴也有一定差异。如华润置地2017年可持续发展报告公共服务章节，披露了公司参与旧城区改造、参与保障性住房开发、探索智慧城

市建设方面的内容，展现了华润置地利用自身专业优势服务于城市建设（见图21）；同时披露了公司创造就业岗位、公共慈善、支援服务方面的绩效，通过“希望小镇”案例，华润置地展示了积极参与社区，了解所在社区需要和确保其业务活动考虑社区利益。华润置地展示了在社区投资层面管理的较好表现，也展现出了公司作为优秀房地产公司的行业特性。但较少公司披露社区投入资金、时间等方面的数据，相关关键绩效的披露有待进一步加强。

公共服务

参与旧城改造

2017年，华润置地继续发挥在城市更新方面的成功经验，进一步参与旧城改造，盘活城市存量土地。在深圳已共计推进了16个旧城改造项目，正在跟进的项目33个。

深圳大冲华润城

保障性住房开发

华润置地积极参与政府保障性住房和安居工程建设，为中低收入者提供宜居的生活环境。目前在建、承建的保障性住房项目共有9个，基本情况如下：

北京首开华润城

图21　华润置地2017可持续发展报告披露了旧城改造、保障性住房开发政策

四　内地在联交所上市公司社会责任报告建议

（一）应重视披露管理实践和绩效内容，进一步提高ESG信息披露的深度

联交所对于ESG信息披露更加严格，规定ESG报告中"披露内容模糊，或者仅仅部分内容回应了披露规定，这些情况均被视为未遵守"。这要求公司在披露过程中不仅要保证信息的全面性，也要关注信息披露程度。例如在ESG产品责任议题中，如果公司仅仅披露"我们设置有产品质量保证措施"，却没有提及措施中的任何细节，这类信息披露将被视为"未遵守"。这就要求公司在披露的过程中对相应指标的管理制度、关键内容、实践、实施效果等信息进行详细披露，从而提高信息披露的有效性，满足ESG指引的披露要求。同时建议公司进行行业对标分析，除可了解自身与同行报告信息披露的差距，企业更可掌握行业整体在管理特定范畴上的成熟程度。

（二）建立或落实ESG指标管理体系，提升报告信息披露质量

建议内地在联交所上市公司建立或落实ESG指标管理体系，提升关键绩效指标的量化水平和数据的可比性，同时提升企业ESG管理水平。一方面，建立ESG指标管理体系，能帮助ESG报告工作小组准确搜集ESG指引中各定量目标的数据，全面覆盖各项指标，提升公司ESG报告信息披露质量。另一方面，将ESG指引中的各项指标相应的管理内容融入到公司的日常运营中，形成"议题化管理、项目化推进"等行之有效的方法。项目化运作方式可使ESG指引中具体指标的导入有起点、有终点、有目标、有结果、有绩效、有考核，实现ESG管理的闭环循环，帮助公司提升在可持续发展方面的管理水平。

（三）全面导入ESG指引，加强ESG信息披露的能力建设

公司应加强ESG信息披露方面的风险管理，深入分析关键信息在ESG

信息披露中的价值，明确ESG指引中各个指标的具体含义，全面导入ESG指引，增强信息披露价值和报告的实质性。在ESG指引中有12个量化指标，建议公司严格遵守“量化及一致性”原则，简述量化指标的目的及影响，量化资料应附带说明，若量化指标有可比较的数据，建议在报告中有所体现。对ESG指引中指标披露不明确的公司，建议密切关注联交所相关要求，聘请专业团队导入ESG指引，加强公司ESG信息披露的能力建设。

（四）建立ESG报告工作小组，提升董事会在报告中的参与度

董事会参与ESG信息披露过程能够让董事会更好地了解公司，并向公司其他成员传达公司董事会对环境、社会及管治信息的重视程度。建议公司设立向董事会报告的ESG报告工作小组，成员包括高级管理层及其他具备ESG方面知识、可进行内外部重要性评估的员工，负责ESG信息披露及ESG政策的落实。ESG报告工作小组应由董事会授予相应执行社会责任工作权利，明确工作范围，落实董事会对ESG管理的要求和ESG报告要求，使得公司从上至下重视ESG管理，将各项指标落到实处，通过ESG报告编制促进公司ESG管理水平提升。

（五）结合投资人期望，加强对重要性议题识别、议题管理方法的披露

上市公司的ESG报告表现已经成为投资者在进行投资决策时的重要参考依据，ESG议题也被更多企业纳入长远发展策略。建议内地在联交所上市公司一方面要重视对重要性议题识别过程的披露，另一方面也要加强对公司重要性排序更高的ESG议题的管理方法的披露，包括针对重要议题制定的战略、设定的目标、采取的行动以及持续跟进的成效，在进一步增强报告信息披露实质性的同时，更好地为投资者的长期价值投资提供决策参考。

B.5
金蜜蜂中国上海市属国有企业社会责任报告研究

李雨燃　吴　琰　代奕波

摘　要：　本报告依据“金蜜蜂企业社会责任报告评估体系2018”，对收集到的25家由上海市国资委监管的国有企业于2018年发布的社会责任报告进行评估和分析，并将评分结果与2017年上海市属国有企业、2017年中央企业发布的社会责任报告的总体情况进行对比，从而提出有针对性的建议。研究发现，上海市属国有企业报告质量在逐步提升，社会责任管理获得更多重视，但与中央企业相比还有较大的差距。上海市属国有企业社会责任报告注重回应社会发展趋势，信息披露体现行业特点。

关键词：　上海市属国有企业　社会责任报告　信息披露　行业特点

国有企业履行社会责任，是国有企业作为党和国家事业发展重要物质和政治基础的历史使命，是适应经济发展新常态，促进企业转变发展方式，实现可持续发展的重要内容。党的十八届三中全会《中共中央关于全面深化改革若干重大问题的决定》将“履行社会责任”作为国有企业深化改革的重点工作之一。2016年6月，国务院国资委专门印发《关于国有企业更好履行社会责任的指导意见》，作为深化国有企业改革的配套文件之一。同年，上海市委、市政府《关于进一步深化上海国资改革促进企业发展的意见》明确要求，国有企业要承担社会责任，成为依法经营、诚实守信、节约资源、保护环境、保障民生和维护社会稳定的表率。此外，由上海市经济团体联合会主办、上海市质量协会等承办的上海市企业社会责任报告发布平台，在上海市经信委、市发改委、市国资委、市商务委、市文明办，市民政局、市环保局、市质监局、市安监局、市人保局、市总工会、市社会工作党委等政府部门的指导下，每年度鼓励、征集与发布上海市企业社会责任报告，积极推动各参与组织认真学习企业社会责任相关标准，统一思想、凝聚共识、营造氛围，不断提升企业履责管理实践水平。

一 上海市属国有企业社会责任报告概况

截至 2018 年 8 月，我们通过企业主动寄送、企业官方网站下载及网络查询等方法，共收集到 25 家上海市属国有企业发布的 2017 年企业社会责任报告，发布报告的企业占上海市属国有企业总数的 55.56%，与 2016 年报告数据相比有所增长。发布报告的上海市属国有企业中，上市企业占比为 64%，是上海市属国有企业上市企业总量的 84%。

依据“金蜜蜂企业社会责任报告评估体系 2018”，对这些报告进行评估。上海市属国有企业发布的报告中，所有报告均为独立报告，96% 的报告名称为企业社会责任报告，4% 的报告名称为可持续发展报告。在发布报告的上海市属国有企业中，有 9 家领袖型企业，占比为 36%。金融业企业发布报告 6 份，占比为 24%。

如图 1 所示，在编制报告时，52% 的上海市属国有企业参考了上交所社会责任相关指引。国务院国资委《关于国有企业更好履行社会责任的指导意见》、中国社会科学院《中国企业社会责任报告编写指南》（CASS－CSR 3.0）、全球报告倡议组织《可持续发展报告指南》（GRI G4）、ISO 26000 以及社会责任报告国家标准《社会责任报告编写指南》（GB/T 36001－2015）是重要的参考标准，另有 3 家企业参考了上海市相关标准，如《上海文明单位社会责任报告指导手册》等。

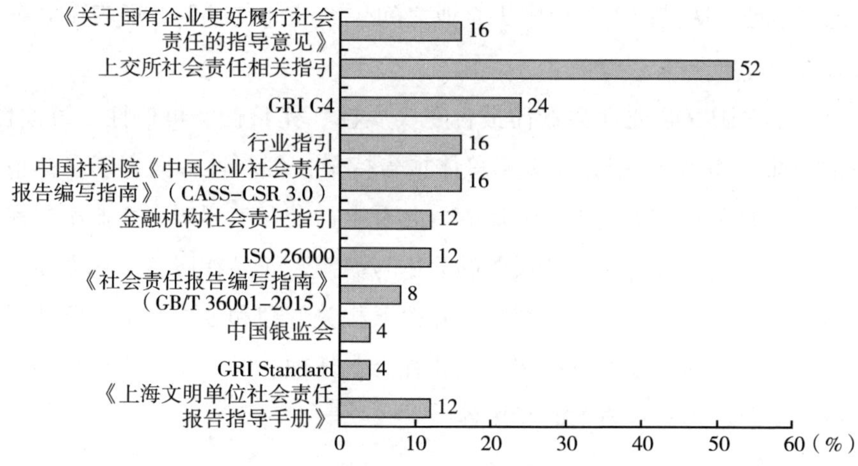

图1　上海市属国有企业报告编制依据

基于报告评估结果，对上海市属国有企业发布的企业社会责任报告进行整体描述，并结合在企业社会责任报告编制咨询方面的经验，对这些报告的整理质量进行比较分析，总结上海市属国有企业社会责任报告的特点，并在此基础上提出相关建议。

（注：得分率指每一个维度的得分占维度总分的百分比，六个维度总分合计 100 分；覆盖率是对评估指标覆盖程度的统计。）

二　上海市属国有企业社会责任报告分析

（一）报告总体情况

如图 2 所示，2018 年上海市属国有企业社会责任报告平均得分率为 57.54%，略高于 2017 年报告平均得分率（57.45%），优于 2017 年报告总体报告平均得分率（54.47%），远低于 2017 年中央企业报告平均得分率（81.71%）。从纵向看，2018 年上海市属国有企业社会责任报告整体水平虽然相较于 2017 年有所提升，但 0.15% 的提升幅度体现了现阶段促进社会责任的主动意愿不足；从横向看，与中央企业之间较大的对比差距，展现了较强的发展潜力和进步空间。

上海市属国有企业社会责任报告在实质性、完整性、可信性、可读性、可比性方面平均得分率与2017年总体报告持平，创新性方面高于总体报告水平，报告的实质性指数表现最优。由此看出，上海市属国有企业不仅在信息透明方面注重对报告实质性议题的分析与披露，而且在履责实践方面关注企业运营和决策所产生的实质影响，并探索相关管理和改进措施。此外，这也表明上海市属国有企业具有展现企业社会责任理念的意识，能够主动结合社会最新动向，丰富报告的时代内涵。

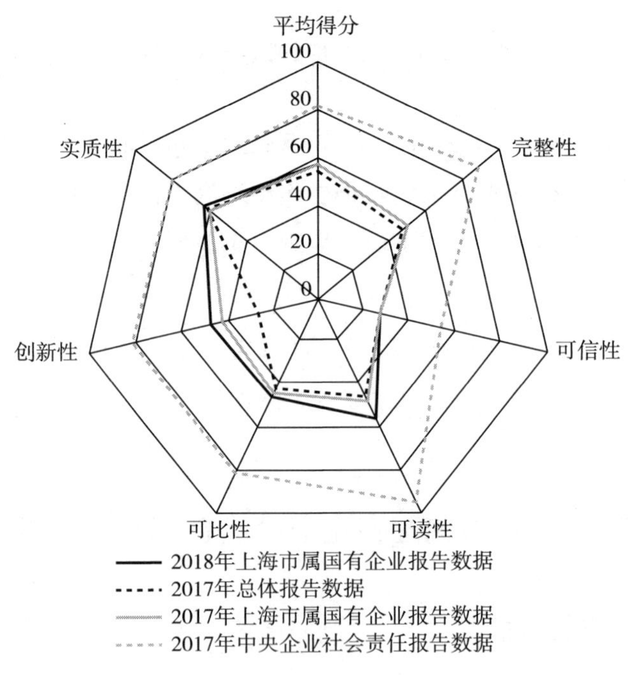

图2　上海市属国有企业社会责任报告六个维度的得分率

（二）具体分析

1. 结构完整性

上海市属国有企业信息披露更加规范，披露方式也更加成熟，但相比于中央企业仍有巨大的提升空间。上海市属国有企业社会责任报告在完整性方面平均覆盖率为49.72%，与2017年上海市属国有企业社会责任报告持平，略高于2017年总体报告覆盖率（47.64%），展现了相对有效的信息披露特性，但相比于2017年中央企业社会责任报告的覆盖率（89.39%）而言，仍有巨大的提升空间。其中，战略与治理、高管声明、风险机遇分析和计划内容的覆盖率分别为48.00%、37.00%、33.33%和36.00%（见图3）。可见，上海市属国有企业在战略层面上对社会责任重视程度还不够，社会责任在企业内仍然缺乏领导支持和系统性的工作部署安排。所有的报告在社会责任实践内容方面都包含了经济责任、社会责任和环境责任，仅有一家企业未披露环境责任。由此可看出，一方面上海市属国有企业报告的社会责任信息披露相对规范，另一方面企业对社会责任理念的整体性认知仍需提升，建议系统性地推进社会责任融入企业管理。

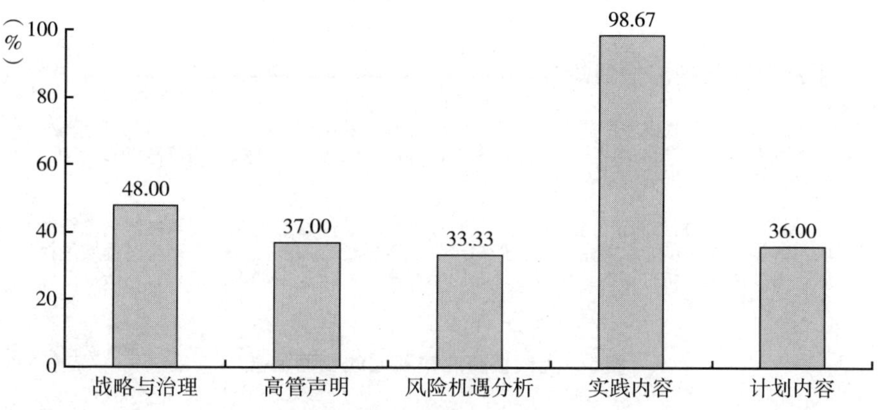

图3　报告完整性指标覆盖率

2. 报告可信性

上海市国资委系统企业社会责任报告的可信性方面平均覆盖率仅为27.20%，与2017年数据相比有明显进步，也超过了2017年总体报告在可信性方面的覆盖率（26.08%），但仍在六个维度中得分最低，且与2017年中央企业社会责任报告可信性方面的覆盖率（53.5%）相比，存在较大差距。如

图 4 所示，表述的客观性覆盖率较高（55.00%），负面信息披露覆盖率较低（8%）。负面信息的披露可以发挥风险防控、评估发展短板的作用，也展现了企业信息透明的程度，因此建议在未来的报告中加强对负面信息的披露。

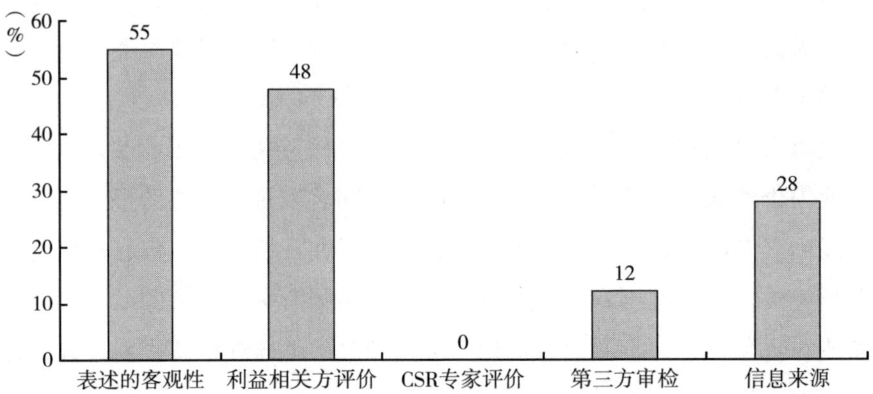

图 4　报告可信性指标覆盖率

主动召回消除质量缺陷

2017年，上汽集团所属整车企业共实施整车产品主动召回共11起，涉及4家企业（上汽大众、上汽通用、上汽乘用车和上汽通用五菱），召回数量约775万辆，其中受高田气囊召回影响涉及车辆约492万辆。

目前，各项召回行动都在按照计划有序实施，总体状态平稳。公司将认真总结经验与教训，进一步强化质量工具，严格产品试验验证，加强供应链管理及过程质量控制，持续提高产品可靠性，保持产品稳定质量水平，积极主动维护消费者合法权益，更好担当社会责任。

图 5　上汽披露汽车召回的负面信息

值得一提的是，其中有三家企业对报告实施了第三方审验，这对提升报告内容的客观性与可靠性有很大帮助，并对增进社会责任报告的信息价值、增强资本市场信心十分重要。

3. 报告可读性

如图 6 所示，报告内容表达形式丰富、信息清晰，但信息定位有待增强。上海市属国有企业社会责任报告可读性平均覆盖率为 55.83%，与 2017 年的 48.33% 相比有较大提升，但是相对 2017 年中央企业覆盖率

（94.5%）而言，仍需继续追赶。上海市属国有企业报告在版式、信息表达、色彩搭配等方面表现出色，报告的表达形式丰富，合理搭配文字、图片和表格，一方面使读者能够清晰地理解报告所传达的信息，另一方面能够更好地发挥报告的沟通价值。

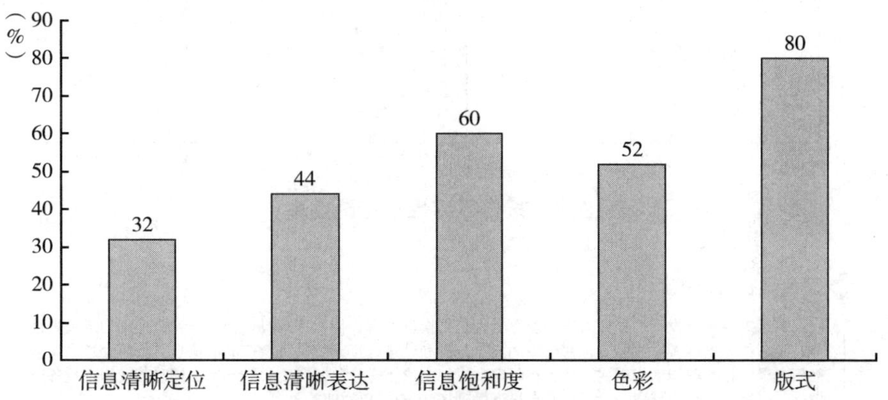

图 6　报告可读性指标覆盖率

4. 绩效可比性

报告数据在行业内可比性较高，跨行业可比性需提升（见图 7）。上海市属国有企业社会责任报告可比性平均覆盖率为 46.00%，比 2017 年的覆盖率（43.77%）有所增长，但相较于 2017 年中央企业覆盖率（81.25%）而言，仍有明显的进步空间。其中，行业内可比性覆盖率为 60%，跨行业可比性覆盖率为 36%。可见，上海市属国有企业具有较高的行业内对比意愿，能够帮助企业整体把控其在行业内的纵深发展情况，但跨行业可比性仍待提高，否则不利于企业对跨行业、多品牌发展的探索。上海市属国有企业在跨年度的绩效对比上覆盖率达 46%，但绩效目标实现程度覆盖率仅为 14.29%。这说明上海市属国有企业关注历史发展数据和企业发展轨迹，但对绩效实现的目标管理重视不足，体现了企业重过程而轻结果的发展状态，这不利于企业的持续改善，后续需要调整。

5. 报告创新性

内容创新，报告形式有待丰富。上海市属国有企业社会责任报告的创新性

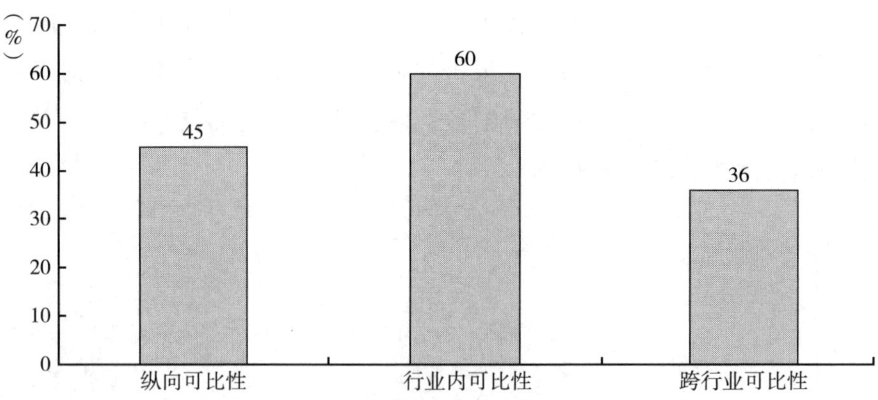

图 7　报告可比性指标覆盖率

高度重视客户投诉

我们高度重视客户投诉的处理工作，设有专人负责投诉处理，做好用户投诉处理记录，详细记录投诉细节，及时给予投诉者满意答复，并组织调查、分析和处理，记录相关批次产品的信息。投诉处理由质量部门主导，相关职能部门组成团队，在限定的讨间内给予客户答复和妥善的解决。同时落实纠正及预防措施，确保客户高度满意，对客户所有投诉做到100%相应和处理。

2017年度重点产业集团接获投诉数

产业集团	接获投诉数	投诉处理数	投诉相应率
上海电气电结集团	5	5	100%
上海电气核电集团	0	0	100%
上海电气风电集团	0	0	100%

图 8　上海电气集团有限公司针对客户责任设定服务目标并披露完成度

覆盖率为 47.02%，高于 2017 年报告创新性覆盖率（42.86%），远高于 2017 年总体报告的覆盖率（26.36%），在一定程度上展现了时代特征和企业特色，但相比于 2017 年中央企业的覆盖率（82.5%），仍有巨大的提升空间。整体而言，上海市属国有企业报告在内容、形式和结构上积极尝试创新（见图 9），结合社会最新动态，展现了行业与企业特色，体现了企业对社会责任的积极思考。

6. 报告实质性

报告在回应利益相关方、实质性议题的识别与管理等方面有待进一步提升。上海市属国有企业社会责任报告实质性平均覆盖率为 63.50%，与 2017 年上海市属国有企业社会责任报告的 59.59% 相比有所提升，与 2017 年总

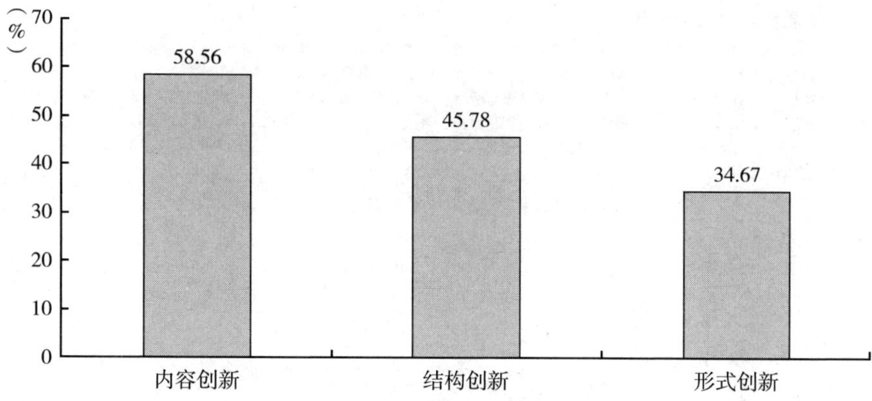

图 9　报告创新性指标覆盖率

体报告数据持平，上海市属国有企业注重回应利益相关方但与中央企业仍存在一定差距。上海市属国有企业实质性信息披露具有国有企业的普遍性，侧重披露具有明显影响的利益相关方的履责信息，如出资人、员工、客户、环境、社会、政府、供应商等，而在一定程度上忽略了具有潜在影响的利益相关方，如同行、社会组织、媒体、金融机构和监管机构等（见图 10）。一方面，高实质性不意味着全部利益相关方的覆盖，而是聚焦实质性议题，展现了企业对关键利益相关方的关注与回应；另一方面，长期忽略一些潜在利益相关方会对企业来说存在一定程度的风险。

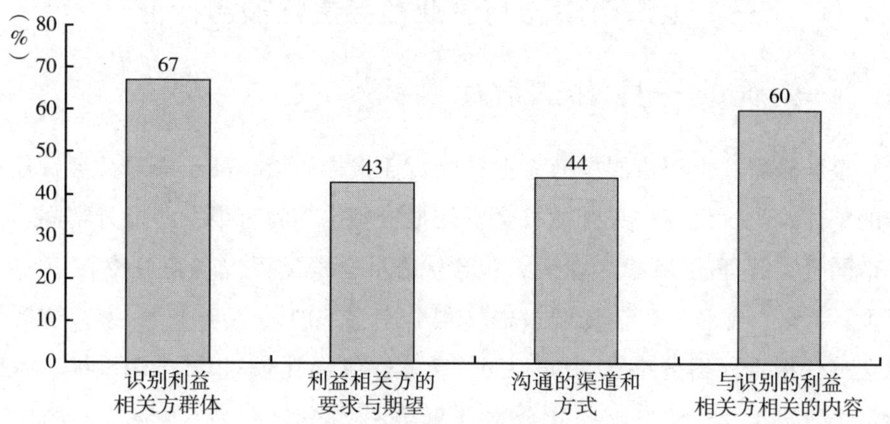

图 10　报告实质性指标覆盖率

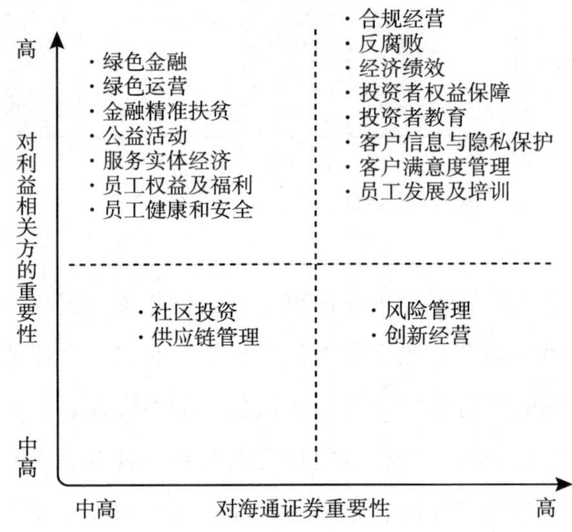

图11　海通证券实质性议题分析结果

三　上海市属国有企业社会责任报告特征

（一）质量——具有提升潜力

整体来看，上海市属国有企业社会责任报告质量略高于中国社会责任报告的整体水平，但与中央企业社会责任报告相比，尚有很大的提升空间。上海市国资委管理的25家企业中，包含优秀社会责任报告（得分率在70%分以上）7家，有潜力社会责任报告（得分率在50%～70%）11家，待提升社会责任报告（得分率在50%以下）7家。纵向比较来看，2018年上海市国资委管理的25家企业的社会责任报告平均得分率为57.54%，相比于

2017年的得分率（57.45%）略有上升，略高于2017年中国社会责任报告的平均得分率（54.47%）。这显示了上海市属国有企业的报告质量逐步提升，但与2017年中央企业社会责任报告平均得分率（81.71%）相比，还有很大的提升空间。

（二）管理——获得更多重视

在社会责任管理方面，相比2017年报告，有更多企业披露社会责任管理信息，有四成企业披露了社会责任管理信息，超过三成企业披露了社会责任管理制度，两成企业建立社会责任管理机构。部分上海市属国有企业，如上海国际港务（集团）股份有限公司、上海汽车集团股份有限公司、海通证券等披露了企业社会责任管理模型或范式，并通过责任战略、责任体系、责任融合等层面展示企业责任管理方面的经验。同时，部分企业将党建工作与社会责任管理融合起来，如上海农商银行以党建引领社会责任管理，披露党建工作开展情况及党建基本数据，展示了优秀的社会责任管理实践。

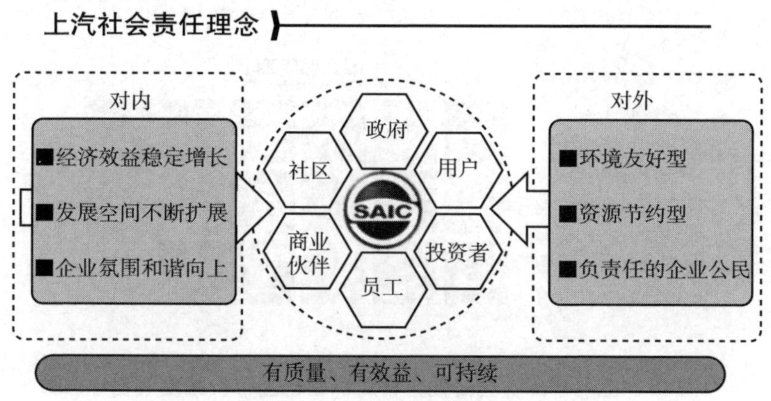

图12 上汽集团责任理念

（三）热点——回应发展趋势

上海市属国有企业通过不同方式在社会责任报告中回应社会热点，拥有全球视野，聚焦国家战略，披露国企改革，实践精准扶贫。全球热点方面，部分上海市属国有企业对标联合国2030可持续发展目标，展示了国有企业的责任担当；国家战略方面，上海市属国有企业融入国家“一带一路”倡议，着力拓展海外业务，披露海外履责实践；国企改革方面，部分上海市属国有企业对国企改革实践进行披露，落实国资委改革政策；精准扶贫方面，上海市属国有企业从产业扶贫、教育扶贫、基金扶贫等方面披露精准扶贫工作，服务经济民生。如上海汽车集团股份有限公司在报告责任战略部分对标联合国可持续发展目标，做可持续发展的排头兵（见图13）；中国太平洋保险（集团）股份有限公司以专题聚焦的形式，护航“一带一路”；上海电气披露了战略升级和产业转型中从“管资产”向“管资本”的转变，提高国有资产利益效率；上海银行披露了立足机构布局，通过多种形式带动贫困人口脱贫的责任实践。

责任战略

上汽集团作为国内汽车行业的领军企业和上海国有企业的重要代表，在不断提升经营业绩和质量的同时，始终注重经济、社会、环境和谐发展的社会责任，并以此作为可持续发展的基石。在中长期战略目标和发展思路引领下，上汽集团实施创新驱动转型升级，要从主要依赖制造业的传统企业，转向为消费者提供全方位汽车产品和服务的综合供应商。在不断提升经营业绩的同时，注重经济、社会、环境的和谐发展，对标联合国可持续发展目标（SDGs），努力履行企业社会责任，做可持续发展的排头兵，展现上汽“负责任、可信赖、开拓创新”的企业公民形象，朝着建设成为“世界著名汽车公司”的发展目标不断迈进。

图13　上汽集团社会责任报告对标联合国可持续发展目标

（四）特色——聚焦行业特点

上海市属国有企业社会责任报告紧贴发展特色，体现了企业用专业特长开展社会责任实践的能力。发布社会责任报告的上海市属国有企业中，24%的报告发布企业属于金融行业，显示了上海经济发展以金融为主的经济特色，而发布报告的企业分布超过十个行业的数据统计则显示了上海多产业协同发展的定位。同时，上海市属国有企业中这6家金融行业公司发布的社会责任报告质量整体较高，金融行业对社会责任的监督比较到位，具有行业特色。如上海农商银行披露金融普惠责任，展示了行业特色；海通证券披露全国首单创新创业金融债，全力支持国家“大众创业、万众创新”战略，体现了行业履责实践。

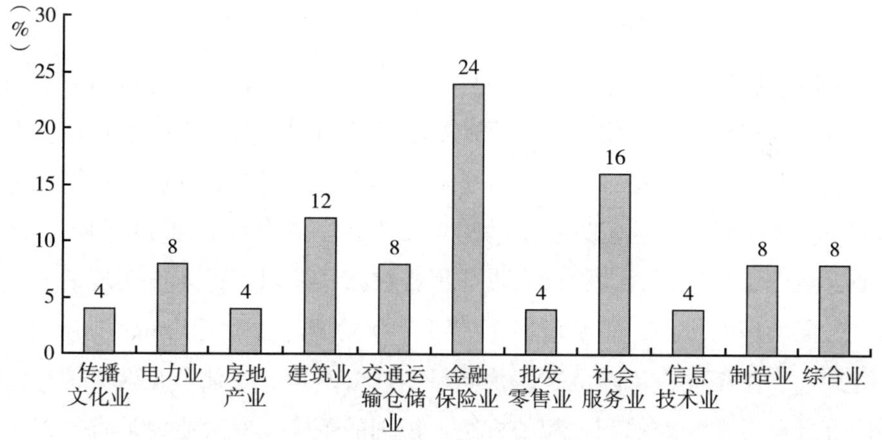

图14　报告的行业分布情况

四　上海市属国有企业社会责任报告建议

（一）提升对社会责任报告的战略价值认识，加强社会责任信息披露管理工作

随着国务院国资委《关于国有企业更好履行社会责任的指导意见》的印发，以及上海市委、市政府《关于进一步深化上海国资改革促进企业发展的意见》《关于本市国有企业更好履行社会责任的若干意见》等文件的发布，中国企业社会责任报告的撰写与发布已成大趋势、大方向，如2017年收集到发布的中央企业数量占总量的60%。2018年上海市属国有企业发布

的报告数量占总企业数的55.56%，仍有提升的空间。企业要提升对社会责任报告战略价值的认识，社会责任报告是对外沟通工具、对内管理工具，在与利益相关方建立战略互信、形成可持续发展共识、获得利益相关方支持、增强公司社会责任内质外形的匹配度、提升公司管理水平等方面发挥战略价值。国有企业应当发挥带头作用，重视并加强社会责任报告的编撰与发布活动，加强社会责任信息披露管理工作。

（二）进一步加强实质性，提升报告的核心信息质量

上海市属国有企业社会责任报告的实质性整体较好，较好地回应了利益相关方的期望和需求。实质性也反映了上海市属国有企业在社会责任管理方面较为专业和规范，接下来可进一步加强实质性，以报告促管理，提升报告的核心信息质量。企业可逐步推动建立社会责任机构和社会责任制度，设立年度社会责任目标，并通过社会责任报告披露这些目标的年度实现情况，发挥报告促管理的作用，不断增强企业可持续发展能力和综合价值创造水平。同时扩大利益相关方识别范围，把同行、社会组织、媒体、金融机构和监管机构等具有潜在影响的利益相关方纳入识别的范围，充分听取诉求，建立可及的沟通渠道与方式，形成更为全面的利益相关方参与机制及管理体系，拓宽信息披露的广度和质量。

（三）着力增强报告的平衡性，提升报告的可信性

上海市属国有企业社会责任报告在可信性方面得分较低，可通过披露负面信息和进行审验等方式提升报告的可信性；企业社会责任报告应注重披露企业正面和负面表现，以便利益相关方对企业整体表现做出合理评估。同时，企业应对收集、记录、编辑、分析报告中所用信息和报告编制过程进行说明，对报告中的数据标注来源或提供可靠性保证，也可以通过第三方审验增强报告的可信性。

（四）加强社会责任绩效对比，更充分地展现综合绩效

上海市属国有企业社会责任报告在增强报告可比性方面可大有作为。通

过历史比较、行业内比较和跨行业比较，利益相关方能够将该组织当前的经济、环境和社会表现信息与其过去的表现、目标相比较，尽可能地与其他组织的表现相比较，从而更充分展现综合绩效；同时有助于内部和外部各方确定企业基准，帮助利益相关方对企业的综合表现获得清晰直观的认识。

（五）丰富报告的呈现形式，提高报告的阅读友好性

上海市属国有企业有将近一半的企业采用的是纯文字报告，在报告的可读性和创新性方便较为保守。上海市属国有企业可进一步丰富报告呈现形式，采用中文版、英文版、简版、H5 版、交互版等多种形式，精心设计社会责任报告版式，满足不同利益相关方群体的阅读需求，提高报告阅读的友好性。

（六）重视报告的利益相关方传播，更好发挥报告的沟通作用

社会责任报告是企业重要的对外沟通工具及与利益相关方沟通的工具。上海市属国有企业应重视报告的利益相关方传播，更好发挥报告的沟通作用。对于重要利益相关方可采用直接寄送等方式扩大社会责任报告的影响，同时拓宽社会责任报告传播渠道，通过企业官网、新闻媒体、内部刊物、微博、杂志、微信等多种方式，充分利用新媒体，满足更广泛的传播需求。也可通过提供信息反馈表、二维码、网络链接等形式加强与利益相关方的互动，为利益相关方对报告提出意见和建议提供渠道，并对反馈信息进行及时和充分的回应，从而打造责任品牌，树立负责任的企业形象。

B.6

金蜜蜂中国陕西省属国有企业社会责任报告研究

刘现荣　张锐　杨时惠　林波

摘　要： 本报告依据“金蜜蜂企业社会责任报告评估体系2018”，对收集到的16份由陕西省国资委监管的陕西省属企业2017年发布的社会责任报告进行评估和分析，并提出有针对性的建议。研究发现，陕西省属企业报告质量优于全国企业总体水平，并具有以下阶段性特征：首发报告企业增多，社会责任信息披露意识增强；更多披露社会责任管理信息，社会责任融入公司治理架构；报告注重阅读体验，呈现效果出色；积极响应国家战略，重视精准扶贫信息披露；报告实质性有待加强，信息沟通传播机制有待完善；企业对环境、供应商、社区等利益相关方履责信息披露相对不足。

关键词： 陕西省属企业　社会责任报告　信息披露

一　陕西省属国有企业社会责任报告概况

截至2018年10月31日，陕西省国资委监管的陕西省属企业共38家。我们通过多种方式收集到16家陕西省属企业公开发布的企业社会责任报告，发布报告的陕西省属企业占陕西省属企业总数量的42%。我们依据“金蜜蜂企业社会责任报告评估体系2018”对这些报告进行评估。

2018年首次发布社会责任报告的企业占比为43.75%，连续5次及以上发布报告的企业占比为25%，表明越来越多的陕西省属企业的社会责任意识不断增强，社会责任信息披露和利益相关方沟通日趋常态化。

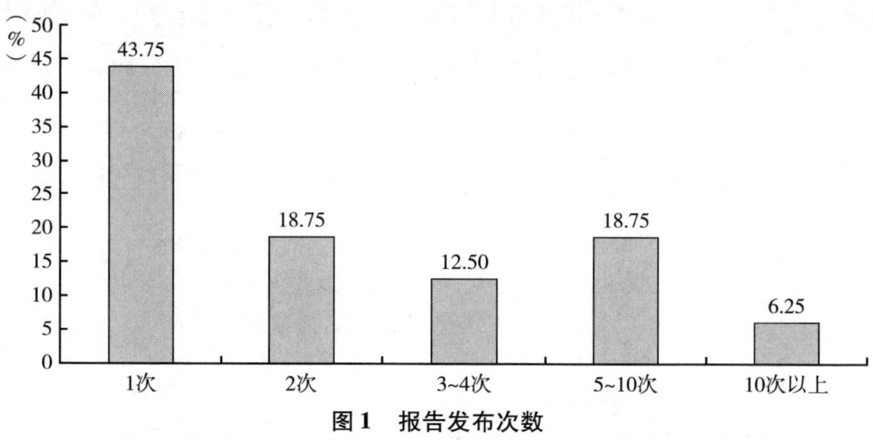

图1　报告发布次数

51页以上的报告数量超过半数，占比达56.25%，30页以下报告数量占比为18.75%，报告整体内容比较翔实。

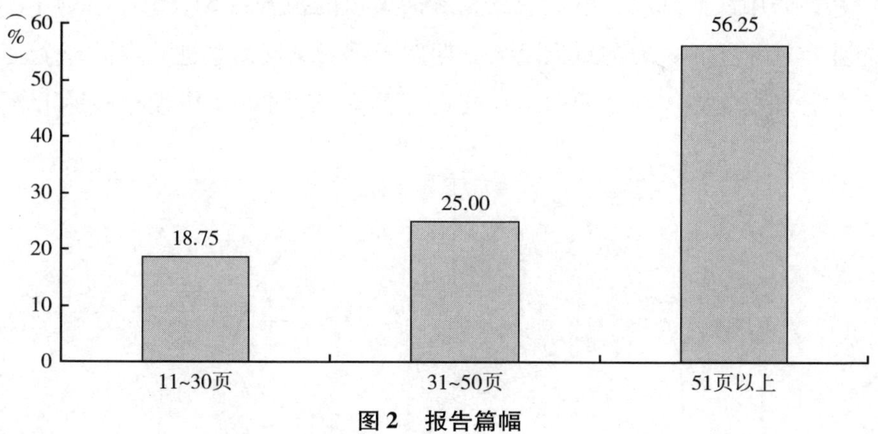

图2　报告篇幅

陕西省属企业在报告编制参考标准上相对集中，超过68.75%的报告参考《社会责任报告编写指南》（GB/T 36001－2015）及中国社会科学院《中国企业社会责任报告编写指南》（CASS－CSR3.0）进行编制。参考较多的编制依据为全球报告倡议组织的《可持续发展报告指南》（GRI G4），占比为62.5%；《中国工业企业及工业协会社会责任指南》，占比为50%。其他依据还包括有陕西省国资委《关于省省属企业履行社会责任的指导意见》《机械设备制造企业温室气体排放核算方法与报告指南（试行）》等，表明陕西省属企业编制社会责任报告更加重视参考国家、行业社会责任标准或指南。

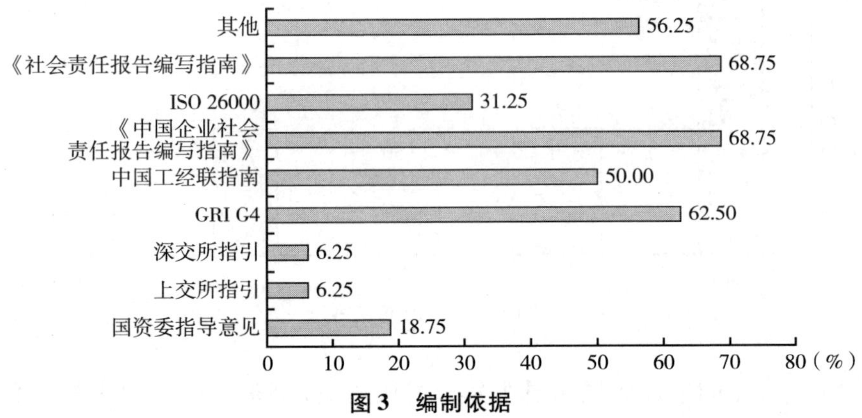

图3　编制依据

在报告中注明邮箱、电话等意见反馈渠道的报告占81.25%，表明大部分企业重视利益相关方的意见反馈，期望通过意见反馈来进一步提升企业社会责任管理与实践，使企业履行社会责任更符合利益相关方期望和诉求。

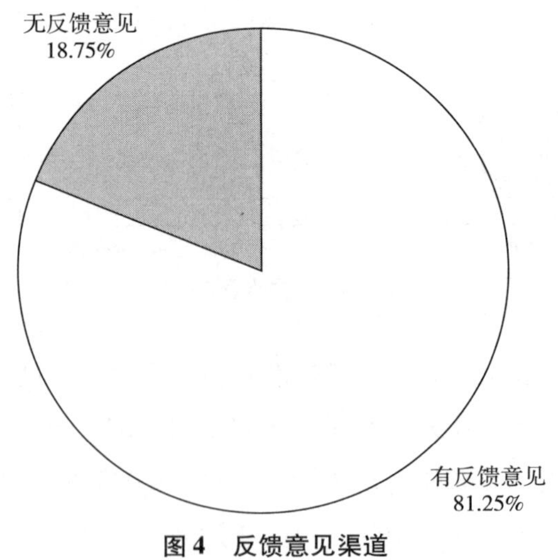

图4　反馈意见渠道

二　陕西省属国有企业社会责任报告分析

（一）报告总体情况

依据社会责任报告整体得分的不同，报告可分为起步、发展、追赶、优秀和卓越5个层次。陕西省属企业整体处于发展、追赶阶段，25%的报告质量已达到优秀及以上水平，具有较高的水准。

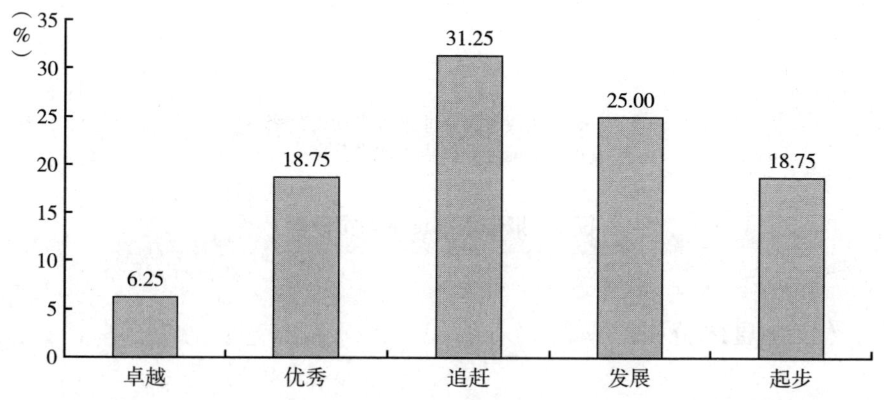

图5　报告类型分布

陕西省属企业社会责任报告从完整性、可信性、可读性、可比性、创新性、实质性六个维度展开评估，平均得分率为57.90%，相较全国企业社会责任报告得分率高出3.48个百分点，整体质量处于中等偏上水平。其中，报告的可读性和创新性方面指数表现较为突出，分别超出平均水平26.08%和20.62%。由此看出，陕西省属企业注重报告呈现效果、报告的阅读体验和内容创新，能较好契合时代热点，体现企业特色。报告实质性方面则稍显不足，低于总体2.46个百分点，说明陕西省属企业需加强对社会责任实质性议题的识别与披露。

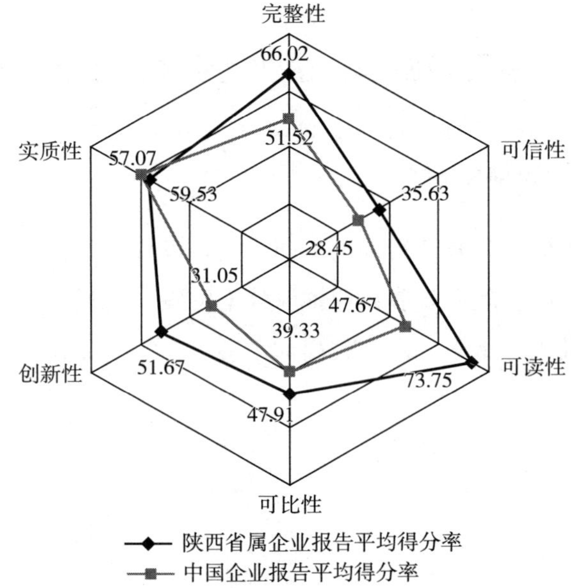

图6　报告六维度平均得分率

（二）具体分析

1. 结构完整性

陕西省属企业社会责任报告的完整性优于中国企业报告总体水平。覆盖率过半的指标有公司概况（93.75%）、报告参数（76.04%）、战略与治理（62.50%）、高管声明（50.00%）、利益相关方（58.33%）、实践内容（95.83%）、计划内容（50.00%）。风险机遇分析的得分率较低（41.67%），说明陕西省属企业报告对企业面临的风险和机遇等相关信息的披露还有不足。

2. 报告可信性

报告可信性从表述的客观性（含负面信息披露和中立、客观的表达两个指标）、利益相关方评价、CSR 专家评价、第三方审验和标注信息来源等五个方面考察。整体来看，报告在企业 CSR 专家评价和第三方审验两项指标上的覆盖率较低，陕西省属企业更多地采取客观、中立的态度进行表述，

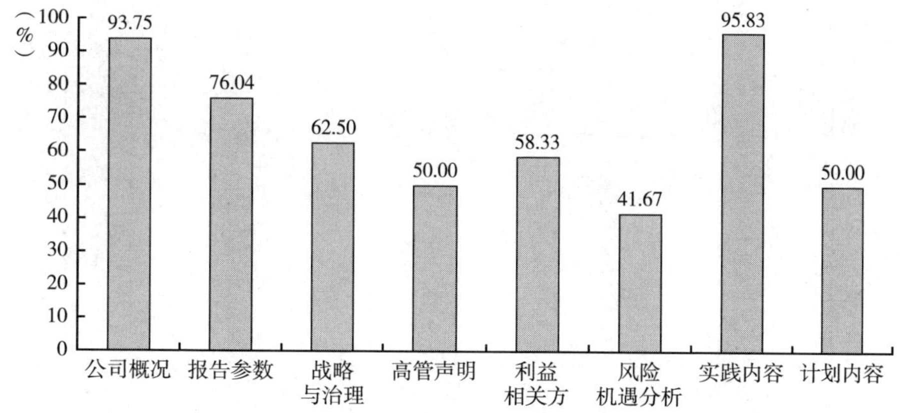

图 7　结构完整性指标覆盖率

并引入利益相关方的评价，但引用 CRS 专家评价的企业还不多，且没有企业披露第三方机构的审验情况。这说明报告在可信性方面还需继续加强。

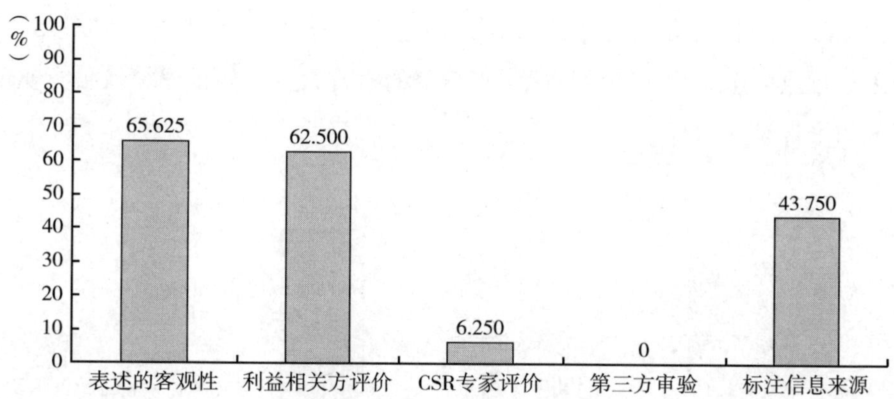

图 8　报告可信性指标覆盖率

3. 报告可读性

陕西省属企业社会责任报告可读性较优，平均得分率为 73. 75%，是六个维度中得分率最高的一项。陕西省属企业社会责任报告篇幅适中、页面布局合理，对促进信息的有效传递和利益相关方的沟通产生积极影响，更好地发挥了报告的沟通价值。

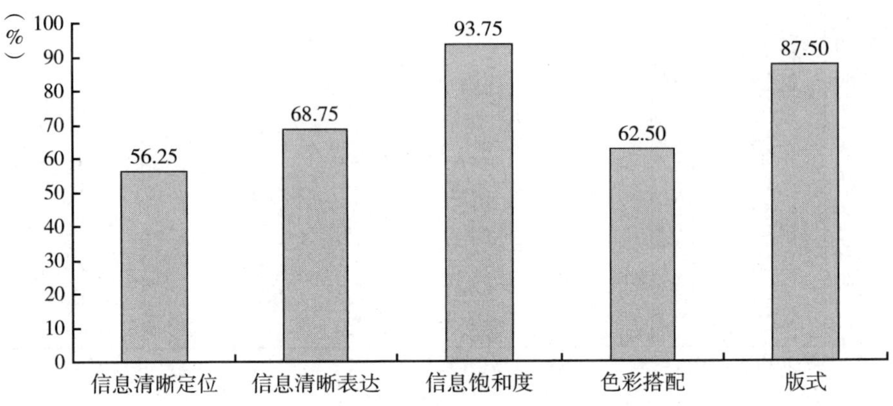

图 9　报告可读性指标覆盖率

4. 绩效可比性

绩效可比性从纵向可比性（含跨年度绩效对比和绩效实现程度对比两个指标）、行业内可比性和跨行业可比性等三个方面进行考察。披露跨年度可比绩效和行业内可比绩效的报告相对较多，分别占 62.50% 和 56.25%，披露跨行业可比绩效和绩效目标实现程度的报告较少，如披露绩效目标实现程度的报告只占 25%。

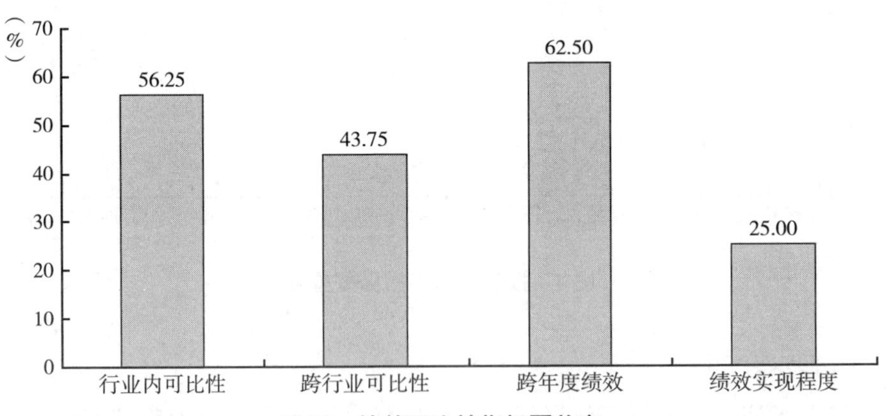

图 10　绩效可比性指标覆盖率

5. 报告创新性

报告创新性从内容、结构和形式等三个方面进行考察。分析发现，陕西省属企业社会责任报告的创新性优势显著，报告相对更重视内容创新，企业特色和行业特色鲜明。具体来讲，报告内容创新、结构创新和形式创新三个指标的覆盖率分别为60.42%、50.00%、41.67%。

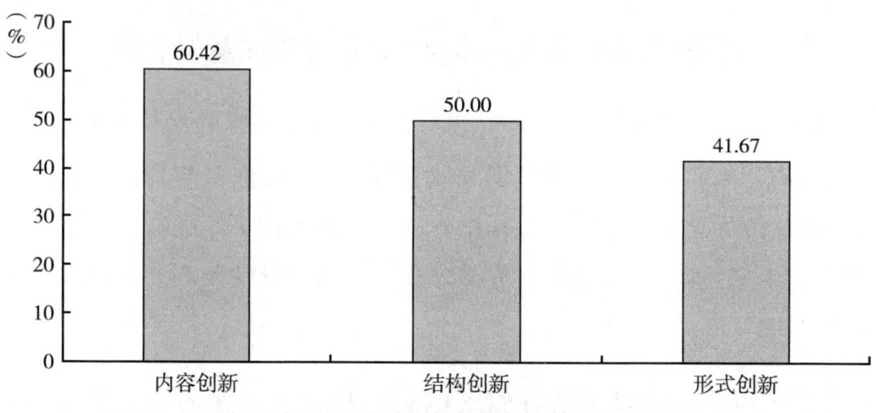

图11　报告创新性指标覆盖率

6. 报告实质性

报告实质性相对偏低，沟通渠道和方式的披露有待加强。具体来说，陕西省属企业社会责任报告可识别大部分利益相关方，覆盖率为61.46%；对于识别出的利益相关方，也能够披露对利益相关方要求与期望的回应以及相关的社会责任信息与内容，这两个指标覆盖率均为53.65%，沟通的渠道和方式最低为51.04%。这说明报告实质性方面整体还需要进一步加强。

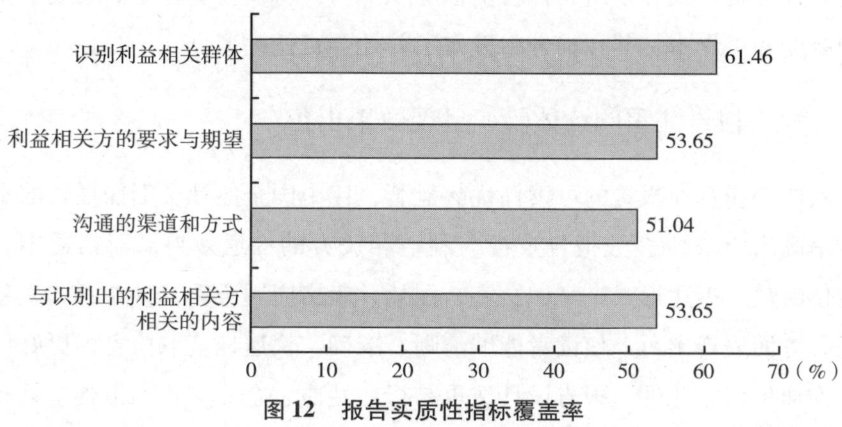

图12　报告实质性指标覆盖率

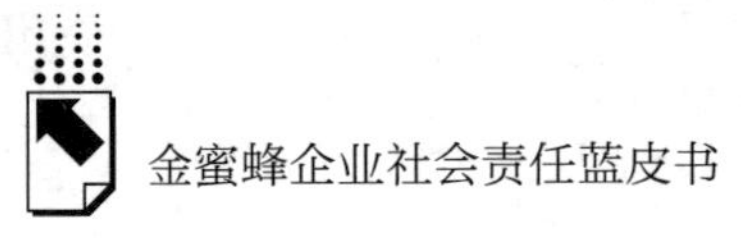

三　陕西省属国有企业社会责任报告阶段性特征

（一）首发报告企业增多，社会责任信息披露意识增强

2018 年度陕西省属企业社会责任报告中有 43.75% 的报告为首次发布，表明陕西省越来越多省属企业认识到社会责任信息披露及与利益相关方沟通的重要性，开始选择发布社会责任报告，履责自觉性不断提高。这是陕西省各政府部门、行业协会及社会各界多方联动，共同推动陕西省企业履行社会责任的结果。

（二）更多披露社会责任管理信息，社会责任融入公司治理架构

八成以上的陕西省属企业在报告中披露了社会责任管理信息。其中，超过 87.5% 的企业已将社会责任融入公司治理中，有超过 40% 的企业披露设立有企业社会责任管理机构，建立社会责任管理制度，努力提升社会责任管理系统性、工作规范性，展示了社会责任融入公司战略、企业文化、管理运营等方面的经验。例如，《陕西地方电力集团有限公司 2017 社会责任报告》在责任管理章节中披露了陕西地方电力集团社会责任管理组织体系，成立了专门的社会责任领导小组和社会责任专职部门，将社会责任全面贯彻落实到各项制度和工作中，并在报告中披露了其社会责任模型。

（三）报告注重阅读体验，呈现效果出色

陕西省属企业报告的可读性优势显著，比中国企业社会责任报告的平均得分率高出 26%。多数报告重视与利益相关方的沟通效果，篇幅适中、信息定位清楚、表达形式丰富，文字、图片、表格应用合理，且在版式、色彩搭配等方面表现出色，使读者能够清晰、准确、快速地获取信息，更好地发挥了沟通价值。此外，报告设计注重与行业性质、企业文化和报告主题相契合，视觉形象的设计体现陕西省属企业的履责文化。例如，《陕西省高速公

路建设集团公司2017社会责任报告》整体设计精美，绩效信息表达清晰，信息饱和度适中。

（四）积极响应国家战略，重视精准扶贫信息披露

多数陕西省属企业在社会责任报告中设置了单独章节来披露国企改革、创新发展、精准扶贫、“一带一路”等国家战略实践与责任绩效。从报告来看，精准扶贫是披露程度很高的一个议题，87.5%的企业响应政府倡导，披露了自身在精准扶贫方面的主要思路、措施和绩效。如陕西煤业化工集团通过专门章节介绍了公司积极开展教育、技能培训扶贫，切实做到扶贫同扶志、扶智相结合，确保脱贫攻坚顺利推进。

（五）报告实质性有待加强，信息沟通传播机制有待完善

陕西省属企业报告在实质性方面得分低于全国平均水平2.16%，近一半以上企业未能在社会责任报告中披露与利益相关方相关的内容，说明企业在社会责任工作中对于利益相关方需求和期望的及时有效识别、与利益相关方的沟通交流还存在不足，在让利益相关方及时获得企业社会责任工作进展及计划实现情况等实质性信息方面的披露还有所欠缺。未来陕西省还应对标行业先进企业，提升报告实质性内容的披露。

（六）企业对环境、供应商、社区等利益相关方具体履责信息披露不足

具体来看，环境责任方面，企业在环境管理、资源利用与节约、降污减排等方面表现较好，相关信息披露较为全面，但在生态系统保护、环境保护意识与能力方面的信息披露还有所欠缺，其中在环保意识方面，还未对环保培训制度的建立情况进行披露；供应商责任方面，企业对于供应商在社会责任管理方面的考核等相关信息披露还有所欠缺，分摊供应商社会责任审核成本，参加社会责任审核、培训、为行业贡献经验等议题的披露还需加强；社区责任方面，参与社区和发展、社区就业和培训方面的信息披露也较为欠缺。

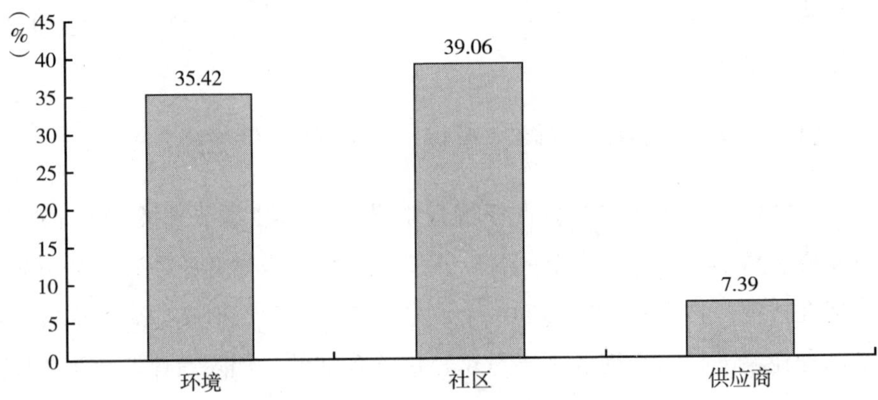

图 13　环境、社区、供应商指标覆盖率

四　陕西省属国有企业社会责任报告建议

（一）继续发挥监管机构引导作用，鼓励更多企业披露

近年来，陕西省监管机构持续加大推进监管企业履行社会责任的力度，并取得了明显的成效，越来越多的省属企业开始披露履责情况。但就陕西省国资委监管的企业整体来说，目前发布报告的企业还没有超过半数。陕西省监管机构应充分发挥自身引导作用，保持目前增长态势，开展交流合作，普及强化社会责任理念，推进社会责任能力建设，建立企业履行社会责任的良好环境，促进企业社会责任的理念提升、管理提升和实践提升；让更多省属企业意识到履责的重要性与必要性，鼓励省属企业将社会责任理念和方法融入企业发展中；针对发展过程中对于经济、社会、环境方面产生的影响进行社会责任履责披露，扩大省属企业社会责任报告发布覆盖范围，进而实现企业社会责任全局推进、系统优化的格局，形成凝聚力，彰显引导力，发挥影响力。

（二）重视社会责任报告的作用，增强报告可信性

履行社会责任可以帮助企业提高内部管理水平，提升企业形象和美誉

度，促进经营环境改善，进而提升责任竞争力和可持续发展，最终促进经济社会发展。陕西省属企业报告表达中立、客观，但仍需坦诚披露，进一步增加报告披露的可信性。具体可在目前基础上一方面更多引入 CSR 专家、第三方审验机构等专业外部人员和机构对报告进行客观、专业评价；另一方面负面信息披露也是增强报告可信性、增加企业透明度的重要途径，企业应以客观、坦诚的态度正视负面信息，并对负面事件的发生原因、改进措施进行详细披露，以获得利益相关方的理解和支持。

（三）对标行业先进企业，提升报告实质性

陕西省属企业社会责任报告整体水平较好，但在实质性方面的表现仍需加强。建议企业进一步加强社会责任融入企业战略、决策、制度和运营，推进社会责任绩效考核；建立与利益相关方的常态沟通机制，及时获取利益相关方的需求和期望，用以改善企业自身经营管理；通过社会责任报告发布、社会责任网站等相关传播方式，与利益相关方进行有效的沟通，让利益相关方获得企业履责计划和计划实现情况等实质性信息。

（四）增强利益相关方识别，建立利益相关方管理机制

在环境方面，应建立环境保护培训制度，设立环境保护培训基金，定期对员工进行环境保护培训，提高员工环境保护意识，注重生物多样性以及生态系统的保护，在企业运行过程中注重减少对生态系统的影响，并采取积极的措施对已造成的土壤和水资源污染进行治理和修复。在供应商管理方面，应建立供应商社会责任管理制度，对供应商开展社会责任审核，并定期对供应商进行社会责任培训，提高供应商社会责任水平，实现可持续采购。在社区方面，应真正参与到社区的发展建设活动当中，评估社区影响，了解社区需求并确认优先发展事项，主动与社区沟通，了解并回应利益相关方的意见和建议，促进社会和谐发展。

行 业 报 告

Industry Reports

B.7 金蜜蜂中国采掘行业企业社会责任报告研究

张 笛 魏 冬 管竹笋

摘 要： 本报告应用“金蜜蜂企业社会责任报告评估体系 2018”，对收集到的 63 份采掘业社会责任报告进行评估与分析，并提出有针对性的建议。研究发现，采掘业社会责任报告呈现以下阶段性特征：报告总体质量不断提升，由“发展”阶段步入“追赶”阶段；注重披露“一带一路”实践，尤其关注社区沟通；采掘企业越来越多地开始披露运用现代化科技提高安全环保管理水平的信息，以及生态保护和精准扶贫实践。但是报告与时代热点契合度不高，“国际化”程度亦有待提高。

关键词： 采掘业 “一带一路” 现代化科技 精准扶贫 生态保护

采掘业是从自然界直接开采各种原料、燃料的工业部门，按照行业状况主要分为石油天然气开采、煤炭开采、矿产开采三类。自然资源是经济增长的助推器，采掘业为各个部门提供了丰富的矿物原料，因此它是国民经济的基础性产业，对国民经济发展起到了支撑作用。

如今已是矿业全球化的时代，2002 年 9 月英国前首相布莱尔在约翰内斯堡可持续发展峰会上就已提出“采掘业行业透明度行动计划”。十多年来，随着矿产和资源领域的投资大幅增加，其重要性已大大超出当初制定计划的预期。很多矿业国家相继出台了保护本国资源开发及从中获得更多利益的政策。各国的采掘业在其报告信息披露方面也都做出要求。

除此之外，当前矿业行业热议的话题还有很多，如怎样提高和改善矿业行业的全球治理；如何推进项目，加强矿工安全、环境保护、基础设施建设等。中国作为矿业大国，在采掘业的信息披露方面需要不断改进和完善，以适应全球采掘业的发展。

一　中国采掘业企业社会责任报告概况

截至 2018 年 10 月 31 日，我们通过企业官网下载及网络查询等方式，共收集到采掘企业发布的 2017 年度企业社会责任报告（含可持续发展报告、环境报告书）63 份，与去年数量相当。其中，国有企业报告 16 份，国有控股企业报告 38 份，中央企业报告 5 份，民营企业报告 7 份，其他性质报告 1 份（见图 1）。

41 家企业发布报告次数在 5 次及以上，占比为 70.69%。其中 18 份报告参考单一编制依据，占采掘业报告总数的 31.03%；31 份报告采用两种以上的编制依据，占比为 53.45%；另有 9 份报告未说明对标的编制依据（见图 2）。这说明大部分采掘企业重视其报告信息披露，但是报告在编制的规范性方面仍需进一步加强。

篇幅在 51 页及以上的报告共有 26 份，其中卓越企业和优秀企业有 16 家。此外，有 7 家企业报告篇幅在 10 页以下，内容较单薄，其中 3 家

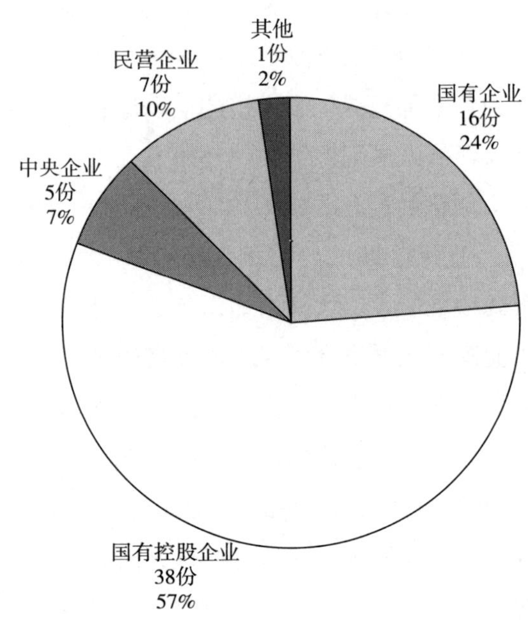

图1　采掘业报告发布主体性质

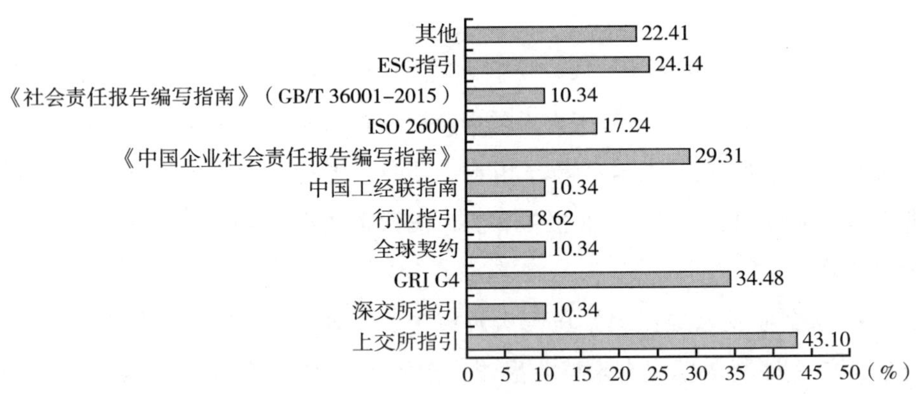

图2　报告编制依据引用率

为追赶型企业，4 家为起步型企业。这说明企业规模和企业在社会责任信息披露方面的充分性之间具有较高的相关性。75.86% 的企业能够在距财年时间 4 个月以内发布报告，时效性强；但仍有 3.45% 的报告发布时间是在距财年时间 6 个月以上，这部分企业需要在报告时效性方面加以重视。

二　中国采掘业企业社会责任报告分析

（一）报告总体情况

2018 年采掘业报告平均得分为 62.99，高于中国企业报告平均得分（54.42），整体质量较高。采掘业报告六性得分率最高是实质性（69.13%），其次为完整性（60.04%），接着是可读性（54.83%）、可比性（50.89%）、创新性（32.38%），可信性得分率只有 25.86%，为六性中得分率最低者。另外，六项的得分率中，中国采掘业报告与中国报告相比，除了可信性低于中国报告的得分率，其他五项均较高。整体来说，中国采掘业报告的质量在不断提升，但是在创新性和可信性方面仍需要进一步加强。

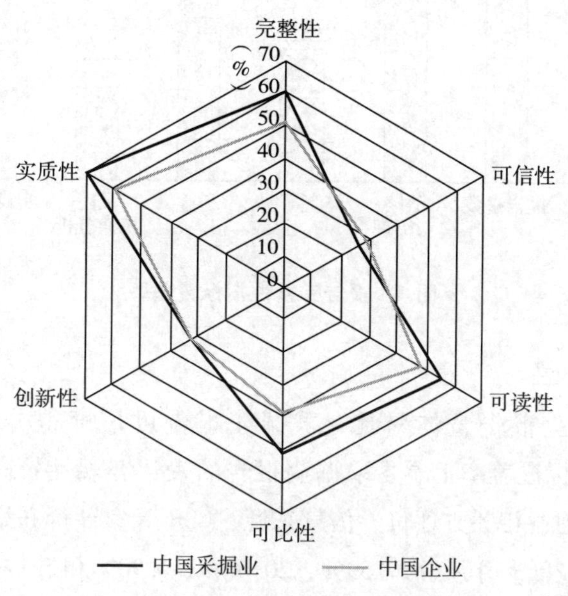

图 3　采掘业和中国企业报告六性得分率

（二）具体分析

1. 结构完整性

采掘业报告结构完整性整体优于中国企业报告水平，得分率为60.04%，高出中国企业整体水平8.92%。报告在实践内容和公司概况方面的信息披露较为全面，指标覆盖率分别为97.70%和87.24%，其次是报告参数、计划内容、战略与治理，指标覆盖率分别是65.80%、56.03%和50.43%；而利益相关方、高管声明和风险机遇分析的指标覆盖率均低于50%，分别是48.28%、39.22%和35.63%。这说明采掘业报告对企业利益相关方及重要议题的识别和排序、高管对企业社会责任的认识和计划以及风险管理相关信息的披露较少。

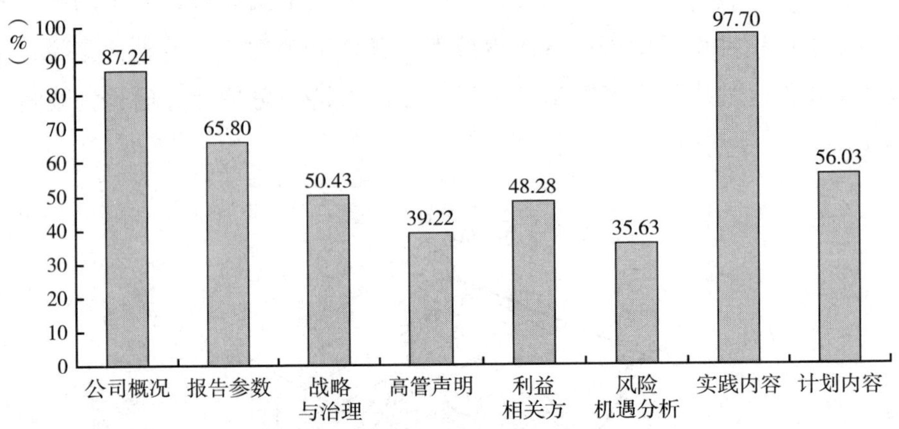

图4　报告完整性指标覆盖率

2. 报告可信性

与中国企业报告整体对比，采掘业报告可信度得分率较低，仅为25.86%。从指标覆盖率上看，采掘业报告的表达客观性较高，为68.97%，但其余指标如利益相关方评价、信息来源、CSR专家评价和第三方审检的信息披露水平都较低，分别为27.59%、20.69%、6.90%和5.17%。因此，采掘企业未来编制报告时要注重对这四个指标的信息披露，以提升报告的可信性。

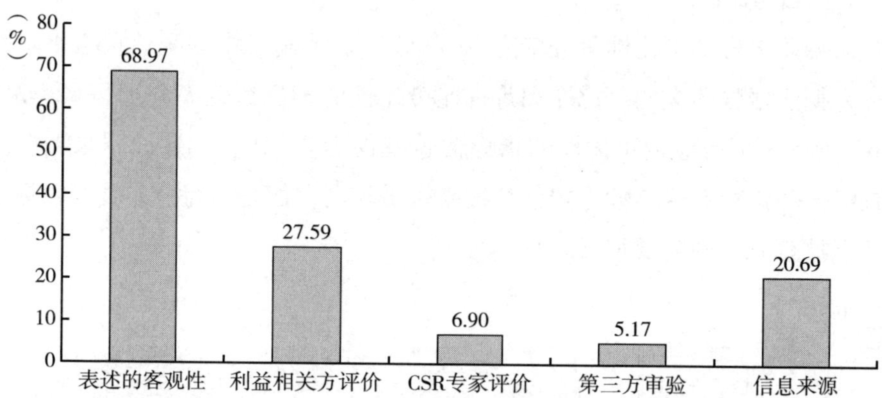

图 5　报告可信性指标覆盖率

3. 报告可读性

72.41% 的采掘业报告在版式上能够做到字体、大小、行间距、页面布局合适；信息饱和、表达清晰的报告分别为 63.79% 和 58.62%，也处于较高水平；但是采掘业对报告的信息定位和色彩搭配没有足够重视，指标覆盖率仅为 36.21%、43.10%，影响了报告的可读性。因此，采掘业报告应注重后期设计，以提升可读性。

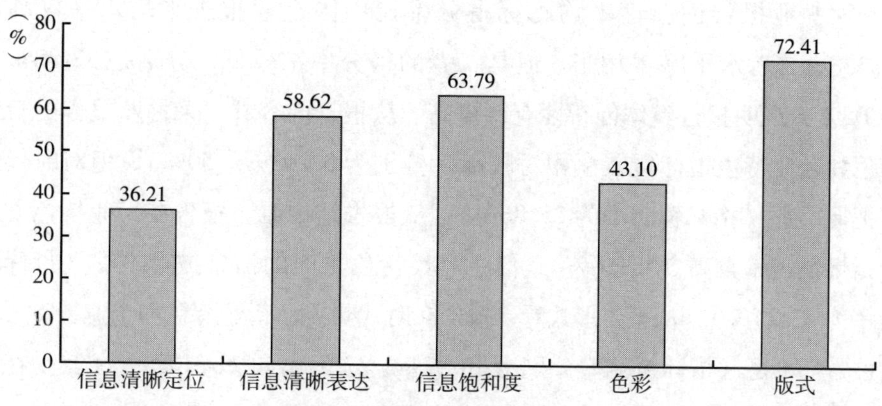

图 6　报告可读性指标覆盖率

4. 报告可比性

采掘业报告的可比性得分率为50.89%，显著高于中国企业报告平均水平。采掘业报告的纵向可比性和跨行业可比性的指标覆盖率分别是62.93%和62.07%，但行业内可比性的指标覆盖率仅为27.59%。这说明采掘业报告在纵向和跨行业可比性上的信息披露水平较高，但是在行业或者国家标准的信息披露方面则需要加强。

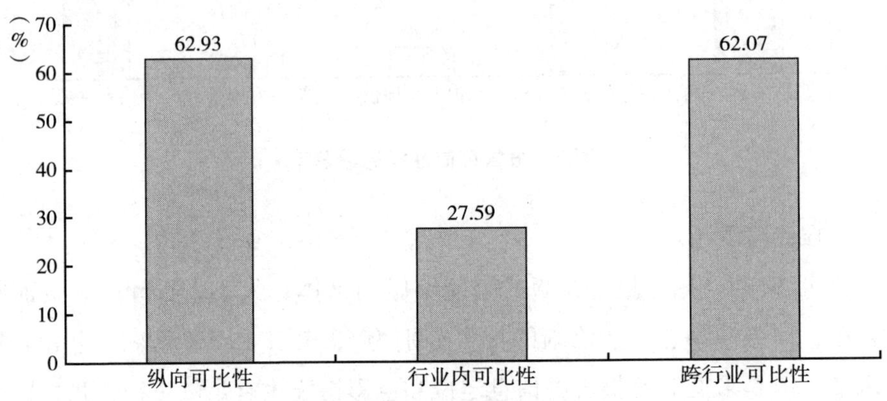

图7　报告可比性指标覆盖率

5. 报告创新性

采掘业报告创新性平均指标得分率比中国企业报告平均水平仅高出1.33%，二者水平基本相当。但是二者的得分率都较低，分别是32.38%和31.05%，说明报告整体创新性有待提高。从报告内容看，采掘业报告的行业特色和企业特色指标覆盖率相对较高（分别为37.93%、50%），但对时代热点把握不足（指标覆盖率为25.86%）；从报告结构看，报告在行业特色方面的指标覆盖率较高（46.56%），但在时代特色方面的信息披露不够（指标覆盖率为17.24%）；从报告形式看，报告在时代热点、行业特色和企业特点方面的披露都不足（指标覆盖率分别为18.97%、27.59%和29.31%），尤其是在契合时代热点方面。综合看，采掘业报告创新性指标覆盖率都不超过50%，尤其是在结合时代热点方面的指标覆盖率都处于较低水平。这说明采掘企业对时代热点的把握相对不足，需要注意结合时代热点开展实践活动和信息披露。

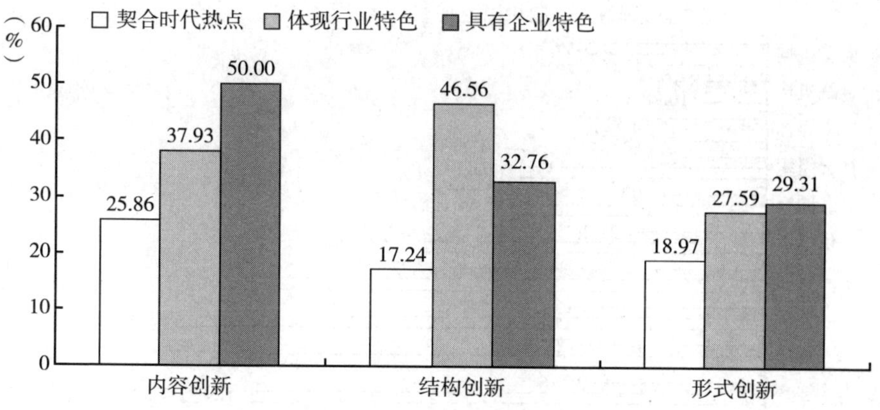

图 8　报告创新性指标覆盖率

6. 报告实质性

2018 年采掘业报告实质性得分率为 69.13%，比中国企业报告平均水平高 9.60%，说明采掘业对利益相关方的信息披露显著优于中国企业报告平均水平。采掘业报告在员工、社区、出资人、政府、环境、客户和供应商的指标覆盖率过半（分别为 88.79%、87.50%、85.34%、80.60%、80.17%、79.31% 和 56.90%），且显著高于中国企业报告指标覆盖率水平，说明采掘企业注重披露与企业战略相关度高的利益相关方信息，已将履行主要利益相关方社会责任作为工作重点，并已取得一定成效。而金融机构和媒体的指标覆盖率（分别为 10.78%、13.79%）与中国企业报告整体水平基本一致，监管机构的指标覆盖率（17.67%）则略低于中国企业报告，但三者均处于较低水平。由图 9 可以看出，报告指标覆盖率最高的五大利益相关方分别为员工、社区、出资人、政府、环境，且均在 80% 以上，说明采掘业报告中对这五大利益相关方信息披露充分，但同行、社会组织、监管机构、媒体和金融机构五大利益相关方的指标覆盖率却低于 50%。这说明采掘业需要加强对外部环境、政策和信息的关注，加强对这五大利益相关方的信息披露。

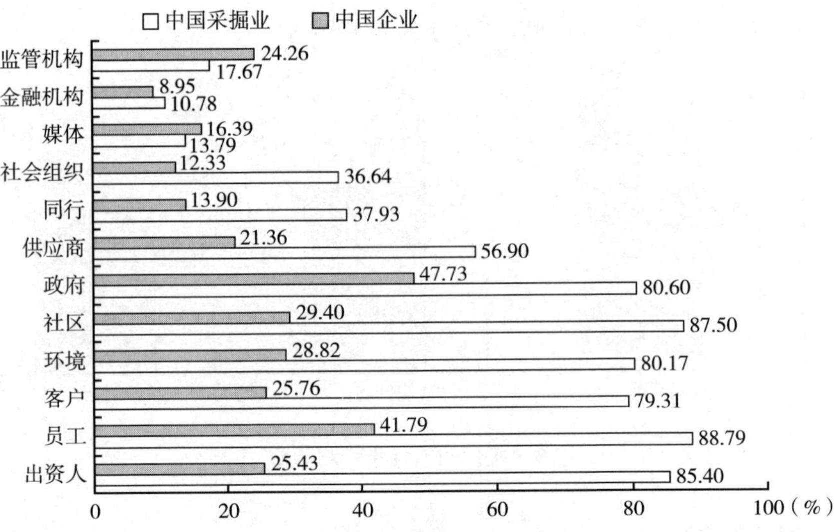

图9　采掘业与中国企业报告利益相关方指标覆盖率

三　采掘业企业响应政府号召披露社会责任实践信息的阶段性特征

（一）报告总体质量不断提升，已由“发展”阶段步入“追赶”阶段

采掘业报告整体质量在不断提高。2018 年采掘业报告平均得分为 62. 99，高于 2017 年采掘业报告平均得分（59. 38），已由之前的“发展”阶段步入“追赶”阶段。并且 2018 年处于追赶及以上水平的报告达 62%，相对于 2017 年增加了 6. 62%，而优秀及以上水平的报告共有 22 份，占采掘业报告总数的 37%。

采掘业高质量报告发布主体主要为国有控股企业和领袖型企业。达到优秀水平以上的 22 份采掘企业报告发布主体中，国有控股企业有 15 家，占比达 68. 18%；领袖型企业有 13 家，占比为 59. 09%。这说明国有控股企业和领袖型企业是高质量报告的主力军，这些企业所发布的报告除了可信性（24.55%）和创新性（27.24%）之外，其他四性的得分率均处于较高水平，具有多方面值得借鉴的亮点。

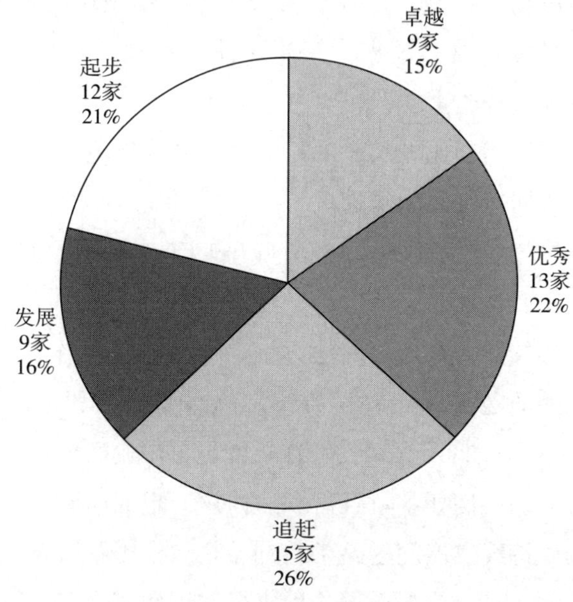

图 10　采掘业报告发展状况

图 11　中国石油化工股份有限公司报告目录紧跟十九大精神

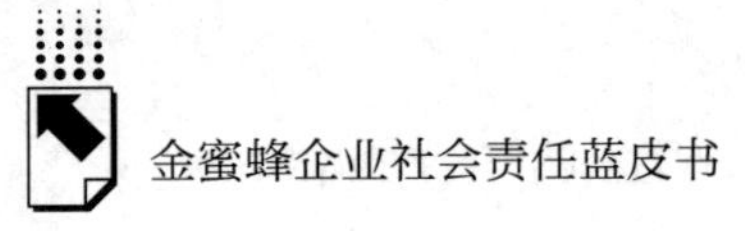

（二）在开展“一带一路”实践中更注重社区沟通

采掘企业扩展与“一带一路”沿线各国采掘企业合作的空间，充分发挥各国在资源、市场、资金、产业、科技、人才等领域的互补优势。22 家领袖型企业普遍披露了落实国家“一带一路”倡议，并开展产业帮扶、社区基础设施建设等海外履责实践。

由于采掘业项目周期比较长，项目对周边社区环境影响较大，因此采掘业企业非常重视与周边社区的沟通。

中国石油天然气股份有限公司在项目开工前，对当地原住民需求、人权影响、文化遗产和非自愿移民等社会、经济影响进行评估，并尽最大可能保障原住民各项合法权益。在土地赔偿方面，坚持规范操作，参考当地政府、合作伙伴及原住民的意见制定补偿方案，确保原住民利益，保证工作透明度。在加拿大，中国石油天然气股份有限公司与作业区周边地区的原住民开展良好互惠交流活动，例如签订社区双边协议，定期向原住民有偿咨询环境保护问题，还就可持续发展问题经常与利益相关社区及政府监管部门进行多方商榷和讨论。近年来，公司向原住民支付咨询费 75 万元。

（三）运用现代化科技提高安全环保管理水平

采掘业生产过程中会涉及诸多危险系数高的工作内容，且伴有对健康有害物质的生成，尤其是事故的发生，甚至可能威胁到员工的生命。另外，由于我国采掘行业基础设施薄弱、机械化水平较低，因而导致事故频发。而近几年来，现代化数字信息技术越来越多地在采掘业中应用，各项安全指标可以通过现代技术进行即时监测，现场处置效率得以提高，一方面提高了员工安全生产指数；另一方面可以及时监控环保装置的运行情况，异常数据第一时间通知负责人处理，使环境污染最小化。

中国石油化工股份有限公司在 4 家下属企业开展智能工厂建设，启动 7 家下属企业规划设计。智能工厂建立了一体化生产调度指挥中心，实现生产管理扁平化，提高现场处置效率，操作合格率从 90.7% 提升至 99% 以上。

智能工厂建设帮助企业建立环境实时在线监测点、质量分析检测点、视频监控点，集成工艺实时数据，实现了设备数字化管理、预知性维修，提高了安全环保管理水平。

案例：环境监测数字化，“环保地图”控污染

九江石化是国家级“智能制造”示范企业。通过环境监测数字化直观展示各装置排污点的实时和历史监测数据，有效控制污染物的无序排放；通过对污染物过程数据统计与分析，全面排查环境风险和管理薄弱点；通过预警监控功能，及时掌握环保装置运行情况，异常数据第一时间发送至公司相关负责人。企业实现了对厂区内外 VOCs 进行全天候、全过程监测，污水总排口等国家监测点数据实时上传省市环保在线平台，正常运转率、数据有效传输率远优于国家标准。

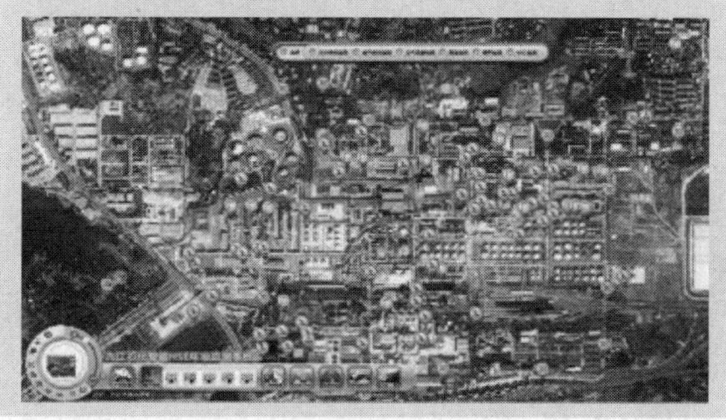

图 12　中国石油化工股份有限公司智能工厂建设

中国五矿集团有限公司则支持安全科技研发工作和安全科技成果转化，结合公司智能化建设，推动安全技术覆盖安全生产的重点领域，提升企业安全水平。为避免疲劳作业并普及休息和充足睡眠的重要性，中国五矿集团有限公司下属公司 MMG 于 2017 年在邦巴斯矿区率先开展“智能帽：生命卫士”计划，成为秘鲁国内首个推行此举的矿区。这项技术以主动防护为主，旨在避免矿区拖车、通勤巴士、精矿运输车和长途轻型车辆的驾驶员出现疲劳问题。2017 年，邦巴斯铜矿所有采矿车、精矿运输车、通勤巴士和长途轻型车辆均安装了智能帽。通过该技术及其他项目，MMG 有效减少了各运营地的疲劳事故。

安全信息系统建设

创新信息管控技术，及时、有效、安全地传递安全警示信息和工作信息，提升安全信息系统实用性。

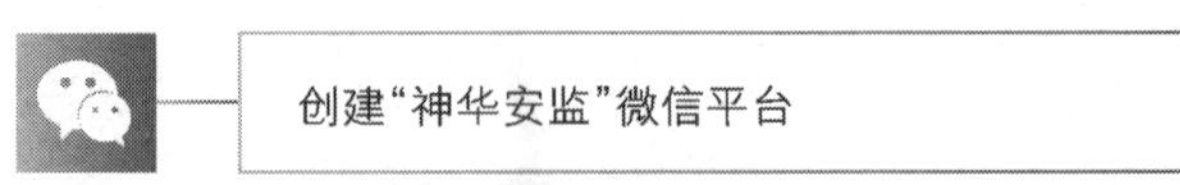

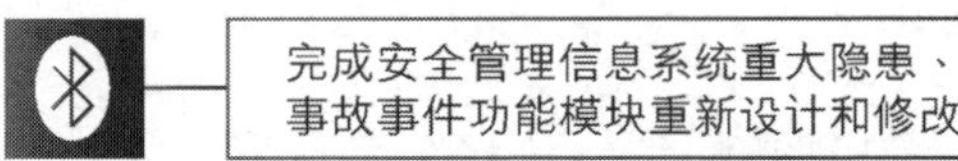

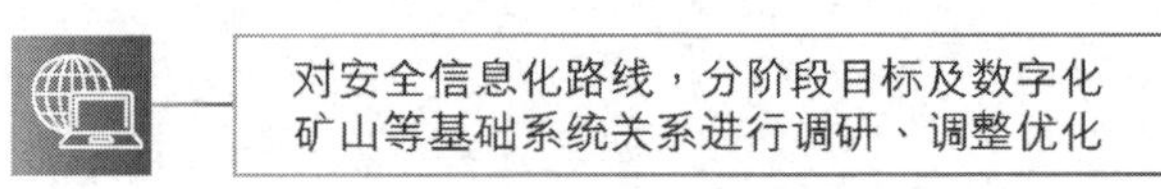

安全信息化建设改进措施

图 13　中国神华能源股份有限公司安全信息系统建设

（四）保护生物多样性，加强土地管理实践

由于采掘业需要对各种资源进行开采，因此不可避免会对生物和环境产生影响。一方面会对地表植被、动物生存环境造成破坏，另一方面采掘业资源的加工和运输产生的有害物质可能会对环境产生不良影响，进而改变气候和动植物生存环境。因此，采掘业企业更注重生态环境保护及相关信息披露。

中国五矿集团有限公司海外公司 MMG 在各矿山均推行土地和生物多样性管理方法，针对特定动植物种类规定了缓释管理措施，并持续投入资源，开展专家检测、种子收集、种子繁殖和实验室测试等工作，尽力保护生物多样性和生态系统，尽量避免暴露在外的受扰土地对环境和社区造成影响。中国石油天然气股份有限公司在生产作业过程中加强对土地资源可持续利用，提高了土地利用效率；并实施全产业链、全生命周期的生态环境管理，减少生产运营给生物多样性带来的负面影响。

生物多样性保护

MMG 在各矿山均推行土地和生物多样性管理方法，针对特定动植物种类规定了缓释管理措施，并持续投入资源，开展专家检测、种子收集、种子繁殖和实验室测试等工作，尽力保护生物多样性和生态系统。各矿山通过实施土地管理计划，尽量避免暴露在外的受扰土地对环境和社区造成影响，具体包括管理排水、腐蚀、野草和入侵植物、重要动植物、除尘以及临时绿化。

MMG 在澳大利亚杜加尔河锌矿的监测重点是栖息在附近 Knapdale 山脉的两种濒危物种：紫颈岩袋鼠和袋食蚁兽，其数量保持稳定。MMG 将于 2018 年开展一项全新的生物多样性监测活动，资助 EcoSmart Ecology 与阳光海岸大学和昆士兰科技大学合作开展针对袋食蚁兽的研究，这将成为针对该物种的首次大范围专项研究。

图 14　中国五矿集团有限公司 MMG 公司生物多样性保护措施

2017 年土地资源可持续利用情况

	举措	2017 年成效
节约集约用地	• 通过技术创新，优化工程设计(ii)盘活利用存量土地	节约用地约 1180 公顷
土地复垦	• 保障复垦资金 • 通过自行复垦等多种方式，落实复垦责任	复垦土地约 1.5 万公顷
退出低效或无效土地	• 对不使用或利用效率低的土地，交还政府	退出用地 2.05 万公顷

图 15　中国石油天然气股份有限公司进行土地管理的措施

中国铝业集团有限公司建立健全生态环境保护长效机制，项目立项前，开展前期生物多样性调查；项目建设中，注重所在地区内生物多样性的完整和保护。

既要金山银山更要绿水青山

建立生态补偿机制	加强生态保护管理
建立健全生态环境保护长效机制，加强资源开发与建设项目的生态管理，对矿山、取土采石场等资源开发地区、大型建设项目导致的土地毁损及时抓好治理和生态恢复，提高复垦区水土保持功能。建设生态功能区，保护生物多样性。	严格执行环境影响评价、“三同时”制度，对于新建项目，要求环评批复或备案作为项目开工建设的必要前置条件。严格执行资源开发规划，不乱开不乱采，并实施全过程生物多样性保护。项目立项前，开展前期生物多样性调查；项目建设中，注重所在地区内生物多样性的完整和保护。

图 16　中国铝业集团有限公司生态保护管理措施

（五）多项举措开展精准扶贫，更加注重疾病防治工作

为进一步突破脱贫攻坚工作，中央要求广大企业、社会组织开展精准扶贫工作。其中，中央企业创新性地开展了百县万村行动，设立了中央企业贫困地区产业发展基金，以市场化方式支持贫困地区发展产业，并在采掘业报告中积极披露相关实践。采掘业报告中央企业、国有企业及国有控股企业占据 88%，报告披露这些企业积极响应政府号召，多项举措开展精准扶贫工作。

中国石油化工股份有限公司以专题的形式，披露公司围绕基础设施建设、产业帮扶、支持教育、劳务培训、医疗健康等领域，帮助贫困地区和人民提高可持续发展能力，做到“扶贫对象精准、项目安排精准、资金使用精准、措施到户精准、因村派人精准、脱贫成精准”。

由于采掘业企业运营区域经常处于交通欠发达和医疗救助体系相对匮乏区域，因此采掘业企业较为重视当地社区疾病的治疗与预防。中国石油天然气股份有限公司从 2009 年每年向世界海拔最高县——双湖县派出援藏医疗小分队，并于 2017 年在此成功实施首个剖宫产手术，这是中国石油医疗援

2017年精准扶贫工作总体情况

单位：人民币 万元

12,453 资金　369 物资折款

27,759 帮助建档立卡贫困人口脱贫数（人）

分项投入

产业发展脱贫

产业扶贫项目类型

☑ 农林产业扶贫　☑ 资产收益扶贫
☑ 旅游扶贫　☑ 科技扶贫
☑ 电商扶贫　☑ 其他

275
产业扶贫项目个数（个）

3,202
产业扶贫项目投入金额

13,907
帮助建档立卡贫困人口脱贫数（人）

转移就业脱贫

职业技能培训投入金额 62

职业技能培训人数（人/次）4,316

帮助建档立卡贫困户实现就业人数（人）1,669

易地搬迁脱贫

4,275
帮助搬迁户就业人数（人）

生态保护扶贫

项目名称

☑ 开展生态保护与建设
☑ 建立生态保护补偿方式
☑ 设立生态公益岗位
☑ 其他

图 17　中国石油化工股份有限公司以专题形式披露精准扶贫工作

藏的一个突破，也是中国医疗史上有文字记录以来在 5000 米海拔上实施的第一例急诊剖宫产手术。

与“健康快车”结善缘，建造“中国石化光明号”

“健康快车”是中华健康快车基金会专为白内障患者而设立的慈善项目，是香港同胞于 1997 年香港回归之际赠送给内地人民的礼物，是中国唯一建在火车上的眼科医院。

2004 年起，中国石化开始冠名赞助“健康快车”慈善事业。2007 年，为了让更多的贫困白内障患者重见光明，中国石化捐资 3,000 万元，建造一列以“中国石化光明号”命名的火车医院。这是第一列也是唯一由中国内地企业捐赠的健康快车，每年到达 3 个贫困地区，每个地区停留 3 个月，每年平均治疗 3,000 人，手术成功率 99.9% 以上，完全可与国内一线城市的三甲医院相媲美。

十五年治愈患者 4 万余人，为其带去光明和新的希望

十五年来，中国石化累计捐资超过 1.4 亿元，建造 1 列“中国石化光明号”健康快车、1 所显微眼科手术培训中心及 18 个健康快车 / 中国石化白内障治疗中心，先后开进新疆、青海、宁夏、西藏、四川等 18 个省份 33 个地区，共停靠 38 站次，免费救助超过 4 万名贫困白内障患者。中国石化光明号健康快车连续 13 年荣获中华健康快车基金会颁发的“光明功勋特别奖”，并获评中宣部全国最佳志愿服务项目荣誉称号和中央企业优秀志愿服务项目。

图 18　中国石油化工集团公司开展“中国石化光明号”健康快车项目

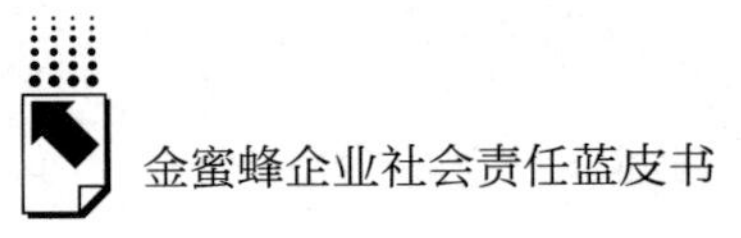

四　中国采掘业企业社会责任报告建议

（一）对标联合国可持续发展目标（SDGs），设立目标，为联合国可持续发展贡献力量

采掘业报告中有落实联合国可持续发展目标的内容仅 10.34%，有 SDGs 对标表的更少，仅 5.17%，相比于中国企业报告的 6.68% 和 2.34%，虽然略高，但处于低水平。

2016 年 5 月，在联合国亚太经社会（ESCAP）第 72 届年会上，亚太经社会执行秘书阿赫塔尔女士表示，“一带一路”将成为落实 2030 年可持续发展议程的重要平台”。采掘业企业国内业务越来越深入，并逐渐加大走出去力度，广泛开展海外业务。联合国可持续发展目标为中国企业置身于全球经济体系，更好地参与“一带一路”建设提供了国际视角与可持续发展的实践路径。因此，采掘业报告应结合国家“一带一路”倡议，对标 SDGs，提升报告的国际化程度。

企业可根据自身情况运用五个步骤制定和调整相关的方针路线，确保可持续发展是企业核心业务战略的结果，为联合国可持续发展目标做出最大贡献：一是认识联合国可持续发展目标；二是确立优先事项；三是设定目标；四是整合资源；五是报告和沟通。

（二）注重风险管控，提高报告实质性

采掘业是高投入和高风险行业，因此对风险管控方面的披露尤为重要。随着采掘业企业越来越多“走出去”，参与“一带一路”沿线国家经济建设，更要注意防范各种风险，包括建设施工风险、环境风险、公共安全风险、税收风险、投资风险等。企业应从“大安全”视角，通过完善有效的内控制度和工作流程，进行风险识别、管控，及时披露重要的风险事项，并与利益相关方开展充分沟通，提高报告实质性信息的披露水平。

（三）披露信息要契合社会热点，体现时代特色

采掘业报告从契合社会热点角度对创新性内容、结构和形式三方面的信息披露指标覆盖率均处于较低水平，说明采掘业对于社会热点的把握不足。采掘业报告可以契合国家最新的政策、结合行业当前存在的问题对企业产生的影响进行披露，详细披露行业当前面临的困境、结合企业自身特色采取的应对措施以及取得的成效，注重在解决相应问题方面的社会责任实践和创新。

B.8
金蜜蜂中国汽车行业企业社会责任报告研究

贺世节　张 洁　林 波

摘　要： 本报告依据“金蜜蜂企业社会责任报告评估体系2018”，对收集到的汽车制造企业2018年发布的31份社会责任报告进行评估和分析，并提出针对性建议。研究发现：汽车制造企业发布报告数量较2017年有所下降；国有及国有控股企业是报告发布的主力军，且汽车制造企业报告整体处于发展阶段；报告聚焦披露新能源、供应链、员工等关键议题，行业特色突出，但与时代热点契合略显不足。

关键词： 汽车制造企业　新能源　供应链　员工责任

汽车行业是中国国民经济的重要支柱产业，经过改革开放40年的深入发展，已形成多品种、全系列的整车和零部件生产及配套体系，产业集中度不断提高，产品技术水平显著提升。2017年，中国汽车产销分别实现了2902万辆和2888万辆，创造了中国汽车产业发展的新高，连续9年位列全球第一，推动了传统汽车行业的优化升级，逐渐向汽车强国迈进[①]。与此同时，汽车产业的高速发展也带来一系列问题，如空气污染、交通事故、道路拥堵、城市用地侵占等，这就要求行业企业高度重视社会责任对于企业乃至

---

① 中国汽车工业协会：《2017年12月汽车工业产销情况简析》，http：//www.caam.org.cn/zhengche/20180111/1605214624.html。

行业可持续发展的重要意义。另外，政府在排放标准、新能源汽车等方面均出台了更为具体的政策法规与指引，其中“蓝天工程”等项目的推进实施也对车辆排放提出了更高的标准，这对汽车行业的绿色发展提出了新的要求。对此，不少汽车行业企业积极响应政府的号召，深入探索将企业社会责任理念融入企业运营之道，在环境保护、供应链管理等方面开展履责实践，全面推进汽车行业社会责任水平的提升。

一　中国汽车制造企业社会责任报告研究概况

截至2018年10月31日，通过企业主动寄送、企业官方网站下载及网络查询等方式，我们共收集到汽车制造整车企业发布的社会责任报告/可持续发展报告31份。本研究报告希望通过对汽车制造企业发布的报告进行整体描述，对报告的整体质量进行比较、分析和判断，尝试总结汽车制造企业社会责任报告的特点，并提出相关对策和建议。

国有及国有控股企业发布报告的比例为58.07%，达到半数以上，表明国有及国有控股汽车制造企业在发布社会责任报告方面更为积极主动（见图1）。

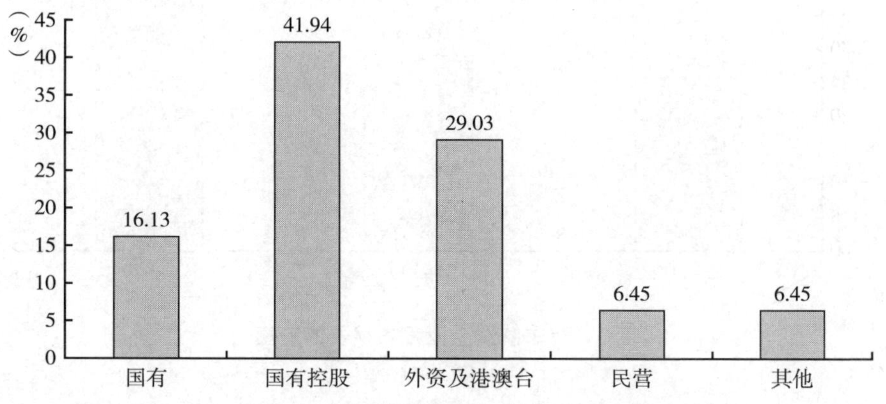

图1　汽车制造企业发布报告的企业类型

连续5~10年发布企业社会责任报告的企业达到67.74%，说明大部分汽车制造企业已将报告作为企业社会责任理念和实践的常态披露渠道（见图2）。

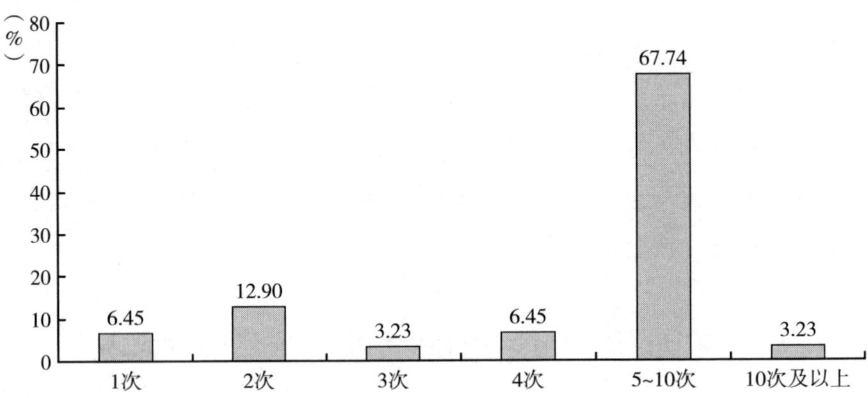

图 2　汽车制造企业发布报告的次数

报告篇幅在 51 页及以上的报告占比 45.16%，约占总数的一半，且不存在 10 页及以下情况，说明随着汽车制造企业对社会责任工作重视程度的提升，大部分汽车制造企业的社会责任信息披露也越来越充分（见图 3）。

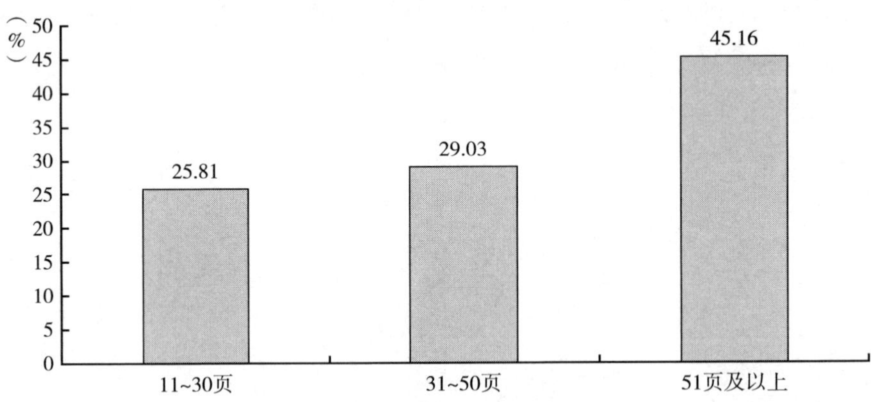

图 3　汽车制造企业发布报告的篇幅

在汽车制造企业社会责任报告中，未在报告中设置反馈意见渠道的企业比例为 51.61%，这阻碍着企业与利益相关方的互动与沟通，不利于企业提升报告质量和信息披露水平（见图 4）。

报告中披露社会责任负面信息的汽车制造企业比例为 29.03%，说明汽

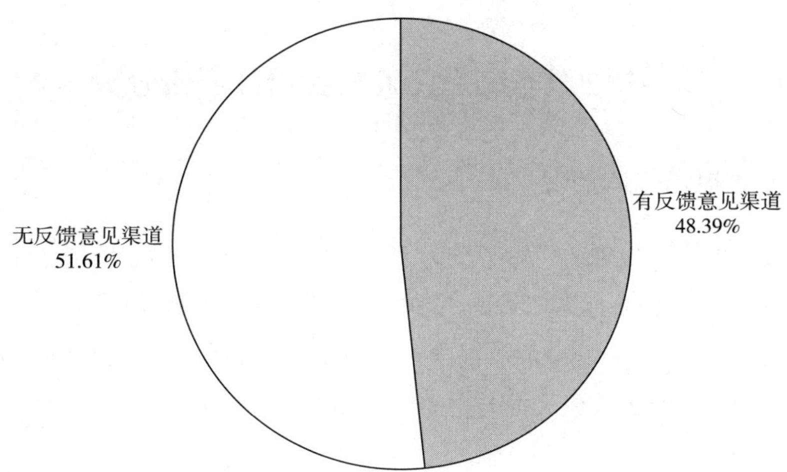

图4　汽车制造企业社会责任报告设置反馈意见渠道的情况

车制造企业对于负面信息的披露较少，其社会责任报告的客观性、中立性有待加强（见图5）。

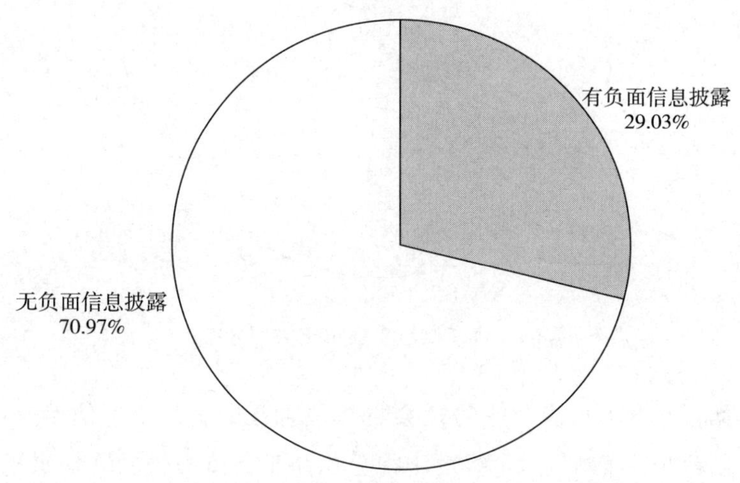

图5　汽车制造企业发布报告负面信息披露情况

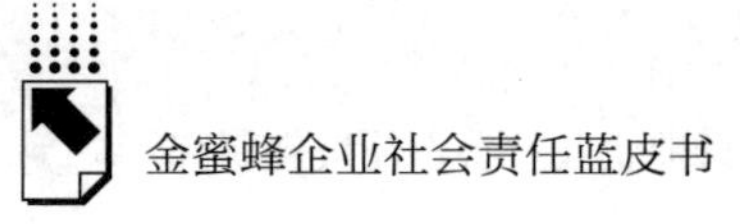

二　中国汽车制造企业社会责任报告分析

（一）报告总体情况

汽车制造企业报告的平均得分为58.68分，高于中国企业社会责任报告的平均水平，整体处于发展阶段。其中，处于发展与追赶水平的报告占比达58.06%，处于优秀阶段的企业报告占比仅为25.81%，表明汽车制造企业社会责任报告质量仍有较大提升空间（见图6）。

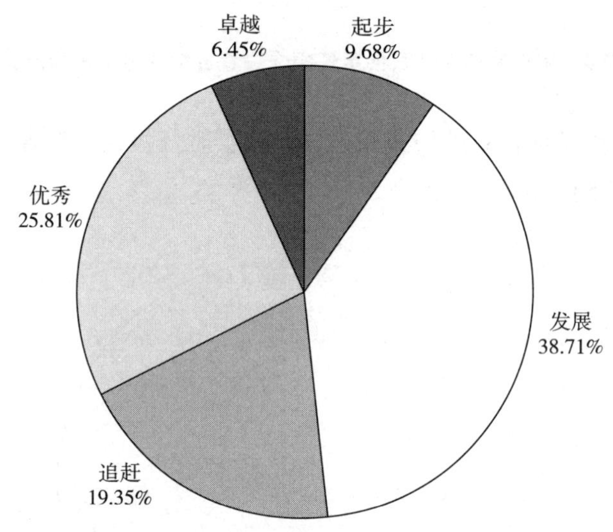

图6　汽车制造企业报告类型分布

整体而言，汽车制造企业的社会责任报告在完整性、可信性、可读性、可比性、创新性、实质性六个维度中得分均高于整体报告的平均水平（见图7）。其中，报告的创新性、可比性、可读性表现较好，实质性、可信性及完整性方面虽高于中国企业社会责任报告的平均水平，但仍有一定提升空间。

从利益相关方角度来看，2018年指标覆盖率最高的前五位依次是员工（42.16%）、政府（41.93%）、环境（39.63%）、供应商（32.55%）、客

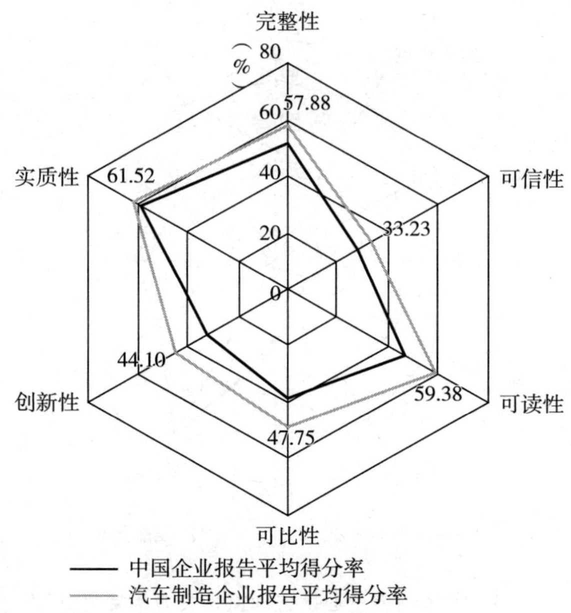

图 7　汽车制造企业社会责任报告整体质量

户（29.83%），说明汽车制造企业在报告中披露员工、政府、环境、供应商、客户等利益相关方的信息较多。而汽车制造企业报告在社会组织、同行、金融机构三个方面的指标覆盖率相对较低，分别为社会组织（15.59%）、同行（13.797%）、金融机构（0），对利益相关方的信息披露仍需加强（见图 8）。

（二）具体分析

1. 结构完整性

完整性高于中国企业平均水平，实践内容披露最多。汽车制造企业社会责任报告完整性平均覆盖率为 58.36%。其中，风险机遇分析指标覆盖率最低，为 35.48%。相反，实践内容指标覆盖率最高，达到 91.39%，几乎所有汽车制造企业报告在实践内容披露方面，都涵盖了经济责任、环境责任、社会责任信息（见图 9）。

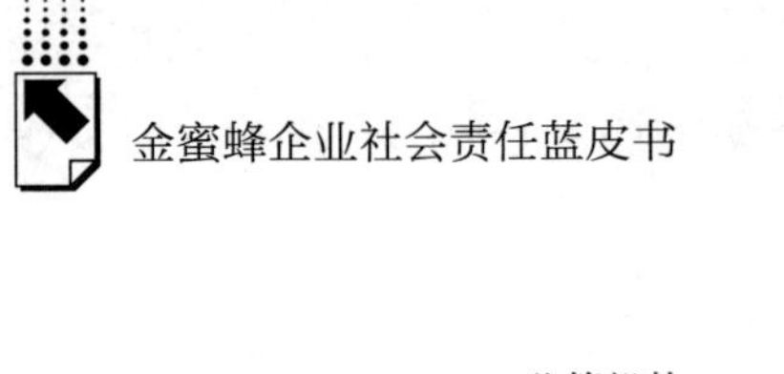

出资人
员工
客户
环境
社区
政府
供应商
同行
社会组织
媒体
金融机构
监管机构
(%)
50
40
30
20
10
0
中国企业
汽车制造企业

图 8 汽车制造企业报告利益相关方指标得分率

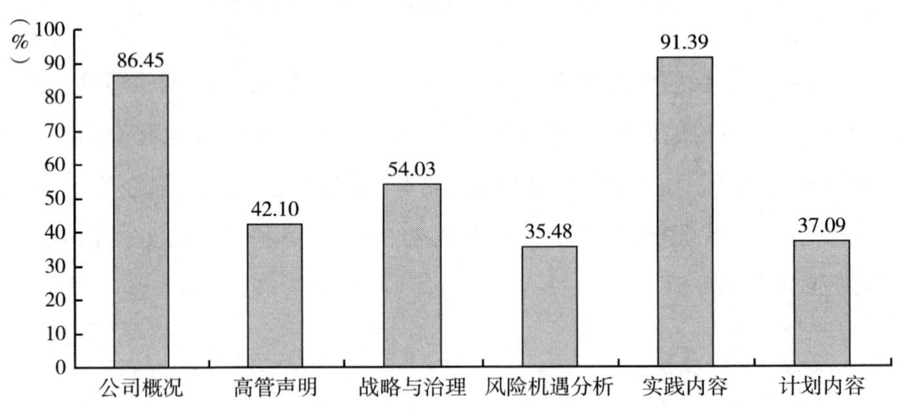

图 9 报告完整性指标覆盖率

2. 报告可信性

报告可信性表现一般，负面信息披露需进一步深化。汽车制造企业社会责任报告可信性平均覆盖率为 38.17%，在六个评估维度中排名最低。从报告可信性指标覆盖率来看，利益相关方评价覆盖率最高，为 67.74%；表述客观性、信息来源覆盖率分别为 62.90% 和 25.80%。第三方审验和 CSR 专家评价指标覆盖率略低，分别为 3.22%、6.45%，表明报告引入 CSR 专家评价以及接受第三方审验的汽车制造企业仍然较少（见图 10）。其中，负面信息披露覆盖率也比较低，仅为 29.03%。

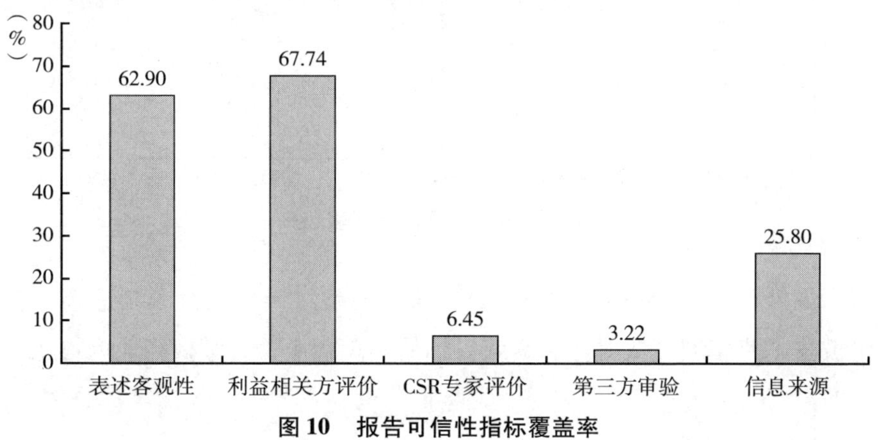

图 10　报告可信性指标覆盖率

3. 报告可读性

汽车制造企业报告可读性得分较高，相较去年有了明显提升，履责信息传递和利益相关方沟通效果较好。汽车制造企业社会责任报告可读性平均覆盖率为 58.06%，比中国整体企业指标平均覆盖率 47.67% 高出 10.39 个百分点。其中，报告的版式、信息清晰表达的指标覆盖率分别为 83.87% 和 58.06%，信息饱和度指标覆盖率为 67.74%，说明汽车制造企业报告中版式设计总体较好，报告版式结构清晰且内容翔实；在色彩搭配和信息清晰定位方面，覆盖率较低，分别为 51.61% 和 29.03%（见图 11）。总体来说，汽车制造企业能够清晰地说明信息，但报告的信息定位导航设置相对不足，色彩搭配缺乏新意，对报告信息的传递效率有所影响。

4. 绩效可比性

绩效可比性较为完善，绩效信息披露相对丰富。汽车制造企业社会责任报告可比性平均覆盖率为 51.61%。其中，纵向可比性指标覆盖率最高，为 62.90%；行业内可比性指标覆盖率次之，为 58.06%；跨行业可比性指标

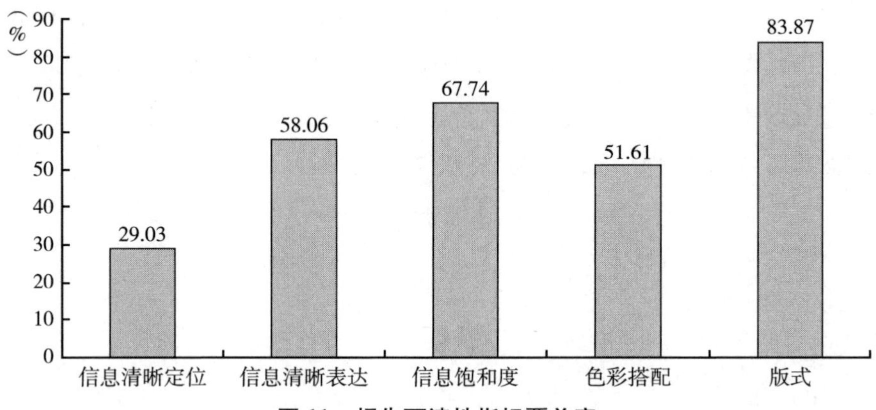

图 11　报告可读性指标覆盖率

覆盖率最低，为 22.58%（见图 12）。这表明超过半数的汽车制造企业在报告中披露了跨年度绩效对比和绩效目标的实现程度，且绩效行业内可比。

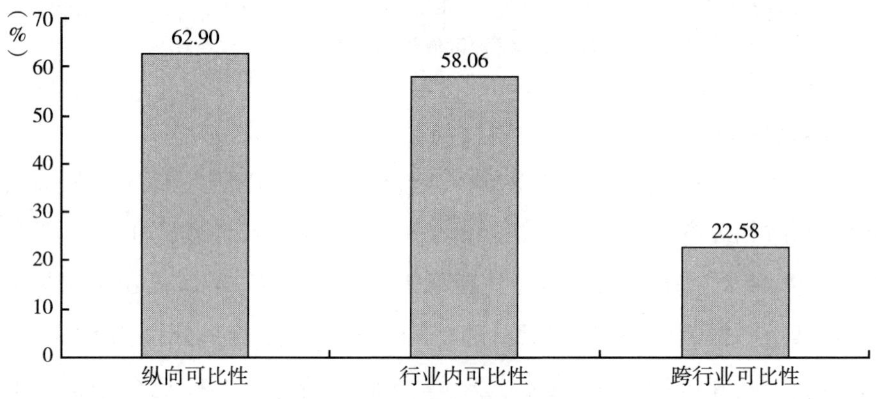

图 12　报告可比性指标覆盖率

5. 报告创新性

报告创新性尚可，较好地体现了行业特色，但缺少时代热点内容的展现。汽车制造企业社会责任报告创新性平均覆盖率为 43.72%，比中国整体企业指标平均水平的 31.05% 高出 12.67 个百分点。具体来说，在披露内容、结构方面的指标覆盖率分别为 51.61% 和 41.93%，高出中国整体企业平均水平，内容创新的优势尤为明显。报告形式创新的指标覆盖率为 37.63%，略低于前两项，说明报告在具体内容的呈现形式上还需加强（见图 13）。报告在与时代热点的契合上也略显不足，相较于体现行业特色和具有企业特点两个指标，在内容、结构、形式三方面，契合时代热点这一指标的覆盖率均为最低。

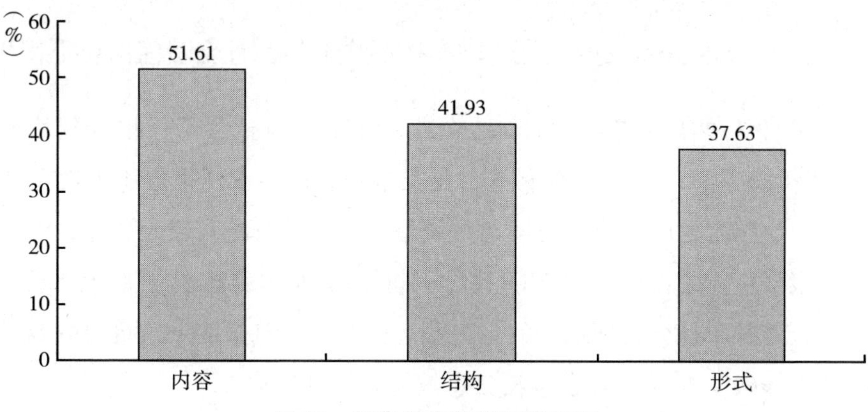

图13　报告创新性指标覆盖率

6. 报告实质性

报告实质性相对偏低，对利益相关方要求与期望回应的披露有待加强。汽车制造企业社会责任报告实质性得分率为61.52%，仅比中国整体企业平均水平59.53%高出1.99个百分点。报告能够识别出大部分利益相关方群体，覆盖率为65.86%，对于识别出的利益相关方，大部分都能披露有关社会责任信息与内容。在利益相关方沟通渠道、方式和要求、期望方面，指标覆盖率分别为45.96%和42.20%，表明汽车企业在这两方面的信息披露程度仍有较大提升空间（见图14）。

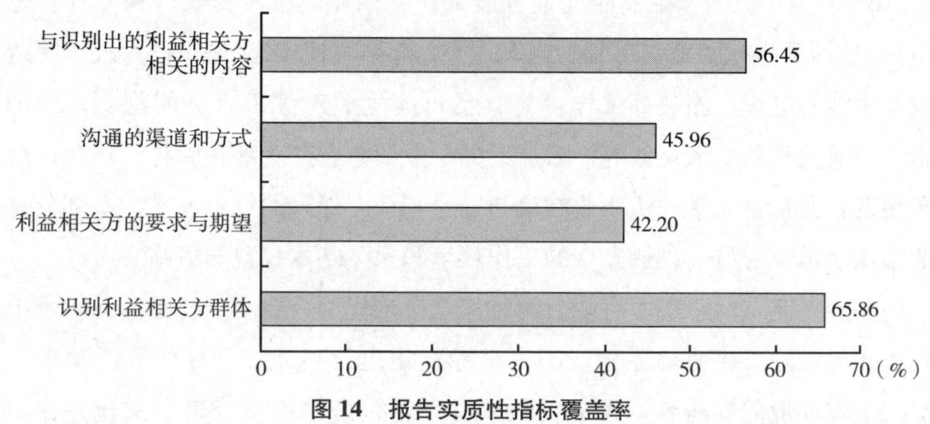

图14　报告实质性指标覆盖率

三　中国汽车制造企业社会责任报告阶段性特征

（一）报告总体数量较低，国有控股企业披露社会责任信息更积极

2018 年，搜集到中国汽车制造企业发布的企业社会责任报告数量相较于 2017 年减少了 29%，汽车制造企业发布企业社会责任报告积极性亟待加强。其中，国有控股企业报告发布数量最多，国有及国有控股企业在汽车制造企业报告主体中占比达到 58.07%，表明国有及国有控股企业已经成为汽车制造企业发布社会责任报告的主力军。但是，民营企业发布报告的数量仅占报告整体的 6.45%，社会责任信息披露积极性较弱。

例如，广州汽车集团股份有限公司第六次向社会公开发布年度企业社会责任报告，报告从“可持续发展战略”“可持续公司治理”“可持续发展实践”三个方面，系统披露了企业在促进行业转型升级、共建生态环境文明、共创文明和谐社会等方面的履责信息。

（二）员工议题指标覆盖率最高，尤为重视职业健康安全等信息披露

汽车制造企业社会责任报告中员工议题的指标覆盖率最高，达到 42.16%。其中，汽车制造企业报告最重视“职业健康与安全”和“社会保障”，这两项指标的覆盖率分别为 52.41% 和 44.71%（见图 15）。汽车制造过程中涉及电焊、涂装等工作内容，且可能生成对健康有害的物质，如烟尘、一氧化碳和二氧化氮等，对员工的职业健康会产生潜在威胁。对此，汽车制造企业报告非常关注职业健康与安全和社会保障的信息披露，大部分企业重点展示了为员工创造安全的工作环境和保障基本权益的措施。

例如，北京汽车集团有限公司将安全生产作为企业生产经营活动的重中之重，通过隐患排查体系建设、安全标准化建设和“安全月”等活动提高员工工作环境的安全性。再如，东风日产着力构建“安全车”文化，在向

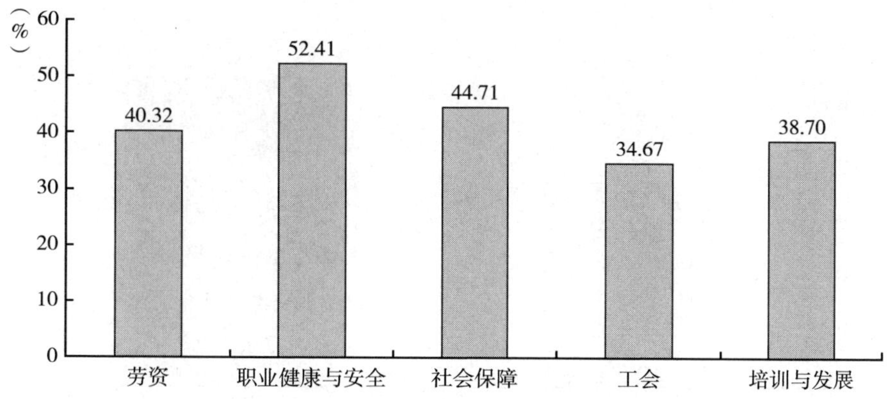

图 15　报告员工议题指标覆盖率

员工贯彻企业安全价值观的同时，提炼出安全愿景、安全使命和安全目标，全面营造将安全放在首位的安全文化体系。

（三）积极响应国家政策，重点披露可持续产品、新能源等信息

2017 年，中国新能源汽车继续保持高速增长，产销分别完成 79.4 万辆和 77.7 万辆，同比增长 53.8% 和 53.3%①。在“双积分”政策及一系列配套补贴优惠政策的影响下，汽车行业全面布局新能源，积极开展技术创新，促进新能源汽车继续高速发展。汽车制造企业社会责任报告也注重披露相关信息，如在研发可持续产品/服务方面的指标覆盖率达到 54.83%，远高于中国企业社会责任报告在此方面的指标覆盖率（36.14%）（见图 16）。报告在新能源、新材料使用方面的指标覆盖率为 58.06%（见图 17），体现出汽车制造企业对不断创新研发新能源技术以及可持续产品方面的重视。

例如，比亚迪着眼新材料、汽车、新能源、轨道交通等多领域的研发和创新，其推出的新能源车已涵盖私家车、出租车、城市公交、道路客运、城市商品物流、城市建筑物流、环卫车等七大常规领域和仓储、港口、机场、矿山专用车辆等四大特殊领域，实现了全方位布局。

① 中国汽车工业协会信息发布会，http：//www.cbea.com/sjbg/201801/049026.html。

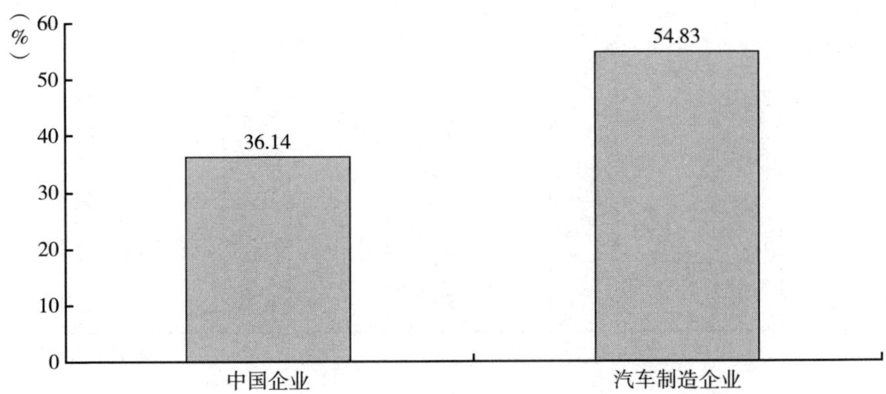

图 16　报告在研发可持续产品/服务方面的指标覆盖率

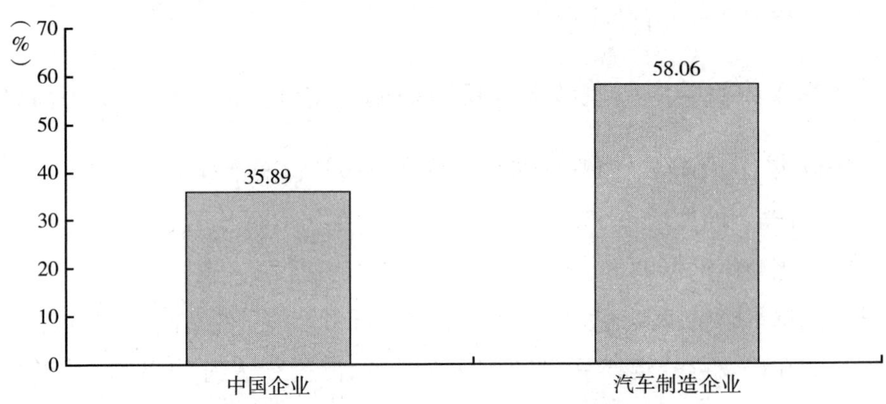

图 17　报告在新能源、新材料使用方面的指标覆盖率

（四）供应链信息披露详细全面，各项指标均高于中国企业平均水平

汽车行业产业链覆盖范围广泛、成员众多。因此，汽车行业要实现健康、高速发展，离不开产业链的协同运行。数据研究表明，汽车制造企业不仅对供应链议题进行了详细全面的披露，而且各项指标的覆盖率均高于中国

企业平均水平。在“对供应商资质要求”方面，中国汽车制造企业的指标覆盖率超过半数，达到64.51%；“采购原则公开，合同签订执行情况”方面，覆盖率达到54.83%；帮助供应商提升社会责任水平的汽车制造企业达到51.61%。这些数据体现出汽车制造企业在供应商管理和披露方面，已经达到基本要求，且汽车制造企业重点关注供应商的资质审查。但是，供应链总体指标覆盖率仍存在提升空间，如汽车制造企业在“分担供应商因社会责任审核认证所增加的成本”指标的覆盖率仅为3.20%；“采购价格合理，按期付款”这一指标覆盖率仅为9.67%（见图18）。

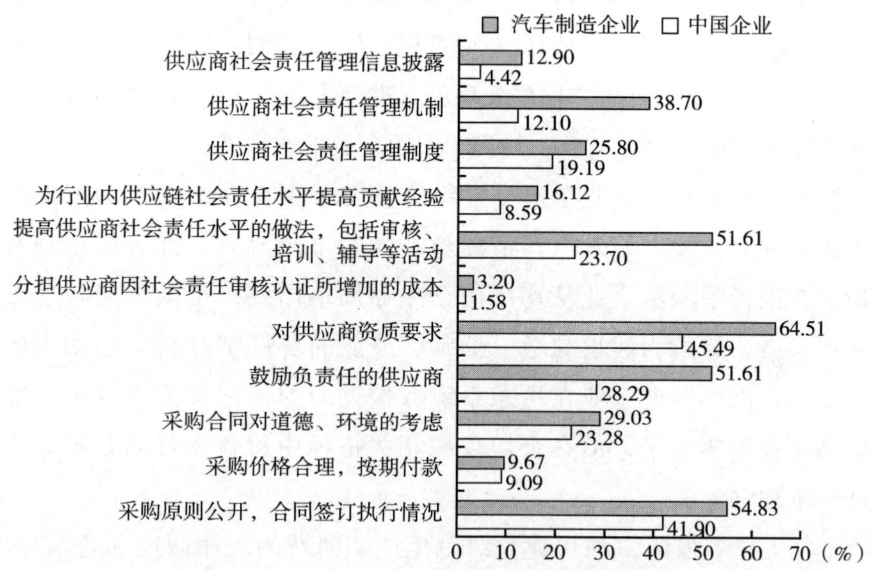

图18　汽车制造企业报告供应商指标覆盖率

部分汽车制造企业在报告中展示了在供应链领域的优秀实践。例如，在供应链管理方面，江淮汽车集团设立严格、高标准、分层次的供应商准入机制，将环保要求、OHSAS18001纳入评价体系，对安全、环保方面不达标的供应商实施“一票否决”制；坚持与行业内优秀供应商建立深层次的交流合作，在品牌推广、技术进步、市场合作等领域携手并进。

再如，在促进供应商发展方面，上海汽车集团股份有限公司深化与零部件供应商的“兄弟联”工作模式，在产品开发试制过程中，细化试制质量控制要求，开展全过程问题管理模式；帮助供应商建立和优化内部新项目开发流程，有效降低了供应商在新产品同步开发过程中的项目风险。

（五）重点关注环境信息披露，生态系统保护等指标仍有待加强

汽车制造企业自身的行业特殊性赋予其更为艰巨的环境责任，在全球气候变暖、自然环境破坏严重的态势下，越来越多的汽车制造企业意识到自身发展对社会、环境带来的影响，并积极采取措施应对日益严峻的环境挑战。汽车制造企业在报告中，分别就环境管理、降污减排以及资源节约与利用等指标，对中国政府在环境方面的各项诉求进行了回应，其指标覆盖率分别为49.19%、50.00%、58.87%，均高于中国企业平均水平。

例如，汽车制造企业在报告中纷纷披露了企业在继续推动节能减排工作的基础上，大力研发汽车节能新技术的丰硕成果。部分汽车制造企业积极在报告中展示企业从产品的全生命周期出发，推动产业转型升级与绿色发展，努力为建设绿色、低碳、节能的环保型社会增添动力的举措。但是，汽车制造企业在生态系统保护方面的指标覆盖率水平虽然高于中国企业整体水平，但在环境议题相关指标中覆盖率排名最低，仍有待进一步加强。

十九大报告强调“加快建立绿色生产和消费的法律制度和政策导向，建立健全绿色低碳循环发展的经济体系”，对中国汽车产品、技术和工艺创新方向提出了新的要求。对此，汽车制造企业也做出了积极回应。例如，日产汽车秉承“人、车、自然和谐共存”的环保理念，采取积极措施应对环境挑战。日产在华企业郑州日产为减少挥发性有机化合物（VOC）产生，保护员工及消费者的健康，主动开展技术升级，建造新式涂装车间，有效减少了对大气的污染，提升了生产过程的安全性、环保性和产品的绿色性。

四　中国汽车制造企业社会责任报告建议

（一）提高社会责任意识，积极发布社会责任报告

社会责任报告是体现企业社会责任理念和实践的重要载体。从汽车制造行业整体发布报告的情况可以看出，虽然大部分行业企业已将报告作为企业社会责任理念和实践的常态披露渠道，但目前仍有大量行业企业尚未发布报告，社会责任信息披露亟须加强。另外，中国政府和监管机构对社会责任信息披露的要求也在不断增强，这就要求行业企业转变发展观念，有意识地提升企业社会责任意识和履责能力，主动披露社会责任政策、目标、实践、期望和绩效等多方面的信息。

（二）发挥国有控股企业引领作用，提升行业企业报告质量

国有控股企业作为汽车制造行业报告发布的主力军和领先者，应积极发挥自身引领作用，以自身的可持续发展带动整个产业链的可持续发展，推动更多汽车制造企业系统披露社会责任信息。同时，发挥在社会责任信息披露方面的引领作用，通过聚焦绿色发展、新能源、客户服务、产品召回等行业热点议题，增加利益相关方评价，主动披露负面信息等方式，提升报告的实质性和可信性，以此促进行业企业社会责任报告质量的提升。

（三）积极呼应时代热点，披露行业特色议题

十九大报告提出的“创新驱动”“推进能源革命、生态文明建设”等国家战略对汽车行业的发展提出了更高的要求。同时，联合国可持续发展目标（SDGs）成为全球共识，其中目标 9“工业、创新和基础设施”、目标 12“负责任消费和生产”、目标 13“气候行动”等多个目标与汽车产业的可持续发展息息相关。这些趋势和要求重新定义了企业存在的价值和发展方向，对汽车制造企业既是机遇也是挑战。建议行业企业积极关注社会和行业的最

新动态，积极响应国家战略和 SDGs 等倡议/标准的要求，加强对新能源、新材料使用等行业特色议题的披露，同时深入披露在绿色技术创新、生态系统保护、交通安全、文化教育等方面的履责实践，体现行业企业为打造“人、车、社会”和谐统一产业生态圈做出的努力。

（四）重视供应链管理，进一步提升信息披露深度和广度

供应商是汽车产业链的重要环节，是汽车制造企业发展过程中的重要合作伙伴，对于汽车制造企业应对潜在风险意义重大。因此，汽车制造企业应继续加强对于供应商信息披露的内容，包括供应商管理机制、供应商的社会责任信息披露等，向利益相关方展现行业企业积极打造绿色供应链，与供应链伙伴荣辱与共的决心。同时，报告可适当增加部分优秀供应商企业实践的案例，以此提升相关信息披露水平，为行业企业提供相关参考和借鉴。

（五）增进利益相关方沟通，提升企业品牌形象

利益相关方的认同和支持有利于企业获得良好的外部发展环境。建议汽车制造企业充分重视社会责任报告在与利益相关方沟通中的作用，通过优化报告设计、提升报告的可读性，激发利益相关方的阅读兴趣，从而增强报告的影响力。同时，构建立体多元化、线上线下的沟通渠道，与利益相关方开展全方位的交流，全面向利益相关方展示行业企业负责任的态度和履责行动，从而在利益相关方心目中形成负责任的形象累积，进一步提升行业企业的可持续发展品牌形象。

B.9 金蜜蜂中国电力行业企业社会责任报告研究

侯淑银　凌飞　黄坤　蒋波　代奕波

摘　要： 本报告依据“金蜜蜂企业社会责任报告评估体系2018”，对收集到的中国电力企业2018年发布的121份社会责任报告进行评估和分析，并提出针对性建议。研究发现，电力企业报告的可读性、可比性及创新性明显高于中国企业报告的平均水平，并呈现以下阶段性的特征：持续采用国际标准，报告国际化程度稳健提升；主动响应国家战略，报告时代热点契合度显著增强；海外履责更加突出，成为报告的重点披露议题；注重实质性议题识别，报告编制过程更加科学；积极创新内容呈现形式，报告传播度持续增强。

关键词： 电力行业　国际化　时代热点

一　电力行业企业社会责任报告概况

截至2018年10月31日，通过企业主动寄送、企业官方网站下载及网络查询等方式，共收集到来自119家电力企业发布的社会责任报告121份。[①] 我们依据“金蜜蜂企业社会责任报告评估体系2018”对以上报告进行了评估。

① 存在一家企业同时发布社会责任报告和国别社会责任报告的情形，如国家电力投资集团公司、中国电力建设集团有限公司等。

电力企业发布社会责任报告的主体多为国有及国有控股企业，其中7家为中央企业。相较于2017年，2018年度电力企业社会责任报告评估所涉及的范围更为广泛，企业性质为外资及港澳台、民营、其他的电力企业社会责任报告均被纳入评估体系，报告数量分别达到6家、12家、3家。

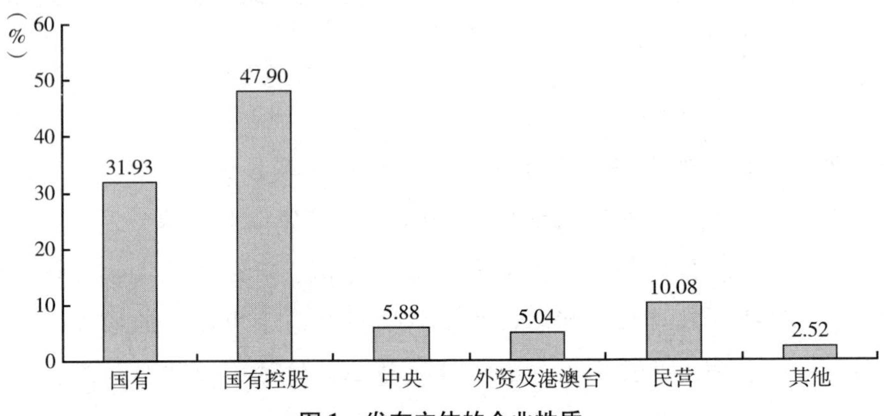

图1 发布主体的企业性质

连续5年及以上发布社会责任报告的电力企业占比为68.89%。2018年首次发布社会责任报告的电力企业共计23家，其中国有、国有控股、民营的企业数量分别为14家、4家和5家。这表明各类型电力企业对社会责任报告的关注度均有一定程度的提升，更多的电力企业愿意主动承担社会责任，并接受社会公众的监督。

在收集到的电力企业社会责任报告中，篇幅在31页及以上的占比74.38%，其中篇幅在51页及以上的报告占比52.89%。电力企业社会责任报告篇幅整体高于中国企业平均水平，这在一定程度上反映出电力企业社会责任信息披露更为丰富。

此外，55.37%的电力企业社会责任报告在编制过程中参照采用了多个编制标准，其中，以采用GRI G4的报告数量为最多，达到了44.63%，表明GRI G4是电力企业规范社会责任报告编制的重要依据。另外，从报告编制的依据看，电力企业的国际标准使用率持续上升，表明报告编制的国际化更加受到重视。

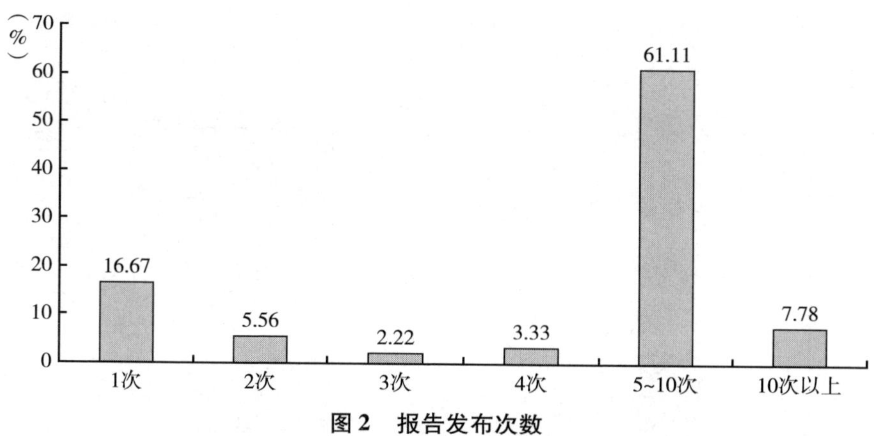

图 2 报告发布次数

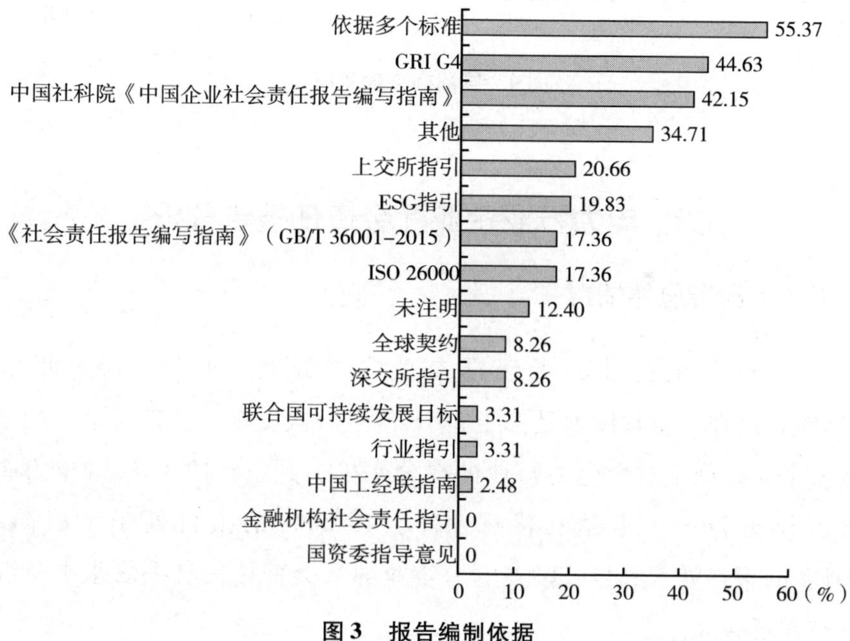

图 3 报告编制依据

基于对 121 份社会责任报告的评估结果，我们尝试对电力企业社会责任报告的编制发布现状进行整体描述，了解探查电力企业的社会责任履行特点，以及社会责任报告所存在的不足等，并在此基础上尝试提出参考建议。

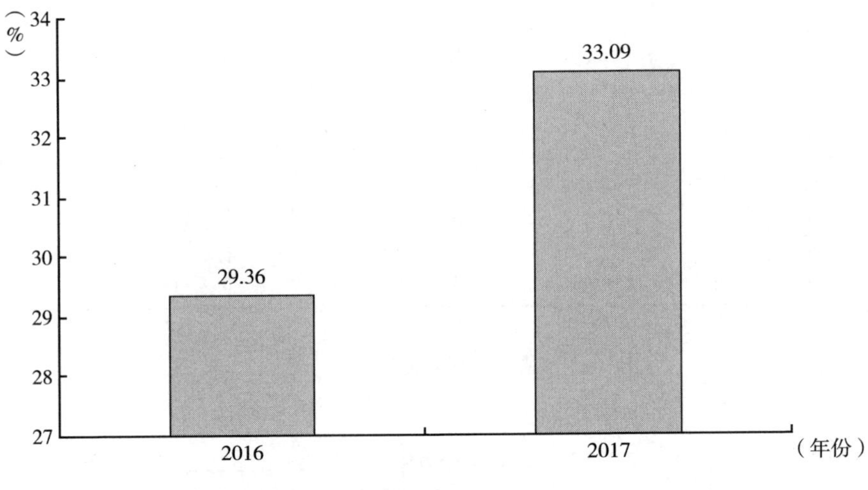

图4　国际标准使用率

二　电力行业企业社会责任报告分析

(一)报告总体情况

电力行业企业社会责任报告平均得分55.34分，较去年下降10.48%，这在一定程度上是由于2018年度首次发布社会责任报告的电力企业较多，拉低了整个电力行业的得分水平。其中，19.83%的电力企业社会责任报告处于卓越和优秀水平，40.50%的报告处于发展阶段，19.01%的报告处于起步阶段，电力企业的社会责任信息披露水平持续提升的空间还较大。

由图6可知，电力企业社会责任报告在完整性、可信性、可读性、可比性、创新性五个方面的得分率全面高于中国企业平均水平，其中可读性、可比性得分率比中国企业平均水平高10个百分点以上。然而，电力企业社会责任报告实质性方面的得分率略低于中国企业平均水平3.68个百分点，这表明电力企业仍然需要加大力度提升报告的实质性。

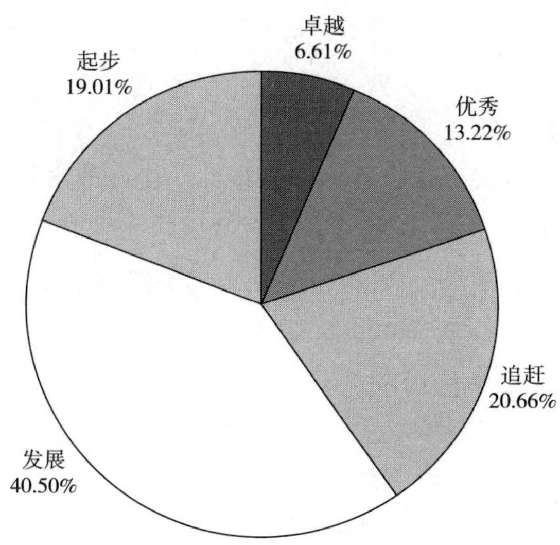

图 5　报告质量分级

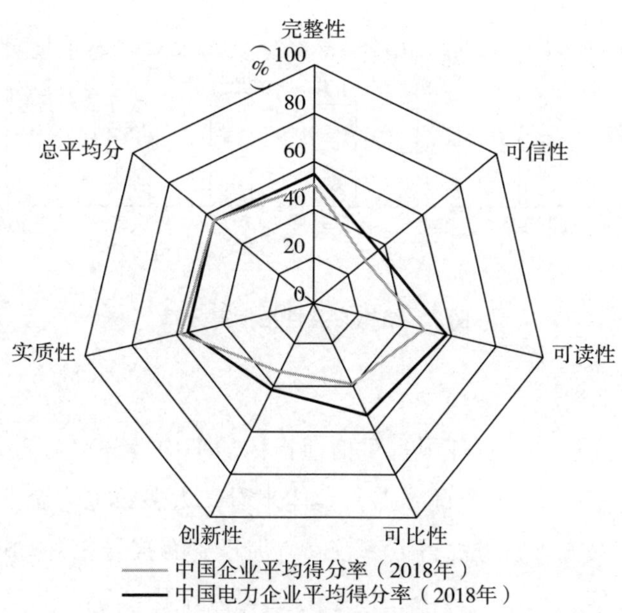

图 6　报告六维度平均得分率

（二）具体分析

1. 结构完整性

电力行业企业社会责任报告结构完整性平均得分率为55.10%，高于中国企业平均水平3.58个百分点。大多数电力企业在实践内容、公司概况、报告参数等方面进行了披露，但在风险机遇分析、高管声明、计划内容三方面的得分率均低于40%，披露水平有待提升。电力企业需要更好地识别自身所面临的机遇及风险，并明确应对举措，通过社会责任报告进行披露和承诺。

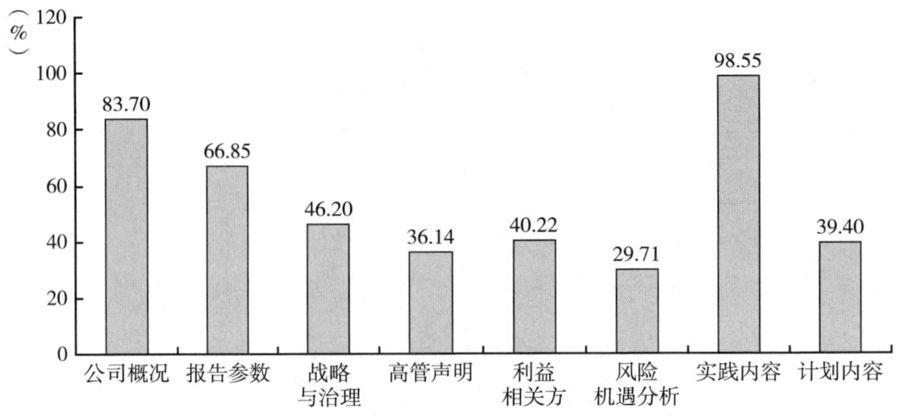

图7　结构完整性指标得分率

2. 报告可信性

电力行业企业社会责任报告可信性指标的平均得分率为35.87%，比中国企业平均水平高7.33个百分点。具体来看，大多数电力企业在表述的客观性和利益相关方评价方面得分率较高，但极少有报告包含CSR专家评价、第三方审验、信息来源等内容，以上方面得分率均低于25%。可见，电力企业需要关注专业领域的相关方评价，以及通过标注信息来源和开展第三方审验提升报告的可信性。

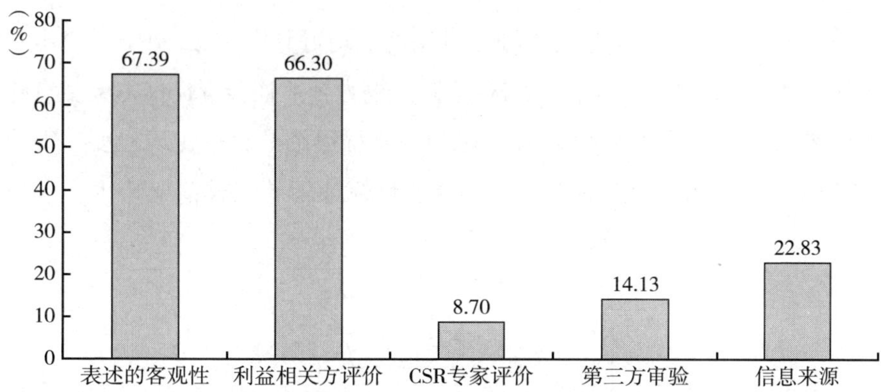

图 8　报告可信性指标得分率

3. 报告可读性

电力行业企业社会责任报告可读性得分率较高，平均得分率为 58.26%，比中国企业平均水平高 10.59 个百分点。电力企业社会责任报告大多表达形式丰富、篇幅适中、页面布局合理、色彩搭配和谐，具有较好的可读性、传播性。但在信息清晰定位方面仍有不足，需要持续改进。

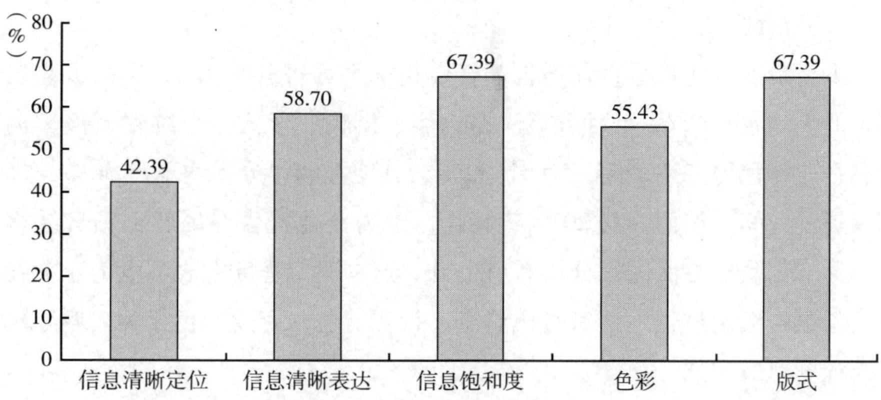

图 9　报告可读性指标得分率

4. 绩效可比性

电力行业企业社会责任报告绩效可比性平均得分率为51.81%，高出中国企业平均水平12.84个百分点，表现抢眼。电力企业社会责任报告大多有跨年度的绩效对比，得分率为80.43%，但极少会描述绩效目标实现程度，得分率不到20%，这表明电力企业报告针对企业目标计划的完成情况缺少回顾与说明。

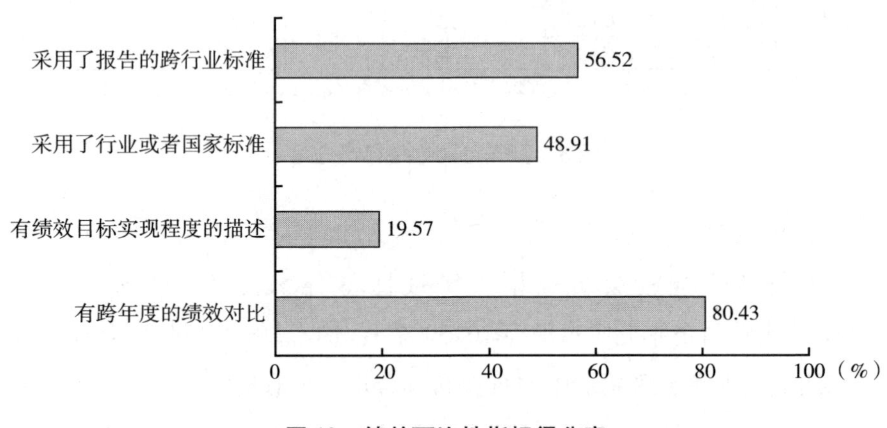

图10 绩效可比性指标得分率

5. 报告创新性

电力行业企业社会责任报告创新性指标平均得分率为39.74%，高出中国企业平均水平8.69个百分点。在内容、结构、形式三个维度，披露内容具有企业特色得分率最高，为57.82%，其他方面得分率均不足50%，尚有较大提升空间。然而，与2017年相比，电力企业报告在内容创新、结构创新、形式创新三方面的得分均有所上升，这在一定程度上表明电力企业在社会责任报告编制过程中，对时代热点、行业特色、企业特色相关内容呈现的重视程度有所增强。

6. 报告实质性

电力行业企业社会责任报告在政府、员工、社区、环境、供应商、媒体、社会组织、金融机构等八个方面的信息披露程度普遍高于中国企业平均水平，其中在政府层面的信息披露程度比中国企业平均水平高17.76个百分

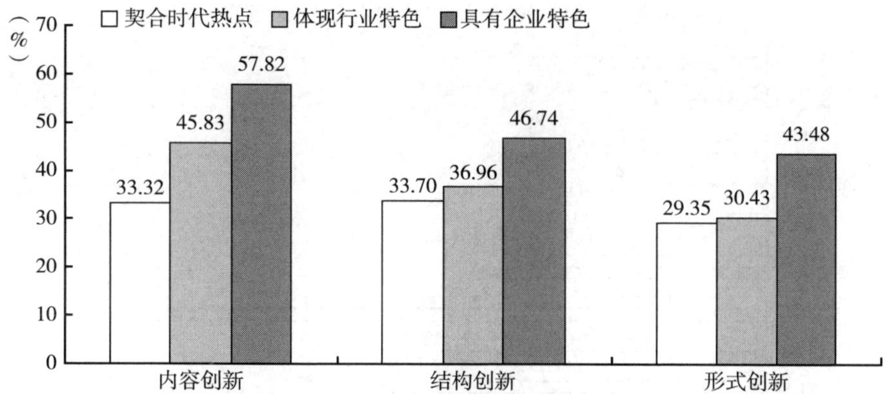

图 11　报告创新性指标得分率

点。但在客户、同行、监管机构、出资人四个方面，电力企业社会责任信息披露程度则低于中国企业平均水平。另外，通过计算报告评估标准所涉及的 12 个利益相关方群体的平均识别率和平均披露率，可以发现电力企业社会责任报告利益相关方平均披露率比平均识别率低 8 个百分点左右。这在一定程度上表明电力企业社会责任报告需要加强对识别出的利益相关方进行更有针对性的内容披露。

三　电力行业企业社会责任报告阶段性特征

（一）持续采用国际标准，报告国际化程度稳健提升

作为关乎国计民生的重要行业，电力企业在社会责任报告编制过程中，越来越多地采用社会责任国际标准、指南作为报告编制依据，持续与国际标准接轨，国际化程度不断提高。例如，国家电网公司在报告中全面对标联合国可持续发展目标、联合国全球契约，采用 GRI Standards 相关指标进行自我审视，更加国际化；中国核能电力股份有限公司、中国广核集团有限公司等积极对标联合国可持续发展目标，以联合国可持续发展目标梳理企业自身履责管理和实践，展现了电力企业更加开放的国际化视野。

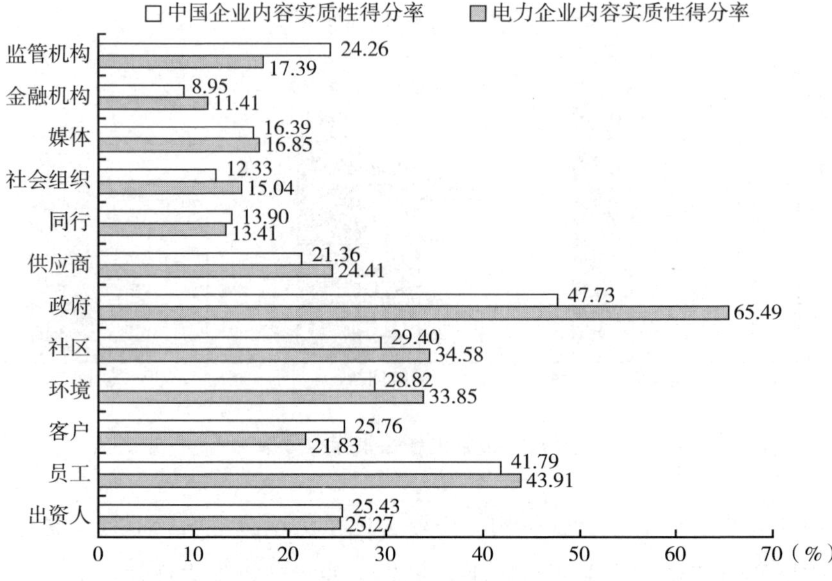

图 12　利益相关方得分率横向比较

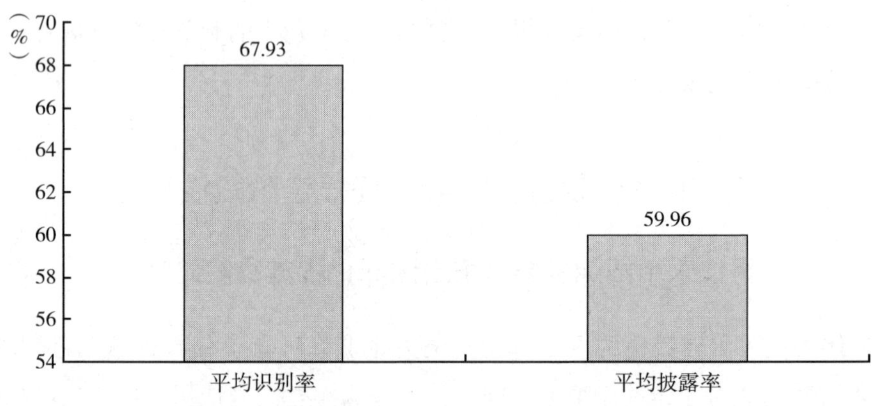

图 13　利益相关方平均识别率及平均披露率对比

（二）主动响应国家战略，报告时代热点契合度显著增强

电力企业 2017 年度社会责任报告与时代热点的契合度较 2016 年度有所

图 14 《中国广核集团有限公司 2017 年度企业社会责任报告》–对标联合国可持续发展目标

提升。2017 年，电力企业社会责任报告在主动响应国家战略、回应时代热点方面的行动主要包括不断加强党的建设，组织学习党的十九大精神，支持雄安新区国家战略、“一带一路”倡议等的执行等。例如，中国大唐集团公司 2017 年度社会责任报告披露了“全面深化改革”内容；中国南方电网有限公司在 2017 年度企业社会责任报告中，单独设置“灯火璀璨 情满湾区”责任专题，详细阐述了在服务大湾区经济发展方面的履责实践；中国电力建设集团有限公司在 2017 年度企业社会责任报告中，披露了在全面深化国企改革、支持雄安新区建设方面的具体实践；国家电力投资集团有限公司则将国家战略融入其开篇内容中，在国家战略与章节内容之间建立联结。

全面深化改革

1+1+N

认真学习贯彻十九大精神，着眼于质量、效率、动力“三个变革”部署实施了“1+1+N”架构的（分别为全面深化改革指导意见、总部集中办公改革方案和10大类48项改革任务）全面深化改革（集团总部、大唐国际本部、大唐新能源本部集中办公）仅用9天时间就实现了总部集中办公改革的“机构到位、人员到岗”。国资委彭华岗副秘书长在集团调研国资委国企改革时，给出了“不容易、不简单、充满希望”的高度评价，认为“大唐集团只要将”1+1+N”改革方案、158战略落实到位，就一定能够推动大唐集团建成国际一流的能源集团。”

图15 《中国大唐集团公司2017年度社会责任报告》－披露“全面深化改革”内容

（三）海外履责更加突出，成为报告的重点披露议题

随着我国电力行业的快速发展，部分电力企业将业务发展到了海外，积极开展与其他国家或地区的电力合作。近年来，这些开展海外业务的电力企业逐渐将海外履责的实践情况纳入企业自身社会责任报告的披露内容中，部分电力企业甚至单独发布了海外履责报告，在国际舞台上展示了中国企业负责任的形象，是“走出去”企业的典范。例如，中国电力建设集团有限公司发布了老挝可持续发展报告，全面梳理了公司在老挝的发展路径，回顾了公司履责的点点滴滴，回应了海内外各相关方的关切；协鑫集团在埃塞与吉布提的项目中聘请大量当地员工，促进了当地经济发展和就业，并且谨遵当地法律，保护环境，加强与社区的联系，多做公益，将社会责任的理念带向海外；中国长江三峡集团有限公司秉承“长期发展，本地运营”的理念，在开展海外业务的同时积极推动本土化运营，在基础设施建设、社区帮扶、环境保护和教育发展等方面主动承担责任，努力做好全球企业公民。

（四）注重实质性议题识别，报告编制过程更加科学

电力企业在报告编制过程中注重对实质性议题开展调研分析，进行有针对性的内容披露，体现了报告编制工作的科学性。例如，中国能源建设集团有限公司和广东省粤电集团有限公司针对利益相关方的关注度和公司发展影响程度对实质性议题进行了分析梳理，协鑫集团在此基础上还对重大议题的边界进行了划分。

一带一路

协鑫集团积极响应“一带一路”倡议，依托自身产业优势，基于成熟的国内业务，分别在越南、印尼、斯里兰卡等国家设立分支机构，加大清洁能源投资力度，并在埃塞俄比亚欧加登盆地投资开采油气田，全面打造埃塞俄比亚油气、印尼和土耳其清洁电力，以及美国、日本、澳大利亚、印度等国家和地区的新能源产业，努力形成“一带一路”倡议下协鑫集团的全球化战略布局。

民心相通是“一带一路”建设的重要内容，也是“一带一路”建设的人文基础。围绕这个要求，协鑫在“走出去”的同时，始终尊重项目所在地的文化历史、风俗习惯，加强与当地人民的友好往来，在人文领域精耕细作，努力建立与项目所在地相互欣赏、相互理解、相互尊重的人文基础，做到既实现自身发展，也惠及多方，既提升企业国际化水平，更助推“一带一路”这一宏伟蓝图的建设。

在转让技术、环境保护和回馈当地社会方面，保利协鑫天然气集团控股有限公司在埃塞与吉布提建设了大量工程设施，项目大量聘请当地员工，有力地促进了当地社会经济的发展，带动了就业。协鑫向埃塞教授技术，培养当地员工，不仅授人以鱼，而且授人以渔。协鑫遵守当地法律，保护环境，加强同当地社区的联系，多做公益事业，更多地回馈当地社会。

图 16　《协鑫集团 2017 年度社会责任报告》－披露“一带一路”内容

促进当地就业

- 三峡巴基斯坦第一风力发电项目海外人数占员工总数67%，二期建设高峰期可提供200个就业岗位
- 三峡巴西公司卡什瑞拉水电站工程为当地提供1500个就业岗位，在圣玛诺埃尔水电站所在的马托格罗索州为当地土著居民提供财务知识培训

推动环境保护

- 在卡洛特水电项目建设过程中设立环境保护专项投资
- 三峡巴西公司组织朱比亚水电站附近卡斯蒂略市学校的学生参加“地球日”活动

5000余人次

伊利亚与朱比亚电站接待访客

支持教育发展

- 与葡萄牙里斯本大学等8所高校签署《三峡集团教育奖学金扩大协议》，三峡集团葡萄牙教育奖学金已资助10名葡萄牙大学生
- 巴西公司开展电站知识科普项目，伊利亚与朱比亚电站2017年接待访客5000余人次

图 17　《中国长江三峡集团有限公司 2017 年度可持续发展报告》－披露“回馈当地社区”内容

（五）积极创新内容呈现形式，报告传播度持续增强

电力行业作为一个专业度较高的行业，虽与人们生活息息相关，但人们对其却缺乏深入细致的了解。社会责任报告是连接电力企业与利益相关方的重要通道和载体，能够提升利益相关方对电力企业的认知，帮助电力企业更好地与利益相关方沟通。电力企业 2017 年度社会责任报告内容呈现形式可读性不断增强，高于中国企业平均水平。例如，华润电力控股有限公司

图 18 《中国能源建设集团有限公司 2017 年度社会责任报告》－开展社会责任实质性议题识别

2017 年度可持续发展报告以“四季”为主线，生动呈现了华润电力的责任理念和追求；中国华能集团公司在报告设计中引用卡通插画，显著增强了报告的趣味性；中国华电集团有限公司在报告中插入二维码，读者可扫描二维码深入了解华电相关履责实践。

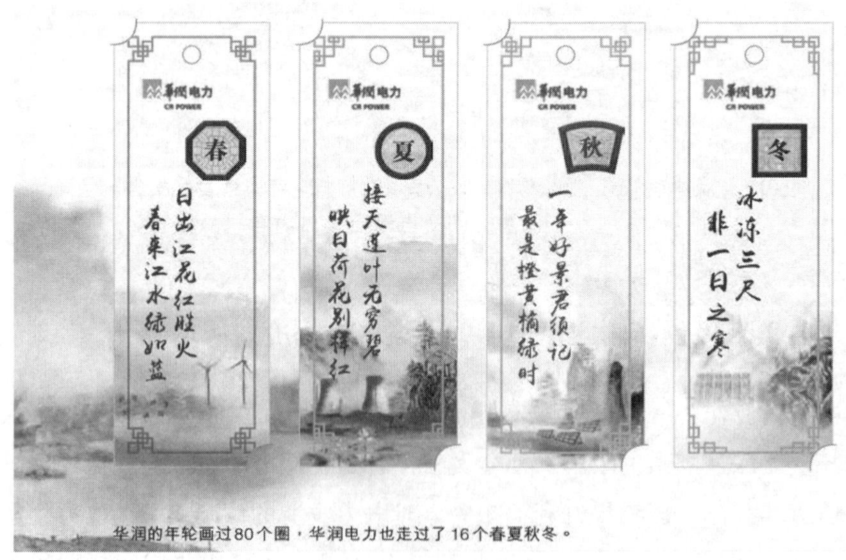

图 19 《华润电力控股有限公司 2017 年度可持续发展报告》－以“春夏秋冬”作为报告框架

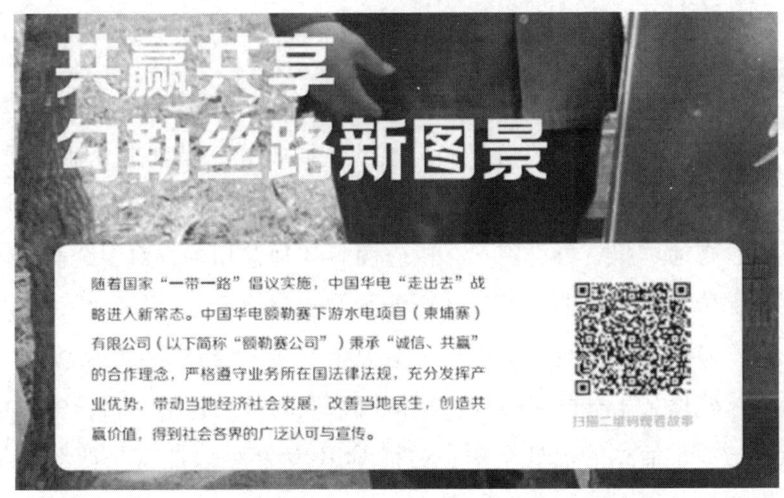

图 20　《中国华电集团有限公司 2017 年度可持续发展报告》－在报告中插入二维码

四　电力行业企业社会责任报告建议

（一）转换报告编制站位，更多从利益相关方视角进行信息披露

企业作为社会的组成部分，在运营中要识别受其决策、活动影响的利益相关方，关注利益相关方的期望与诉求。作为与经济、社会、环境存在紧密关联，发展水平直接影响人们生产生活水平的电力行业，更应如此。然而，电力企业社会责任报告对利益相关方信息的披露程度却低于对利益相关方的识别程度。为了能够更好地发挥社会责任报告的沟通作用，电力企业需要大力增强社会责任报告对于利益相关方期望与诉求的响应度和回应度，而非以我为主、自娱自乐。在社会责任报告编制过程中，针对识别出的利益相关方，应站在利益相关方视角进行内容策划、选取与展现，让关注企业的各类利益相关方群体均能够在报告中看到他们所关注的内容，从而加深对于电力企业的理解、认同和支持。

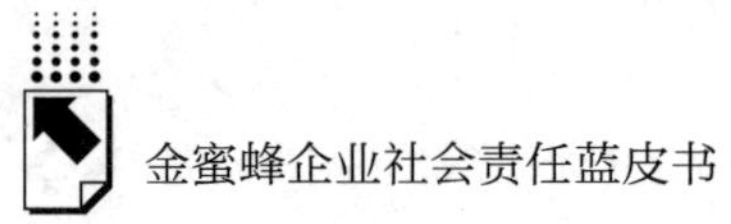

（二）增加信息来源、CSR 专家评价、第三方审验等内容，增强报告可信性

社会责任报告作为企业与外界沟通的重要媒介，是塑造企业责任品牌、展示企业履责实践的重要工具。报告内容是否真实客观可信，将影响政府、监管机构、媒体、投资方、客户、供应商等各利益相关方对于企业整体情况的判断和评价。电力企业日常运营所涉及的利益相关方十分广泛，在利益相关方中树立诚实守信的企业形象对于电力企业亦十分必要。因此，电力企业需要采取措施增强报告的可信性，具体可采取的行动包括在报告中注重披露重要数据与关键信息的出处来源、邀请 CSR 专家对报告以及管理实践进行评价、结合自身情况开展第三方审验。

（三）强化报告对管理的促进作用，全面展现管理痕迹

社会责任报告当前主要的作用是与各利益相关方沟通交流的工具，为其提供企业完整、客观、全面的履责信息。事实上，除去基础的沟通交流之外，社会责任报告还应将其披露的信息内容用于强化促进企业管理。报告中要完整体现出企业社会责任管理的全过程，首先是企业要站在可持续发展的角度深入识别企业周围环境中的风险与机遇因素，进而制定相应的目标与行动计划，并在来年的社会责任报告中对目标与行动计划的实施情况进行连续的跟进、监控与披露，根据实际情况对目标与行动计划进行适当的调整，通过连年的报告呈现企业完整的 PDCA 管理路径，持续优化和提升企业管理，促进企业可持续发展。

（四）响应全球气候变化，增加碳信息内容披露

由温室气体导致的全球气候变化一直是环境方面的焦点问题。当前，碳信息作为环境议题下的一个子议题，已经成为国外优秀电力企业社会责任报告的重要披露内容，入选 2018 年道琼斯可持续发展指数的 16 家能源类企业中有 7 家企业在社会责任报告中披露了碳信息内容，而国内电力企业在社会

责任报告中披露碳信息内容的还较少。同时，国内也在大力推动碳交易市场的建设，其中最基础的一步便是完善碳数据信息的报送系统。2017 年 12 月 4 日，国家发展改革委办公厅发布《关于做好 2016、2017 年度碳排放报告与核查及排放监测计划制定工作的通知》，涵盖包括电力行业在内的多个重点排放行业。由此可见，碳信息的披露在国内已逐渐成为重点方向甚至成为法律规定要求。因此，在电力企业社会责任报告中披露碳信息，是电力企业对全球气候变化的积极响应，也是开展碳管理的重要开端。

B.10
金蜜蜂中国建筑业企业社会责任报告研究

李若楠　贾　丽　管竹笋

摘　要： 本报告依据“金蜜蜂企业社会责任报告评估体系2018”，对收集到的61份建筑业企业社会责任报告进行研究和分析，并在此基础上提出相关建议。研究发现，建筑业企业社会责任报告整体处于发展阶段，报告的结构完整性和创新性略高于中国企业整体水平，报告的可信性、可读性、绩效可比性和实质性略低于中国企业整体水平。建筑业企业社会责任报告应加强社会责任管理及计划方面的信息披露，增强绩效信息披露的连续性；增强利益相关方在报告编制过程中的参与度，坦诚披露负面信息，发挥报告沟通作用；加强海外信息披露，持续披露企业在当地履责的最新进展，提升报告国际化水平；信息披露应紧跟国家战略，契合三大攻坚战要求，注重披露转型发展、绿色建筑、精准扶贫等热点议题的履责进展；应加强与联合国可持续发展目标的对标，在报告中披露SDGs目标落实情况。

关键词： 建筑业企业　绿色建筑　“一带一路”　基础设施发展

建筑业企业，是指从事土木工程、建筑工程、线路管道设备安装工程的新建、扩建、改建等施工活动的企业①。建筑业是国民经济的重要物质

① 定义来源于《建筑业企业资质管理规定》中华人民共和国住房和城乡建设部令第22号。

生产部门，与整个国家经济的发展、人民生活的改善有着密切关系，伴随着国家经济建设和社会进步快速发展，对国民经济的支持作用进一步加强。

一 建筑业企业社会责任报告概况

截至2018年11月，我们通过企业主动寄送、企业官方网站下载及网络查询等方式共搜集到建筑业发布的企业社会责任报告61份。依据“金蜜蜂企业社会责任报告评估体系2018”，对这些报告进行评估。

在建筑业企业2018年发布的报告中，有53份（占86.89%）报告名称为社会责任报告，其他8份包括5份环境、社会及管治报告、2份可持续发展报告和1份环境报告。

发布报告的建筑业企业中，国有及国有控股企业共42家，占比68.85%，是报告发布的主要群体，其他19家企业包括17家民营企业和2家外资及港澳台企业（见图1）。发布报告的企业均为大中型企业。

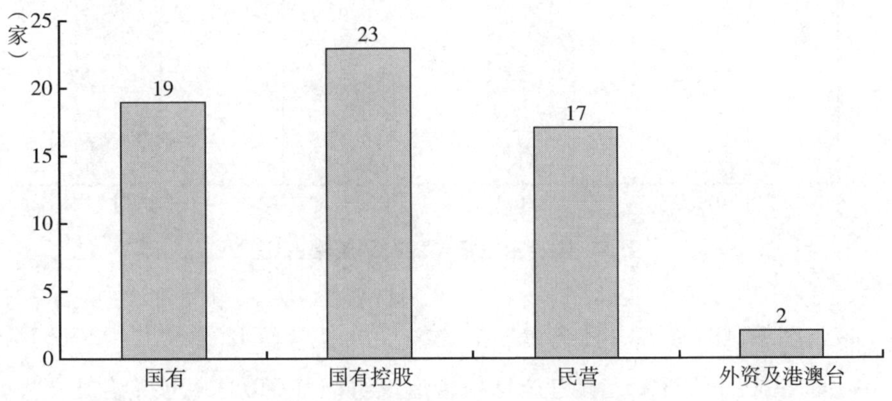

图1 建筑业报告发布主体的企业性质

建筑业企业发布5次以上的社会责任报告有33份，占比达55.74%，首次发布的报告有9份，占比14.75%（见图2）。

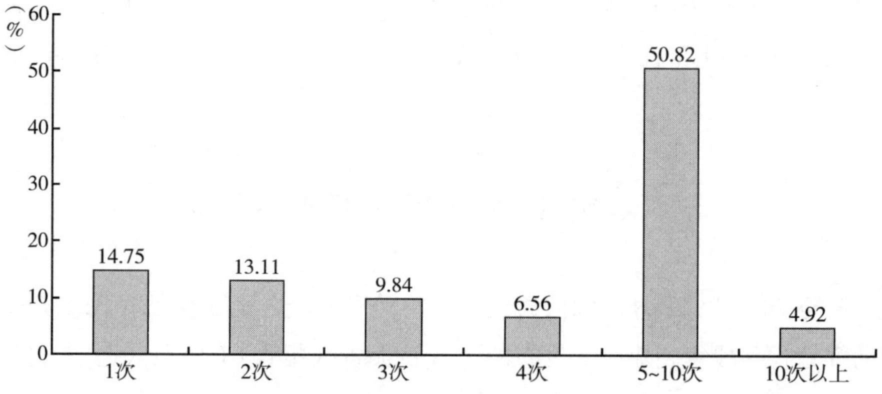

图 2　建筑企业发布报告的次数占比

在建筑业企业发布的报告中，篇幅在 51 页以上的达 42.62%，占比最多，仅有 3.28% 的企业报告篇幅少于 10 页（见图 3）。

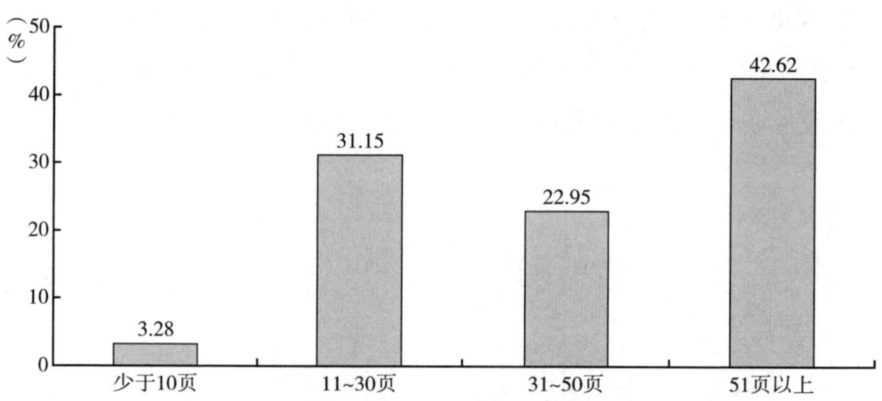

图 3　建筑企业报告发布的篇幅占比

报告在编制时参考《社会责任报告编写指南》（GB/T36001 - 2015）的有 14 份，占比 16.28%。参考全球报告倡议组织（GRI）《可持续发展报告指南》（G4）、《中国企业社会责任报告编写指南》（CASS - CSR3.0）、ISO2600、上交所指引、ESG 指引、深交所指引、行业指引和中国工经联指南的各有 11 份、10 份、9 份、8 份、7 份、5 份、2 份和 1 份，还有 19 份报告参考了其他指南或指引（见图 4）。

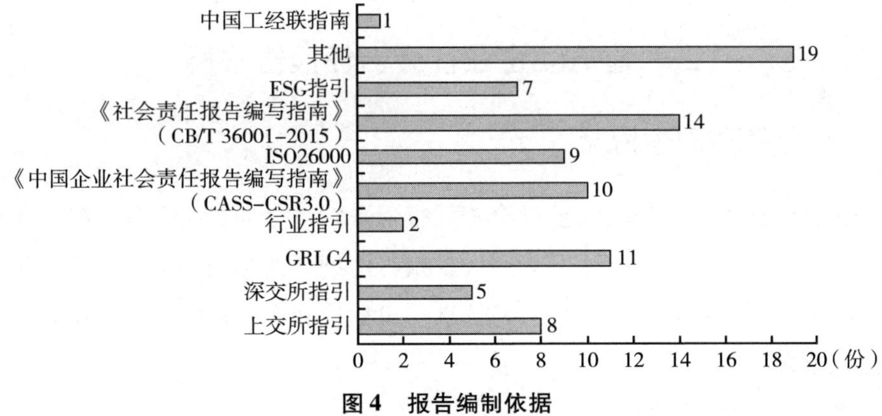

图4　报告编制依据

在建筑业企业发布的社会责任报告中，92%的企业发布了以中文为主的报告，仅有8%的企业发布了中英文报告。同时，建筑业企业发布的报告主要以电子版报告为主，有56份报告以电子版形式发布，部分企业还发布了纸质版报告，但简版、视频、H5形式的信息披露较少（见图5）。

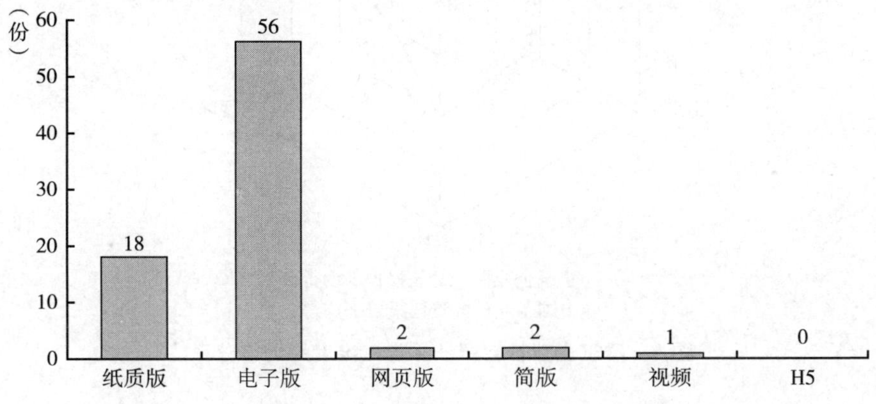

图5　建筑企业发布报告的形式

基于报告评估结果，我们对建筑业企业发布的社会责任报告进行整体描述，并结合在企业社会责任报告编制咨询方面的经验，对所评估的报告整体质量进行比较、分析和判断，尝试总结建筑业社会责任报告的特点，并在此基础上提出相关建议。

二　建筑业企业社会责任报告分析

（一）报告总体情况

从整体上看，建筑业企业社会责任报告平均得分为53.39分，略低于中国企业社会责任报告平均水平。其中，报告的创新性和结构完整性高于中国企业整体水平，报告的可信性、可读性、可比性和实质性略低于中国企业整体水平（见图6）。

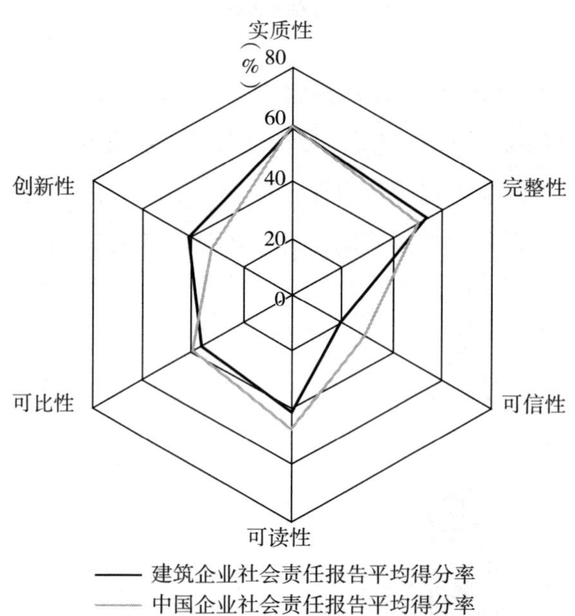

图6　建筑企业社会责任报告六维度平均得分率

（二）具体分析

1. 结构完整性

建筑业企业报告的结构完整性高于中国企业报告整体水平。建筑业企业社会责任报告中实践内容披露最多，高管声明披露较少。建筑业企业社会责任报告完整性平均覆盖率为55.21%，比中国企业社会责任报告的整体水平高

3.69个百分点。其中，公司概况、报告参数、战略与治理、高管声明、利益相关方、风险机遇分析、实践内容、计划内容的覆盖率分别为82.78%、57.87%、49.31%、39.58%、43.52%、43.52%、90.74%和29.17%（见图7），公司概况、战略与治理、高管声明、风险机遇分析部分高于中国企业报告整体水平。90%以上建筑业企业的报告在实践内容披露方面都涵盖了经济责任、环境责任、社会责任的信息。

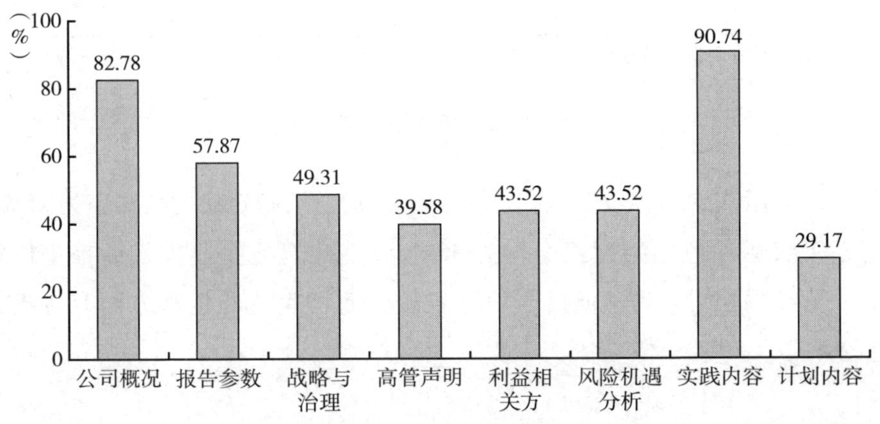

图7　结构完整性指标覆盖率

2. 报告可信性

建筑业企业报告可信性有待加强，负面信息披露仍需深化。建筑业企业社会责任报告可信性平均覆盖率为23.61%，比中国企业社会责任报告的整体水平低4.84个百分点。从报告可信性指标覆盖率来看，表述客观性覆盖率最高，为44.44%；利益相关方评价、CSR专家评价、第三方审验、信息来源覆盖率分别为22.22%、5.56%、8.33%、16.67%，CSR专家评价部分高于中国企业社会责任报告平均水平（见图8）。而负面信息披露覆盖率仅为5.56%。

3. 报告可读性

建筑业企业报告可读性有待提高。建筑业企业社会责任报告可读性平均覆盖率为41.11%，比中国企业报告整体水平低6.56个百分点。其中，信

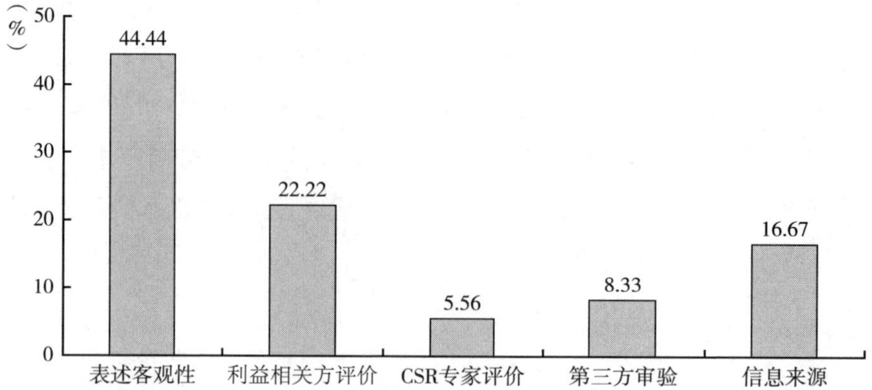

图8　报告可信性指标覆盖率

息饱和度和版式的指标覆盖率在50%以上，信息清晰定位的覆盖率为25%，信息清晰表达和色彩的覆盖率均为36.11%。建筑业企业报告篇幅整体适中，页面布局相对合理，但报告信息定位、清晰表达和色彩方面有待提升（见图9）。

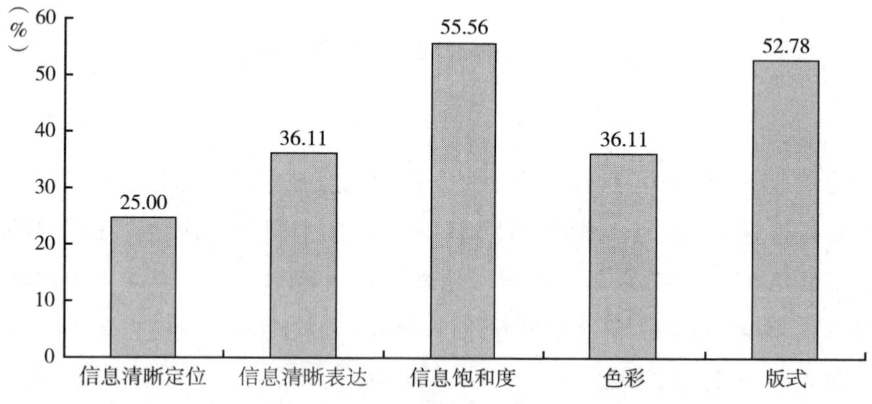

图9　报告可读性指标覆盖率

4. 绩效可比性

建筑业企业报告的绩效可比性得分欠佳。建筑业企业社会责任报告绩效可比性指标平均覆盖率为34.72%，低于中国企业报告整体水平，相差4.61个百分点。其中，纵向可比、行业内可比性、跨行业可比性的指标覆盖率分别为31.94%、41.67%、33.33%（见图10），跨行业可比性指标覆盖率比中国企业报告整体水平高出3.36个百分点，纵向可比和行业内可比性均比中国企业报告整体水平低。

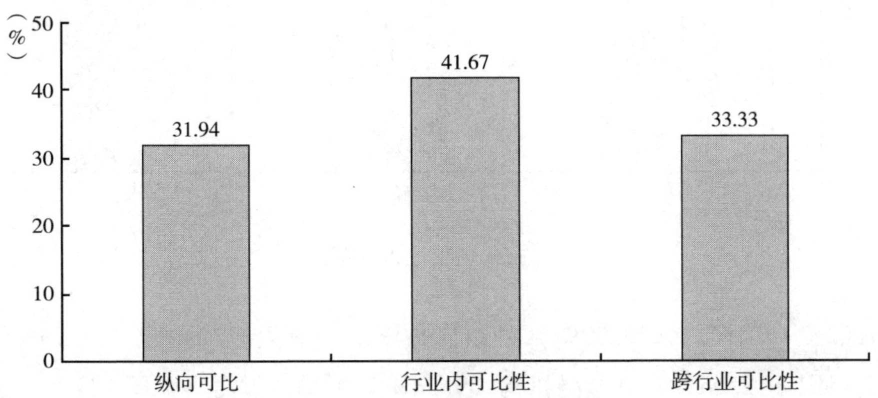

图10 绩效可比性指标覆盖率

5. 报告创新性

建筑业企业报告创新性高于中国企业报告整体水平。建筑业企业社会责任报告创新性指标平均覆盖率为40.12%，比中国企业报告整体水平高出9.07个百分点，但仍有很大的提升空间。无论是内容创新、结构创新，还是形式创新，具有企业特色这一指标覆盖率较高，其次是体现行业特色，契合时代热点的指标覆盖率整体较低（见图11）。这说明建筑业企业社会责任报告在内容、结构、形式上的创新仍有待提升。

6. 报告实质性

建筑业企业报告内容实质性较好，信息披露广度有待提升。建筑业企业社会责任报告实质性平均覆盖率为57.72%，比中国企业报告整体水平低1.81个百分点。从利益相关方角度来看，建筑业企业普遍关注对员工（49.31%）、政府（42.36%）、社区（39.41%）、监管机构（36.11%）和环境（35.85%）的信息披露，比较关注对媒体（29.17%）、供应商

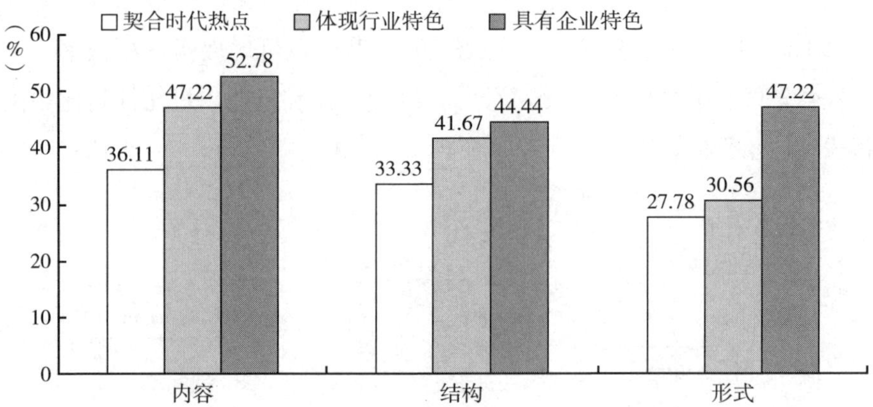

图 11　报告创新性指标覆盖率

（27.02%）和客户（22.22%）的信息披露，一般关注对同行（15.74%）、社会组织（12.96%）和金融机构（5.56%）的信息披露（见图 12）。

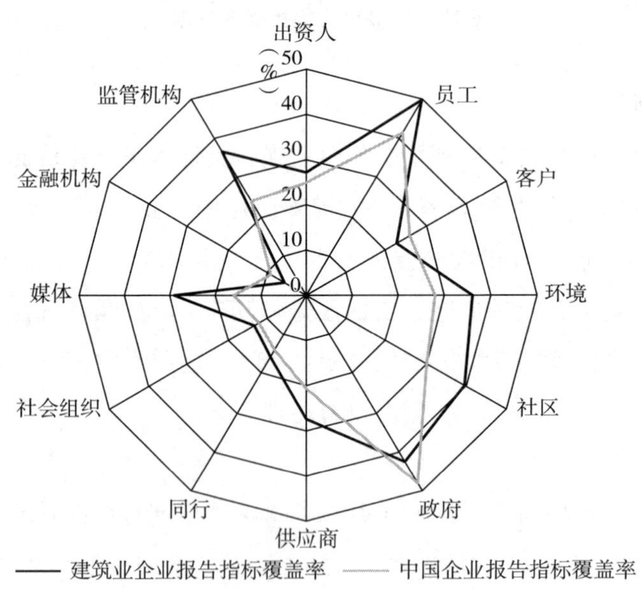

图 12　利益相关方指标覆盖率

三　建筑业企业社会责任报告阶段性特征

（一）报告综合指数保持平稳发展，国有及国有控股企业依然是发布报告的主体

2018 年，建筑业企业社会责任报告平均得分为 53.39 分，略低于中国企业社会责任报告的整体水平，报告综合指数平稳发展，2018 年比 2017 年综合指数略有下降（见图 13）。由于起步型和追赶型报告占比有所提升，而卓越型和优秀型报告总计占比和 2017 年基本一致，使得 2018 年报告整理水平略微下降（见图 14）。2018 年，国有及国有控股企业报告在建筑业企业报告主体中占比达到 68.85%，国有及国有控股企业仍是建筑业发布报告的主体。

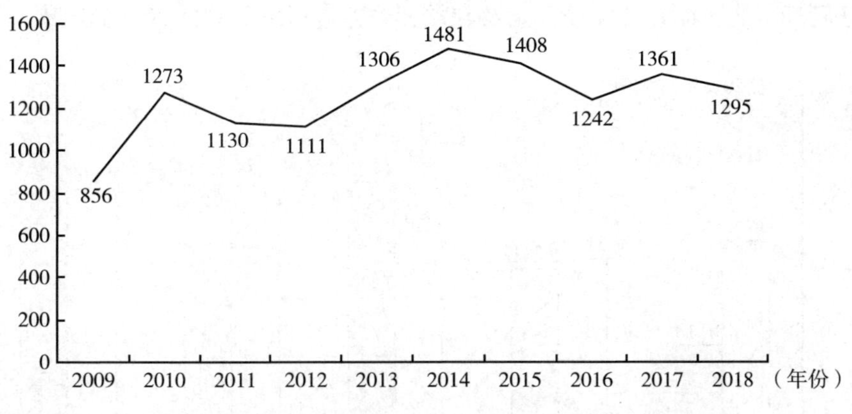

图 13　2009 ~ 2018 年建筑业企业社会责任报告综合指数

（二）报告对社会责任管理制度和管理机构的披露程度有所提升，对社会责任计划和利益相关方责任绩效的披露程度依然较低

与 2017 年相比，2018 年建筑业企业社会责任报告披露社会责任管理制度、社会责任管理机构的信息有所增多，分别增加 18.25 个百分点和 1.74 个百分点。而对社会责任方面的计划、利益相关方责任绩效和利益相关方责

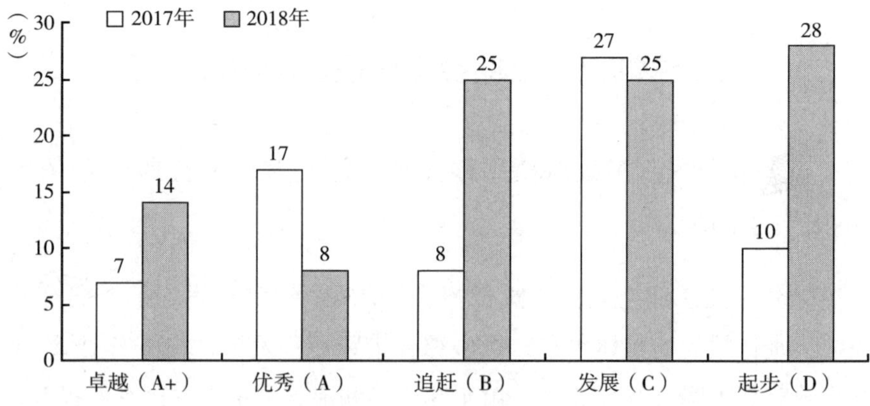

图 14　建筑业企业报告质量占比

任理念的信息披露有所减少，分别减少 8.78 个百分点、6.30 个百分点和 0.23 个百分点（见图 15）。建筑业企业逐渐加强建设社会责任管理制度，设置社会责任管理机构，而社会责任计划及利益相关方责任绩效的披露还需提升。

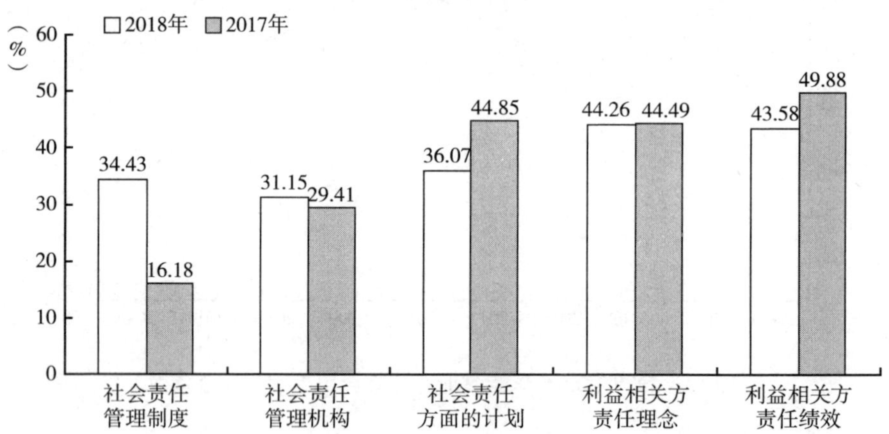

图 15　社会责任管理信息指标覆盖率

（三）重视对“一带一路”设施联通、属地化、社区公益、文化融入等方面的信息披露

建筑业企业积极践行“一带一路”倡议，加强海外信息披露，在海外

项目中积极与当地利益相关方交流沟通，树立负责任的形象。一方面，在报告中设立专题、专门章节等披露海外履责信息；另一方面，积极发布海外社会责任报告，如“一带一路”报告、区域报告、国别报告、海外项目报告等，加强海外社会责任信息披露。

例如，《CMEC 2017 社会责任报告》中的三个责任专题均和海外项目相关。《中国能建 2017 社会责任报告》设立“携手开放共赢”章节，从促进当地繁荣、推进属地运营、成为社区公民三方面披露企业在海外的履责情况。中国交通建设集团有限公司 2018 年发布中国企业首份“一带一路”专题社会责任报告，披露公司在“一带一路”沿线国家的履责实践。中国路桥工程有限责任公司连续三年发布肯尼亚铁路项目社会责任报告，向项目所在地利益相关方阐述公司对当地经济、社会、环境的综合影响。

图 16 《肯尼亚标轨铁路项目社会责任报告 2017/2018》封面

（四）员工议题指标覆盖率高于其他利益相关方，重视对员工社会保障、职业健康与安全等方面的信息披露

维护员工健康安全是建筑企业经营发展的重中之重。建筑业企业社会责任报告中员工议题指标覆盖率高，超过中国企业社会责任报告的整体水平，员工披露指数稳步发展（见图 17）。其中，社会保障指标覆盖率达 65.28%，高出中国企业整体水平 15.28 个百分点，建筑业企业非常重视对员工社会保障、职业健康与安全等方面的信息披露。

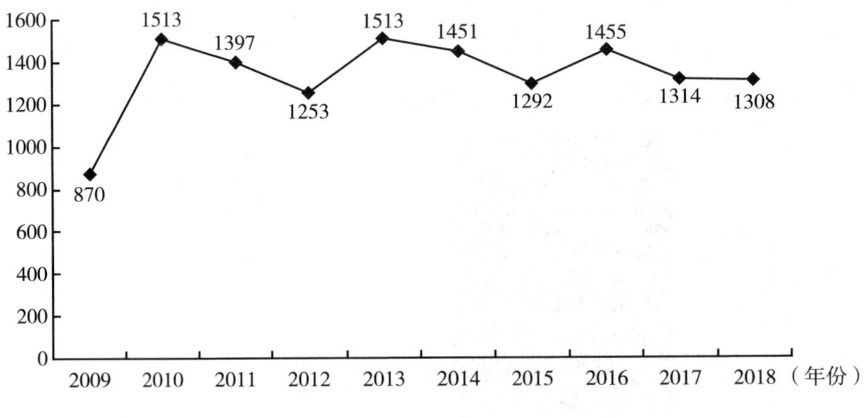

图 17　2009～2018 年建筑业企业社会责任报告员工指数

例如，《中国冶金科工股份有限公司 2017 社会责任报告》详细披露公司助力员工发展、维护员工权益、关注职业健康、关爱员工生活等方面的信息。《中国葛洲坝集团股份有限公司 2017 企业社会责任报告》从搭建成长平台、呵护员工身心、丰富员工生活、助力雏鹰起飞等方面披露公司对员工的责任。

（五）注重披露绿色建筑、资源能源节约、气候变化等环境特色议题

建筑在建设期间短期内对周围环境形成较大影响，在运营期间又对环境产生长期影响。绿色发展成为建筑业企业发展的必然趋势。2017～2018 年

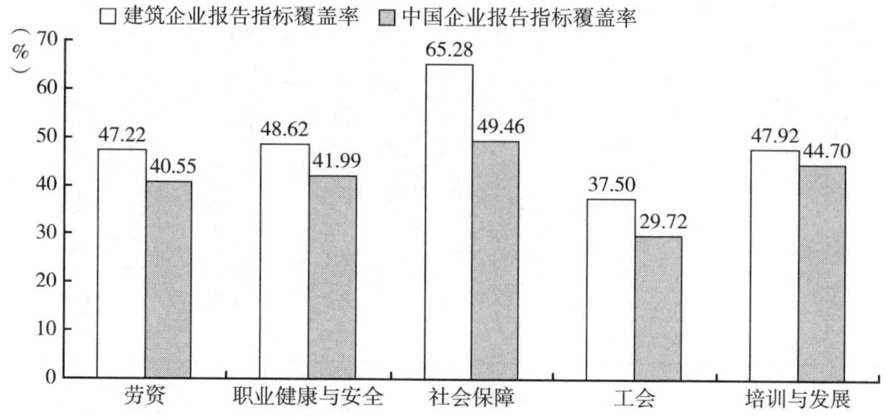

图 18　员工指标覆盖率

建筑业企业报告环境指数呈上升趋势（见图 19）。2018 年环境议题平均指标覆盖率高于中国企业报告整体水平 7. 82 个百分点，环境管理、环境保护意识和能力建设、资源节约与利用、生态系统保护的指标覆盖率均高于中国企业整体水平（见图 20）。建筑业企业报告披露绿色建筑、资源能源节约等议题逐渐增多，关注气候变化、节能减排等全球热点议题。

例如，《中国铁建股份有限公司 2017 年社会责任报告》从推动节能减排、提高资源使用、加强环境保护方面详细披露了公司在环境方面的理念、措施和绩效。

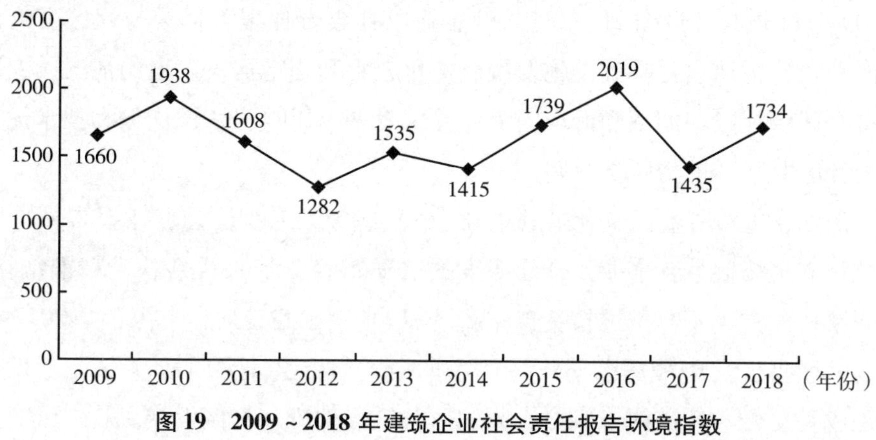

图 19　2009 ~ 2018 年建筑企业社会责任报告环境指数

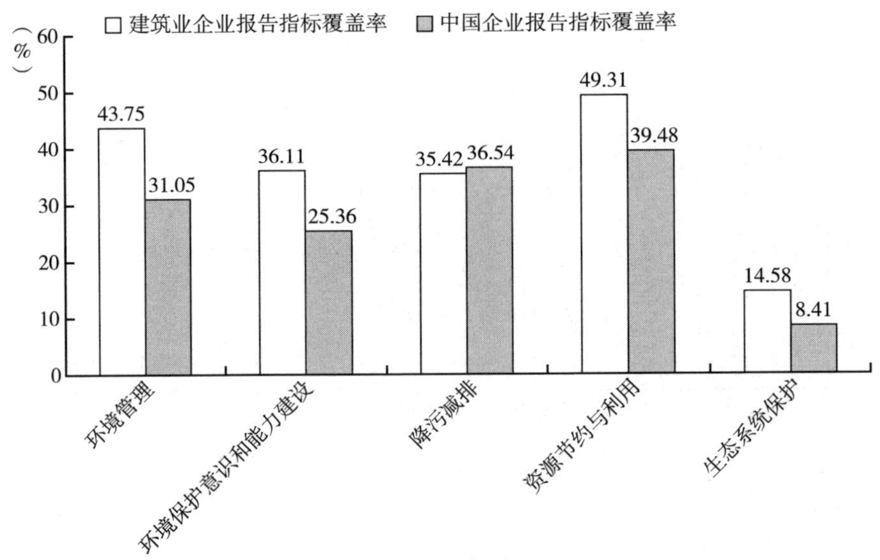

图 20　环境指标覆盖率

（六）关注对社区基础设施发展、文化教育和当地居民发展等的信息披露

建筑业企业社会责任报告社区指标覆盖率为 39.41%，高出中国企业报告整体水平 9.70 个百分点。社区沟通、就业培训、社区发展、文化教育、捐赠救灾等议题的指标覆盖率均高于中国企业报告整体水平，尤其在文化教育和就业培训方面，分别高出中国企业报告整体水平 16.72 个百分点和 15.09 个百分点（见图 21）。建筑业企业以社会责任报告作为与社区交流沟通的平台，主动披露基础设施发展、文化教育和当地居民发展的情况，主动了解并回应社区的期望和诉求，关注社区发展，以自身资源优势和技术优势参与社区共建，助力脱贫攻坚。

例如，上海外高桥集团股份有限公司《2017 企业社会责任报告》中披露公司支持公益慈善事业，全面探索扶贫新路径，从人性帮扶、精准帮扶、协同帮扶三方面不断推进扶贫工作新进展。《中国建筑股份有限公司 2017 可持续发展报告》中披露公司牢记民生使命，为社会增添人文关怀，从助力民工成长、参与社区建设、热心公益慈善等方面推动社区发展。

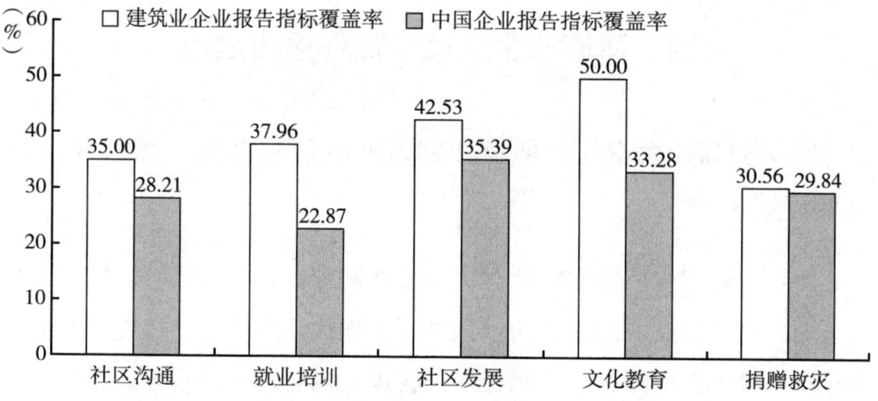

图 21　社区指标覆盖率

（七）领袖型企业报告注重创新，披露气候变化、脱贫攻坚等时代热点议题，将绿色建筑、“一带一路”等元素融入报告，体现行业特色

领袖型企业在报告内容上，紧跟时代热点，重视披露利益相关方关注的热点议题，如气候变化、脱贫攻坚、绿色建筑等；在报告结构上，设置“一带一路”、党建工作等专题；在报告形式上，将行业、企业特色元素融入报告设计，与 SDGs 对标。同时，这些报告注意凝练文字、丰富表达形式，展现行业特征和影响力，体现公司特色，更加注重报告的“悦读”性。

例如，《中国建筑 2017 可持续发展报告》以“牢记使命　拓展幸福”为主题，以“联合国 2030 可持续发展议程”“培育具有全球竞争力的世界一流企业”为伏线，以“无限大”为主元素披露公司履责情况。《中国能建 2017 社会责任报告》在环境章节中披露绿色工程、绿色转型等行业特色议题，在社区章节中披露脱贫攻坚等社会热点，同时主动披露党建工作、央企责任等内容。

四 建筑业企业社会责任报告建议

（一）加强社会责任管理及计划方面的信息披露，增强绩效信息披露的连续性

建筑业企业报告应加强对社会责任管理制度、社会责任管理机构、社会责任计划、利益相关方理念等的信息披露，连续披露经济、社会、环境方面的关键责任绩效，以报告促进社会责任管理，以管理提升报告披露质量。同时，报告应注重披露数据统计范畴和方法，加强与同行、跨行业的信息对比，使利益相关方更全面、直观、系统地了解公司的履责绩效。

（二）增强利益相关方在报告编制过程中的参与度，坦诚披露负面信息，发挥报告沟通作用

建筑业企业应增加利益相关方在报告中的声音，提升利益相关方在报告编制过程中的参与度，以报告编制为契机，切实发挥交流沟通作用，增进利益相关方对公司深入、全面的了解。同时，报告应增加资料来源、网页链接、二维码等信息，披露重要数据的信息来源，方便特定利益相关方获得更多相关信息。在报告中应增加利益相关方的声音和反馈，加强第三方对社会责任报告的评价或审核等，让报告更加真实可信。

（三）加强海外信息披露，持续披露企业在当地履责的最新进展，提升报告国际化水平

建筑业企业应紧抓“一带一路”机遇，遵循“共商共建共享”原则，加强海外信息披露，及时了解海外利益相关方重点关注的社会责任议题，以国际化语言和海外利益相关方易于接受的方式，向业务所在地翔实地披露企业在“一带一路”建设进程中属地化运营、本地化采购、海外员工培养、帮助业务所在地发展特色产业、海外社区共建等责任实践和绩效。

企业应以社会责任报告为平台，系统开展社区活动，主动收集社区各方的期望和诉求，定期在社会责任报告中披露，增进社区理解和支持。有条件的企业应探索信息披露新途径，通过发布国别报告、重点项目报告、专项报告等形式，加强海外社会责任信息披露，主动回应海外利益相关方的期望和诉求，树立负责任的海外形象，更高质量地融入国际市场。

（四）信息披露紧跟国家战略，契合三大攻坚战要求，注重披露转型发展、绿色建筑、精准扶贫等热点议题的履责进展

建筑业企业报告应以党的十九大精神为指引，主动披露企业发展目标及落实国家三大攻坚战的情况，确保自身发展目标与国家战略相一致。例如，建筑企业报告应系统披露企业开展绿色建筑、实施节能减排、关注气候变化等方面的绩效，向利益相关方表明企业助力打赢污染防治攻坚战的成效；主动披露企业助力脱贫攻坚，发挥业务优势帮助贫困地区改善基础设施，贡献精准扶贫的进展；翔实披露企业响应国家号召，落实全面深化国有企业改革、转型发展的情况。

（五）加强与联合国可持续发展目标的对标，在报告中披露SDGs目标落实情况

随着联合国可持续发展目标的提出，建筑业企业社会责任报告应积极响应，在报告中主动回应联合国可持续发展目标的落实情况，将自身基础设施建设优势与SDGs对标，在社会责任报告中披露企业应对清洁饮水和卫生设施、可持续城市和社区、气候行动以及产业、创新和基础设施等可持续发展目标所做的贡献，将SDGs目标融入企业自身发展，促进建筑行业可持续发展，向国际舞台展示建筑业企业负责任的履责形象。

B.11
金蜜蜂中国信息通信技术行业企业社会责任报告研究

任 翔 李宛莹 张 蕊 林 波

摘 要： 本报告依据“金蜜蜂企业社会责任报告评估体系2018”，对收集到的信息通信技术企业2018年发布的127份社会责任报告进行评估和分析，并提出针对性建议。研究发现，信息通信技术行业企业报告的实质性、创新性、完整性、可信性高于中国企业报告的平均水平，并呈现出以下阶段性特征：行业社会责任报告发布数量增加，质量提升，整体处于追赶阶段；行业企业依据《电子信息行业社会责任指南》撰写报告，更有针对性地呈现责任实践；供应链、生态保护是企业重点披露的方向；社区领域的信息披露有待进一步加强。

关键词： 信息通信技术行业企业 供应链 生态保护 社区发展

信息通信技术（Information Communication Technology，简称ICT），如今作为推动全球经济不断向前发展，影响千万行业的重要因素，已然成为实现人类美好期望的重要途径。2017年，中国规模以上电子信息制造业收入接近14万亿元；软件和信息技术服务业收入突破5万亿元，行业整体收入规模接近20万亿元，为落实创新驱动发展战略、制造强国战略提供了有力支持。

自十九大以来，面对如中美关系等国际形势的多变复杂，ICT 行业仍需以激活创新作为发展第一动力，既要面向人民群众消费升级的需求，引导消费电子产品智能化、高端化发展，加快拓展超高清视频、智慧健康养老等新兴领域，提高产业供给质量，扩大升级信息消费；又需满足制造强国和网络强国建设需求，强化产业技术支撑能力，深化互联网、大数据和人工智能与制造业的深度融合，为培育壮大数字经济提供坚实支撑。在这一过程中，ICT 行业不仅需要通过技术优势助力行业提升效益水平，同时要充分发挥创新最活跃、带动性最强、渗透性最广等特点，通过云计算、物联网、移动互联网以及大数据等新兴领域技术，将信息技术与交通、医疗、教育、服务、金融等传统领域进一步融合，在用技术打破时间与空间的障碍，解决诸多如教育、医疗资源不均衡等社会问题的同时，助力“中国制造 2025”、《国家乡村振兴战略规划（2018－2022 年）》等重大利国利民战略的实施。因此，企业如何通过社会责任报告，传递行业最新的发展趋势，展现企业自身在责任治理、创新发展、节能环保、员工权益、社会公益等方面的履责能力和经验，对于提升 ICT 行业的企业社会责任意识和管理能力，带动产业链上下游乃至整个工业的健康和谐发展都具有重要意义。

一　中国 ICT 企业社会责任报告概况

截至 2018 年 10 月 31 日，通过企业主动寄送、企业官方网站下载及网络查询等方式，共收集到 ICT 企业发布的企业社会责任报告 127 份，较 2017 年有所提升（见图 1）。我们依据“金蜜蜂社会责任报告评估体系 2018”对这些企业社会责任报告进行评估。基于报告参数，我们对 ICT 企业发布的企业社会责任报告进行整体描述，并结合在企业社会责任报告编制咨询方面的经验，对这些报告的整体质量进行比较、分析和判断，尝试总结 ICT 企业社会责任报告的特点，并在此基础上提出相关建议。

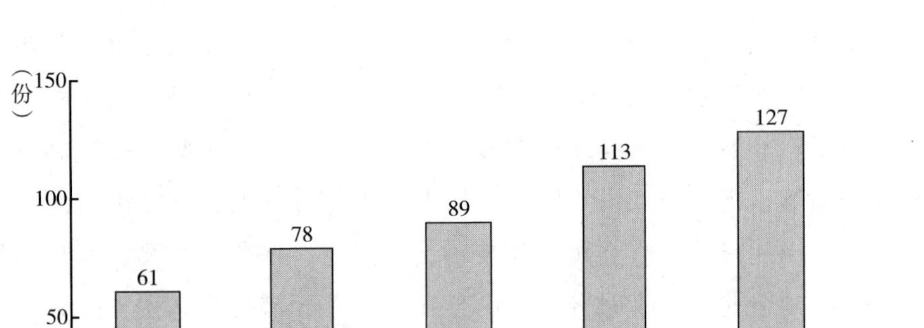

图1　ICT 企业社会责任报告收集情况图

连续5年及以上发布社会责任报告的电子信息行业企业数量最多，为57家，占比44.88%。首次发布的企业数有20家，占整体的15.75%（见图2）。由此可以看出，电子信息行业企业越来越重视社会责任信息的披露，越来越多的企业也加入到发布社会责任报告的行列当中，积极主动披露企业的社会责任实践，表明履责态度，展现履责成效，行业内的优秀企业坚持长期编制并发布社会责任报告。

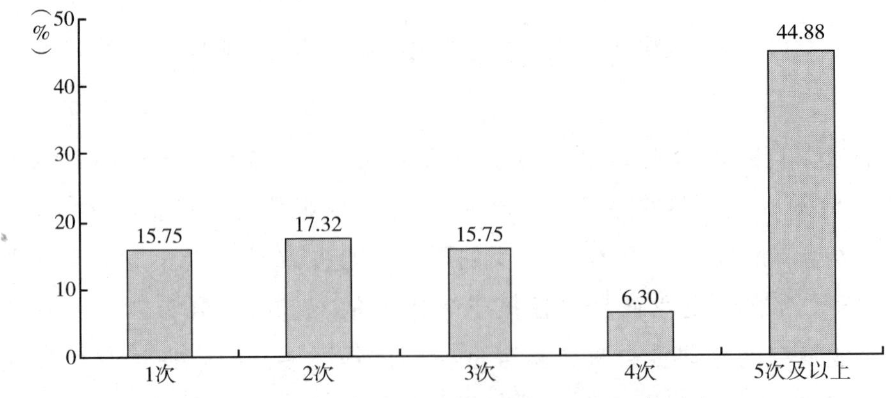

图2　ICT 企业社会责任报告发布次数

在篇幅方面，51 页以上的社会责任报告占比最大，占总体的 40.94%；11 ~30 页的企业比例次之，达到 33.86% （见图 3）。整体来看，行业社会责任报告篇幅呈上升趋势，行业企业披露的社会责任信息愈加丰富和充实，也从侧面反映了行业报告的质量在不断提升。

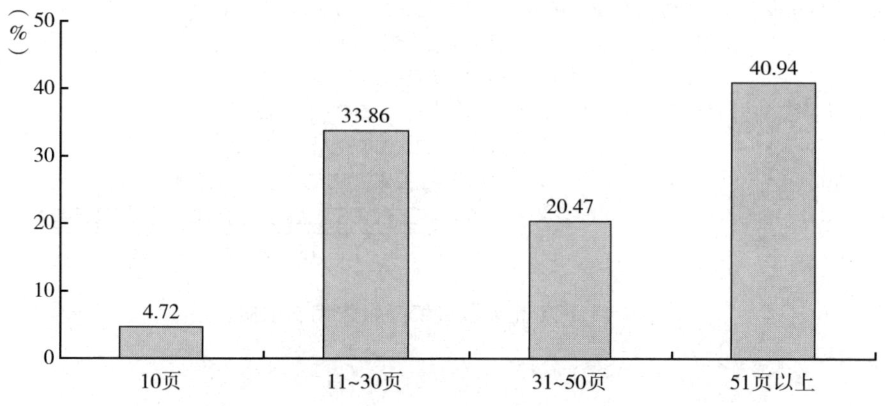

图 3　ICT 企业社会责任报告篇幅

参考标准方面，ICT 企业社会责任报告采用了多种编制依据，分布较为广泛。其中，参考其他标准的企业数量最多，占到 40.94%，多集中在行业标准和企业所在区域的地方性标准，例如，有 13 家企业参考了 SJ/T 16000《电子信息行业社会责任指南》编制报告。以深交所指引为主要参考依据的报告，占比 28.35%。同时，部分企业还采用了国际化的社会责任标准或指南，如 17.32% 的企业采用 GRI Standards，6.30% 的企业采用 ISO 26000，1.57% 的企业采用全球契约，报告内容更加符合国际化的发展趋势和要求（见图 4）。

在发布报告的企业当中，国有性质企业（包括国有、国有控股、中央企业）作为发布主体有 60 家，占比 47%。民营企业有 57 家，占比 45%。外资及港澳台企业占比 7% （见图 5）。其中，第一次发布报告的 20 家企业当中，有 9 家是民营企业，也说明随着行业社会责任知识的普及，民营企业正在逐步提升履责意识，主动发布社会责任报告。

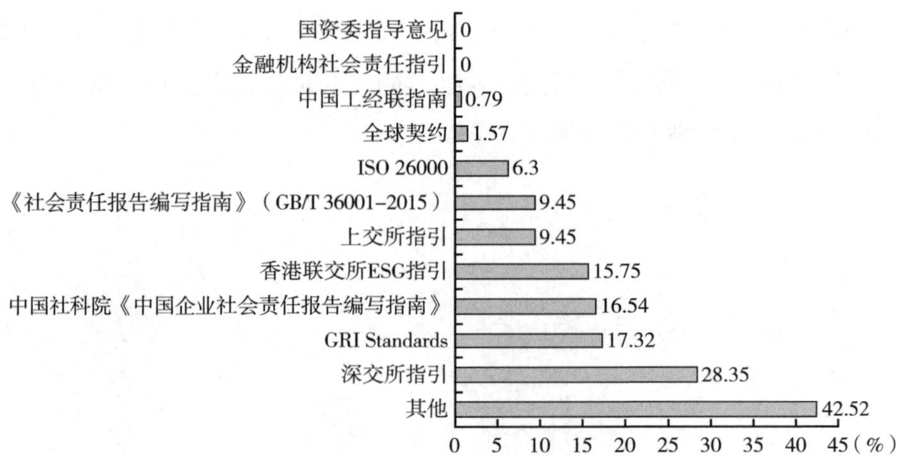

图 4 ICT 企业社会责任报告编制依据

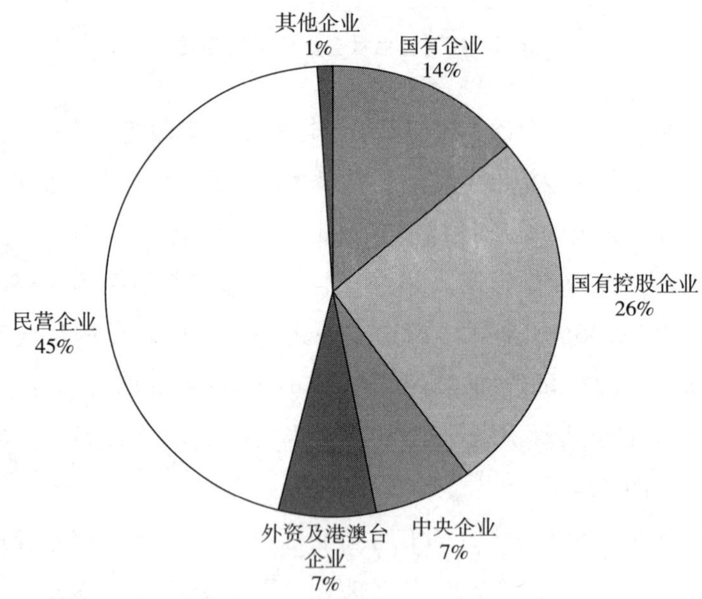

图 5 ICT 企业报告的企业性质分布

二 ICT 企业社会责任报告分析

（一）报告总体情况

根据得分高低，我们将报告分为起步、发展、追赶、优秀和卓越五个层次。据评估，ICT 企业社会责任报告的平均得分为 60.29 分，高于 2017 年的平均得分 57.93 分，首次从发展阶段跃升到追赶阶段，实现突破。其中，报告水平在优秀以上的企业占比 26%，但仍有 48% 的报告处于起步和发展阶段，报告质量还有较大的提升空间（见图 6）。

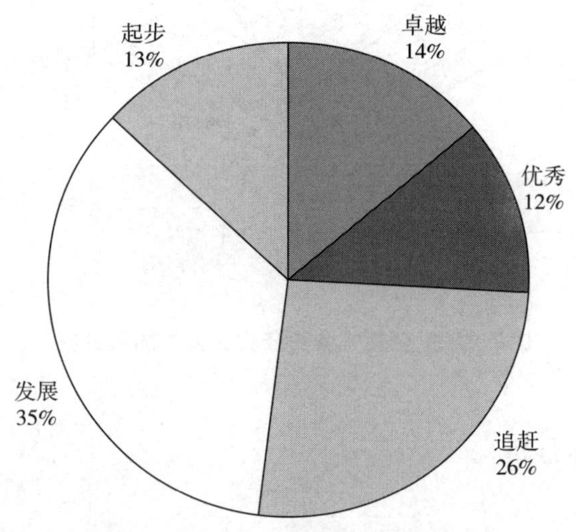

图 6　ICT 企业社会责任报告类型分布

ICT 企业社会责任报告在实质性、创新性、完整性、可信性四个方面的得分率略高于中国企业社会责任报告的平均水平，但可比性和可读性两个方面低于平均水平（见图 7）。其中，实质性和创新性方面的得分率明显高于中国企业平均水平，分别高出 8.74 个百分点和 7.8 个百分点；完整性、可读性和可信性得分率基本与中国企业的平均水平相一致，分别为 52.05%、

46.74%、31.41%。可比性的表现最差，得分率仅为33.55%，低于中国企业平均水平近6个百分点，这也是需要行业企业引起重视和重点披露的方面。

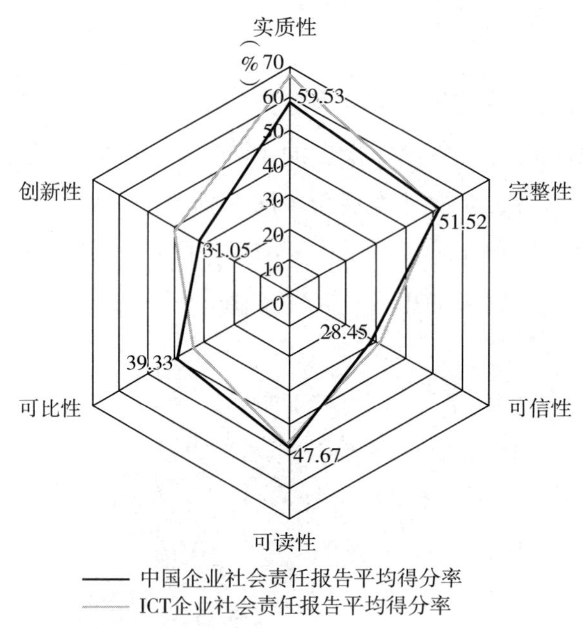

图7　ICT 企业社会责任报告整体质量分析

（二）具体分析

1. 结构完整性

结构完整性表现较好，实践信息披露较为丰富。ICT 企业社会责任报告的完整性指标平均覆盖率为52.05%，高出中国企业平均水平0.53个百分点。从报告的完整性指标覆盖率来看，实践内容、公司概况、报告参数、计划内容、利益相关方、战略与治理的覆盖率分别为97.10%、75.65%、60.87%、47.55%、46.38%和35.05%，其中实践内容（经济责任、环境责任、社会责任等方面的信息）几乎在所有 ICT 企业社会报告中都有所展现，表现优异（见图8）。但高管声明的披露程度仅为21.20%，较整体的披露情况，处于较低水平，说明行业企业的高管在一定程度上还未能很好地认识到企业履行社会责任并披露相关信息对企业自身发展的重要性和价值。因此，需要提升行业企业高管的社会责任意识，引导企业高管主动发声，鲜明地表明企业的责任理念和态度，以赢得利益相关方的认可和支持。

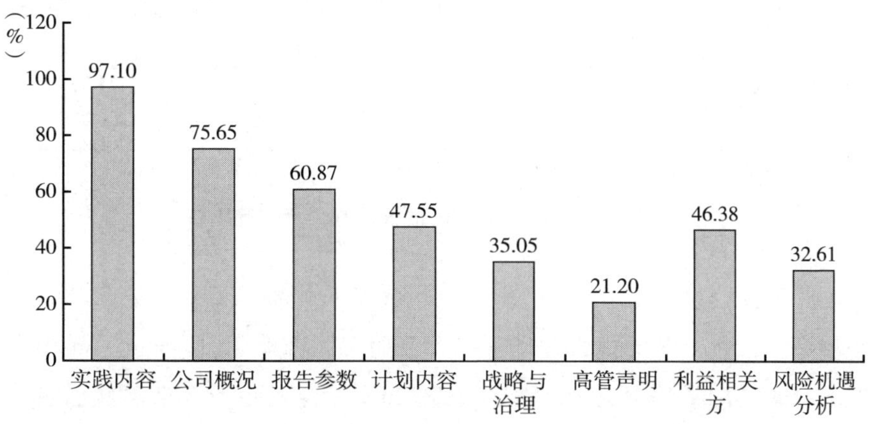

图 8　ICT 企业社会责任报告完整性指标覆盖率

2. 报告可信性

报告可信性较好，详细披露利益相关方评价。ICT 企业社会责任报告的可信性指标平均覆盖率为 31.41%，比中国企业平均水平高出 2.96 个百分点。从报告可信性指标覆盖率来看，利益相关方评价和表述客观性两个指标最高，分别为 71.74% 和 64.67%，表明 ICT 企业注重内容的客观性以及利益相关方对企业的评价，并做到很好地披露。而信息来源、第三方审验、CSR 专家评价覆盖率较低，分别为 11.96%、5.43%、3.26%，处于较低水平，说明 ICT 企业在报告编制过程中与专家、第三方机构沟通较少，缺乏一定可信度，未来需加强此方面的责任实践和信息披露，在报告中增加更多客观真实的评价内容，以提升报告的可信性（见图 9）。

3. 报告可读性

报告可读性亟待加强，影响报告信息传递。ICT 企业社会责任报告的可读性指标平均覆盖率为 46.74%，低于中国平均企业水平近 1 个百分点。

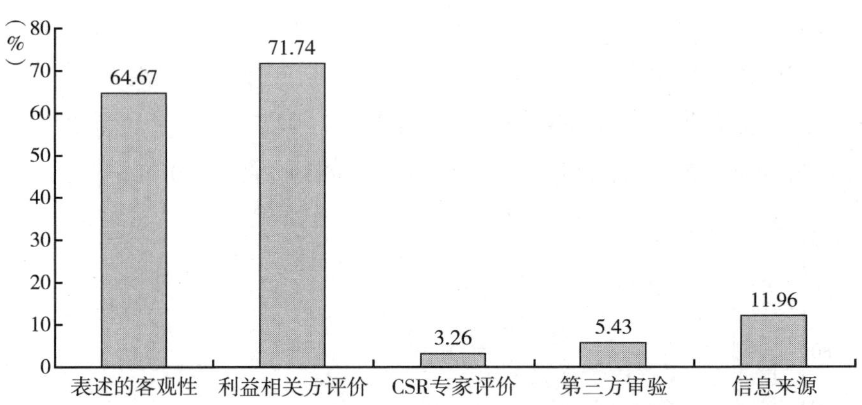

图 9　ICT 企业社会责任报告可信性指标覆盖率

ICT 企业报告信息饱和度和版式的指标覆盖率分别为 56.52% 和 80.43%，表现较好，行业企业的报告篇幅适中，页面布局合理。但报告在色彩和信息清晰定位的指标覆盖率为 30.43% 和 28.26%，说明行业企业的报告并没有充分运用多彩的设计来体现行业特点和企业特色，同时部分企业的报告缺少信息导航栏工具，使读者无法快速找到重点内容，在一定程度上影响了报告的可读性（见图 10）。

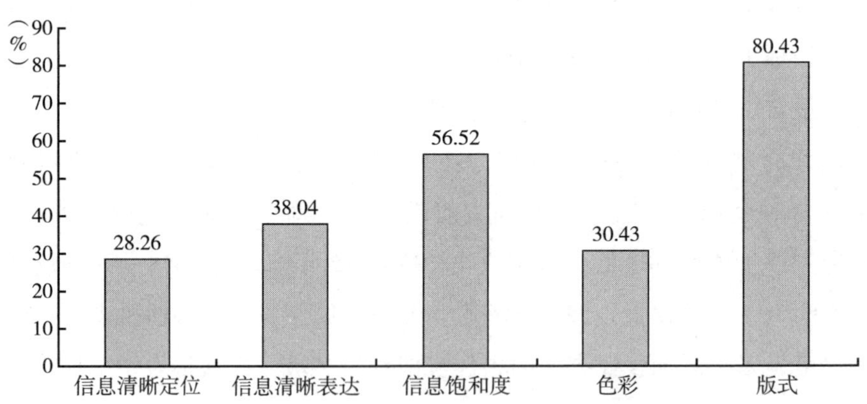

图 10　ICT 企业社会责任报告可读性指标覆盖率

4. 绩效可比性

报告绩效可比性不足，需进一步加强行业内外的对比。ICT 企业社会责任报告可比性指标平均覆盖率为 33.55%，低于中国企业平均水平 5.78 个百分点，是需要行业企业引起重视并努力提升的地方。ICT 企业社会责任报告的纵向可比性指标覆盖率最高，为 61.96%，近 2/3 的 ICT 企业能够在报告中对跨年度绩效和绩效目标的实现程度等内容进行披露和比较。然而，行业内可比性、跨行业可比性指标覆盖率仅为 26.09% 和 27.17%，处于较低水平（见图 11）。因此，行业企业需进一步加强行业内关键指标的责任信息披露，以及行业与其他行业重点指标的对比，以彰显 ICT 企业履责的积极性和领先性。

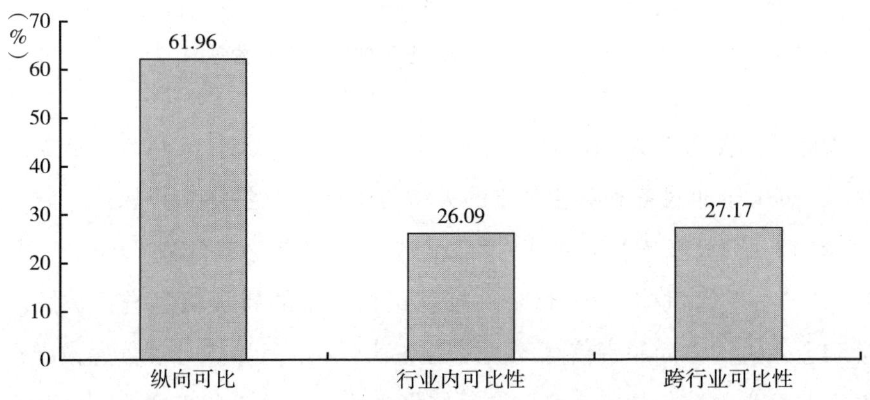

图 11　ICT 企业社会责任报告可比性指标覆盖率

5. 报告创新性

报告创新性较高，富有时代特色和行业特点。ICT 企业社会责任报告的创新性指标平均覆盖率为 39.73%，高于中国企业平均水平 8.68 个百分点。其中，内容创新的指标覆盖率最高，达 42.39%，结构创新和形式创新分别为 38.77% 和 37.32%（见图 12）。这也侧面反映了作为最具活力之一的 ICT 企业不仅在开展责任实践的过程中注重创新，并能够将这种创新的理念融入信息披露的过程中，在编制具有企业特色、行业特点的社会责任报告的同时，也为其他行业企业编制社会责任报告提供了参考。

6. 报告实质性

报告内容实质性较好，信息披露较为全面。ICT 企业社会责任报告的实

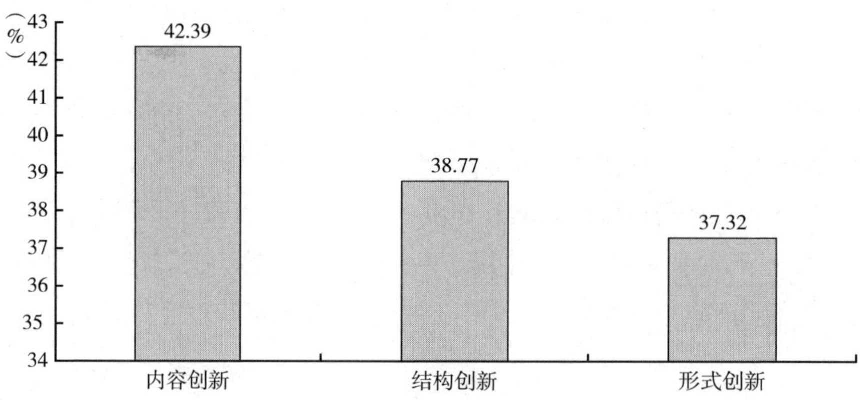

图 12　ICT 企业社会责任报告创新性指标覆盖率

质性指标平均覆盖率为 67.97%，高于中国企业平均水平 8.44%。从披露对象来看，ICT 企业对各利益相关方的关注与中国企业整体趋势保持一致，重视对政府（45.92%）、员工（43.53%）、出资人（35.33%）、社区（31.52%）、监管机构（30.43%）等利益相关方的履责信息进行披露。在环境和金融机构方面履责信息的披露则略显不足。其中，环境信息披露水平较低，主要集中在软件、互联网及系统集成等信息技术服务企业，这些企业需进一步加强环境方面的信息披露（见图 13）。

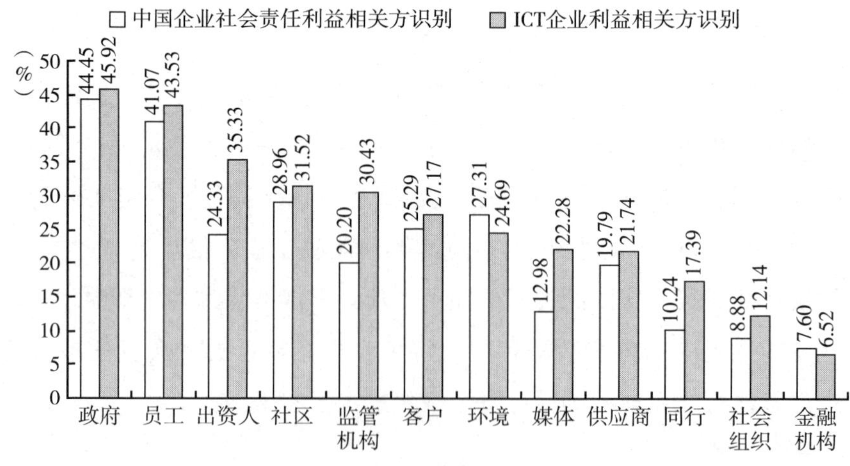

图 13　ICT 企业识别出利益相关方的比例

三 ICT 企业社会责任报告阶段性特征

（一）报告质量和数量都有所提升，民营企业成 ICT 行业发布报告的主力军

2018 年，ICT 行业社会责任报告发布数量增加，质量明显提升。其中，在报告质量方面，ICT 企业不仅能够结合行业特色、企业自身发展特点，充分披露企业在社会责任领域中的履责情况，同时主动回应利益相关方期望和诉求，全面披露责任实践，行业企业社会责任报告平均得分取得近年来最好成绩 60.29 分，整体水平由发展阶段迈入追赶阶段。在报告发布数量方面，作为社会进步的主要驱动力，越来越多的民营企业主动发布社会责任报告，占比 45%，达历年新高。例如，作为民营企业，上海拉扎斯信息科技有限公司（饿了么）从 2017 年开始连续两年发布社会责任报告，切实向利益相关方展现自身履责情况。

（二）部分企业依据行业指南编制报告，披露行业特色议题

评估样本中，除了参考国内外的标准指南编制报告，约 2/5 的企业还参考行业标准和地方性标准。例如有 9.7% 的企业依据中国电子工业标准化技术协会针对电子信息行业制定的行业社会责任指引——SJ/T 16000《电子信息行业社会责任指南》（简称《指南》）编写报告。同时，2018 年参考《指南》编制报告的企业数量较 2017 年有明显提升，由 2017 年的 7 家企业上升到 13 家。《指南》的内容针对 ICT 企业的履责特点，将创新、供应链、虚拟社区等领域作为责任主题，指引行业企业更好地识别企业自身的履责领域，更有效地管理实质性议题，并进行更具针对性的信息披露。以中国松下为例，报告不仅依据《指南》编撰报告，并主动参与并应用《指南》及其系列标准《电子信息行业社会责任治理评价指标体系》（T/CESA 16003 - 2017）开展社会责任治理水平的评价，提升企业管理经验（见图 14）。

■ **参考标准：**

中国社会科学院《中国企业社会责任报告编写指南》（CASS-CSR4.0）
中国电子工业标准化技术协会《电子信息行业社会责任指南》（SJ/T 16000-2016）
中国外商投资企业协会《中国外商投资企业社会责任报告编写指南》（CEFI-CSR1.0）
全球可持续发展标准委员会（GSSB）《GRI可持续发展报告标准》（GRI Standards）
联合国"全球契约"十项原则
国际标准化组织《ISO 26000：社会责任指南 (2010)》
中国国家标准《社会责任报告编写指南》（GB/T 36001-2015）

制度建设

松下中国积极参与《电子信息行业社会责任治理评价指标体系（T/CESA 16003-2017）》的编制工作。该标准是为促进《电子信息行业社会责任指南（SJ/T 16000-2016）》的应用和实施，由中国电子工业标准化技术协会牵头编制的，松下中国积极贡献社会责任管理和实践经验，并主动在电子信息行业企业社会责任治理自我声明和评测平台进行了评价。

图 14　中国松下依据《电子信息行业社会责任指南》编撰报告

资料来源：《中国松下社会责任报告 2018》。

（三）报告可比性和可读性较中国企业平均水平仍有待提升

在 ICT 企业报告发布数量增多的同时，报告在绩效可比性和内容可读性方面仍低于中国企业平均水平，有待提升。在绩效可比性方面，大部分 ICT 企业披露了连续可比的发展相关履责指标绩效，但在行业以及跨行业方面的信息披露较少，未能更加直观地向利益相关方展现企业的履责成效。因此，企业应将履责绩效与行业内外的优秀企业进行比较，从而更充分、全面地向利益相关方法展现企业履责成果。部分优秀企业在报告中主动披露行业内外的可比绩效，向利益相关方展示企业社会责任实践成果，值得学习。例如，中国移动披露了其在社会责任方面所获的包括琼斯可持续发展系列指数、世界五百强，福布斯榜以及中国企业 300 强公益发展指数排名等方面的信息，使利益相关方能够通过行业对比，更为直观地了解中国移动在履行社会责任的过程中所付出的努力。此外，部分报告在设计方面无法体现企业特色，以及导航栏的缺失等问题的存在，影响了报告的可读性，有待进一步加强。

（四）重点披露技术创新议题，助力实现可持续发展目标

作为ICT企业得以持续发展的关键所在，技术创新始终是ICT企业的重点披露方向。多数ICT企业在报告中将技术创新划分为独立章节，积极向利益相关方展示企业如何结合当前面临的经济社会挑战与需求，围绕可持续发展目标，依托专项资金的研发投入、专业技术、人才和资源优势，在云计算、物联网、人工智能等尖端技术上明确责任理念和实践，为解决当前面临的经济社会挑战与需求提供有效助力。以华为为例，在报告中披露了企业通过5G技术创新，推动物联网、云计算、人工智能等尖端技术研发，进而提升资源使用效率和环境保护，为世界的可持续发展贡献无限可能（见图15）。

（五）环境议题识别有待提高，信息披露深度有待加强

2018年，ICT企业在环境议题识别方面低于中国企业平均水平2.62个百分点。相较2017年，ICT企业报告在环境议题方面的覆盖率有着较大提升，但仍低于中国企业平均水平。具体来看，ICT企业除在环境保护意识和能力建设以及环境管理方面与中国平均水平相一致外，其他指标覆盖率均低于平均水平，而环境议题识别率较低的企业主要集中在软件、互联网及系统集成等信息技术服务类，表明该类型的行业企业需进一步加强在实施环境影响评价，投入环保资金，建立环境管理体系等方面责任管理和信息披露（见图16）。

（六）注重电子废弃物回收，有效回应社会关注热点议题

废弃物回收一直是利益相关方关注ICT企业履责的重点内容，行业企业也基本能够主动披露自身在电子废弃物回收方面的管理和成效，以及包括电子信息产品污染控制国推自愿认证（中国RoHS）、Responsible Business Alliance（RBA）等电子废弃物相关的国内外认证。同时携手更多的行业伙伴，一起探索电子废弃物的管理方法、回收制度，以期将电子垃圾的环境影

华为非常注重产品绿色创新，我们开发每一种产品都会考虑如何采用绿色创新技术，在产品整个生命周期中落实环保的要求。2017年公司持续加大5G、芯片、智能终端等面向未来的研发投入，费用支出为人民币89690百万元，占总收入约15%，其中很大一部分是在创新、高效、节能、环保等方面的投入。我们认为，ICT技术创新比如5G、AI、大数据、云计算等，将成为使能器，对于实现联合国2030年可持续发展目标至关重要。

5G如何助力可持续发展

据GSMA报告，到2025年，5G将实现14亿联接，5G网络将覆盖全球1/3的人口。这将产生深远的影响。5G不仅仅只是一项新一代的技术，它标志着万物互联新时代的到来。

华为X Labs的目标是探索5G应用场景，以及物联网、云计算、人工智能、大数据等技术如何为互联机器、机器人、3D打印、虚拟现实、增强现实、自动化流程、区块链技术、引导车辆、货物、远程工作人员等提供平台。我们相信，这些创新不仅能扩大业务领域，而且能极大地提升资源使用效率和环境保护，推动全球经济可持续发展。通过下面几个案例大家能看到数字化给人们的工作和生活，以及世界的可持续发展带来的无限可能，鼓励更多人拥抱数字化转型。

- 车联网：联接正在发展成为更安全、可持续移动设备的关键使能者。关键技术趋势包括自动驾驶、合作移动和传感器数据众包。这些技术将有助于在高速公路和密集城市环境下保护环境和提升安全。
- 闭环制造：先进的排序、机器人拆卸和数字跟踪将实现材料回收和重用。对于那些开始使用"共享"商业模式的行业来说，这些技术将变得尤为重要。制造商要保留其产品（例如汽车）的所有权，就必须不断追求循环再造。
- 3D打印：使用该技术后部件可以轻松组装，因此无需大型制造流程就可生产硬件。这不仅减少了材料的浪费，还实现了快速生产石油钻机更换部件的能力，可提升安全和减少污染事件。
- 联网无人机：5G网络将会使无人机自动化程度进入新的高度，这对多个行业将产生革命性的影响。自动化无人机组可以通过视频捕捉和分析，无需操作人员赴现场检查风力涡轮机的转子叶片是否损坏。类似的解决方案还有助于保护高风险能源基础设施，提高农业生产率。
- 高级建模和虚拟现实：物理资产对应的数字资产不仅可以用于研究和设计，还可以用于远程和实时性能监视，从而可以改进预防性维护，使产品使用周期更长。
- 数字可追溯性：区块链解决方案实现了可追溯性和透明度，能防止非法或被污染的材料进入供应链。例如，提高食品行业的可追溯性将是零售商的重要突破。
- 无灯工厂：由于自动化和机器人制造无需或仅需少量人工干预，这意味着工厂可以在没有照明和空调的条件下持续运行。

图15　华为5G技术助力可持续目标实现

资料来源：《华为投资控股有限公司2017年可持续发展报告》。

响降至最低。例如，Apple在报告中披露了公司承诺打造闭环供应链。为实现这一目标，公司采取一系列促进废弃电子设备回收的行动，并将具有价值的回收材料运往二级材料市场，实现闭环共赢，减少了对地球资源的开采需求（见图17）。

（七）关注供应链管理等信息的披露，重点强调"采购原则"

供应商是ICT企业最重要的利益相关方之一，也是企业始终在社会责任方面管理的重点对象。ICT企业在采购原则的指标覆盖率方面为31.79%，高于中国平均水平6.14个百分点，供应商资质审查和供应商管

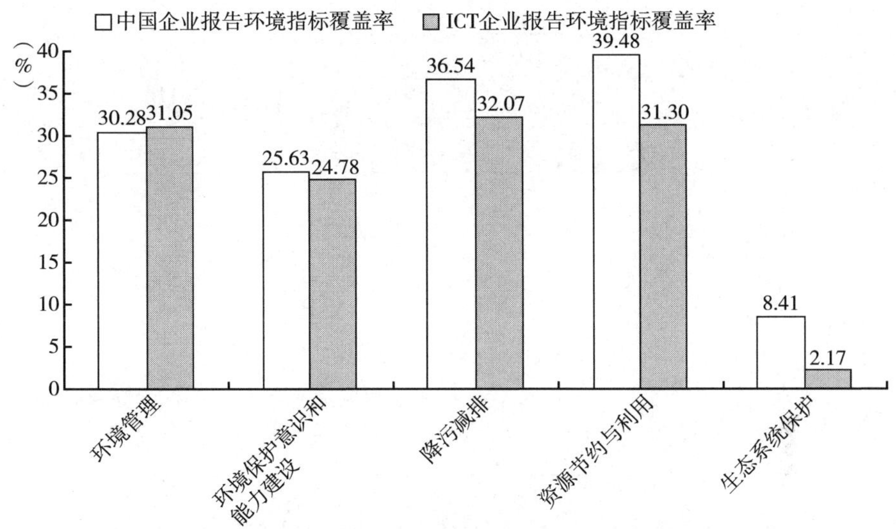

图 16 ICT 企业社会责任报告环境指标覆盖率

理则与中国企业平均水平相当，体现了 ICT 企业重视供应链的责任管理和信息披露，以实际行动规范供应商管理，实现责任供应链的建设。以佳能（中国）为例，企业围绕绿色采购原则，推动绿色供应链管理，并荣获 2017 年度“绿色供应链五星级评价”荣誉，同时向社会分享其绿色供应链管理的实践经验，传递绿色责任理念，为推动行业绿色发展提供有力支持（见图 18）。

（八）社区议题披露较好，但“社区发展”“捐赠救灾”披露仍需进一步加强

2018 年，ICT 企业社区议题指标覆盖率为 31.52%，高出中国企业平均水平 2.56 个百分点。尤其在就业发展方面，较中国企业平均水平高出 11.91 个百分点，表明 ICT 企业在实现自身经济快速发展的同时，能够积极发挥行业特点，利用技术优势主动赋能人才，切实解决就业问题。然而，ICT 企业在社区发展和捐赠救灾两个极具社会影响性的议题上，较中国企业平均水平分别低 6.77 个百分点和 6.47 个百分点，表明 ICT 企业对社区发展

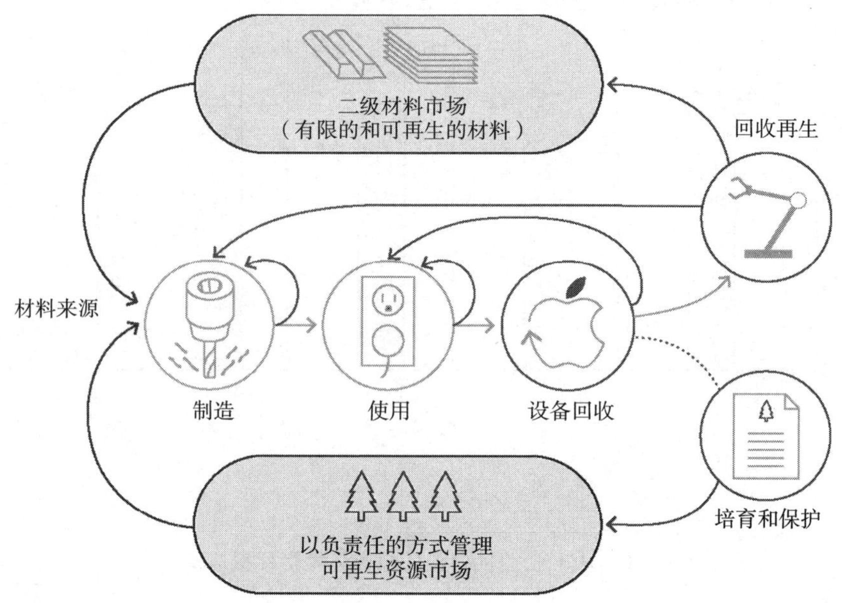

图 17　Apple 加强回收利用，打造闭环供应链

资料来源：《Apple 中国企业责任报告 2017～2018》。

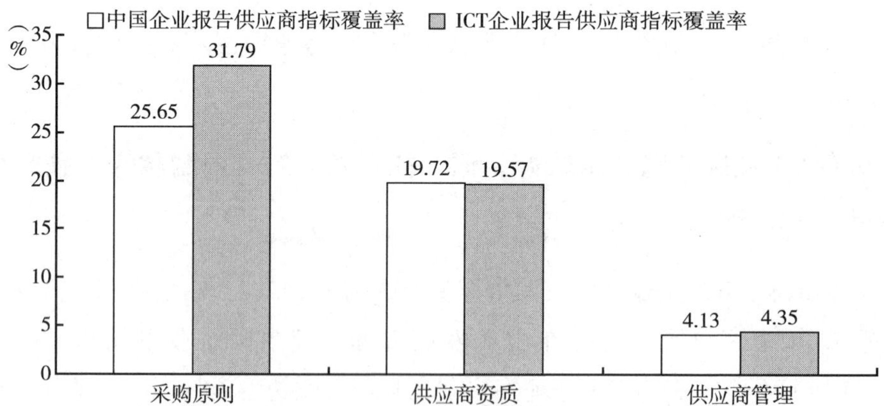

图 18　ICT 企业社会责任报告供应商指标覆盖率

和捐赠救灾的信息披露内容存在一定的不足，未能与利益相关方进行有效沟通，仍需进一步加强企业参与社会贡献、支持公益慈善的意识（见图19）。

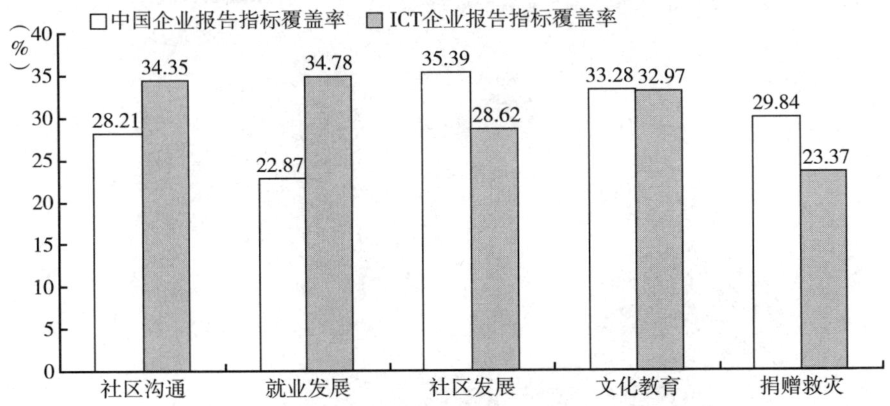

图19　ICT企业社会责任报告社区指标覆盖率

例如，阿里巴巴在报告中披露企业不仅将每年营业收入的千分之三用于公益事业，并围绕“天更蓝，心更暖”的公益愿景，深入了解社区发展现状，针对不同问题开展了一系列回馈社区的公益行动，如公益宝贝、团圆系统、环境地图、蚂蚁森林、桃源里自然中心等项目，不断赋能弱势群体，解决社会问题（见图20）。

四　2018年ICT企业社会责任报告建议

（一）报告的质量和数量仍有提升的空间

2018年ICT行业企业在社会责任报告的数量和质量方面都有所提升。有127家企业发布了报告，然而发布报告的企业数量与电子信息行业企业数量相比仍是九牛一毛，说明发布企业数量还远远不够，仍需进一步加强。行业报告的质量也取得了进步，首次突破60分，处于追赶阶段，但与行业企业在中国经济发展过程中的领先地位相比，仍有上升的空间。作为社会责任

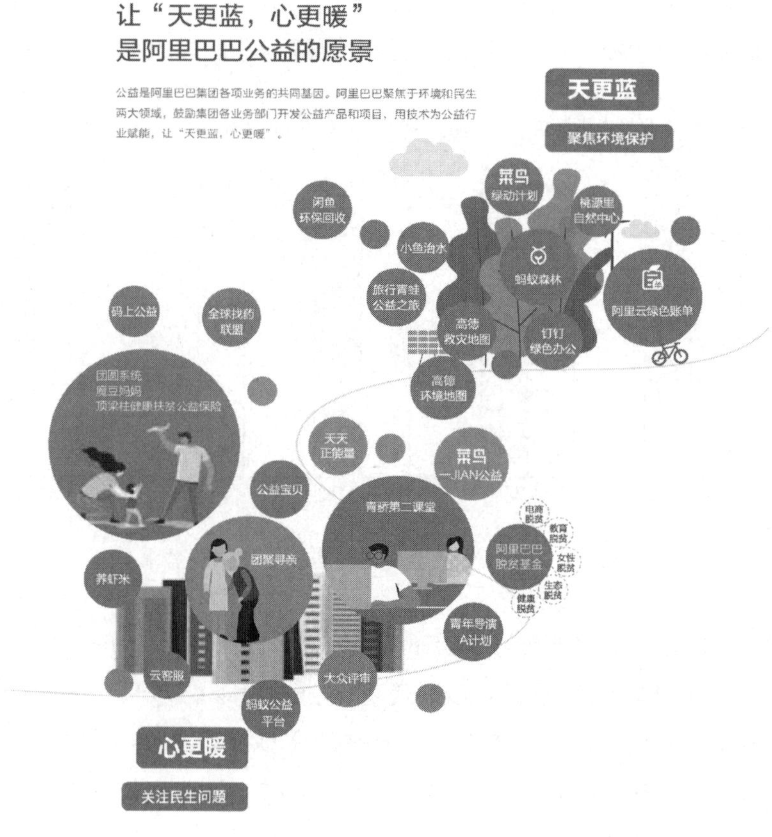

图 20　阿里巴巴的公益愿景——“天更蓝，心更暖”

资料来源：《阿里巴巴 2017～2018 企业社会责任报告》。

报告的先行者，电子信息行业企业充分发挥行业的引领、带动作用，更加积极地发布报告，持续提升报告质量，使信息披露水平与企业的发展水平相一致，全面提升社会责任信息披露水平。

（二）更好地发挥行业责任指南对企业编制报告的指引和推动作用

中国电子工业标准化技术协会通过《指南》鼓励和引导 ICT 企业主动披露责任信息并发布报告。行业内企业也相继响应，近两年参考《指南》

编制报告的企业比例也逐年上升，分别占到6.2%和9.7%。然而，参考《指南》发布报告的企业数量与ICT整体发布报告的企业数量相比仍为少数，占比不到1/10，ICT企业对《指南》的认知、理解和应用程度仍存在不足。因此，中国电子标准化技术协会在持续推动《指南》的应用和实施的同时，行业企业也应积极发挥社会责任指引、标准等文件对于自身社会责任实践的指导作用，在参考国内标准的同时，依据《指南》编制更具符合行业发展趋势、体现行业特点的社会责任报告，更为精准地回应利益相关方的期望和诉求，从而整体提升行业企业社会责任披露水平。

（三）加强报告的可比性，补足报告质量短板

ICT企业社会责任报告的可读性的披露程度处于较低水平。一方面，ICT行业企业要在披露连续绩效的同时，应注重跨行业指标的披露，可以从榜单排名、奖项殊荣、标准制定等方面入手，一方面，帮助企业有效了解自身在社会责任领域的履责水平和差距，提升企业的信息披露水平；另一方面，便于利益相关方透过报告了解企业更具体的履责情况，更为全面地了解企业在践行社会责任过程中所做的努力与成绩，赢得更多利益相关方的理解、认可和支持，为未来的责任行动的开展奠定坚实基础。

（四）提升报告可读性，优化读者阅读体验

ICT企业社会责任报告的可读性略低于平均水平，仍有较多企业的报告存在信息饱和度不足、版式覆盖率较低、设计无法体现ICT企业特色等问题。因此，行业企业需对标国际领先企业，多学习借鉴优秀报告的撰写、设计经验和做法，通过在报告中增加图片、逻辑图等代替大篇幅的文字陈述。同时，通过多样化色彩、样式设计，帮助读者更好地理解报告内容，优化阅读体验，提升报告的可读性。

（五）呼应最新政策趋势，持续加强重点议题信息披露

作为目前人们生活中影响最广、接触最深的行业之一，ICT企业应紧跟

时代趋势，结合十九大报告精神、五大发展理念、中国制造 2025 等国家政策与发展趋势，在新时代的背景下，更为充分地披露企业如何通过专业优势，在政府、客户、员工、环境、社区等方面开展的履责实践；向各利益相关方展示其最为关切的履责实践，通过专题等形式体现企业在支持“一带一路”倡议、精准扶贫战略、民生医疗健康等方面的责任理念和实践，提升社会责任信息披露的价值。

（六）加强环境等议题的披露，拓展信息披露广度和深度

ICT 企业在报告编制方面不仅需要从议题的广度出发，也需要从议题的深度出发，全面提升 ICT 行业报告质量。在披露信息广度方面，ICT 企业在保证社区、员工、政府等重要利益相关方信息披露的基础上，需进一步加强环境信息的披露，全面向利益相关方展示企业在环境管理、节能减排、生态保护等方面的情况。另一方面，ICT 企业须与联系密切的利益相关方开展紧密沟通，了解利益相关方的关注和期望，识别利益相关方关心的重点议题，逐渐加深对企业发展有较高影响性的核心议题的披露程度，加大对社区发展、慈善捐赠等内容的披露，以期更好地回应利益相关方的期望。

B.12
金蜜蜂中国银行业企业社会责任报告研究

彭 莹 宣越雯 蒋 波 代奕波

摘 要： 本报告依据“金蜜蜂企业社会责任报告评估体系2018”，对收集到的银行业金融机构2018年发布的56份社会责任报告进行评估与分析，并提出有针对性的建议。研究发现，银行业报告整体质量较往年有所提升，整体水平高于中国企业社会责任报告的平均水平；报告完整性、可信性、可读性和实质性稳步提升，创新性和可比性仍有较大提升空间；注重对服务国家战略和支持国计民生等社会热点议题的披露。

关键词： 银行业金融机构 透明运营 实体经济 绿色金融

银行业金融机构是指在中华人民共和国境内设立的商业银行、城市信用合作社、农村信用合作社等吸收公众存款的金融机构以及政策性银行。银行是经营货币和信用业务的金融机构，通过发行信用货币、管理货币流通、调剂资金供求、办理货币存贷与结算，充当信用的中介人，是现代金融业的主体，是资金活动的中枢神经，是国家宏观调控的关键部门，是整个经济活动的总枢纽，能掌握和反映社会经济活动的信息，对国民经济发展具有重大作用。截至2017年年底，我国银行业金融机构共有法人机构4549家。①

① 数据来自中国银行业监督管理委员会《银行业金融机构法人名单》（截至2017年12月底）。

一　银行业企业社会责任报告概况

我们通过企业主动寄送、企业官方网站下载及网络查询等方式，收集银行业金融机构发布的2017年企业社会责任报告/可持续发展报告。依据“金蜜蜂企业社会责任报告评估体系2018”，我们对这些企业社会责任报告进行评估，基于评估参数进行整体描述，结合在企业社会责任报告编制咨询方面的经验，对这些报告的质量进行比较、分析和判断，尝试总结银行业金融机构社会责任报告的特点，并在此基础上提出相关建议。

截至2018年10月31日，中国银行业金融机构发布2017年企业社会责任报告/可持续发展报告共56份。发布报告的银行业金融机构依然以大型商业银行（5家）、股份制商业银行（10家）、城市商业银行（27家）、农村商业银行（6家）、外资银行（6家）、邮储银行（1家）、民营银行（1家）为主，其他大部分银行业金融机构尚未发布社会责任报告。

表1　发布2017年社会责任报告的银行业金融机构占比情况

银行业金融机构	机构数量(家)	发布2017年社会责任报告机构占比(%)(截至2018年10月31日)
大型商业银行	5	100
股份制商业银行	12	83.33
城市商业银行	134	20.15
外资银行	39	15.38
农村商业银行	1262	0.48
邮储银行	1	100
国家开发银行	1	0
政策性银行	2	0
民营银行	17	5.88
农村合作银行	33	0
农村信用合作社	965	0

在我们的研究对象中，60.71%的报告篇幅在51页及以上，19.64%的报告篇幅在31页至50页。

在报告编制依据的应用上，中国银行业监督管理委员会《关于加强银行业金融机构社会责任的意见》和中国银行业协会《中国银行业金融机构企业社会责任指引》等行业指引占比最高，达60%；其次是香港联合交易所《环境、社会及管治报告指引》和上海证券交易所《上海证券交易所上市公司环境信息披露指引》，占比均达26.79%；全球报告倡议组织《可持续发展报告指南》（GRI G4）占比为33.93%。中国农业银行股份有限公司、交通银行股份有限公司等7家银行率先参照全球报告倡议组织可持续发展报告标准（GRI Standards）编制报告，兴业银行股份有限公司作为国内首家赤道银行，参照《赤道原则（第三版）》（Equator Principles III）进行报告编制。

35.71%的报告聘请第三方机构进行审验，虽然较去年的37.50%略有下降，但相较于中国2017年企业社会责任报告整体的审验占比（7.28%）而言，银行业报告审验比例仍然较高。

报告发布形式上，电子版和纸质版占比最高，分别为91.07%和55.36%；H5和视频等新媒体形式占比最低，分别为1.79%和0%。

二　银行业企业社会责任报告分析

（一）整体分析

我们依据报告得分，将报告分为起步、发展、追赶、优秀和卓越5种类型。[①] 2018年银行业金融机构发布社会责任报告平均得分为64.08分，高于上年度的61.38分。签于2017年和2018年的研究对象基本一致的情况，说明报告的整体质量有所提升。

56份报告均处于发展阶段及以上。其中，8.57%的报告达到卓越阶段，

① 注：80分以上为卓越，70～79分为优秀，60～69分为追赶，40～59分为发展，40分以下为起步。

具有较高的质量和水准；22.86%处于优秀阶段，披露水平较高。而68.58%的报告仍处于发展和追赶阶段，报告质量还有较大提升空间。

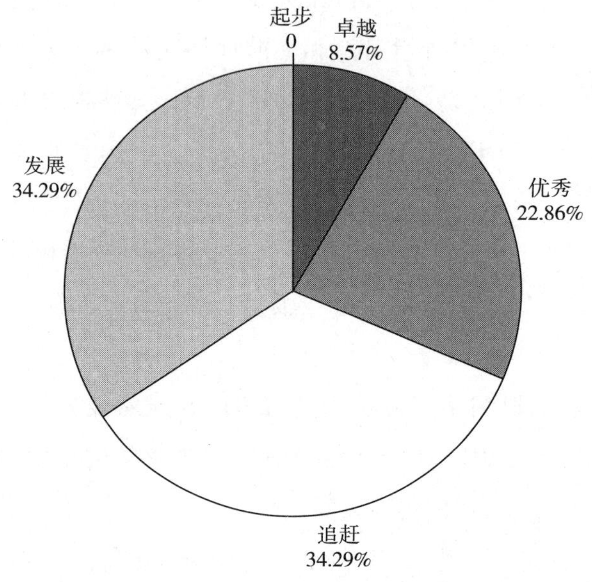

图1　银行业金融机构企业社会责任报告类型分布

从报告的六个性质来看，银行业金融机构社会责任报告质量整体高于中国企业社会责任报告的平均水平，尤其是在可读性方面表现优异，说明银行业金融机构普遍注重读者的阅读体验，重视报告的信息清晰定位表达、色彩搭配和版式布局。六个性质横向对比，银行业金融机构社会责任报告可信性得分率最低，为43.14%。连续三年纵向比较，报告完整性、可信性、可读性和实质性得分率稳步提升，然而创新性和可比性有所下降。若要提升报告整体质量，可信性、创新性和可比性仍是需要重点关注的方面。

银行业社会责任报告在环境方面的指标覆盖率有大幅度跃升，同时供应商指标覆盖率也有所上升。但其他利益相关方指标覆盖情况均出现下滑，其中，媒体指标覆盖率呈现较大幅度下降，从2017年的44.64%降为2018年的16.07%。另外，根据数据显示，银行业金融机构针对政府和客户的信息披露最为详尽，指标覆盖率分别达到60.27%和35.12%。

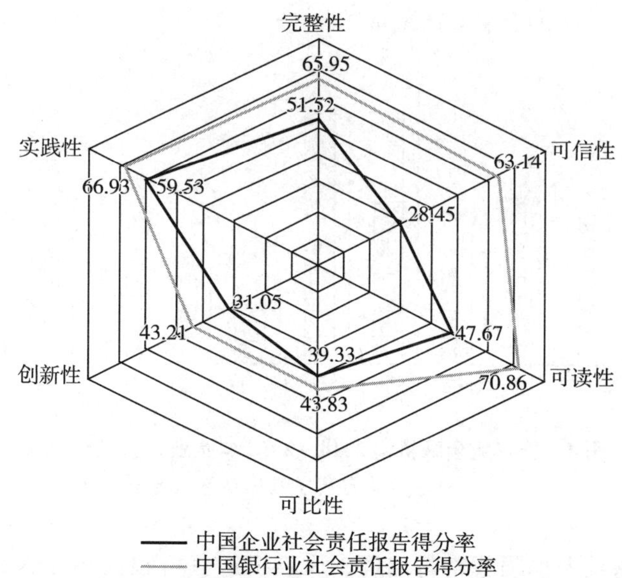

图 2 银行业金融机构企业社会责任报告整体质量

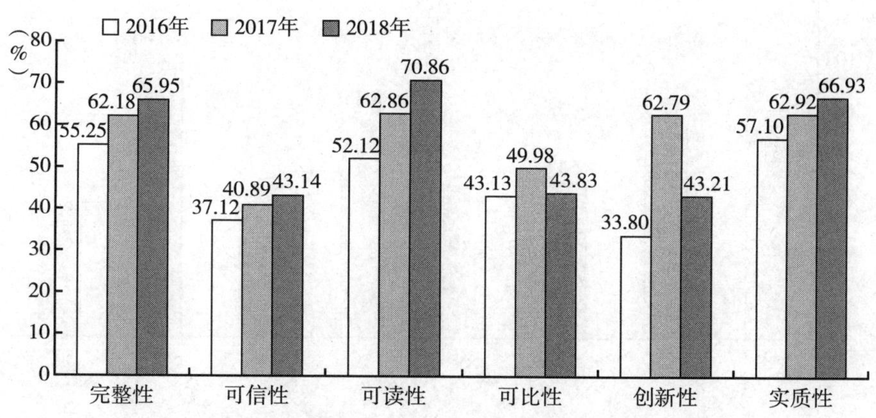

图 3 银行业金融机构 2016～2018 年企业社会责任报告质量

（二）具体分析

1. 结构完整性

银行业金融机构社会责任报告结构完整性得分率为 65.95%，较 2017 年的 62.18% 有所提升。从报告结构完整性的整体情况来看，银行业金融机

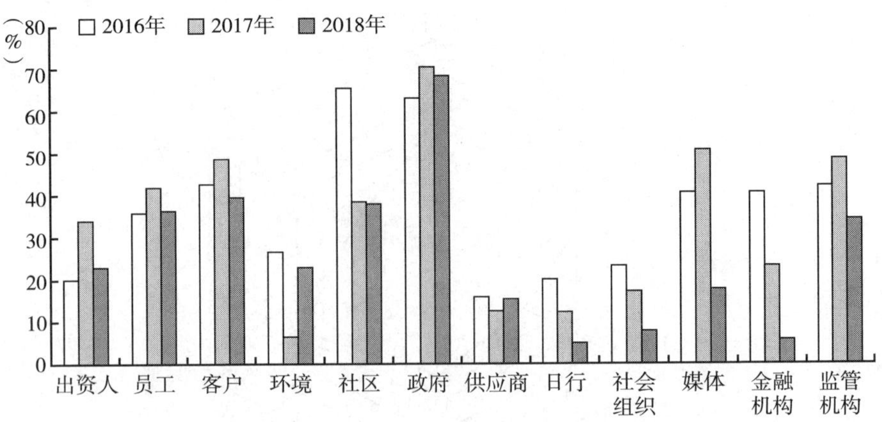

图4 银行业金融机构2016～2018年企业社会责任报告利益相关方实质性指标平均覆盖率

构可在目前基础上加强战略与治理、风险机遇分析和社会责任计划内容等方面的信息披露。

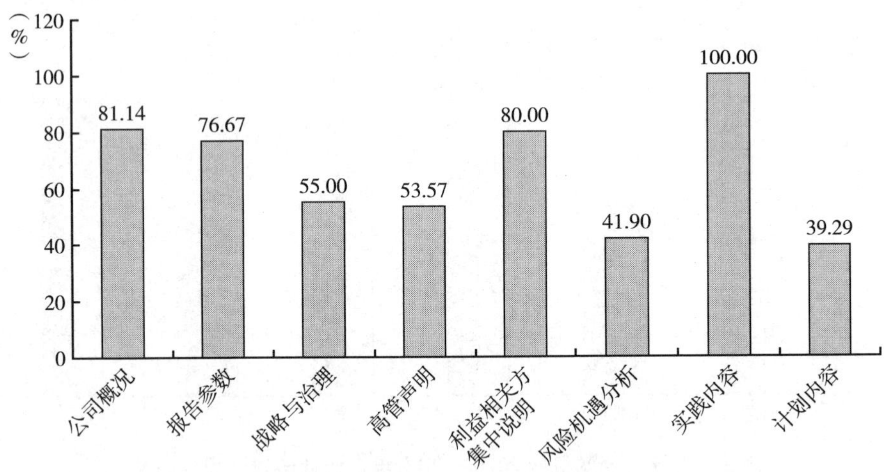

图5 银行业金融机构企业社会责任报告完整性

2. 报告可信性

虽然近年来银行业金融机构报告可信性保持逐年稳步上升，得分率自2016年的37.12%增长至2018年的43.14%，但是在报告的六个性质中，其得分率仍处于末位。不过，相较于中国企业社会责任报告整体可信性得分率

（28.45%），银行业报告可信性还是保持在较为领先的水平。从报告可信性的整体情况来看，银行业金融机构目前在信息来源的标注和负面信息披露方面仍有欠缺，邀请社会责任专家进行评价和聘请第三方审验的不足。

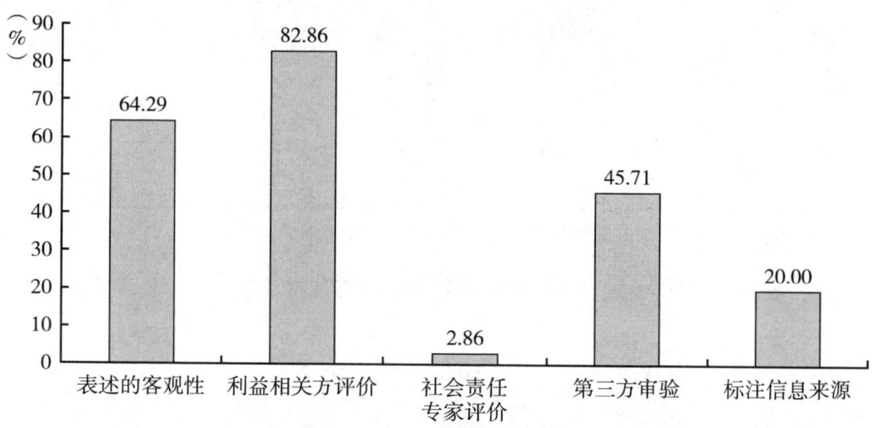

图6　银行业金融机构企业社会责任报告可信性

3. 报告可读性

银行业金融机构报告可读性得分率在报告的六个性质中最高，达到70.86%，较2017年的62.86%实现大幅度上升，远大于中国企业社会责任报告整体可读性（47.67%）。从报告可读性的整体情况来看，银行业金融机构关注读者的阅读体验，97.14%的报告具有适中的篇幅，并通过信息导航工具，实现报告信息的清晰定位；通过文字、图片、表格的合理应用及和谐的色彩搭配、版式设计，实现报告信息的清晰表达，帮助读者顺利获取核心信息。例如，在交通银行股份有限公司发布的2017年社会责任报告中，通过清晰的版面设计和适当的色彩搭配，展示公司发展历程；并通过设置二维码，增强报告的可读性和“悦”读性。

4. 绩效可比性

银行业金融机构报告可比性较上年度有所下降，得分率为43.83%。从报告绩效可比性的整体情况来看，银行业金融机构在跨年度绩效纵向可比方面得分较好，在绩效目标实现程度的描述以及行业可比、跨行业可比方面仍有较大提升空间。

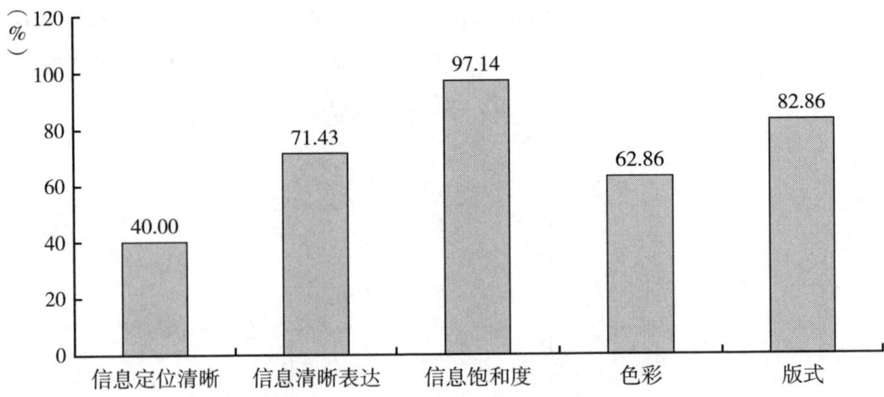

图 7　银行业金融机构企业社会责任报告可读性

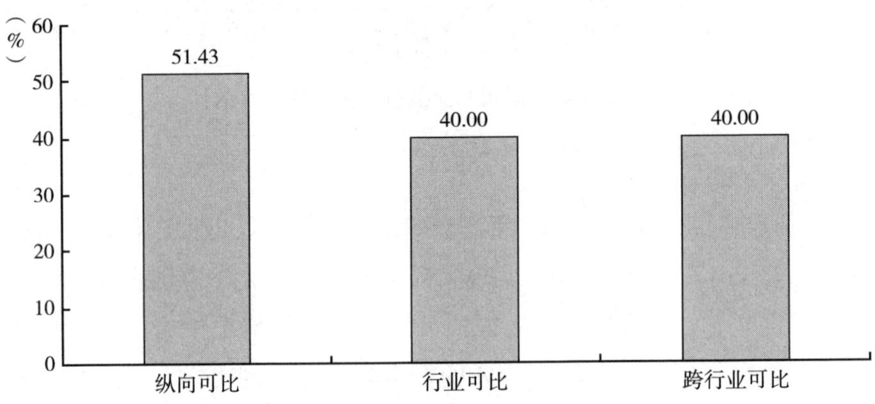

图 8　银行业金融机构企业社会责任报告可比性

5. 报告创新性

银行业金融机构报告创新性的得分率为 43. 21% 。虽然远高于中国企业社会责任报告整体创新性 31. 05% ，但与 2017 年银行业报告创新性得分率（62. 79% ）相比出现了大幅下降。银行业金融机构报告在形式和结构上创新较为不足，对社会发展热点的回应不够密切，企业自身特点和行业特色不够突出。

6. 报告实质性

银行业金融机构报告的实质性逐年稳定上升，得分率为 66. 93% ，表

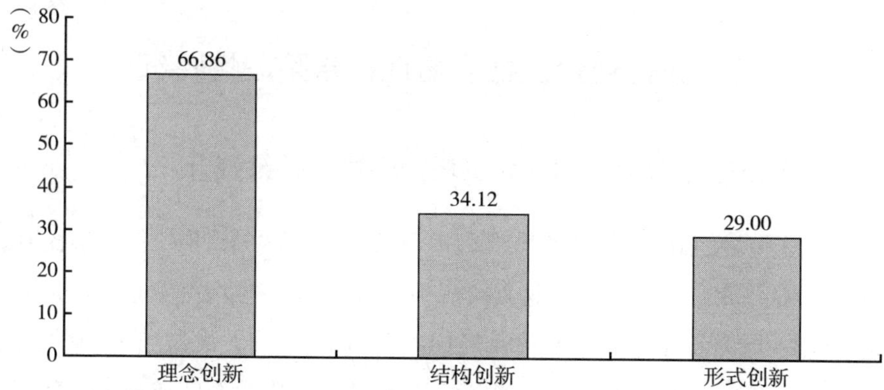

图 9　银行业金融机构企业社会责任报告创新性

现仅次于可读性。从报告实质性的整体情况来看，银行业金融机构报告能够识别利益相关方，并较好地披露与利益相关方相关的内容，包括利益相关方要求与期望、沟通渠道等。但是，议题披露深度不够（25.85%），利益相关方责任理念与机构战略尚未实现较好关联（13.10%）。

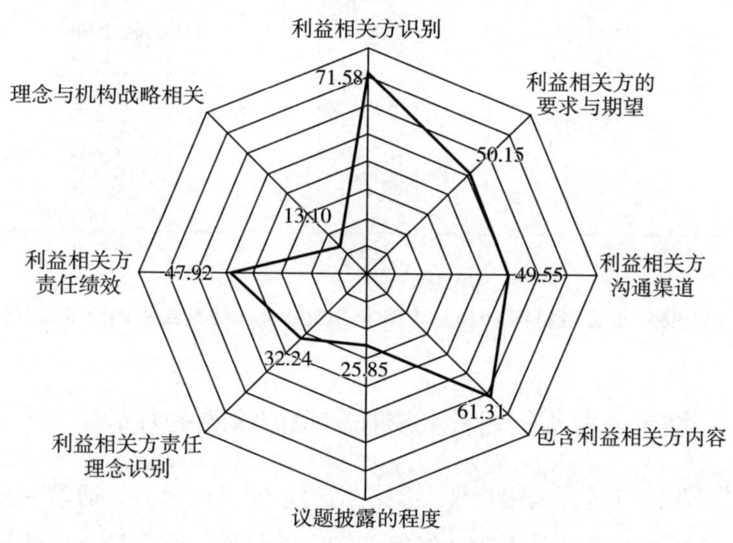

图 10　银行业金融机构 2017 年企业社会责任报告实质性

三 银行业企业社会责任报告阶段性特征

（一）银行业金融机构社会责任报告质量持续提升

银行业金融机构报告的平均得分率从2016年的54.28%，逐年提升到2018年的64.08%，可见银行业金融机构报告的总体质量持续上升。根据中国银行业协会发布的《中国银行业发展报告（2018）》，2017年中国银行业总体经营稳健，发展态势向好，净利润增速明显回升，不良贷款率企稳，资产质量边际上有所改善，风险抵御能力有所增强。在此背景下，银行业加强了对于社会责任工作和信息披露的全面性和专业性的重视程度，报告的总体质量水平也较上年度有所提升。

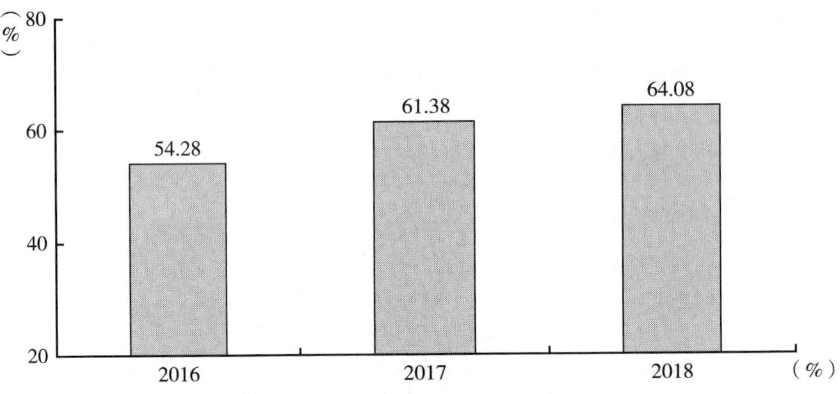

图11 银行业金融机构2016～2018年企业社会责任报告平均得分率趋势

（二）城市商业银行是社会责任信息披露的主力军

城市商业银行是我国银行业金融机构的重要组成部分，通常在获得经营许可的地域范围内经营各类商业银行业务。近年来，全国城市商业银行的业务规模和盈利能力快速提升。城市商业银行坚持服务本地功能定位，围绕服务地方经济发展、推动城镇化、小微企业等开展战略和业务转型，成为城市普惠金融服务的主要提供者。2016 年、2017 年，城市商业银行报告平均得分率均在 55% 左右。2018 年实现了显著提升，平均得分率达到 64.4%，这反映了城市商业银行的管理和经营稳健发展，披露信息翔实，且非常注重信息披露对利益相关方诉求的回应。作为信息披露的主力军，27 家城市商业银行在 2018 年发布了社会责任报告，然而相较于城市商业银行总数（134家），目前发布报告的企业比例仍然较小。

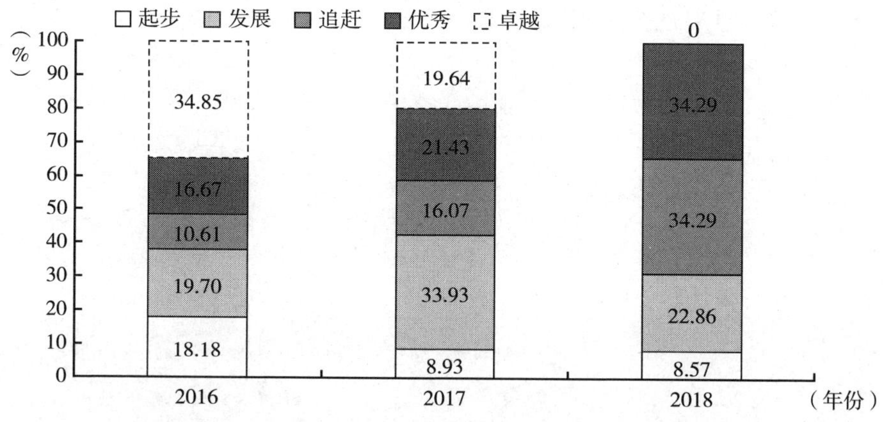

图 12　银行业金融机构 2016～2018 年企业社会责任报告类型分布趋势

（三）农村商业银行社会责任报告数量和质量均明显下降

农村商业银行是我国众多的金融机构中机构网点较多、服务面积广、具有鲜明地方特色的农村合作金融组织，致力于为地方经济社会发展提供金融服务，促进城乡经济协调发展。2018 年，共有 6 家农村商业银行发布了企业社会责任报告，虽然数量与 2017 年持平，但 2018 年农村商业银行报告平均得分率仅为 53.98%，远低于行业平均水平 64.08%；与 2017 年农村商业银行报告平均得分率（65.34%）相比，也表现出明显的退步。农村中小金融机构应当重视运用高质量的社会责任报告进行信息披露，向外界展示企业在支持本地经济社会发展方面所做出的努力。

（四）注重回应服务国家战略、国计民生等社会热点议题

作为中国经济体系的重要组成部分，银行业金融机构对促进经济发展、完善投融资体系的作用显著。从银行社会责任报告来看，无论是大型商业银行、股份制商业银行还是城市商业银行、农村商业银行，都注重披露有关服务国计民生发展和国家战略的内容；同时，还积极回应当下经济社会发展的热点议题，例如绿色金融议题，并积极结合年度重要履责实践，展现如何以自身专业优势贡献社会和国家的可持续发展。

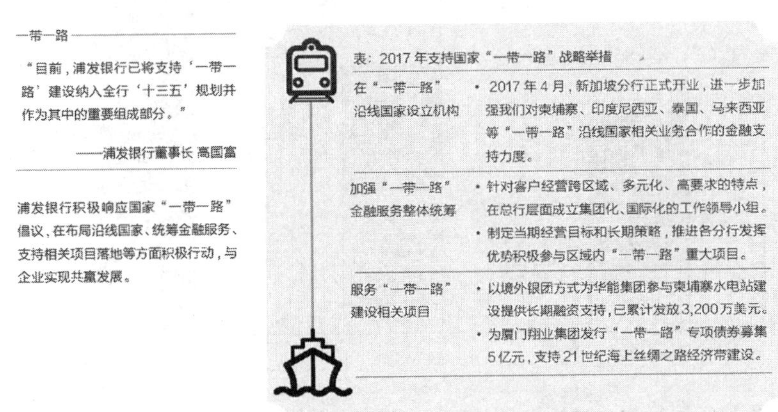

一带一路

“目前，浦发银行已将支持‘一带一路’建设纳入全行‘十三五’规划并作为其中的重要组成部分。”

——浦发银行董事长 高国富

浦发银行积极响应国家“一带一路”倡议，在布局沿线国家、统筹金融服务、支持相关项目落地等方面积极行动，与企业实现共赢发展。

表：2017 年支持国家“一带一路”战略举措

在“一带一路”沿线国家设立机构	• 2017 年 4 月，新加坡分行正式开业，进一步加强我们对柬埔寨、印度尼西亚、泰国、马来西亚等“一带一路”沿线国家相关业务合作的金融支持力度。
加强“一带一路”金融服务整体统筹	• 针对客户经营跨区域、多元化、高要求的特点，在总行层面成立集团化、国际化的工作领导小组。 • 制定当期经营目标和长期策略，推进各分行发挥优势积极参与区域内“一带一路”重大项目。
服务“一带一路”建设相关项目	• 以境外银团方式为华能集团参与柬埔寨水电站建设提供长期融资支持，已累计发放 3,200 万美元。 • 为厦门翔业集团发行“一带一路”专项债券募集 5 亿元，支持 21 世纪海上丝绸之路经济带建设。

图 13　上海浦东发展银行股份有限公司 2017 年社会责任报告支持国家“一带一路”战略举措

（五）大型商业银行率先应用 GRI 标准

2018 年 7 月 1 日之后，由全球报告倡议组织（GRI）发布的 GRI 标准全面取代 G4 指南，新标准延续了 G4 指南的关键概念和披露项，但采用了新的结构和形式。2018 年发布社会责任报告的 5 家大型商业银行中有 3 家、10 家股份制商业银行中的 3 家以及 6 家外资法人银行中的 1 家在编制依据中包含了 GRI 标准，占比分别为 60%、30% 和 16.67%。由此可见，大型商业银行更关注在社会责任信息披露方面的引领性和规范性，能够及时跟进并在第一时间应用最新标准。

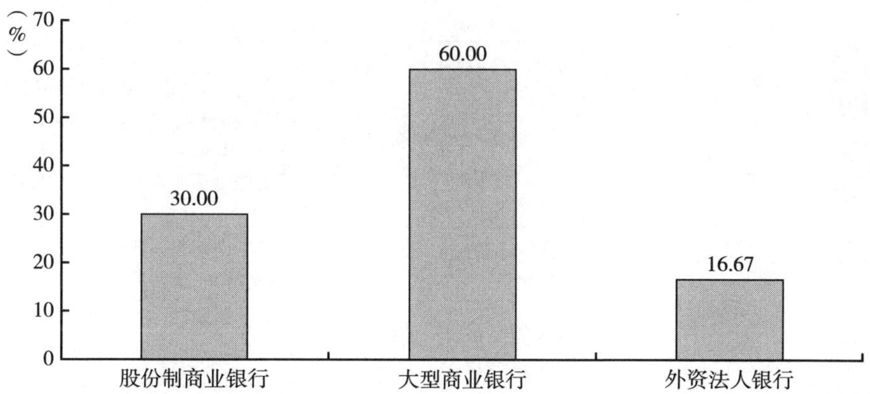

图 14　银行业金融机构企业社会责任报告 GRI Standards 对标覆盖率

（六）银行业金融机构在关注和贡献全球可持续发展方面仍有较大空间

2015 年 9 月发布的联合国《2030 年可持续发展议程》提出了 17 个可持续发展目标，已经成为全球面向 2030 年的变革愿景，同时也是全球商业机构发展的新方向。世界一流企业积极响应——将企业自身运营活动与可持续发展目标对接，提升企业参与变革世界的价值，并在社会责任与可持续发展报告中进行披露。目前，共有 6 家银行（中国农业银行股份有限公司、交通银行股份有限公司、中国邮政储蓄银行股份有限公司、招商银行股份有限公司、中国光大银行股份有限公司、平安银行股份有限公司）的报告涉及落实联合国可持续发展目标的内容，占比为 10. 71%；3 家银行报告中有联合国可持续发展目标对标表，占比为 5. 36%；而在企业联合国可持续发展目标管理、联合国可持续发展目标报告和沟通方面，目前均尚属空白。总体来说，在发布报告的银行业金融机构中，有 40% 大型商业银行、25% 股份制商业银行和邮储银行积极在社会责任报告中回应联合国可持续发展目标，率先关注全球可持续发展趋势和动态，并努力将自身运营融入到全球可持续发展中。但就银行业金融机构关注和贡献全球可持续发展的深度而言，还有相当大的提升空间。

发展目标	目标详解	指标及资料
无贫穷	在全世界消除一切形式的贫困	· 累计向集团定点扶贫县捐赠金额（万元）:3300 · 总行公益捐款额（万元）:76429 · 员工志愿活动累计（小时）:3142
零饥饿	消除饥饿，实现粮食安全，改善营养状况和促进可持续农业	
良好健康与福祉	确保健康的生活方式，促进各年龄段人群的福祉	· 员工工伤死亡人数（人）:0 · 举办各类安全培训次数（次）:1112
优质教育	确保包容和公平的优质教育，让全民终身享有学习机会	· 员工培训期次（次）:5996 · 员工培训人数（人次）:342379 · 开展金融知识集中宣教次数（次）:5577
性别平等	实现性别平等，增强所有妇女和儿童的权能	· 女员工数（人）:24374
清洁饮水和卫生设施	为所有人提供水和环境卫生并对其进行可持续管理	· 连续支持“母亲水窖”专案（年）:13 · “母亲水窖”专案累计捐款（万元）:3433
体面工作和经济增长	促进持久、包容和可持续经济增长，促进充分的生产性就业和人人获得体面工作	· 社会保险覆盖率（%）:100 · 员工总数（人）:44066

图 15　中国光大银行股份有限公司 2017 年社会责任报告与可持续发展目标

四　银行业企业社会责任报告建议

（一）提升银行业金融机构的社会责任信息透明度，发挥带头引领作用

根据银行业金融机构整体发布报告的情况，在我国 4549 家银行业金融机构中，发布报告的银行总数是 56 家，绝大多数城市商业银行、民营银行、外资银行、农村中小金融机构和少数股份制银行均未发布报告。

银行业是国民经济运转的枢纽，与实体经济间血脉相连、唇齿相依。随着金融市场的日益开放，市场金融进一步深化，银行业金融机构有必要通过发布社会责任报告来进一步提高信息透明度，助力加强金融机构的自律性和

合规性，引领各行各业加强信息披露、提高透明运营。作为金融市场的重要参与主体，大中型银行需带头提升经济、社会、环境领域社会责任信息披露的力度和质量，做出示范和表率。而在金融市场发展及国家经济建设过程中发挥越来越重要作用的中小银行，同样需要将社会责任的理念和方法融入企业管理，将社会责任报告作为与内外部利益相关方沟通和信息披露的有效手段，从而营造更和谐的发展环境，实现更稳健和更可持续的发展。

随着金融市场的日益开放，市场金融进一步深化，银行业金融机构有必要通过发布社会责任报告进一步提高信息透明度，助力加强金融机构的自律性和合规性。从我国当前金融市场的发展情况来看，中小银行作为金融市场的参与主体，在金融市场的发展及国家经济建设过程中发挥着越来越重要的作用。为了推进自身发展并正面迎接全新的挑战和机遇，中小银行更需要将社会责任的理念和方法融入企业管理，加强经济、社会、环境领域社会责任信息披露，将社会责任报告作为与内外部利益相关方沟通的有效手段，从而营造更和谐的发展环境，实现更稳健和更可持续的发展。

（二）重点披露对三大攻坚战的助力，展现金融业的责任和担当

党的十九大报告指出，从现在到 2020 年是全面建成小康社会决胜期，要坚决打好防范化解重大风险、精准脱贫、污染防治的攻坚战。习近平总书记深刻指出，金融是实体经济的血脉，为实体经济服务是金融的天职、是金融的宗旨。因此，党中央提出的三大攻坚战不仅规定了银行业金融机构经营管理的基本外部环境，而且为其指明了根本方向。

在防范化解重大风险方面，防控金融风险居于首位。银行业金融机构要加强对各类风险防范和化解的信息披露，展示银行在促进形成金融和实体经济、金融和房地产、金融体系内部三个方面的良性循环，以促进实体经济发展。在打好精准脱贫攻坚战方面，银行业金融机构要注重针对精准扶贫的信息披露，展示银行在激发贫困人口内生动力方面的努力。在打好污染防治攻坚战方面，一方面，银行业金融机构需要披露利用其自身资源优势深入推进绿色金融，助力产业结构调整，淘汰落后产能，从源头上推动经济实现绿色

转型方面的行动；另一方面，需要披露自身积极践行绿色运营的行动。因此，建议银行业金融机构在社会责任报告中，着重披露企业服务三大攻坚战的主要思路、措施和绩效，从而围绕银行业金融机构服务实体经济的本源，彰显银行业的责任使命和担当。

致力精准扶贫

本行始终将扶贫工作作为履行社会责任的重要内容，成立了金融扶贫工作领导小组，统筹完善扶贫工作机制。报告期内，坚持精准扶贫、精准脱贫基本方略，精准对接贫困地区特色产业、民生工程的服务需求，不断加大金融支持和精准帮扶力度，努力在脱贫攻坚中发挥应有作用，截至报告期末，各项扶贫贷款余额合计1270亿元，同比增加340亿元。

各项扶贫贷款余额合计
1270亿元

同比增加
340亿元

扶贫规划与目标。全面做好贫困地区的金融服务，加大对贫困地区的信贷支持力度，充分发挥金融对促进贫困地区人民群众脱贫致富、促进区域经济可持续发展的作用；加大定点扶贫力度，帮助定点扶贫地区整合资源，通过金融、产业、教育、医疗扶贫等多种方式帮助贫困人口改善生产生活条件，支持当地按期完成脱贫目标。

扶贫制度保障措施。成立了金融扶贫工作领导小组，加强了扶贫工作的组织领导和统筹协调；出台了《关于全面做好金融支持扶贫工作的意见》《金融精准扶贫工作方案》《定点扶贫工作要点》等制度规范，明确了本行扶贫工作的指导思想、基本原则、工作重点和实施措施。

图16　中国工商银行股份有限公司2017社会责任报告披露精准扶贫工作开展情况

（三）深入对接社会责任国际标准及倡议，增强社会责任信息披露国际化表达

近年来，我国银行业金融机构加大力度开展国际化业务，与国际同业或伙伴进行更深入的交流合作，如何实现社会责任信息的国际化表达成为银行业走上国家舞台面临的挑战之一。因此，建议银行业金融机构社会责任报告更多地使用国际标准及倡议来展示企业责任实践和管理，

并积极关注和回应全球社会责任相关发展趋势，更好地支持中国经济的开放和发展。

如今，各个国际组织及行业协会都有关于社会责任信息披露的标准与倡议，其中，全球报告倡议组织（GRI）发布可持续发展报告指南（G3、G4 等），提高可持续发展报告的质量、严谨度和实用性。2016 年 10 月，代表着可持续报告领域最佳实践的 GRI 可持续报告标准正式发布，其简体中文版也于 2017 年年底在中国发布。企业可从与 G4 指南对标向与 GRI 标准对标转变，紧跟 GRI 更新发展的步伐，用 GRI 标准把履责故事讲得更好。

另一个具有国际影响力的倡议，是联合国可持续发展目标。2016 年 9 月，中国全面启动《中国落实 2030 年可持续发展议程国别方案》。由于金融本源即为服务实体经济发展，银行业金融机构能够贡献联合国可持续发展目标中的绝大多数内容。根据 2017 年发布的社会责任报告情况，绝大多数银行在报告中未对联合国可持续发展目标做出回应。虽然就整体而言，越来越多的银行选择在报告中就相应社会责任实践呼应联合国可持续发展目标的 17 个目标。不过遗憾的是，其中大部分并未深入阐释自身业务与联合国可持续发展目标的关联，在对照联合国可持续发展目标的相应具体细致的管理实践几乎全面空白。因此，建议更积极和深入对接联合国可持续发展目标，凸显以金融资源优势主动服务全球可持续发展，增强报告的实质性。

（四）突出企业特色和责任标签，彰显企业履责风采

我国银行业金融机构分为政策性银行、国有大型商业银行、股份制商业银行、城市商业银行、农村商业银行、外资银行等多种类型，各类型银行所肩负的责任、经营的目的、服务的对象等略有不同，相应的社会责任管理实践以及信息披露的侧重点也应有所差异。虽然就整体而言，目前银行业金融机构社会责任信息披露基本能够覆盖政府、客户、社区、监管机构、出资人等关键利益相关方，但在各披露范围内，企业可根据规模大小、业务特性等

自身特点，有选择性地突出展示具有自身业务特点的特色履责实践。例如，大型商业银行分支机构众多，可鼓励分行和支行发布具有运营地地域特色的企业社会责任报告，提高信息披露的针对性；农村合作金融机构可重点披露服务“三农”的社会责任信息。另外，在报告的形式上，包括版式、图片、设计等方面，建议适当地增添特色元素。

B.13
金蜜蜂中国房地产行业企业社会责任报告研究

朱傲然　伍　艳　管竹笋

摘　要： 本报告依据“金蜜蜂企业社会责任报告评估体系 2018”，对收集到的房地产企业 2018 年发布的 80 份社会责任报告进行评估和分析，并提出针对性建议。研究发现，房地产企业社会责任报告总体数量保持稳定，民营企业与国有控股企业保持报告发布的先锋地位。报告整体质量处于发展阶段，报告披露具有行业特色，可读性与创新性较高。在安全议题、负面信息、海外履责等方面的信息披露仍有较大提升空间。

关键词： 房地产　企业社会责任报告　报告评估得分率　绿色建筑

房地产业是指以土地和建筑物为经营对象，从事房地产开发、建设、经营、管理以及维修、装饰和服务的集多种经济活动为一体的综合性产业，是具有先导性、基础性、带动性和风险性的产业。研究房地产企业社会责任报告有助于企业了解在同行报告中的位置，在对标先进报告的同时提升自身报告质量，同时推动企业的经营管理和科学规划，促进自身系统的梳理和管理模式的优化。

一　房地产企业社会责任报告概况

截至 2018 年 11 月 1 日，通过企业主动寄送、从企业官方网站下载及网络查询等方式，我们共收集到房地产行业企业社会责任报告（包括企业社会责任报告，可持续发展报告，环境、社会及管治报告）80 份。我们依据"金蜜蜂企业社会责任报告评估体系 2018"对以上报告进行评估分析，基于报告参数，对房地产行业企业发布的社会责任报告进行整体描述，并结合在企业社会责任报告编制咨询方面的经验，对这些报告的整体质量进行比较、分析和判断，总结房地产行业企业社会责任报告的特点，并在此基础上提出相关建议。

报告发布主体中，国有控股企业与民营企业占比相近，分别为 35.80% 和 37.04%，其已成为房地产行业企业发布社会责任报告的主体力量。随着资本市场对上市公司披露环境、社会责任信息的要求增加，国有控股企业愈加重视披露自身履责信息。同时，越来越多的民营企业主动发布社会责任报告，以更积极的态度回应利益相关方需求，促进双方坦诚、透明沟通，为民营企业的可持续发展奠定坚实基础。

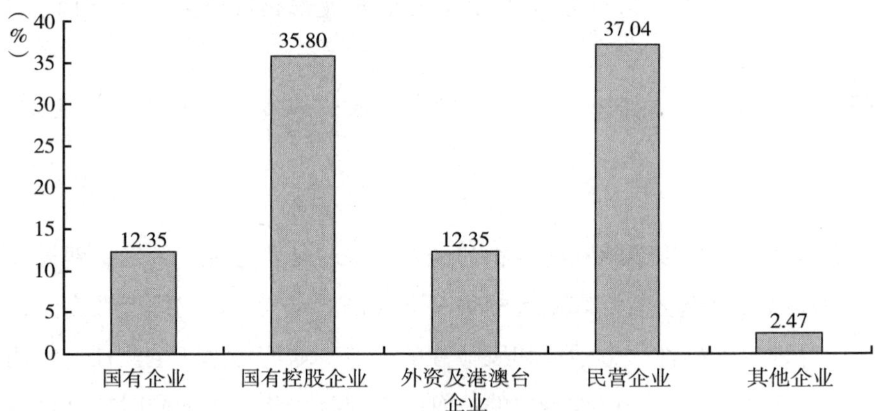

图 1　房地产行业报告发布主体

评估样本中，报告名称占比整体上与 2017 年的相比变化不大，越来越多企业将报告命名为企业社会责任报告（81.03%），可持续发展报告（5.17%）与环境、社会及管治报告（8.62%）的命名比例均有略微下降。

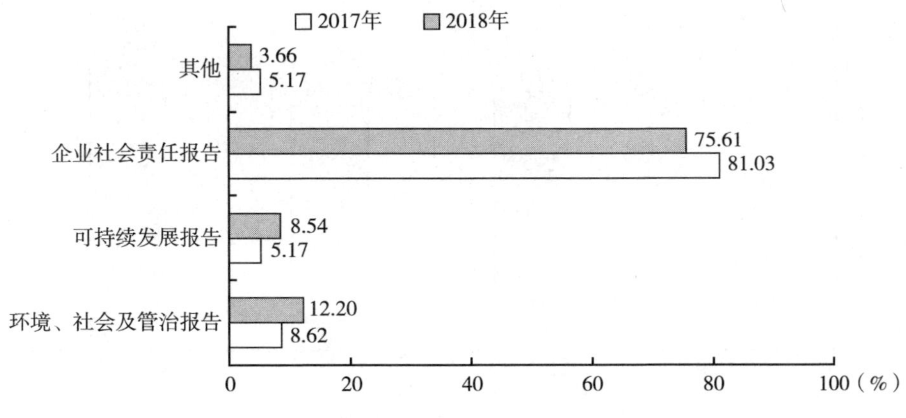

图 2　房地产企业报告名称

评估样本中，连续五年发布报告的企业占比达 65.00%，与去年同期相比增长 4.02%。房地产企业将社会责任报告作为与社会各界沟通的有力工具，主动发布翔实的社会责任信息与数据，展示社会责任领域内各类优秀实践，逐步形成社会责任管理与实践的常态化披露机制。

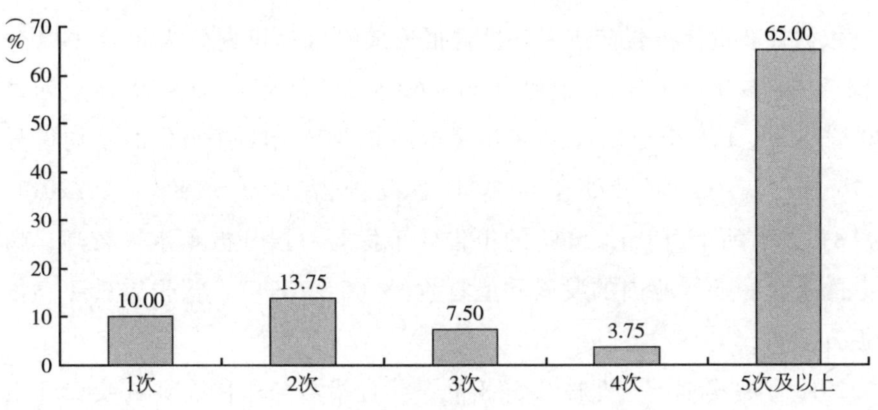

图 3　房地产企业报告发布次数

报告篇幅为 51 页及以上的占比为 32.76%，报告页数为 31 ~50 的占比为 25.86%，58.62% 的报告篇幅超过 30 页。

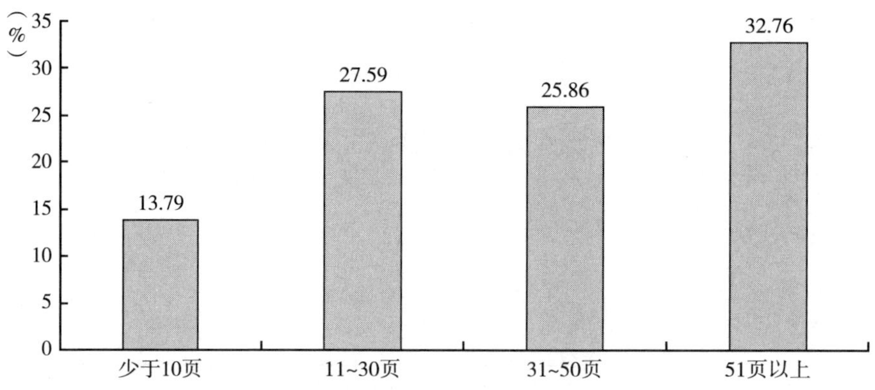

图 4　房地产企业报告篇幅

二　房地产企业社会责任报告分析

（一）报告总体情况

依据社会责任报告蓝皮书，报告根据最终得分可划分为起步（40 分以下）、发展（40 ~ 59 分）、追赶（60 ~ 69 分）、优秀（70 ~ 79 分）和卓越（80 分及以上）5 个层次。2018 年房地产企业社会责任报告的平均得分为 52.76 分，其中，质量处于卓越水平报告占比为 6.78%，较 2017 年（4.88%）有所上升；13.56% 的报告处于优秀阶段，披露水平较高；超过半数的企业处于行业内的发展和追赶阶段（54.23%），报告质量还有很大的提升空间。

2018 年，房地产企业社会责任报告综合指数与中国企业社会责任报告的平均水平相近，在创新性、可读性两方面得分相对较高。从房地产企业报告自身水平来看，报告的实质性（56.50%）、完整性（52.24%）、可读性（54.92%）三个维度的得分率较高；可信性（23.33%）、可比性（35.54%）还有待加强。

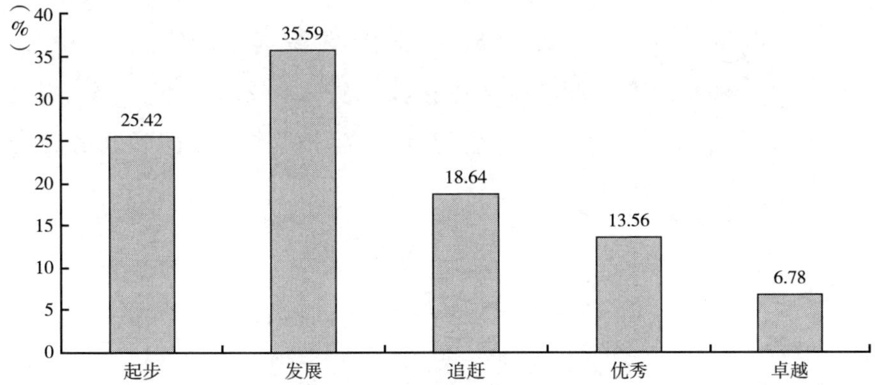

图5　房地产企业报告质量

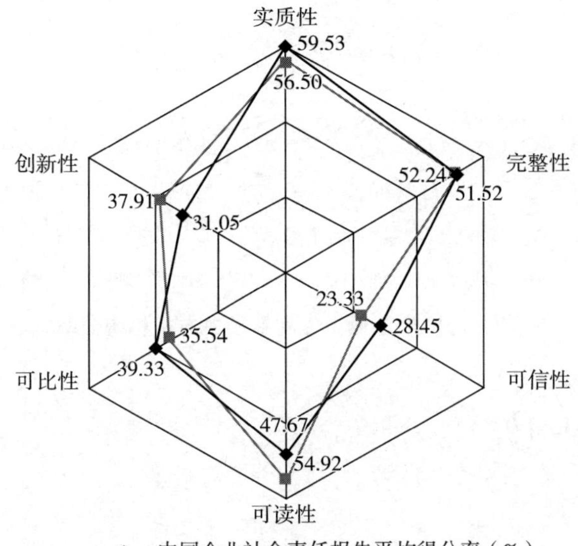

图6　房地产企业社会责任报告六大维度得分

从利益相关方指标得分率来看，房地产企业的得分率在多个方面均高于中国企业的平均得分率。具体指标得分率从大到小依次为出资人（50.78%）、政府（47.34%）、员工（47.19%）、客户（43.01%）、社区

(41.08%)、环境(35.22%)、供应商(31.42%)、监管机构(12.64%)、媒体(10.82%)、同行(9.83%)、社会组织(8.22%)、金融机构(3.66%)。说明房地产企业在报告中披露出资人、员工、客户等利益相关方的信息水平较高,在同行、社会组织、金融机构等方面的指标得分率较低。

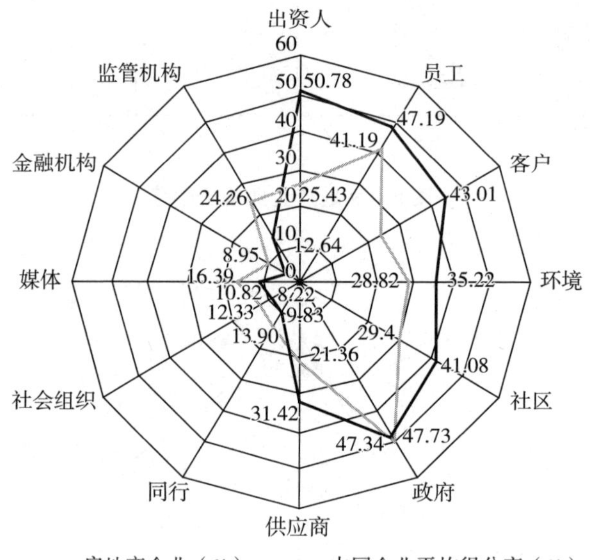

图7 房地产企业报告利益相关方指标得分率

(二)具体分析

1. 结构完整性

房地产企业报告完整性略高于中国企业报告的平均水平,指标平均覆盖率为52.24%,比中国企业整体水平(51.52%)高出0.72%。其中,房地产企业在实践内容和公司概况方面披露较多,指标覆盖率达97.13%和75.86%,大部分企业在披露实践内容时涵盖了经济责任、环境责任、社会责任信息。

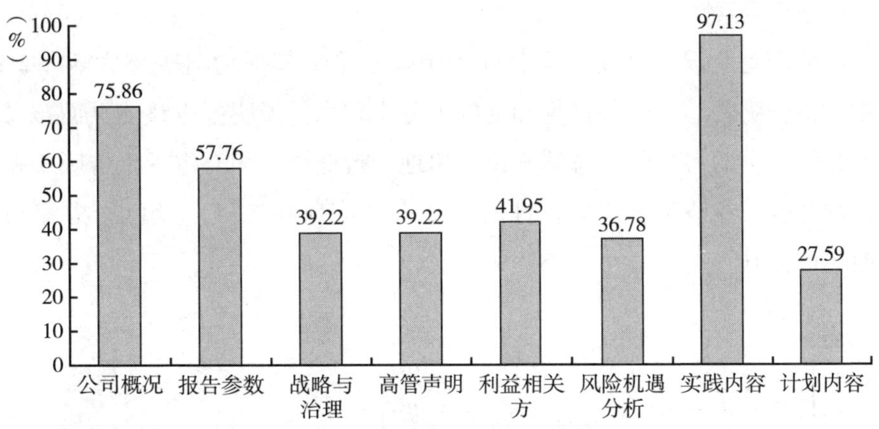

图8　房地产企业报告完整性各指标覆盖率

2. 报告可信性

房地产企业报告的可信性略低于中国企业整体水平。报告中采用客观、中立的表述方式阐述公司履责实践的指标覆盖率未超过一半（48.28%），包含利益相关方评价、信息来源说明的报告占比不高（31.03%），包含CSR专家评价和采用了第三方审验的指标覆盖率偏低，仅占1.72%和3.45%，报告可信度还有较大的提升空间。

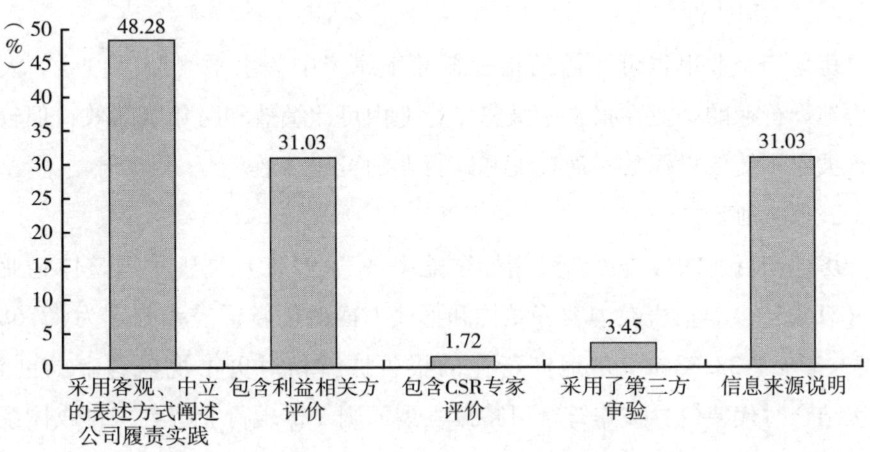

图9　房地产企业报告可信性指标覆盖率

3. 报告可读性

房地产企业报告可读性得分处于中等水平，其平均覆盖率为54.92%。其中，报告版式、报告信息饱和度的得分率较高，说明报告整体页面布局合适，篇幅适中的占多数。总体来说，房地产行业企业相对重视报告版式和信息的饱和度，在清晰定位信息方面（如设置信息导航栏）及色彩搭配和谐方面还可提升。

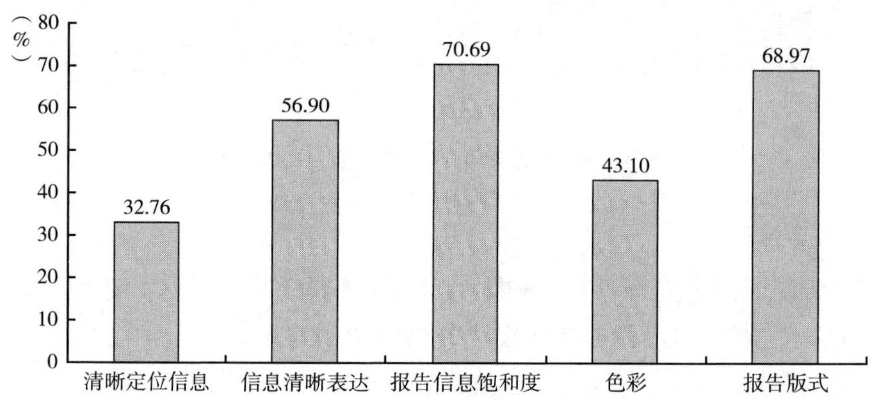

图10　报告可读性指标覆盖率

4. 绩效可比性

房地产企业报告可比性的指标覆盖率属于中等水平（35.54%）。大多数房地产行业的企业在报告中披露了行业内可比绩效和跨年度绩效，但较少报告披露了绩效目标的实现程度和跨行业的可比绩效。

5. 报告创新性

房地产行业的报告创新性指标覆盖率（37.91%）高于中国整体企业报告（31.05%）。报告在内容、结构和形式方面的创新覆盖率分别为43.68%和33.33%、33.33%。房地产行业的报告披露相对更重视内容上的创新，注重结合时代特色，披露符合可持续发展原则、体现行业特色、自成体系和便于传播的社会责任内容。

6. 报告实质性

房地产行业的报告实质性得分和指标覆盖率略低于整体中国企业的得分水平。房地产行业的企业基本上能在报告中识别利益相关方和披露相关的社会责任内容，指标覆盖率达到54.31%。但对利益相关方的责任绩效、利益相关方的理念和方针、沟通渠道和方式、利益相关方的要求与期望等方面还有待深入与加强，尤其应该加深对议题的披露程度，及将利益相关方的责任理念融入战略管理。

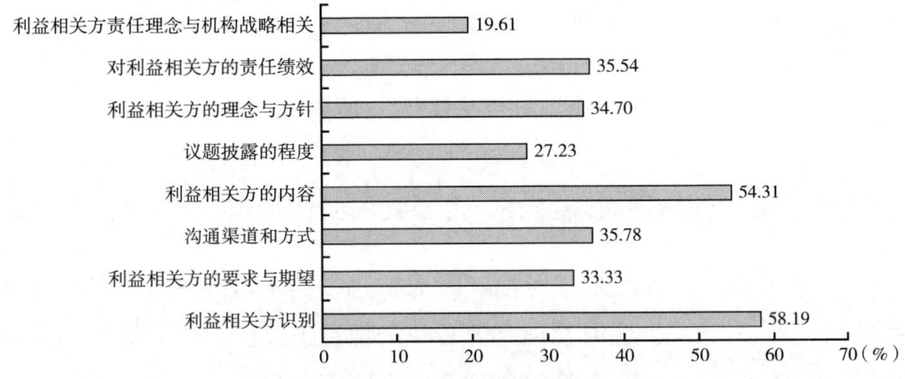

图11 房地产企业报告实质性指标覆盖率

三 2018年房地产企业社会责任报告阶段性特征

（一）与基期相比报告质量水平大幅提升，近年报告质量波动幅度较小，整体尚处在发展阶段

综合来看，2009年（基期）到2018年，房地产报告综合指数稳步持续的增长。2013年以来报告整体质量波动幅度较小，2016年有较大突破，近两年稳定在一定水平。相较2009年，2018年报告的综合指数增长58.80%，但报告质量整体水平不高，其中分别仅有6.78%和13.56%的报告处于卓越和优秀水平，报告质量还有很大的提升空间。

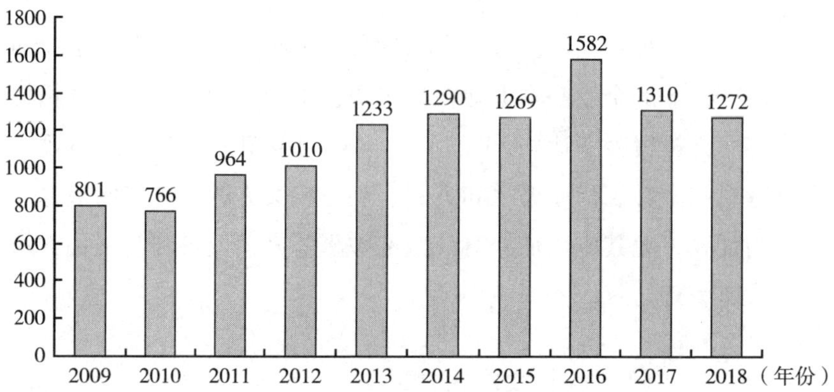

图 12　2009～2018 年房地产报告综合指数

（二）报告创新性表现良好，主题紧扣时代热点

内容创新方面，报告紧扣房地产行业特色，越来越多企业开始加重对“社区”、“环境”、“供应商管理”等版块的信息披露。《珠江实业 2017 社会责任报告》深度披露企业的绿色理念，将该理念融入绿色住房、绿色社区、绿色写字楼等项目全生命周期中。

结构创新方面，《华润置地 2017 年社会责任报告》响应习近平在十九大提出的“新时代中国特色社会主义思想”、“中国梦”思想，将“筑梦新时代”作为报告主题，以“价值之梦”、“匠造之梦”、“品质之梦”等七“梦”为框架，阐述自身管理、产品服务、生态环保、社区和谐等方面的内容。

形式创新方面，报告减少文字使用量，将数据与图片有机结合，缓解了大版面文字带来的阅读疲劳。《招商蛇口 2017 企业社会责任报告》采用场景大图与文字、数据结合的形式披露业务范围，画面大气生动；《北京建设 2017 社会责任报告》采用文字说明与示意图、数据结合的形式展示公司分布情况，报告信息清晰明了、可读性强。

（三）报告对供应商管理履责信息的披露达到基本要求，管理机制等方面的信息披露仍需加强；部分优秀房地产行业的企业对供应商的履责水平不断提升，披露程度逐渐细化、深入

供应商的帮助对房地产行业的企业来说必不可少，因此对供应商的管理成为房地产企业社会责任报告信息披露的关键领域，也是提升企业自身社会责任履责水平的重点之一。报告中提到对供应商资质有要求的企业占比较高，达到55%；公开采购原则、合同签订执行情况的指标覆盖率达到四成，且34%的企业在采购时会考虑供应商对道德、环境的表现；但积极为行业分享供应链管理水平经验的企业，以及分担供应商认证社会责任审核成本的企业仅占极少数，分别为2%和5%。这些数据表明房地产企业在供应商管理和信息披露方面还有较大的上升空间，见图13。

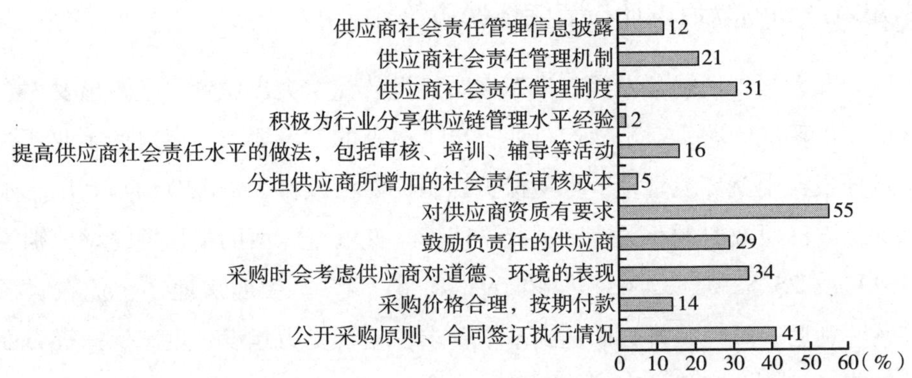

图13 报告在供应商方面的指标覆盖率

在供应链管理方面，做得比较好的企业重视可持续采购，加大对供应商履责信息的披露，除披露公开、透明采购信息外，跨年度的供应商数量、跨年度的供应商合格率、按地区划分的供应商数量等内容也在报告中有所呈现。如《珠江实业2017社会责任报告》中，披露了供应商管

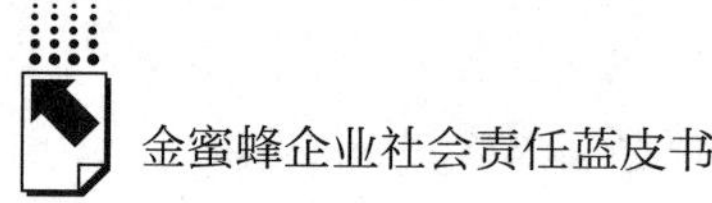

理的全流程，供应商在环境、质量、职工健康等方面的表现也纳入考核评估范围。

（四）房地产企业报告的国际化水平有待提升，报告内容与资本市场、国际要求结合的紧密度还需加强

大多数报告同时参照香港联合交易所《环境、社会及管治（ESG）报告指引》，中国社会科学院《中国企业社会责任报告编写指南（CASS－CSR 4.0）》和全球报告倡议组织《可持续发展报告指南》GRI Standards 等多个标准。但报告中涉及联合国可持续发展目标 SDGs 的指标得分率仅为 3.45%，绝大多数报告中未披露企业关于 SDGs 的实践。

此外，仅有 13.79% 的企业同时发布了中英文版报告，报告在海外沟通方面未发挥其应有的价值。

（五）报告在环境管理方面的指标覆盖率仍偏低，企业较重视披露建筑产品的绿色设计与节能环保功效

十九大报告把绿色发展、生态文明建设放在了突出位置，还指出要大力解决突出环境问题，对房地产行业提出了更高的发展要求。房地产企业在社会责任报告中就环境管理、环境保护意识、降污减排、资源节约与利用、生态保护方面对政府的相关要求进行了回应，这五个方面的指标覆盖率分别为 24.14%、25.52%、33.62%、40.09% 和 10.34%。说明房地产企业在资源节约与利用、降污减排方面达到基本要求，但在能力建设、生态保护等方面的披露指标覆盖率仍处在较低水平。

具体来看，评估企业中建立了环境管理体系指标覆盖率为 41%，在项目施工前实施环境影响评价的企业占比 26%，在报告中披露环保资金投入和与行业分享环境管理经验的占比较低，仍有很大提升空间。企业对自身的发展为社会、环境带来的影响的意识度有待提升，环境管理体系、制度的建立有待完善和加强。

同行业的企业在环境管理方面的水平差距较大，做得较好的企业在

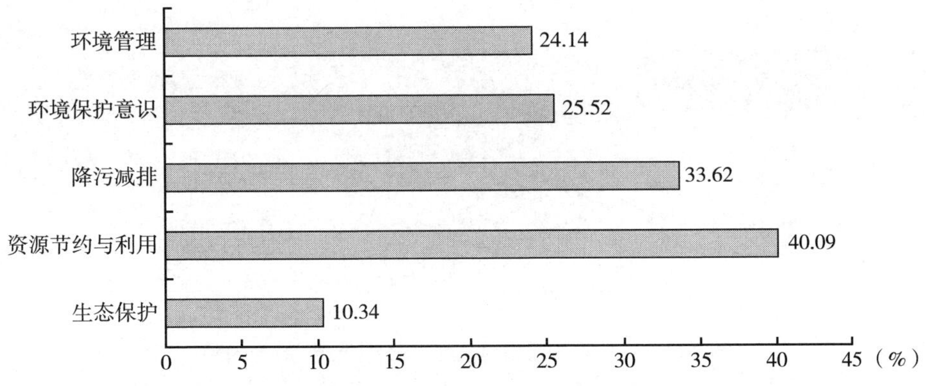

图 14　房地产企业报告环境指标覆盖率

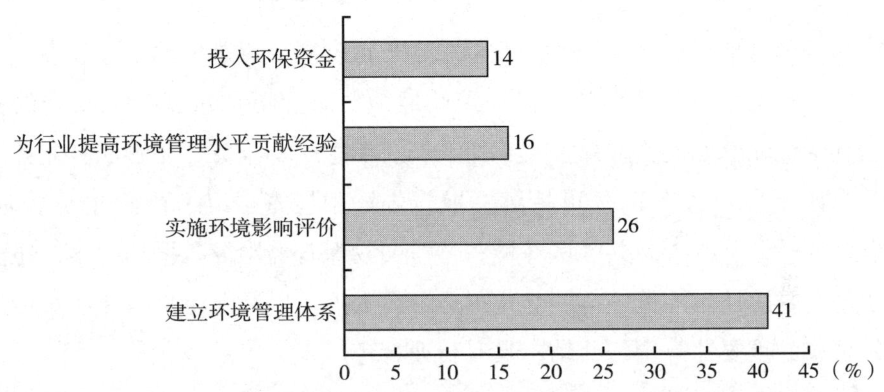

图 15　房地产企业报告环境管理方面指标覆盖率

报告中积极披露绿色建筑、绿色技术等具有行业特色的环保方式。例如《万科 2017 企业社会责任报告》中不仅深度披露住宅产业化模式、住宅产业化面积、绿色绩效等，议题还覆盖绿色建筑、绿色技术创新等方面；《上海金桥出口加工区开发股份有限公司 2017 企业社会责任报告》中披露项目符合的《公共建筑绿色设计标准》和《绿色建筑评价标准》等相关设计规范，并展现绿色能源科技实现室内环境的生态环保和节能的系统。

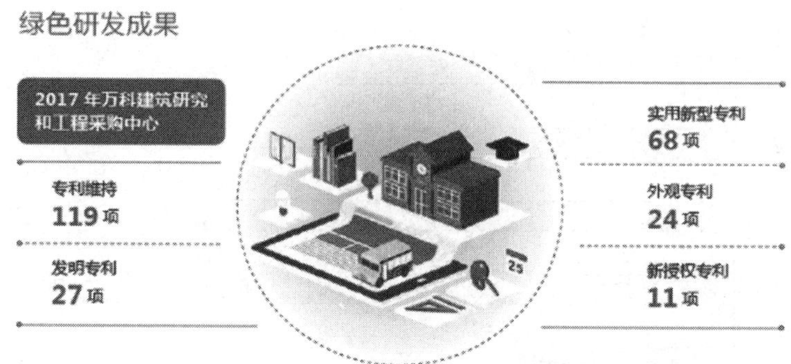

图 16 《万科 2017 企业社会责任报告》部分内容

（六）房地产行业报告的行业特色议题为社区营造，企业倾向于利用自身专业优势，将社区建设与慈善行为相结合

相较于其他行业，房地产行业着眼于长远发展，促进本地就业和商业活动，以及吸引更多的访客及居民。因此房地产企业更加重视社区氛围的营造，包括优化基础设施、保护文化遗产、组织志愿者服务、完善配套业务设施等。如《太古地产 2017 可持续发展报告》中披露了组织社区文娱活动、慈善筹款计划、改善公共区域环境和分享文物保育经验等数据和内容，还披露了基金赞助计划的覆盖范围与捐款金额等数据，以及向租户与邻居宣传可持续发展的重要性等责任活动，具有行业特色。

（七）房地产行业企业注重业主关系管理，包括倾听业主声音、开展丰富的业主活动、注重保护客户隐私等

房地产行业的企业相较其他仅提供产品的行业更注重客户关系管理，包括与业主的有效沟通、保护营销过程中收集的客户资料，注重得到业主授权和保护客户隐私。《中海地产 2017 年环境、社会及管治报告》中披露了企业分年度、半年度、月度与业主进行产品和服务满意度调查的方式与结果；《鲁能集团 2017 年社会责任报告》中披露了客户投诉处理率和客户投诉处理流程，显示了对客户这一利益相关方的高度重视。

四 中国房地产企业社会责任报告建议

（一）建议企业对照金蜜蜂优秀企业社会责任报告六个维度的要求对标先进企业报告，全面提升报告的六个维度指标的覆盖率与得分率，加大力度提升报告可信性与可比性

针对2018年房地产行业报告的整体情况，建议企业在六大维度上均加大提升力度，尤其针对报告的可信性与可比性。在提高报告可信性方面，报告可引入第三方的客观、专业评价，如利益相关方、CSR专家、第三方审验机构等；同时增加对负面信息的披露，以公开透明的态度与利益相关方沟通，增加报告的可信性。在可比性方面，报告可增加具体的绩效目标和对其实现程度的描述，通过不断更新目标进度提升企业的内部管理水平，同时帮助利益相关方形成对公司整体发展态势的直观了解。

在结构完整性方面，可增加企业对报告编写流程的说明和披露社会责任管理的制度与架构；在高管声明中融入企业在社会、环境、经济三方面的社会责任规划，包括企业面临的风险机遇分析、应对措施等。此外，报告应参考可读性原则，设置清晰的信息导航工具，优化报告文字、图片、表格应用及色彩搭配，注意信息量适中。

在创新性方面，房地产行业报告应继续保持结合时代、行业、企业特色，在结构、形式、内容上实现全方位创新。

（二）加大对政府、同行、金融机构、社会组织等利益相关方的管理机制和披露深度

房地产行业的企业社会责任报告对利益相关方的关注的平衡性有待提升。除了对客户、股东、员工等重点进行履责信息披露外，还应加大对其他利益相关方的披露强度。例如房地产行业的企业在报告中，继续加强对供应商信息披露的内容，包括管理机制、供应商的社会责任信息披露等，建议适

当增加部分优秀供应商实践的案例，进一步提升供应商披露水平。此外，为提升报告实质性的得分率，企业应全方位地披露履责信息、平衡利益相关方的诉求。例如目前只有少数报告将金融机构识别为利益相关方，但金融机构在投融资决策中会将企业的竞争力作为主要参考元素，建议企业多元、全面地关注利益相关方。

（三）重视增加负面信息披露，公开、透明地与利益相关方沟通

在评估报告中，72.41%的房地产企业社会责任报告采用了中立、客观的表达，只有24.14%的报告披露了公司负面信息。负面信息披露是增强报告可信性、增企业透明度的重要途径，企业应以客观、坦诚的态度正视负面信息，并对负面事件的发生原因、改进措施进行详细披露，以获得利益相关方的理解和支持。

（四）应用国际化语言体系，提升报告国际化水平

近年来，在“一带一路”倡议、“中国制造2025”的引导下，中国企业不断向海外发展，社会责任报告作为与利益相关方沟通的重要渠道，作用愈发凸显。为提升中国企业在国际上的品牌美誉度，企业应重视将社会责任报告作为对外展示品牌价值的窗口，利用国际化语言体系编制报告。同时，报告应注重结合世界热点，如当前全球气候变化问题、生物多样性保护等，企业应给予积极回应，提升报告的国际化水平。建议企业参照《SDGs企业行动指南》，从了解SDGs、确定优先事项、设定目标、整合、报告和沟通等步骤积极响应联合国可持续发展目标（SDGs），抓住机遇投身参与全球可持续发展，在为全球化发展贡献企业力量的同时，助力提升企业品牌形象，实现自身的长远发展。

（五）加大对环境管理指标的披露深度

建设生态文明是关系人民福祉、关乎民族未来的大计，是实现中国梦的重要内容。习近平提出：“我们既要绿水青山，也要金山银山。”国家对生

态环境的愈发重视，要求企业加大加深对环境管理的披露，房地产行业企业更应肩负起这个重担，提升对环境问题的关注度，不断提升环境和生态保护意识。

企业应积极提升对环境保护的意识，加强完善环境管理体系、制度，在降低污染物排放、循环利用等方面投入资金，积极开发、利用新能源，推动清洁生产，尽可能减少对于社会环境的负面影响。建议企业在报告中加大对环境管理、环境保护意识、降污减排、资源节约与利用、生态保护等方面的披露强度。

B.14

金蜜蜂中国食品行业企业社会责任报告研究

刘宇轩　马小娟　付宇杰　林 波

摘　要： 本报告依据"金蜜蜂企业社会责任报告评估系统2018"，对收集到的70份食品企业社会责任报告进行评估和研究分析，对食品行业企业发布的社会责任报告进行整体描述，对报告的整体质量进行比较、分析和判断，并在此基础上提出相关建议。研究发现，食品行业企业社会责任报告整体处于发展阶段，报告结构的完整性较好，员工、客户、创新、行业特色议题披露较充分，但在实质性、可信性、可读性、创新性以及可比性等议题方面的披露还有待加强。

关键词： 食品行业　社会责任　食品行业企业　食品质量　食品安全

食品的生产加工与广大人民群众的安全和健康息息相关，是社会经济活动中一个必不可少的组成部分。食品工业是我国国民经济中重要的支柱产业，其健康有序发展在保障民生、拉动内需、带动相关产业发展和区域经济发展、促进社会和谐稳定等方面重要意义。近些年来，我国食品工业总量规模呈不断扩大趋势。2017 年上半年，规模以上食品工业增加值在全国工业增加值占比达到11.4%，对全国工业增长的贡献率为11.8%。食品工业主要产品产量稳步增长，保证了13 亿人口的食品供应。

十九大报告中强调：实施食品安全战略，让人民吃得放心。两会政府工作报告提出："食品药品安全事关人民健康，必须管得严而又严。"作为保障民生的重要力量，食品工业企业应当坚守食品安全的红线，严格各项食品安全标准，落实各类食品安全制度，主动承担起保障食品安全、维护人民健康的社会责任，为社会提供更多、更好的产品和服务。

一　中国食品行业企业社会责任报告概况

截至 2018 年 10 月 31 日，通过企业主动寄送、从企业官方网站下载及网络查询等方式，我们共收集到食品行业企业发布的社会责任报告、可持续发展报告 70 份。依据"金蜜蜂企业社会责任报告评估系统 2018"，本研究报告基于报告参数统计，希望通过对食品行业企业发布的社会责任报告进行整体描述，对报告的整体质量进行比较、分析和判断，尝试总结食品行业企业社会责任报告的特点，并提出相应的对策和建议。

在我们评估的食品行业企业中，连续发布五次及以上社会责任报告的企业达到 28 家，占比 40%；连续发布四次社会责任报告的企业有 7 家，占比 10%；第一次发布社会责任报告的企业有 14 家，占比 20%（见图 1）。这说明部分食品行业企业已将社会责任报告作为企业社会责任理念和实践的常态披露渠道。

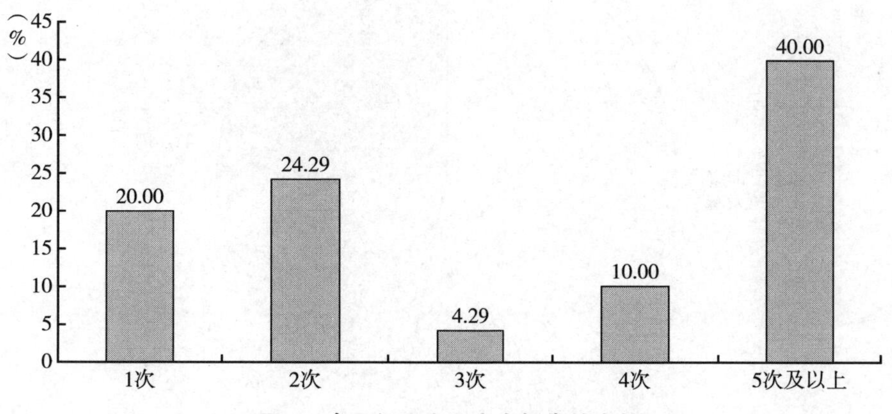

图 1　食品行业企业发布报告的次数

食品行业企业社会责任报告的篇幅在 31 页及以上的占比为 62.86%，篇幅在 51 页以上的报告占比 38.57%（见图 2）。说明随着食品行业企业不断加深对社会责任工作的重视程度，食品企业披露的社会责任信息越来越丰富，也愈加完整、全面。此外，仅有 1 家企业报告篇幅在 10 页以下。

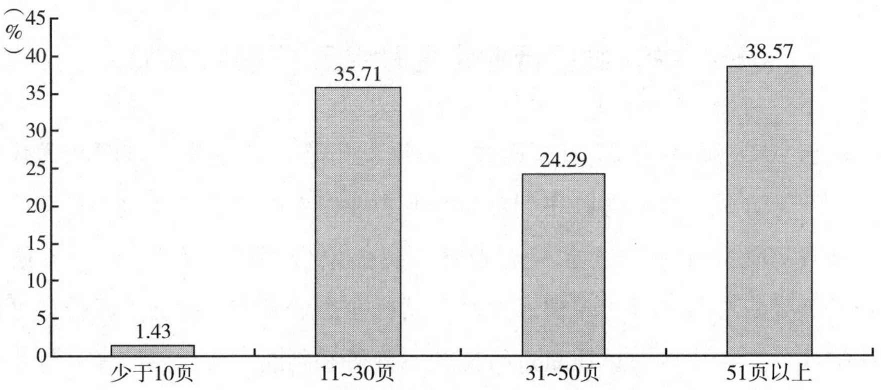

图 2　食品行业企业发布报告的篇幅

在食品行业企业社会责任报告中，无反馈渠道的企业占 52.86%（见图 3）。说明超过一半的企业在披露社会责任履责实践时缺乏同利益相关方的沟通渠道，不利于企业社会责任报告的改进与提升。

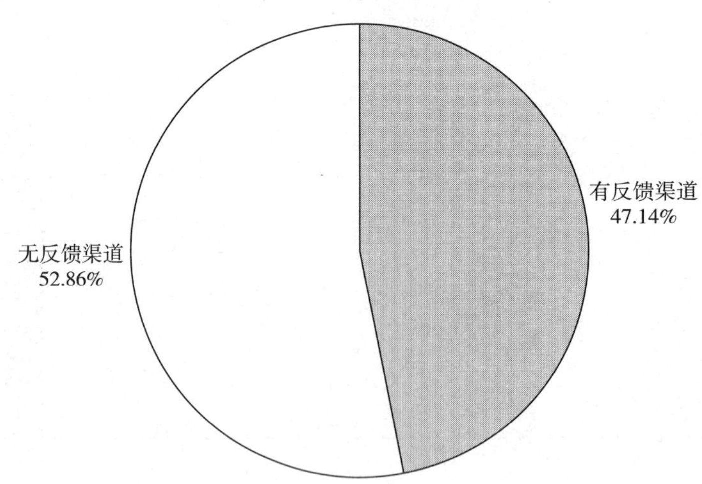

图 3　食品行业企业报告反馈渠道情况

在参考标准方面，食品行业企业采用了多种编制依据。其中44.29%的食品企业采取了参考其他的标准进行编制，有15.71%的报告参考中国社会科学院《中国企业社会责任报告编写指南》和全球报告倡议组织《可持续发展报告指南》，有14.29%的食品企业参考香港联合交易所《环境、社会及管治报告指引》（HK－ESG）进行报告编写（见图4）。

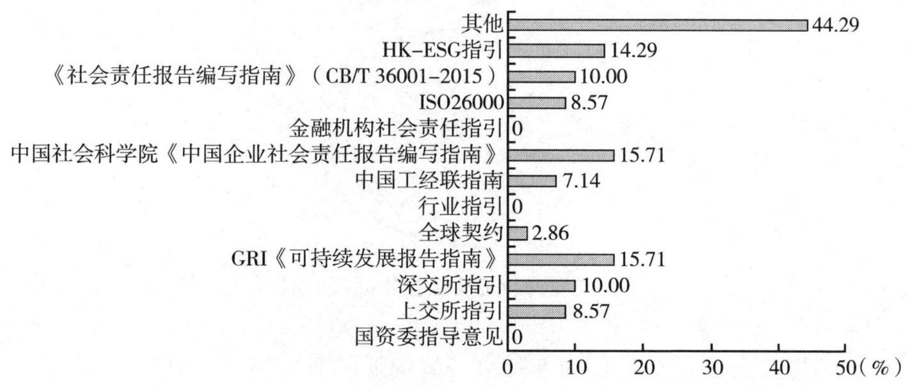

图4　食品行业企业报告编制依据

二　2018年中国食品行业企业社会责任报告分析

（一）报告总体情况

食品行业企业社会责任报告平均得分为52.74，低于中国企业社会责任报告的平均得分54.42。其中，优秀水平的报告占22.86%，卓越水平的报告占5.71%，处于发展水平的企业社会责任报告占41.43%。同时，仍有18.57%的报告处于追赶水平（见图5），和行业内其他优秀的食品企业的社会责任报告质量存在一定的差距，在质量方面还有较大的提升空间。

食品行业企业社会责任报告在实质性、可信性、可读性、可比性和创新性五个维度得分均低于中国企业报告的平均水平。只有完整性得分率高于中国企业报告的平均水平，为56.25%（见图6）。这表明，食品企业未能充

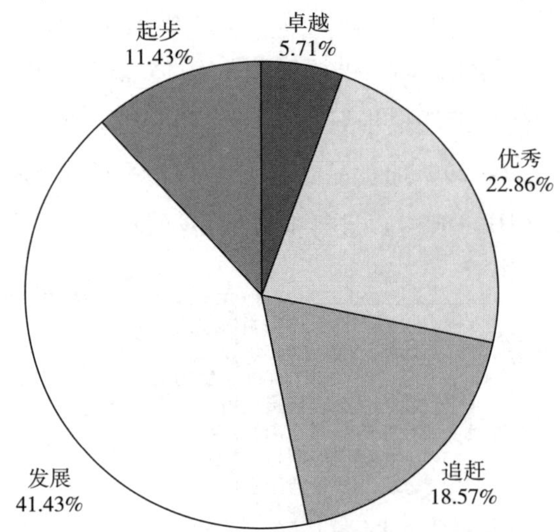

图 5　食品行业企业报告质量分级

分认识到将社会责任报告作为与社会各界沟通的有力工具，在发布翔实的社会责任信息与数据、展示社会责任领域内各类优秀实践、促进与利益相关方的良好沟通等方面还有所欠缺。

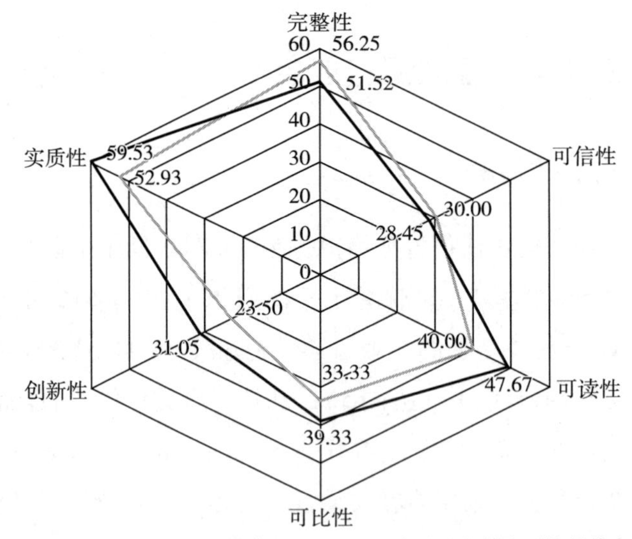

图 6　食品行业企业社会责任报告整体质量

（二）具体分析

1. 结构完整性

食品行业报告的信息披露基本涵盖了企业在经济、社会和环境三个方面的实践内容，信息披露比较完整。食品行业企业社会责任报告完整性平均得分率为56.25%，高于中国企业平均水平（51.52%）。其中公司概况、报告参数、实践内容的覆盖率分别为86.29%、63.57和98.57%（见图7），实践内容明显高于中国企业平均水平。

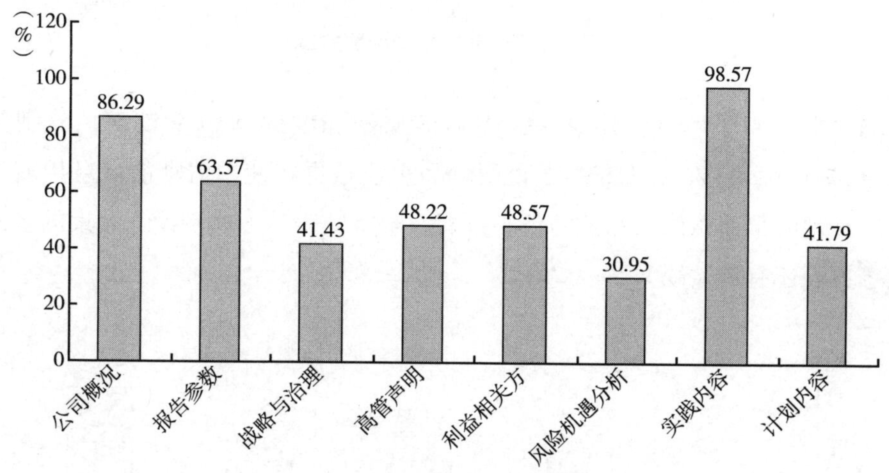

图7　报告完整性指标覆盖率

2. 报告可信性

食品行业企业社会责任报告可信性平均得分率为30%，高于中国企业平均水平（28.45%）。其中，利益相关方评价和表达客观性两项指标的覆盖率最高，分别为71.43%和58.57%，第三方审验和CSR专家评价覆盖率较低，分别为4.26%和2.86%（见图8），说明食品行业企业社会责任报告在可信性方面仍然有很大的提升空间。

3. 报告可读性

食品行业企业社会责任报告可读性平均得分率为40%，低于中国企业

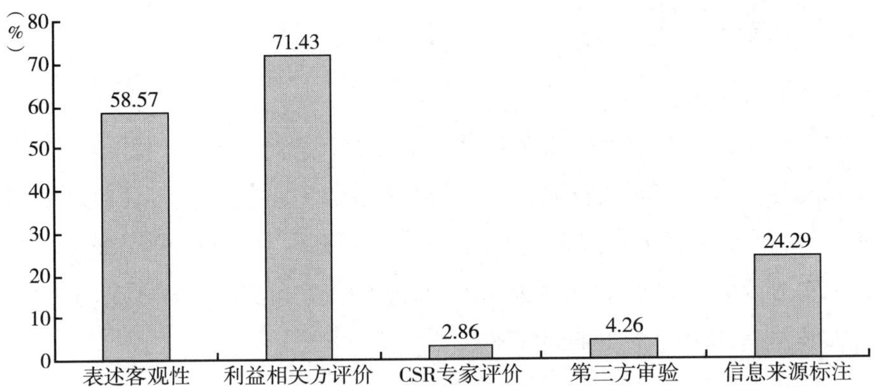

图8　报告可信性指标覆盖率

平均水平（47.67%）。其中，版式和信息饱和度的覆盖率较高，分别为71.43%和61.43%（见图9）。说明食品企业报告在使用清晰的信息导航工具、合理的页面布局、和谐的色彩搭配、丰富的表达方式和设计元素的多元化等方面还有所欠缺。

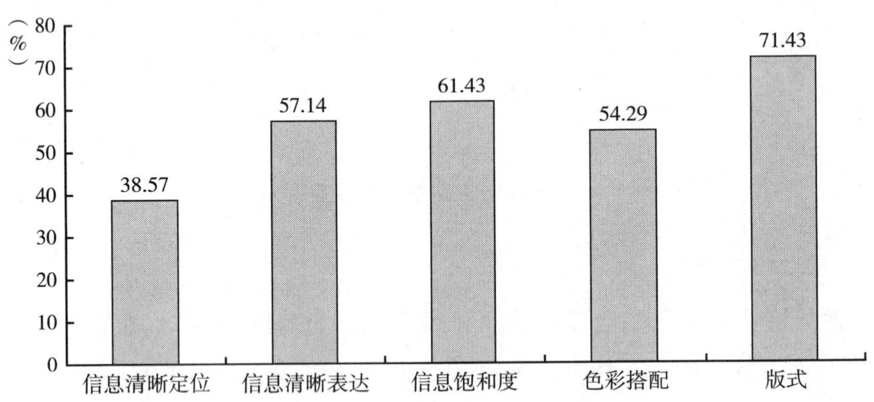

图9　报告可读性指标覆盖率

4. 绩效可比性

食品行业企业报告主要采用了行业标准、国家标准和跨行业标准。食品行业企业社会责任报告绩效可比性平均得分率为33.33%，低于中国企业平均水平（39.33%），绩效信息发布机制完善程度不够。其中，行业内可比性得分率最高，为48.57%；纵向可比性和跨行业可比性指标覆盖率分别为44.29%和35.71%（见图10）。

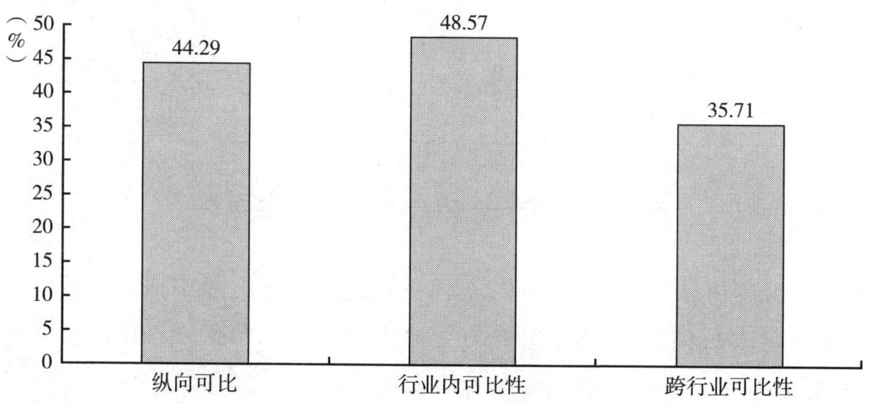

图10　食品行业企业报告可比性指标覆盖率

5. 报告创新性

食品行业企业社会责任报告创新性平均覆盖率为23.50%，低于中国企业社会责任报告的平均水平31.05%。具体来说，报告在内容创新方面的得分率最高，达到54.29%，表明超过一半的发布报告的企业非常重视报告内容的创新，说明报告能够结合契合时代热点，展现行业特色，体现企业亮点实践；报告在结构创新方面的得分率为39.05%，说明食品行业企业在结构创新上稍显不足；在形式创新上的得分率为32.38%（见图11），说明报告的形式创新还有很大的改善空间。

6. 报告实质性

食品行业企业社会责任报告实质性内容平均覆盖率为52.93%，低于中国企业整体水平59.53%，实质性相对偏低，说明针对利益相关方要求和期望的信息披露仍有待加强。报告能够识别出大部分利益相关方群体，覆盖率为57.14%；对于识别出的利益相关方，都能披露有关他们的社会责任信息

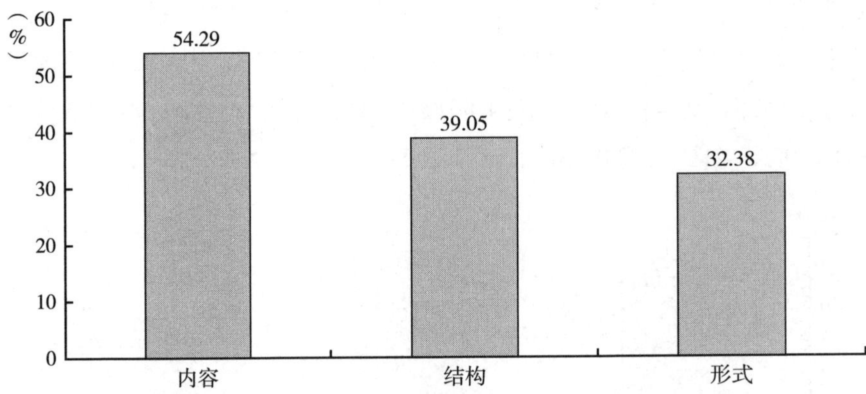

图 11　食品行业企业报告创新性指标覆盖率

与内容，这一指标覆盖率为 62.02%；在利益相关方沟通渠道和方式、利益相关方的要求与期望方面，指标覆盖率分别为 47.74% 和 39.52%（见图 12），表明企业在这两方面的披露有待加强。

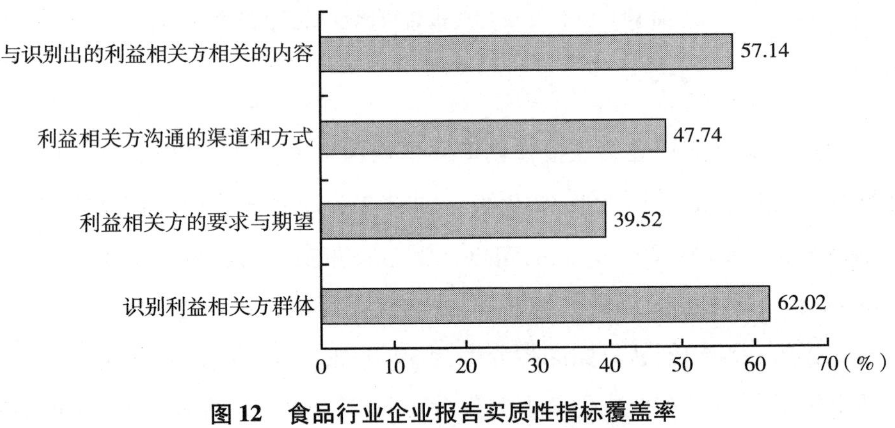

图 12　食品行业企业报告实质性指标覆盖率

三　2018年中国食品行业企业社会责任报告阶段性特征

（一）报告整体处于发展阶段

与我国食品行业企业总体数量相比，发布社会责任报告的食品行业企业比例较小。从整体上看，中国食品企业报告的平均得分为 52.74 分，其中有

41.43%的企业社会责任报告处于发展水平，18.57%的企业处于追赶水平，只有22.86%企业报告处在优秀行列。以上情况一方面说明食品企业对使用责任报告作为主要履责信息披露方式认识不足，未能充分利用责任报告作为企业内部管理和对外沟通的重要工具；另一方面也说明中国食品企业报告在质量上还有很大提升空间。

（二）国有企业成为食品行业企业报告发布的主力军

食品行业企业发布报告的主体中，民营企业发布报告数量达29份，占比41.43%；国有控股企业发布的报告数量为23，占比为32.86%；国有企业发布报告的数量为12份，占比17.14%；外资及港澳台企业发布报告的数量为6份，占比为8.57%。说明与国有企业、国有控股企业相比，民营企业比较注重对企业履责信息的披露，能够积极回应利益相关方的诉求，推动食品行业在社会责任方面的进步。

（三）食品行业企业报告注重披露员工和客户关注的议题

食品企业社会责任报告对员工和客户议题的关注度较高，指标覆盖率均为70.97%，高于中国企业社会责任报告在这一议题方面的整体表现。

《雅士利国际控股有限公司2017环境、社会及管治报告》中披露，积极与消费者进行多渠道的沟通，重视每一位消费者对产品和服务的反馈，不断完善产品监督和服务提升，致力于为广大消费者提供更加优质的产品和高效贴心的服务方面的履责信息。

《2017中国蒙牛乳业有限公司可持续发展报告》中披露，公司不断完善并促进不同层级员工的发展体系，秉承工匠精神，致力于培育“牛奶工匠”，帮助各层级员工提升能力方面的举措。

（四）报告结构的完整性较好

食品行业企业社会责任报告完整性平均覆盖率为56.25%，高于中国企业社会责任报告的整体水平（51.52%），这说明食品行业报告披露的信息比较丰富、

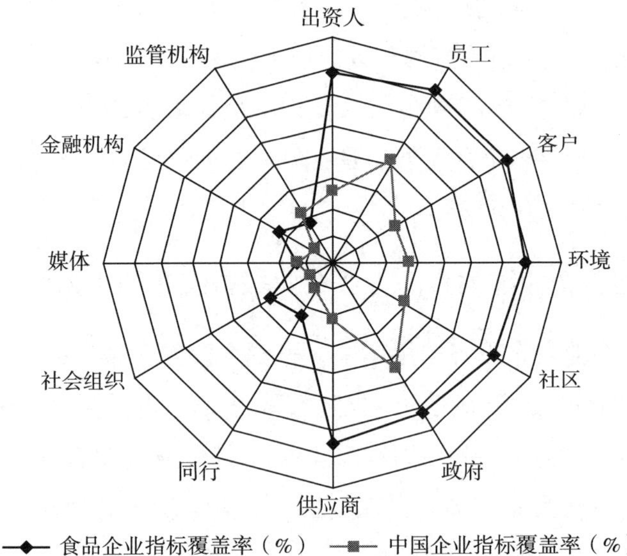

图 13　食品行业企业报告利益相关方指标得分率

覆盖比较全面。食品行业报告从公司战略、高管致辞、利益相关方识别，风险与机遇分析、社会责任实践内容以及计划内容等比较详细地披露了公司的整体情况，使利益相关方能够借助报告对企业的履责实践信息有整体的认识。

《2017 中国蒙牛乳业有限公司可持续发展报告》中详细介绍了公司可持续发展管理的策略，详细披露了公司将 SDGs 的要求贯彻到战略制定和运营管理中，努力贡献全球可持续发展目标实现的举措。

《雅士利国际控股有限公司 2017 环境、社会及管治报告》中详细披露了公司了解不同利益相关方的诉求，并采取相应的责任举措，获得利益相关方的认可和信赖，实现公司的可持续发展。

（五）实质性议题披露方面存在不足

食品行业企业社会责任报告实质性内容平均覆盖率为 52.93%，低于中国企业平均水平（59.53%）。具体来看，报告在利益相关方沟通渠道和方式、要求与期望议题方面，指标覆盖率分别为 47.74% 和 39.52%，表明企业在这两方面的披露有待加强。实质性议题披露低于中国企业平均水平，说明食品企业报告在实质性议题披露上应重视对行业重点和特色议题的考虑，如利益相关方关注的食品安全问题应该给予更多的披露内容。

四　对中国食品行业企业社会责任报告的建议

（一）增加对食品行业重点议题的披露

食品行业报告在实质性方面还有待完善，在披露利益相关方关注的议题方面还有待增强。一直以来，食品安全是食品工业企业的核心社会责任议题，近年来不断出现的食品质量和食品安全问题对食品工业企业履行社会责任提出了新的挑战，外界也更加关注食品企业对行业重点议题的履责信息披露，因此建议食品企业增加对行业重点议题的实践信息披露，增加对食品企业食品安全管理体系方面的披露，向利益相关方传递食品企业维护和提高产品安全和产品质量的决心以及食品企业报告增加对动物福利这一契合时代热点议题的信息披露，满足部分利益相关方的期望和诉求。

（二）增加社会责任报告可信度

食品企业报告中，有专家评价内容的只有 2 份报告，有第三方审验的只有 3 份报告，因此建议食品企业重视 CSR 专家评价和第三方审验程序，提高报告可信性。一方面，企业应重视 CSR 专家和第三方审验对报告编制的参与，在报告中借助 CSR 专家和第三方的视角，解读企业的履责信息。另一方面，食品企业宜尝试坦诚、适度地披露负面信息，如针对食品安全等利益相关方关注程度较高的事件进行披露，或以负面案例解决措施为导向，在报告中披露食品企业针对负面情况企业开展的补救措施和处理结果以及在管理制度、机制等方面的改进信息。此外，还需标注报告信息来源扩展阅读以增强报告内容的可追溯性。

（三）加强关键绩效披露，提升报告可比性

食品行业企业报告披露的绩效目标实现情况还有待完善，因此，为进一步提高报告的可比性，食品行业企业应该从经济、环境、社会入手，对制定各项目标的实现程度、行业内的完成情况等进行披露对比，展现食品行业在食品安全、创新、环保等方面的责任绩效，使利益相关方对企业的责任实践有一个更为清晰、直观的了解。

（四）重视对外信息披露和沟通

目前我国的食品企业众多，但是发布企业社会责任报告的食品企业却是凤毛麟角。表明在关乎国家生计的食品行业企业更应该注重披露社会责任信息，注重与外界的沟通，国有企业应该发挥示范引领作用，把发布社会责任报告作为一种与社会沟通的渠道，让更多的利益相关方了解企业的履责信息。同时，在发布社会责任报告的食品企业中，需拓宽报告的反馈渠道，增强对企业自身社会责任报告的改进。建议食品企业在报告中，加入包括信息反馈表、二维码、网络链接、微信等多种形式的反馈渠道，加强与利益相关方的沟通，及时掌握利益相关方对于社会责任报告披露内容、形式等方面的意见与建议，并据此做出改进，以此不断提升社会责任管理和报告披露水平。

专题报告

Feature Reports

B.15 金蜜蜂中国优秀企业社会责任报告案例研究

王李甜子　钟　帅　刘　昕　魏　冬　刘境达　郭　静

摘　要： 本文选取2018年中国发布的企业社会责任报告中的四份优秀报告，即《中国石化2017社会责任报告》《中国南方电网2017社会责任报告》《中国建筑2017可持续发展报告》《Apple中国企业责任报告2017～2018》，并详细分析其在报告主题、框架、内容、设计、传播方面的亮点和特点，为其他企业社会责任报告编制提供参考。

关键词： 企业社会责任报告　系统披露　创新形式

一　《中国石化2017社会责任报告》解析

2018年5月，中国石油化工集团有限公司（以下简称中国石化）发布第11份社会责任报告。多年来，中国石化持续深入推进公司社会责任管理与传播，通过编制发布年度社会责任报告及系列议题报告，与社会和利益相关方加强互动、信任与理解，以沟通促管理，提升企业履责能力，打造企业责任形象。

中国石化自2008年编制企业社会责任报告以来，历经十余年，社会责任报告的编制水平不断提高，已连续七年被中国企业社会责任报告评级专家委员会评为五星级报告，并三年蝉联“金蜜蜂优秀企业社会责任报告·长青奖”，在中国企业中保持领先。

（一）亮点探析

1. 报告主题

党的十九大报告提出，中国特色社会主义进入了新时代，我国社会主要矛盾已经转化为人民日益增长的美好生活需要和不平衡不充分的发展之间的矛盾。社会主要矛盾的变化是关系全局的历史性变化，要求我们在继续推动发展的基础上大力提升发展质量和效益，更好满足人民日益增长的美好生活需要。

作为中央企业，中国石化坚持以为人民服务为宗旨，以“爱我中华、振兴石化”“为美好生活加油”为初心和使命，紧跟时代步伐，服务国家战略，结合自身产业和资源优势，履行社会责任，助力于满足人民对美好生活的需要。

以此为基础，经过内外部相关方研究，确定将企业社会责任理念——“为美好生活加油”作为报告主题，突出体现公司致力于满足人民日益增长的美好生活需要的努力与信念。

2. 报告框架

立足于当前的形势和环境，结合党的十九大报告提出的新理念、新思想、新战略，国家“十三五”规划五大发展理念与中国石化五大发展战略，以及国务院国有资产监督管理委员会（以下简称国资委）关于国有企业更好履行社会责任的指导意见，通过议题识别，聚焦“35年砥砺奋进，责任铸就非凡石化”“实施精准扶贫，决胜全面建成小康社会”，从“能源化工，满足人民需要”“绿色低碳，助建生态文明”“携手伙伴，创造共赢价值”“回馈社会，共享发展成果”“责任管理，引领持续发展”五大方面搭建中国石化 2017 社会责任报告框架，披露中国石化履责行动，同时促进中国石化企业社会责任与战略的高度融合。

3. 报告内容

积极回应社会关切，将国家、社会、行业和企业关注议题，如“精准扶贫”“天然气保供”“推动能源生产与消费革命”“中国制造 2025”“互联网 +”“乡村振兴”“区域协调发展”“一带一路”“碳资产管理”“生态文明建设”等作为报告的重点议题，结合公司页岩气开发、天然气开发、地热开发、油品质量升级、生物航煤应用、生物柴油应用、推进“两化”融合、运营开放“易派客”、依托“4322”合作构想推进“一带一路”建设、实施碳资产管理、对口支援及定点扶贫、中国石化光明号健康快车、“情暖驿站·满爱回家——关爱春节返乡务工人员”、“爱心加油站·环卫驿站”、产品品牌公益等社会责任和公益实践，以聚焦、专题或深度案例解读等形式呈现中国石化的履责成效，更好地响应国家战略要求。

（1）开篇部分：主要介绍公司基本情况，以及公司治理的做法和成效，总经理致辞引领了报告的方向。

（2）不忘初心，为美好生活加油。此章节内容由两个聚焦构成。聚焦一：35 年砥砺奋进，责任铸就非凡石化。系统披露在改革开放政策的指引下，公司成立 35 年来在强国兴邦、保障民生、企业自身发展方面的做法和成效；聚焦二：实施精准扶贫，决胜全面建成小康社会。系统披露公司响应国家精准扶贫战略，实施对口支援及定点扶贫的做法和成效，并重点介绍公司产业扶贫的情况，探索出具有中国石化特色的产业扶贫模式。中国石化利用 2.6 万家易捷便利店的销售网络优势，助推西藏水产业发展。贯彻落实乡村振兴计划，实施三个美丽乡村旅游开发扶贫项目，以产业发展改善人民生活。此外，还介绍了公司总部及所属企业从基础设施扶贫、教育扶贫、健康扶贫、人才扶贫等方面全面推进精准扶贫工作的情况。

（3）能源供应，满足人民需要。主要介绍公司2017年在提供坚实能源和化工产品保障、持续提升科技力量、确保安全高效运营等方面的做法和成效，以体现公司为国民经济发展提供能源和基础材料保障，满足人民对衣、食、住、行美好生活需要的责任担当。重点介绍了公司推动能源生产和消费革命，在清洁能源与新能源供应、全球能源供应，以及荣获五项国家重大科技创新成果奖、推进“两化”融合、“互联网+”战略等方面的做法和成效，并以“保障天然气供应，服务美好人居新生活”为专题，重点阐述公司在页岩气、LNG等天然气开发与应用方面的做法和成效，以确保天然气供应，共享绿色生活。

（4）绿色低碳，助建生态文明。主要介绍公司在加强环境管控、提供清洁产品、节能减排降碳、保护生态环境等方面的做法和成效；重点介绍了公司在油品质量升级、生物航煤应用、生物柴油应用、碳资产管理等方面的做法和成效；并以“大力发展‘地热+’，建设‘无烟’环保新家园”为专题，重点阐述公司在地热能源开发与利用、发展“地热+”新能源、助力雄安新区建设、京津冀协同发展的做法和成效。

（5）携手伙伴，创造共赢价值。主要介绍公司在人才队伍建设、优质产品与服务提供、打造责任产业链等方面的做法和成效；重点介绍了公司品牌体系建设、非油品服务、运营开放“易派客”、拓展合作领域、促进民族高端制造业发展等方面的做法和成效；并以“践行‘一带一路’，打造国际合作新平台”为专题，系统披露公司响应国家“一带一路”倡议，依托“4322”合作构想，全力推进“一带一路”建设的做法和成效，体现公司结合自身业务优势，为全球供应能源、提供优质服务、参与社区建设的责任担当，助力全球经济社会可持续发展。

（6）回馈社会，共享发展成果。主要介绍公司在贡献税收、社区建设、奉献社会等方面的做法和成效；重点介绍了“情暖驿站·满爱回家”、“爱心加油站·环卫驿站”、产品品牌公益、抢险救灾、支持重大活动、志愿服务等方面的做法和成效；并以“‘健康快车’15周年，共筑光明幸福新未来”为专题，重点阐述了中国石化光明号健康快车免费救助贫困地区白内障患者的做法和成效，体现了公司良好的企业公民形象。

（7）责任管理，引领持续发展。主要介绍公司在责任文化、责任治理、责任沟通等方面的做法和成效；并以“公众开放日全面升级，拓宽企民沟通新渠道”为专题，重点介绍公司通过开门开放，向社会展示智慧、绿色、开放的企业形象，拉近与公众的距离，提高公司品牌美誉度的做法和成效。

2017 年度报告数据速览

- 报告篇幅：107 页
- 报告结构：2 个聚焦 +5 个篇章 +5 个专题 +1 个前言 +1 个后记
- 披露 2017 年度数据：近 200 个
- 突出显示数据：61 个
- 纵向可比数据：69 个
- 横向可比数据：7 个
- 照片：53 张
- 案例：10 个
- 涉及下属企业：>30 家
- 涉及项目：6 个责任品牌项目
- 奖项荣誉：20 个
- 利益相关方引言：13 个

披露全面系统

报告主体内容从“能源化工，满足人民需要”“绿色低碳，助建生态文明”“携手伙伴，创造共赢价值”“回馈社会，共享发展成果”“责任管理，引领持续发展”等角度系统披露了石油化工业核心指标的 88.7%，披露了“资产总额”“实现税费”“节能量”“单位能量因素能耗”“经营管理岗中女性占比”“定点扶贫投入”等 69 个关键指标连续三年以上的数据；并就“地热供暖能力”“乙烯生产能力”“合成橡胶产能”等数据进行横向比较。同时，报告也披露了“死亡人数”等负面数据信息。

4. 报告设计

2017 年报告在延续往年报告风格的基础上进一步创新，运用朴实易懂的文字语言，采用水墨插画与大幅实景图片结合的设计形式、中国民族风与国际化风格结合的设计风格、中国石化标识系统色与环保色结合的色彩运用，形成具有中国石化特色的社会责任报告表达体系，提升利益相关方阅读报告的视觉体验。

总体上发挥视觉符号的感染力，例如报告封面是一个可爱的小女孩正在专心绘制美好生活图景，以油滴、人类、石油化工等视觉符号的充分运用与延展，呈现了中国石化“为美好生活加油”的责任理念；报告内页中则是油滴、人类、石油化工等视觉元素的一以贯之，通过疏密有度、具有节奏感的排版设计，呈现了中国石化履责的持续力量。

5. 报告传播

一是打造具有中国石化特色的报告产品体系，提升传播效果。中国石化 2017 社会责任报告体系包括主报告（中英文）、简版报告（中英文）、H5 版手机报告。通过多元化报告产品，多层次、多角度体现企业社会责任成果，增强利益相关方对中国石化的认知和了解。

二是打造具有中国石化特色的报告内容传播体系。围绕报告中两个聚焦和五个议题的内容，结合报告中提到的具体项目节点，进行分议题、分阶段、分类别的持续传播。例如，中国石化 2017 社会责任报告于 2018 年 5 月 23 日在江苏南京发布，结合中国石化在 13 省同步启动“爱心加油站 · 环卫驿站”社会责任项目的新闻事件，携手各有关方，促进责任影响力的扩大。

三是打造具有中国石化特色的社会责任报告精品项目。先后举办“聚力扶贫　共创幸福”——《中国石化精准扶贫白皮书》发布会和展览，在拉萨“易捷 · 卓玛泉”水厂举办“产业援藏　筑梦高原”——《中国石化在西藏》发布会，在乌鲁木齐举办《中国石化在新疆》白皮书发布会，采用光明网直播的方式丰富受众感知，整合传播资源，充分发挥新媒体力量，邀请了人民日报、新华社、经济日报、中央人民广播电台等中央主流媒体实地探访报道，增强活动的现场感，多角度展示了中国石化援藏成果，创新引领央企社会责任沟通方式。

四是打造具有中国石化特色的社会责任报告海外传播方式。通过推特（Twitter）、脸书（Facebook）官方账号的社会责任信息常态化发布，将社会责任报告中的内容制作成短消息及不同形式的传播作品进行分期发布，增进与海外利益相关方的交流。

（二）专家点评

国务院国资委综合局社会责任处处长张晓松认为，中国石化社会责任理念、实践、沟通与传播等高度契合国家战略和民生需求，在产业扶贫模式探索、实施“绿色企业行动计划”、打造“爱心加油站·环卫驿站”公益品牌项目等方面树立了标杆，为中央企业履责发挥了典型示范作用。

（三）企业名片

1. 企业简介

中国石油化工集团有限公司是1998年7月国家在原中国石油化工总公司基础上重组成立的特大型石油石化企业集团，是国家独资设立的国有公司、国家授权投资的机构和国家控股公司。中国石化主要从事石油与天然气勘探开采、管道运输、销售，石油炼制、石油化工、煤化工、化纤、化肥及其他化工生产与产品销售、储运，石油、天然气、石油产品、石油化工及其他化工产品和其他商品、技术的进出口、代理进出口业务，技术、信息的研究、开发、应用等业务。公司总部位于北京，经营范围遍布73个国家和地区，拥有员工72.6万人。2018年，其在《财富》世界500强企业中排名第三位。

可以说，人类80%的生活环境与石化产业有关。中国石化坚持“为美好生活加油”的企业使命，积极践行可持续发展和社会责任，努力实现“建设世界一流能源化工公司”的企业愿景，服务人民的衣、食、住、行，致力于满足人民对美好生活的需要。

2. 企业社会责任报告发布历史

中国石化自2008年开始发布企业社会责任报告至今，在企业社会责任报告编制方面，实现了三个提升。

一是报告品质的提升。历经从报告越来越厚到报告越来越精的不断完善，如今的中国石化社会责任报告在品质上呈现了如下特点：一是主题突出且切中时代脉搏；二是结构创新且体现战略引领；三是内容深入且回应社会热点议题；四是报告对标与时俱进，符合国际国内权威标准；五是报告产品体系日益完善，传播效果日渐提升；六是深入推进以报告促管理的作用。为了实现在报告品质上的引领，中国石化积极参与社会责任课题研究，支持《中国企业社会责任报告编写指南3.0》的修订。《石化行业指南3.0》已成为中国石油、中国海油、LG化学、中海油服等石油化工企业编制社会责任报告参考的标准和开展社会责任培训的教材，助推行业社会责任发展。

二是报告管理水平的提升。中国石化以“体系完善、管理清晰、专兼并重、上下协同”为指导原则，对社会责任实行规范化管理。健全权责关系明确、上下运转顺畅的管理体制，建立三级管理体系。中国石化集团公司董事会设立社会责任委员会，为公司社会责任决策领导机构，每年定期向董事会提出建议。社会责任委员会在宣传工作部设立办公室，主要负责公司社会责任战略规划及具体事务的统筹、协调与推进，例如社会责任报告的编制与发布，以及责任沟通、传播、评选与研究等事项。公司总部各部门按照职能分工，负责业务范围内的社会责任工作，各直属单位（企业）建立社会责任管理机构，积极推进企业社会责任实践，保证企业社会责任工作正常开展，形成企业社会责任报告的全流程管理：项目前期推进对标研究、内外部相关方沟通启动会、议题识别、主题及框架确定、制定报告编制方案；项目中期展开材料收集、报告编制、报告设计、报告审定（经过报告编委会审核后报送公司董事会社会责任委员会审阅）、报告印刷、报告评审；项目后期进行报告发布、报告评价、报告传播（全年）、报告反馈、报告总结。

三是报告体系的提升。社会责任报告发布的 11 年间，中国石化社会责任报告体系已从一本报告发展为“1 + N”（1 本社会责任报告 + N 本议题报告）的社会责任报告综合体系，每年持续发布集团公司社会责任报告和股份公司可持续发展报告。报告主要围绕四个议题，一是围绕环保议题，中国石化于 2012 年和 2014 年分别发布了两本环保专题报告——《中国石化环保白皮书》和《中国石化页岩气勘探开发环境、社会和治理报告》；二是围绕精准扶贫议题，2016 年率先发布央企首部精准扶贫白皮书——《中国石化精准扶贫白皮书》，2017 年发布央企首部援藏白皮书——《中国石化在西藏》白皮书，2018 年发布《中国石化精准扶贫白皮书（2017 ~ 2018）》，以第三方媒体的视角、以故事的方式，叙述、呈现中国石化三十年来，尤其是 2017 ~ 2018 年的扶贫足迹与做法；三是围绕海外履责议题，中国石化于 2012 年和 2013 年分别发布了《中国石化在巴西》和《中国石化在非洲》两本专题报告；四是围绕地区履责议题，中国石化积极推动有条件的下属企业编制发布企业社会责任报告，扬子石化、茂名石化、金陵石化等下属企业均已发布社会责任报告。2018 年，中国石化在新疆、江苏、天津、四川等多地发布《中国石化在 XX 地》责任报告。

国务院国资委综合局副局长曹学云评价，“中国石化相继发布央企首部精准扶贫白皮书和援藏白皮书，创新和引领中央企业社会责任沟通方式，可称得上是央企典范”。

表 1　中国石化社会责任报告体系

中国石化社会责任报告体系				
社会责任年度报告	精准扶贫报告	海外履责报告	省域社会责任报告	所属单位社会责任报告
· 2007 ~ 2017 年度中国石化社会责任报告	· 中国石化精准扶贫白皮书(2002 ~ 2016) · 中国石化精准扶贫白皮书(2017 ~ 2018)	· 中国石化在巴西 · 中国石化在非洲 · 中国石化在沙特	· 中国石化在西藏 · 中国石化在新疆 · 中国石化在江苏 · 中国石化在四川 · 中国石化在天津 · ……	· 2012 ~ 2017 中国石化股份可持续发展进展报告 · ……

二 《中国南方电网2017社会责任报告》解析

2018 年 5 月 10 日，中国南方电网有限责任公司（以下简称南方电网）发布 2017 年企业社会责任报告，即第 11 份社会责任报告。报告按照“贯彻习近平新时代中国特色社会主义思想，践行党的十九大精神，系统回应人民对美好生活的电力需要，努力打造一份呈现公司践行新发展理念成就、展示公司综合能源服务商良好品牌形象的精品报告”的总体思路，紧扣国家战略和公司改革发展大局，讲述南方电网特色履责故事，全面提升报告的国际化水准。报告连续八年获得中国社科院企业社会责任研究中心五星级国内最高评级。

（一）亮点探析

1. 报告主题

南方电网 2017 年社会责任报告以“万家灯火　南网情深”为主题，包含三层内涵。

一是呼应时代背景，彰显央企担当。报告紧扣奋力推进新时代中国特色社会主义事业的时代背景，围绕南方电网全面贯彻习近平新时代中国特色社会主义思想，践行党的十九大精神，系统回应人民对美好生活的电力需要的履责实践而展开，彰显出南方电网作为中央企业的时代使命感和责任担当。

二是彰显企业宗旨和使命。报告全方位展示南方电网秉持“人民电业为人民”的企业宗旨和“主动承担社会责任　全力做好电力供应”的企业使命。与十九大报告“全党同志一定要永远与人民同呼吸、共命运、心连心，永远把人民对美好生活的向往作为奋斗目标”的要求保持高度一致，站在时代新高度，彰显了“建设具有全球竞争力的世界一流企业，为实现‘两个一百年’奋斗目标贡献南网力量”的央企格局。

三是聚焦于“南网情深”的多个层次。报告围绕服务客户之情、关爱员工之情、回报社会之情，最终以南网人的真情，点亮万家灯火，赋予社会光明和幸福的大爱无疆之情。

2. 报告框架

2017 年报告框架优化为概览篇、主体篇、管理篇和绩效评价篇，深度对标《中国企业社会责任报告编写指南（第三版）》电力供应业指标，核心指标覆盖率达 93.1%，向各利益相关方披露更完整的信息，展示公司 2017 年的履责思考、实践和成效。

从利益相关方视角优化报告导读。在国内首创“沟通、识别、报告”三位一体的呈现模式，将报告的编制流程与目录有机融为一体，给读者更加清晰、自然的阅读体验，直观展示出南方电网社会责任报告编制团队充分倾听利益相关方声音，在梳理识别实质性议题的基础上，重点披露、回应利益相关方关注内容的报告编制模式。

视图化呈现业务生态。报告将“发电 - 输电 - 变电 - 配电 - 用电”的电力流程以业务生态图的形式展示，直观展示南方电网的业务生态，同时配以定量绩效，精准展示南方电网携手利益相关方，努力实现经济、社会和环境综合价值的履责历程，让利益相关方能够快速、深入、全面地了解南方电网，紧扣核心业务、广泛开展履责实践的履责模式和行业领导地位。

以专题形式聚焦国家和公司年度重点工作，以改革视角呈现南方电网改革尖兵的企业定位。报告在“灯火璀璨　情满湾区”专题中详细披露了南方电网为粤港澳大湾区经济社会发展贡献的责任力量，彰显南方电网作为党和国家可信赖的‘六个力量’，服务大湾区发展的总目标的国际视野。“科技强网　创新驱动发展”专题披露南方电网公司身处改革开放的前沿阵地，始终将创新作为发展的第一驱动力，坚持创新引领，切实发挥中央企业在科

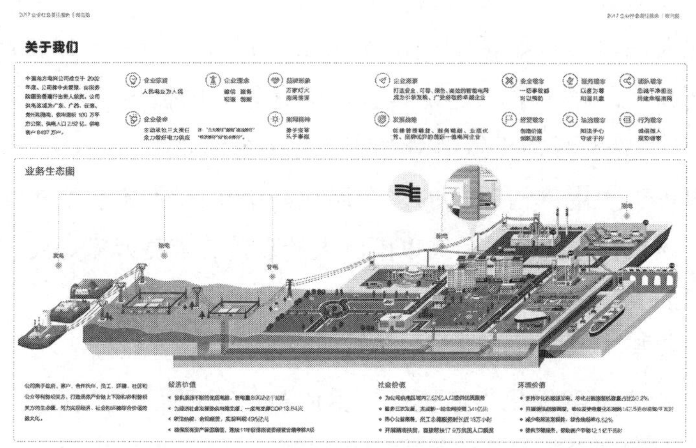

图 1 《中国南方电网 2017 社会责任报告》业务生态图

技创新中的“国家队”、主力军作用，大力推进智能微网、大规模储能、电动汽车等关键技术发展，积极培育新业态、新产业，抢占世界能源科技创新的战略制高点。

报告主体篇章延续了南方电网“电力供应、绿色环保、经营效率、社会和谐”的报告主框架，系统展示了在四大责任领域的履责实践和成效。报告主体部分全面梳理了十九大精神和公司履行社会责任的对应关系，在四大篇章开篇部分用“中央有号召，南网在行动”提纲挈领、旗帜鲜明地阐述公司贯彻习近平新时代中国特色社会主义思想和党的十九大精神的态度、举措和亮点实践，聚焦国内外发展热点，用行动体现公司承担政治责任和时代责任。

3. 报告内容

《中国南方电网 2017 社会责任报告》在内容上紧扣国家的政策，聚焦利益相关关注重点，清晰地呈现了南方电网公司为满足人民对美好生活追求电力需要的责任担当，在政治担当、平等沟通、披露全面等方面均走在国内社会责任报告的前列。

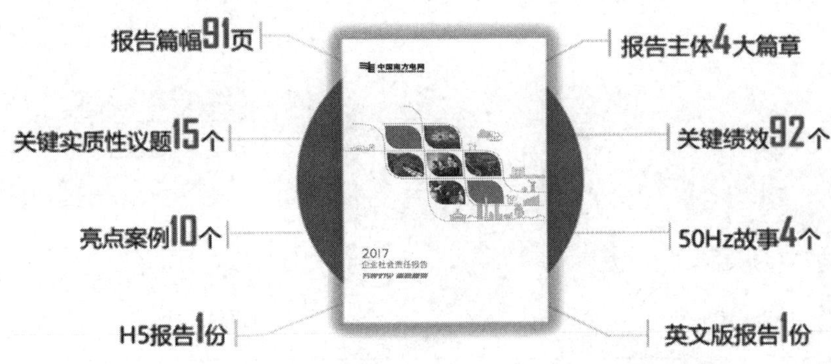

图2 《中国南方电网2017社会责任报告》数据速览

政治担当走在前列

• 旗帜鲜明表态，贯彻落实习近平新时代中国特色社会主义思想和十九大精神。

• 旗帜鲜明地提出“中央有号召，南网有行动”。

• 满足人民群众美好生活的电力需要这一责任使命贯穿始终。

• 紧扣国家战略和改革发展大局，展示央企风貌。

平等沟通走在前列

• 篇章开展以散文诗形式，娓娓道来该领域重点工作，用读者易于接受的表达传递公司责任情怀。

• 以故事传真情，将电波的频率——50Hz作为脉络，在每一章节用该领域相关的50Hz专题故事支撑报告主线，生动展示公司在四大履责领域的履责真情。

• 整体性回顾五年社会责任周活动历程，全方位展示南方电网过去五年以社会责任周为纽带，创新打造责任沟通、责任传播的价值桥梁的管理实践，将坦诚沟通、创新沟通进行到底。

披露全面走在前列

• 完整性。深度对标《中国企业社会责任报告编写指南（第三版）》电力供应业指标，核心指标覆盖率达93.1%。

图3　《中国南方电网2017社会责任报告》电力供应开篇旗帜鲜明提出“中央有号召，南网在行动”

• 可比性。加大关键履责绩效披露，披露了客户满意度、为实体经济减负、西电东送电量等44个关键核心指标，首次设置了绩效评价篇，将“十八大”以来公司履行社会责任的关键绩效系统集中呈现出来。

• 平衡性。对公司去年在安全生产、反腐倡廉等方面存在的问题和不足做到不回避、不隐瞒，坦诚披露负面信息。

4. 报告设计

持续优化报告封面设计。报告对公司logo进行创意延伸，体现了公司加快建成具有全球竞争力的世界一流企业的矢志追求，交叉线路与智慧城市相融合，体现公司紧跟时代发展趋势，致力以国际一流的供电服务满足人民群众对美好生活的电力需要，凸显国际化、智慧化、时代感，增强报告的可读性；封面图案的“七片叶子”代表了公司在南方五省区提供电服务，中间场景图片意指公司竭诚服务用电客户，周围四张图片代表公司履行社会责任的四大领域，报告导读更清晰、内页版式更悦读。

南方电网报告高度重视利益相关方阅读体验。从报告导读页呈现议题梳理流程，报告篇章页聚焦重点责任议题，报告小节开篇设置本节导读等细微的设置都可以帮助利益相关方迅速把握南方电网社会责任报告的重点披露内容，第一时间聚焦其关注的责任议题。

报告图文设置合理，秉持“少就是多”的设计理念，以留白予以利益相关方充分的视觉空间，以精致大图冲击并感动利益相关方，以精巧的图标设计给予利益相关方更直接的责任感知。

5. 报告传播

南方电网一直以来高度重视责任传播与沟通，每年借助报告发布举行社会责任周（暨“责任南网行”）活动。2018 年 5 月 10 日，南方电网首次走出总部，在深圳前海举行报告发布会，并以此为南方电网公司 2018 年责任南网行的起点，沿深圳—珠海—广州的路线，环绕大湾区进行深入考察，并以网内网外—线上线下的传播矩阵同步扩大活动影响力，树立责任沟通品牌。

- 活动视角新：2018 年首家聚焦大湾区建设开展社会责任周活动的中央企业。

- 发布形式新：发布会首次走出公司总部，走进改革开放的前沿阵地；举行以“责任引领共促发展　灯火璀璨情满湾区”为主题的南方电网服务粤港澳大湾区发展论坛。

- 传播方式新：创新引入智能机器人对话；以“一镜到底”的形式拍摄纪录片；邀请 20 余家主流媒体参加，引入演讲、新媒体等更多的渠道传播社会责任周。

基于对不同利益相关方信息需求的系统分析，南方电网制作了网络版报告、纸质版报告、英文版报告、H5 版精编报告，并在微信上推送报告深度解读文章，帮助利益相关方理解、认知南方电网的履责行动。

- 发布“一图读懂”报告（南方电网官网）。

- 发布 H5 版与图文版报告，图文版报告阅读量破 10 万 +，点赞量近 7000。

（二）专家点评

南方电网公司今年的报告围绕一个“新”字下足了功夫。一是理念新，报告紧扣国家战略和公司改革发展大局，在开篇设置“中央有号召，南网在行动”，阐述公司以习近平新时代中国特色社会主义思想为指导，贯彻落实十九大报告要求的责任举措。二是视角新，报告站在与利益相关方平等沟通的立场、在同一个频率上与利益相关方进行沟通，在各篇章设置50Hz专栏，讲述南方电网特色履责故事，展示公司与利益相关方共创、共享的价值观。三是立意新，报告围绕满足人民美好生活的电力需要这一新基点，在各篇章主体内容之前，以平实的语言、优美的插画展现公司为利益相关方创造价值、满足人民美好生活需求的愿景。四是管理新，报告创新呈现公司在利益相关方参与报告编制中的新做法，按照“倾听——评估——报告”三个层次展示编制报告的过程，充分发挥了报告作为内外部利益相关方交流、沟通的桥梁作用。希望南方电网公司在未来不断创新，为中国企业社会责任管理贡献更多新思路、新经验。（程多生　中国企业联合会企业创新工作部主任）

（三）企业名片

1. 企业简介

中国南方电网公司于2002年12月29日正式挂牌成立并开始运作。公司属中央管理，由国务院国资委履行出资人职责。公司供电区域为广东、广西、云南、贵州和海南，负责投资、建设和经营管理南方区域电网，经营相关的输配电业务，参与投资、建设和经营相关的跨区域输变电和联网工程；从事电力购销业务，负责电力交易与调度；从事国内外投融资业务；自主开展外贸流通经营、国际合作、对外工程承包和对外劳务合作等业务。供电面积100万平方公里，供电人口2.52亿人，供电客户8497万户。2017年全网统调最高负荷1.63亿千瓦，增长10.5%；全社会用电量10733亿千瓦，增长7.2%。

公司总部设有22个部门，下设总部后勤管理中心、年金中心两个直属机构，三家分公司，15家全资子公司，六家控股子公司，职工总数30万人。

2. 发布社会责任报告历史

南方电网2017社会责任报告自2017年1月启动编制以来，在总部各部门和分、子公司的通力合作下，前后打磨近20稿。南方电网自2007年开始发布社会责任报告至今，已发布十份企业社会责任报告，报告编制已形成南方电网特色的报告编制流程。

南方电网报告编制实施全过程管理，以报告促进公司责任管理水平提升、责任实践深入开展、责任传播深入人心。建立CSG－CSR 2.0社会责任指标体系，将社会责任指标与公司运营指标相融合，对重要社会责任指标实行动态跟踪和服务，及时了解和回应利益相关方的诉求和期望，不断提升公司综合管理水平和服务水平，努力创建“两精两优、世界一流”的电网企业。

南方电网不仅重视报告编制，也注重以报告为载体，推动责任沟通。自2013年升级社会责任日为社会责任周以来，每年固定一周时间在全公司范围内以社会责任报告发布为载体，与社会各界进行面对面沟通，充分发挥报告沟通价值。

南方电网不仅定期发布高质量的社会责任报告，每年还指导下属省级公司乃至地市局发布社会责任实践报告，作为公司社会责任报告的有力补充，持续企业运营透明度与社会沟通能力。

三 《中国建筑2017可持续发展报告》解析

2018年4月，中国建筑股份有限公司（以下简称中国建筑）发布第九份可持续发展报告。中国建筑将可持续发展报告作为面向上级领导（国资委）和国内投资者、客户、来访者及公开活动的宣传介绍材料，以及和下属企业沟通的重要载体。报告多年获得中国社科院五星级评级、“金蜜蜂优秀企业社会责任报告·长青奖”。

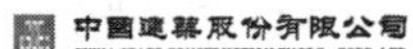

2017
牢记使命 拓展幸福
可持续发展报告
Sustainability Report

图 4 《中国建筑 2017 可持续发展报告》封面

（一）亮点探析

1. 报告主题

中国建筑 2017 年度可持续发展报告以“牢记使命 拓展幸福”为报告主题，包含四层内涵。

一是扣题学习宣传贯彻党的十九大精神，突出“牢记使命”，扩展性大、延展性强，既包括政治使命、历史使命，又包括企业自身使命。

二是主题隐含“不忘初心”，既扣题十九大，又结合中建总公司在 2017 年度改制并更名，站在新的历史方位，不忘初心，再次启程，再创辉煌。

三是主题包含中国建筑企业使命“拓展幸福空间”，扣题十九大精神“为人民谋幸福，建设美好生活”。

四是主题包含使命的多个层次，包括对员工、社会、国家、世界、全人类的使命等方面，扣题打造“世界一流企业”“贯彻创新、协调、绿色、开放、共享的发展理念，为中国乃至全球经济发展贡献‘中建力量’”。

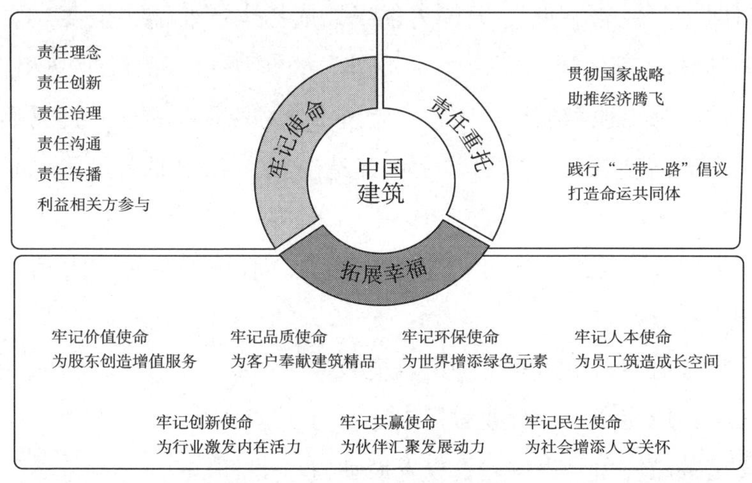

图5 “三色”报告

2. 报告框架

2017 年度报告整体分为开篇、专题、主体、结尾四个部分。

（1）在开篇部分，除了卷首语、年度荣誉、报告编制说明和报告编写流程外，还以“35 年　红色基因　蓝色力量　绿色发展”业务生态图的形式和“35 年　正芳华”，展现中国建筑成立 35 年来的成长曲线；以“数说 2017 中国建筑”，展现 2017 年最重要的经济、社会和环境绩效。这既是对中国建筑成立 35 周年的献礼，描绘中国建筑创业、立业、兴业之路，祝福公司在新时代取得更辉煌的发展成绩，为实现“中华民族伟大复兴中国梦”的金色梦想做出更大贡献，也能够让读者快速而深入、全面地了解中国建筑的历史、发展及在行业的领军者地位。

（2）在责任专题部分，系统展现中国建筑国内外履责实践。

“贯彻国家战略　助推经济腾飞”专题，披露中国建筑在国内积极担当央企责任，以投资、开发、设计、建造、运营、服务一体化的企业实力，投身于国家新型城镇化、区域经济发展、供给侧结构性改革等重大战略实践。持续推进绿色建造、智慧建造、建筑工业化三大方向科研工作，为社会大众

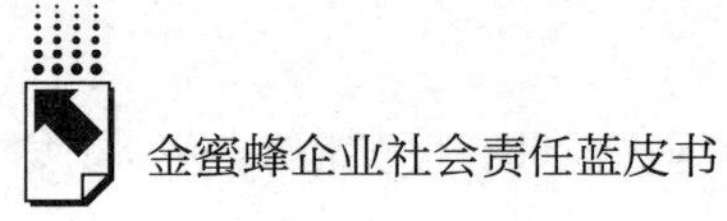

提供高品质的产品和服务，成为经济社会发展可以依靠的坚实力量。

“践行‘一带一路’倡议　打造命运共同体”专题，披露了中国建筑在国外，以践行“一带一路”倡议为主线，依托全产业链、全要素、全生命周期的一体化运营优势，搭建“大海外”发展平台，积极带动相应技术、标准走出去，为当地奉献精品工程，增进沿线国家民生福祉，赢得所在国家政府和民众的高度认可，成为“中国建造”的一张靓丽名片，树立大国品牌形象。

在主体部分，延续了中建“彩虹”报告，系统展示对七大利益相关方的责任担当和成效。

- 牢记价值使命　为股东创造增值服务
- 牢记创新使命　为行业激发内在活力
- 牢记共赢使命　为伙伴汇聚发展动力
- 牢记品质使命　为客户奉献建筑精品
- 牢记环保使命　为世界增添绿色元素
- 牢记民生使命　为社会增添人文关怀
- 牢记人本使命　为员工筑造成长空间

报告将“联合国2030年可持续发展议程”、“培育具有全球竞争力的世界一流企业”作为伏线，体现中国建筑对世界可持续发展的关注、对国际资源配置的主导能力以及其在全球行业发展中的引领作用。

3. 报告内容

2017 年度报告数据速览

- 报告篇幅：104 页
- 报告结构：2 大专题 +7 大篇章
- 披露 2017 年度数据：近 200 个
- 突出显示数据：31 个
- 纵向可比数据：36 组
- 横向可比数据：1 组
- 照片 >100 张

• 案例 >40 个

• 涉及下属企业 >28 家

• 涉及项目：42 个

• 奖项荣誉：12 个

• 利益相关方引言：2 个

体现政治担当

• 报告主题“牢记使命，拓展幸福”回应党的十九大主题“不忘初心，牢记使命”，体现央企特色。

• “贯彻国家战略，助推经济腾飞”和“践行一带一路，打造命运共同体”两个专题，展现中国建筑将自身业务发展与承担国家、全球责任融为一体，彰显全球一流投资建筑企业的责任与担当。

• 将党建工作贯穿报告始终。

披露全面系统

报告系统披露了建筑业 92.5% 的核心指标，披露了“营业收入”“建筑业务新签合同额”“万元增加值综合能耗”“大宗材料绿色采购比例”“女性管理者比例”“员工培训投入”等 50 个关键指标连续三年以上的数据；并就“建筑业总产值”“国家优质工程奖项”“安全文明标准化工地数”等数据进行横向比较。

披露了“内控缺陷率”“员工流失率”“亿元产值死亡率”“安全隐患项”“重大环境事故数”等负面数据信息，并以案例形式详述企业积极应对“高处坠落事故”的处置过程和改进措施。

4. 报告设计

报告采用“无限大”符号作为主元素，并象征可持续运行的“魔比斯环”图案，简约而极具识别性，寓意着中国建筑牢记使命、发挥全产业链优势，为利益相关方拓展无限幸福，蕴含着成为具有全球竞争力的世界一流企业的美好憧憬。报告还将该元素应用于报告的案例、流程图、数据展示等细节处理，既与报告“拓展幸福”的主题相呼应，又增强了报告的整体性。

报告以红蓝绿为主基调，体现中国建筑传承红色基因、凝聚蓝色力量、

加强隐患排查，避免事故发生

2017年10月，公司某项目发生高处坠落事故，造成人员伤亡。事故发生后，项目部立即启动应急预案，组织现场抢救，同时将事故信息第一时间上报当地政府有关主管部门和企业上级主管单位。项目所属公司领导接到事故报告信息后，立即赶赴现场，指导事故救援和善后处置工作。施工现场全面停工，开展隐患排查整治工作，对现场作业人员和管理人员开展安全培训再教育，强化其安全意识。积极配合事故调查组开展事故取证、调查及分析工作。分析本次事故，劳务作业人员自我保护意识差，未正确使用安全防护用品是造成本次事故的直接原因；项目部管理人员未及时排查事故隐患，未制止和纠正违章作业，培训教育不到位是造成本次事故的管理原因。

为避免同类事故发生，我们进一步严格落实安全生产责任，依据《中国建筑安全生产责任追究及奖惩标准》进行责任追究及处罚，进一步健全《中国建筑安全生产管理办法》和《中国建筑全员安全生产责任制度》等规章制度，加强事故隐患排查力度，及时整改事故隐患，加强对分包单位管理，对分包单位施工实施全过程监管，坚决杜绝“三违”现象，督促分包单位落实相关防范措施，严防事故再次发生。

图6　披露负面信息

推动绿色发展，为实现中华民族伟大复兴中国梦的金色梦想，贡献“中建力量”。同时，三个颜色也代表着企业的过去、现在与未来，通过三个主色融合其他辅助颜色，贯穿着企业七彩报告的延续理念。

报告设计方面，突出“中国”特色，如毛笔字形态的标题设计，中国画特有的晕染风格，表现大国企业的文化自信。

设计方面配以精细的动感线条，与水乳交融的色彩相互融合在一起，以此体现中国建筑引领世界、创造可持续未来的重任，以及对品质、对自然、对艺术相融合的完美追求，表现中国建筑在经济、社会、环境领域，持续探索与创新的综合价值。

报告中的每一个案例，都配有清晰的图片，体例规整、行文有序、文字凝练，既体现出企业对履行社会责任的深刻理解，又勾勒出企业履行社会责任的完整生态，具有卓越的可读性。

5. 报告传播

基于对不同利益相关方信息需求的系统分析，中国建筑制作了网络版报告、纸质版报告、英文版报告、H5 版精编报告、电子书版报告，并编写了报告深度解读文章。

- 发布“一张图”版报告，点击量近 20000 次（中国建筑官方微信公众号）。

• 中国建筑“恪守品质担当，拓展幸福空间”案例入选《金蜜蜂 2017 责任竞争力案例集》，受到广泛好评。

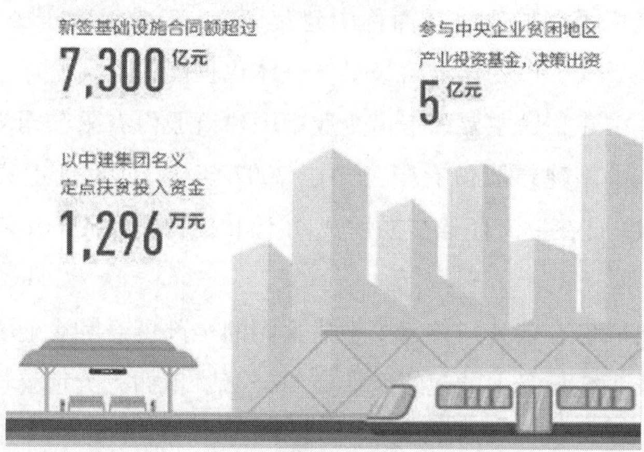

图 7　报告一张图版

（二）专家点评

报告以“牢记使命　拓展幸福”为主题，从七个方面进一步诠释了中国建筑对“幸福”的定义，有温度、有力度、有深度地披露了公司关于企业治理、品质营造、创新发展、员工培育、环境保护、伙伴共赢和社区参与等七大议题的理念、实践与绩效，详尽地将中国建筑的企业实力和形象传递给利益相关方。此外，报告还以贯彻国家战略和践行“一带一路”倡议为主题设置两大责任专题，披露了中国建筑为雄安建设、国家经济腾飞所做的贡献，为世界人民贡献的“中国智慧”，充分展现了央企的责任担当以及大国的品牌形象。

报告整体设计风格简洁大气，以无限大“∞”符号元素贯穿全篇，寓意中国建筑在担当社会责任、追求可持续发展的道路上不断前行、永无止境。在各个章节前突出核心社会责任绩效，以大数据及绩效横向对比，集中展现中国建筑的履责亮点。

（三）企业名片

1. 企业简介

中国建筑集团有限公司（简称中建集团），正式组建于 1982 年，是我国专业化发展最久、市场化经营最早、一体化程度最高、全球排名第一的投资建设集团。中建集团主要以上市企业中国建筑股份有限公司为平台开展经营管理活动。中国建筑股份有限公司于 2007 年 12 月 8 日正式创立，并于 2009 年 7 月 29 日在上海证券交易所成功上市，股票代码 601668. SH，总部位于北京。

中国建筑股份有限公司传承了中建集团的全部资产和企业文化，拥有承包范围最广、含金量最大的建筑企业资质证书，现拥有上市公司 7 家、二级控股子公司 100 余家，业务布局涵盖投资开发（地产开发、建造融资、持有运营）、工程建设（房屋建筑、基础设施建设）、勘察设计及新业务（绿色建造、节能环保、电子商务）等多个领域。

2. 发布可持续发展报告历史

中国建筑之所以能够将可持续发展报告做成中国国内企业社会责任报告的领军者，首先是由于公司重视社会责任工作，健全社会责任组织体系，以品牌管理体系为依托和载体，以《社会责任工作指导手册》为重要纲领，指导各二级单位明确社会责任工作职责、开展社会责任活动，引领建筑行业社会责任体系和能力建设；其次则是企业优化社会责任指标管理，依托《中国建筑社会责任指标管理手册》推动公司运营管理升级，进而引领建筑行业社会责任标准的编制和使用。

中国建筑于2010年发布第一份报告，以后每年定期发布报告。中国建筑还指导下属公司发布报告，如中海集团、中海地产、中建三局、中建国际等均编发社会责任报告，持续提升所属企业运营透明度与社会沟通能力。2017年中国建筑发布了首个项目报告《刚果（布）一号公路项目社会责任报告》。

四 《Apple中国企业责任报告2017～2018》解析

2018年7月23日，Apple公开发布第二份企业责任报告——《Apple中国企业责任报告2017～2018》（以下简称报告）。Apple致力于让世界更加美好。在中国，Apple通过各种方式来为中国经济、社会的发展做出贡献，积极履行社会责任，在环境、教育、供应链、辅助功能、回馈社会等领域投入资源，持续助力中国就业发展，推动中国产业革新、技术升级、环境保护。通过发布报告，Apple与各利益相关方，包括政府、客户、供应链、员工、社区等，保持及时性联系，构建紧密的合作伙伴关系。

（一）亮点探析

1. 报告主题

《Apple中国企业责任报告2017～2018》以“Apple·和您”为主题，包含以下内涵：

与《Apple中国企业社会责任概览2015～2016》主题——“Apple·为你”、《Apple中国企业责任报告2016～2017》主题——“Apple·与您”一脉相承，体现出Apple与各利益相关方之间的关系更加紧密。

突出与各利益相关方携手并进、共同协作的理念。Apple在中国的发展

图 8 《Apple 中国企业责任报告 2017～2018》封面

离不开各利益相关方的支持与帮助。只有合作，才是解决目前国家与社会面临的可持续发展问题的必要前提与保障。

2. 报告框架

报告框架简单明晰，整体分为开篇、主体、结尾三个部分。

报告开篇部分，除“Apple 在中国”“责任管理”以外，以“来自管理层的声音”展现 Apple 管理层对企业社会责任与可持续发展方面的重视；以时间轴为主线，梳理“社会责任大事记”，概述过去一年，Apple 在中国的责任管理、产品责任、环境责任、教育责任、供应商责任和回馈社区等领域的重要实践，让读者对 Apple 的履责实践进行快速全面的了解；以“责任荣誉”凸显 Apple 获得来自政府、行业协会、公益组织的认可与肯定。

主体内容共分为六个部分，分别以产品责任、环境责任、教育责任、供应商责任、员工责任、社区责任统领各章节，涵盖环境、教育、供应商、产品与服务（辅助功能）、员工、回馈社区等领域，系统展示责任担当和成效。

- 产品责任：创新，只为更好
- 环境责任：绿色，全力以赴
- 教育责任：教育，乐在其中
- 供应商责任：合作，走得更远
- 员工责任：成长，成就非凡
- 社区责任：回馈，竭尽所能

报告将 Apple 的创新精神注入每一个社会责任领域的实践表述中，体现出 Apple 对于全球和中国可持续发展的回应与关注。同时，也体现出 Apple 作为负责任的企业公民，充分发挥自身创新优势，与利益相关方合作，在不断推动中国就业发展、产业革新、技术升级、环境保护等方面所发挥的引领、示范性作用。

3. 报告内容

报告数据速览

- 报告篇幅：97 页
- 报告结构：开篇、六大篇章、结尾
- 披露年度数据：近 350 个
- 突出显示数据：51 个
- 纵向可比数据：8 组
- 照片：68 张
- 案例：24 个
- 奖项荣誉：14 个
- 利益相关方引言：16 个

与报告主题相呼应

- 报告的每一章节都通过访谈和调研的方式，深度挖掘典型案例，呈现给读者更加生动的故事内容。这不仅增加了利益相关方的参与度与协作性，也提高了报告的阅读性。

• 多处设置第三方利益相关方引言的形式，呈现 Apple 履责成效，增强报告互动性、强化可信性。

更加多元、丰富的实践案例

报告内容响应“大众创业、万众创新”“中国制造 2025”、精准扶贫、污染防治等国家政策要求和热点，聚焦应对气候变化、供应链管理等全球热点议题。同时，注重对技术创新、电子废弃物回收等行业特有议题的回应，凸显出 Apple 与时俱进的领先社会责任实践和本土化、全球化相结合的报告视野。

披露全面系统，更具实质性

对标《中国外商投资企业社会责任报告编写指南（CEFI－CSR1.0）》，报告的指标覆盖率达 84%，系统披露电子信息行业特有的六大指标，例如，“鼓励使用可再生能源的政策、措施或技术”“产品和包装回收再利用制度、措施”等。同时，报告还披露了“净销售收入”“Apple 的碳排放”“单位产品碳排放量”“产品能源消耗”“供应商接受第三方评估的情况”“扩展能力建设”等关键指标连续三年以上的数据，以及电子信息行业社会责任治理水平评测结果和在“绿色供应链 CITI 指数”中的排名，增加报告绩效的纵向可比性以及行业内或跨行业的横向可比性。另外，报告还披露供应商雇用童工等负面事件，并对负面信息进行回应，说明情况，披露改进措施。

4. 报告设计

报告严谨规范、秉承国际化、简约化的设计风格，与 Apple 官网、供应商责任报告、环境责任报告等系列设计保持一致，进一步加深 Apple 品牌高辨识度。

在色彩定位上，基于报告的多重形象诉求，对《Apple 中国企业责任报告 2017～2018》中六大主题篇章进行颜色规划，严格遵循 Apple 品牌格调并参考官网不同维度的色彩运用，规划出具有可持续发展生态的色彩体系，满足报告对框架布局和视觉体验的双重需求。

报告整体形象本土化且多运用本土化实践图片，具有较高的亲和性。图片中人物情绪饱满，构图严谨，较好地呼应了相关实践、案例的表达，有助于塑造可持续发展的品牌形象。从文字描述到图片呈现，协调配合，在提升阅读友好度的同时，也能更好地实现与读者之间的情感共鸣，有效增强责任沟通。

5. 报告传播

基于对不同利益相关方信息需求的系统分析，Apple 制作了网络版报告、纸质版报告，并充分利用新媒体、行业活动平台、宣传文章、典型案例深度解读等方式，促进报告的广泛传播。

• 官网专栏：在企业官网“创造就业”栏目，上线连续两年的报告，供读者浏览与下载。

• 报告邮寄与赠送：通过邮寄、面对面赠送等方式将报告送达利益相关方，强化报告的定向传播。

• 高层微博公开发布：Apple 副总裁、大中华区董事总经理葛越通过微博发布报告信息，更加直接和主动地接受外部评价与反馈。

• 大型活动平台发布报告：在第六届中国电子信息行业社会责任年会发布报告，提升报告的认知度与宣传广度。

• 行业协会网站宣传：在中国电子工业标准化技术协会社会责任委员会官网刊登报告，发布文章。

• 典型案例深度解读：“创新公益模式，助力‘互联网＋精准扶贫’落地生根”案例入选《金蜜蜂 2017 责任竞争力案例集》；“百分百全力实现废弃物零填埋”案例入选《电子信息行业绿色供应链最佳实践》。

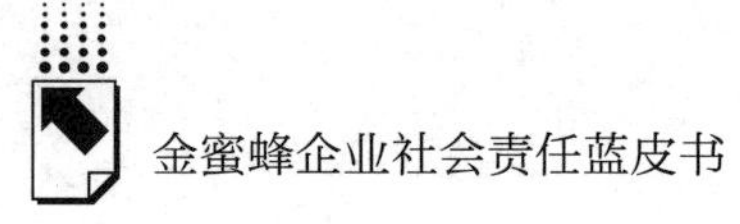

（二）专家点评

报告借助实践案例、图片表格、翔实数据等图文并茂的形式，翔实清晰地披露了 Apple 在产品责任、环境责任、教育责任、供应商责任、员工责任、社区责任等方面的核心信息，全面客观地反映了 Apple 经济绩效、环境绩效、社会绩效和责任管理等方面内容，生动形象地展示了 Apple 履行社会责任的主动担当、践行作为及建设成果。

Apple 将企业公民理念融入到了公司战略之中，实现了企业社会责任工作与企业核心业务的深度融合。在企业整体发展、提高客户满意度、提高产品竞争力、保证环境安全等方面发挥了重要作用。报告整体编写认真严谨、详细具体、论述完整，实质性和可读性强，是一份优秀的社会责任报告。（张少平　中国社会工作联合会企业公民委员会总干事）

（三）企业名片

1. 企业简介

Apple 创立于 1977 年，总部位于美国加利福尼亚州。Apple 于 1984 年推出 Macintosh，为个人技术带来了巨大变革。今天，Apple 凭借 iPhone、iPad、Mac、Apple Watch 和 Apple TV 引领全球创新。Apple 的四个软件平台，iOS、macOS、watchOS 和 tvOS，带来所有 Apple 设备之间的顺畅使用体验，同时以 App Store、Apple Music、Apple Pay 和 iCloud 等突破性服务赋予人们更大的能力。Apple 的十万名员工致力于打造全球顶尖的产品，并让世界更加美好。

在中国，Apple 通过各种方式为中国经济、社会的发展做出贡献，专注于服务顾客、投资经济、引领创新和履行企业社会责任。迄今为止，Apple 在中国大陆设立 9 家公司、71 家分公司，分布在 24 座城市，并创造了逾 500 万个工作岗位，拥有超过 2000 家供应商。Apple 全球排名前 200 位的供应商中约有 150 位来自中国；Apple 的 19 家总装工厂中有 16 家位于中国。截至 2018 年 4 月，Apple 在大中华区（含香港、中国台湾及澳门）已开设零售店 49 家。

2. 发布企业责任报告历史

在高层的领导和协调下，Apple 政府事务部负责企业社会责任规划部署，与其他部门协同合作健全社会责任组织体系，同时与各利益相关方广泛沟通，形成了内外协同创新的社会责任管理机制。继 2016 年发布《Apple 中国企业社会责任概览 2015 ~2016》后，每年定期公开发布企业责任报告，与社会各界分享在环境、供应商、社区、教育等方面的责任理念、实践与绩效。

同时，Apple 定期发布专项报告，分享环境责任和供应商责任领域的进展。已连续 12 年发布《供应商责任进展报告》，向利益相关方分享 Apple 与合作伙伴携手努力，超越更高标准，不断改善供应商员工的生活，为后代节约地球宝贵资源的实践；连续 11 年发布《环境责任报告》，向利益相关方分享 Apple 为实现环保目标所取得的进展，重点关注气候变化、资源和更安全的材料三大领域。

B.16
金蜜蜂中国信息通信技术行业企业性别平等信息披露研究报告

杜玉欣　乔 童　朱 敏　林 波

摘　要： 本报告依据联合国妇女署与联合国全球契约办公室共同发起的“赋权予妇女原则——性别平等带来经济发展”行动倡议，对收集到的127份信息通信技术（ICT）行业2018年发布的企业社会责任报告进行评估和分析，并提出针对性建议。研究发现，中国ICT企业报告中对性别平等相关信息披露的整体水平较低，并呈现以下特征：外资企业更重视性别平等议题披露，企业政策支持性别平等信息披露充分，报告重视员工健康、安全的信息披露，促进供应链性别平等信息披露不足，企业关于性骚扰等敏感话题披露保守，企业开展女性公益项目的披露有待加强。

关键词： ICT企业　性别平等　赋权予女性　健康保障

党的十八大以来，我国促进男女平等和妇女全面发展的制度机制进一步完善，女性在经济、健康、教育等方面的发展水平得到全方位提升。全社会就业人员中女性占43.1%，其中女性互联网领域创业者占55%。中国率先实现联合国千年发展目标，并全力推进2030年可持续发展议程中有关妇女目标的落实。成功召开中国妇女第十二次全国代表大会，将“促进妇女全面发展”专列章节写入我国国民经济和社会发展“十三五”规划纲要，消除就业性别歧视、扩大农村妇女宫颈癌和乳腺癌检查项目覆盖范围等相继纳入中央文件和国家重大民生项目，妇女发展与维权中的一些突出问题得到有效解决。①

企业作为参与社会实践的重要主体，对促进社会性别平等发挥着不可替代的作用。尤其对于信息通信技术（Information Communication Technology，简称 ICT）企业来说，性别平等已逐渐成为企业履行社会责任，促进可持续发展的重要内容。此外，联合国可持续发展目标（SDGs）、社会责任国际标准《ISO 26000：社会责任指南（2010）》、全球报告倡议组织《可持续发展报告指南》（GRI Standards）等都涉及性别平等相关内容，性别平等成为企业社会责任报告披露的重要议题之一。

一 中国 ICT 企业性别平等信息披露概况

在 ICT 整个产业链中，女性是一支重要的力量，她们在生产、运营、服务等过程中扮演着重要的角色。为了解 ICT 企业中性别平等议题的履行情况，本报告依据联合国妇女署与联合国全球契约办公室共同发起的“赋权予妇女原则——性别平等带来经济发展”行动倡议（以下简称“原则”），对 ICT 企业社会责任报告进行评估。七项原则包括企业领导者促进性别平等，机会平等、包容和非歧视，健康、安全和不受暴力侵害，教育和培训，企业发展、供应链和营销方式，企业的社区领导力和社区参与，透明度、评估和报告。评估方法共设置了涵盖七项原则在内的 15 项二级评估指标，具体内容如下。

序号	一级指标	二级指标
1	企业领导者促进性别平等	企业政策支持
		确定企业性别平等目标和指标
2	机会平等、包容和非歧视	同工同酬原则
		招聘中注意性别差异
		女性占比最低数值
		妇女生育、员工抚育子女关爱

① 资料来源：《中国妇女第十二次全国代表大会报告》，http：//sd. people. com. cn/GB/n2/2018/1104/c358829 - 32241096. html。

续表

序号	一级指标	二级指标
3	健康、安全和不受暴力侵害	员工健康保障
		防暴力、性骚扰政策
4	教育和培训	平等的培训机会
		企业促进赋权妇女的案例
5	企业发展、供应链和营销方式	带动伙伴推动性别平等
6	企业的社区领导力和社区参与	推进性别平等的公益项目
		宣传企业促进性别平等的实践
7	透明度、评估和报告	公开性别平等的政策和计划
		披露按照性别分类的数据

截至2018年10月31日，我们共收集到127份ICT企业2018年发布的企业社会责任报告（含可持续发展报告）。通过评估和分析，发现92.91%的企业在报告中披露了性别平等相关内容，但指标平均覆盖率仅为27.09%。由此可见，ICT企业急需在报告中提高性别平等相关信息披露的深度和广度。

二　中国ICT企业性别平等信息披露分析

（一）报告总体情况

2018年，ICT行业报告中“赋权予女性原则”的平均覆盖率为27.09%，性别平等信息披露的整体水平较低。其中，企业领导者促进性别平等，机会平等、包容和非歧视，健康、安全和不受暴力侵害，教育和培训四项原则的覆盖率高于平均水平，企业发展、供应链和营销方式原则的覆盖率最低，仅为3.94%。根据企业类型的特点进行比较研究，我们发现外资企业对七项原则的信息披露程度均高于中资企业，有82.14%的外资企业将性别平等纳入企业政策，企业高层予以支持。

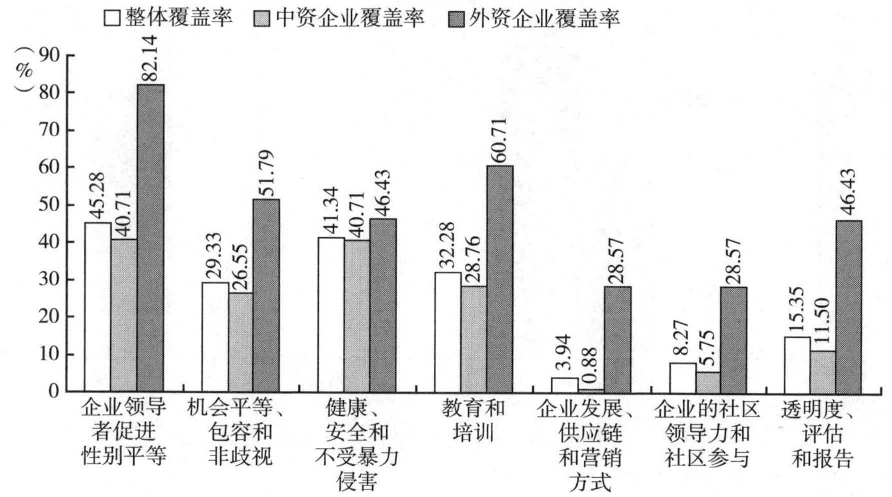

图1 赋权予女性七项原则整体覆盖率情况

（二）具体分析

1. 企业领导者促进性别平等

企业领导者促进性别平等原则的整体覆盖率为45.28%，在考察企业政策支持性别平等和确定企业性别平等目标和指标的两项指标中，综合覆盖率分别为55.91%和34.65%，说明约有超过半数的ICT企业注重在报告中披露企业对于性别平等的政策支持，超过三分之一的企业注重在报告中披露对于性别平等的目标和指标。此外，外资企业对该原则的指标覆盖率均远高于中资企业覆盖率，达到92.86%和71.43%，可以看出中外企业在关于企业领导者促进性别平等原则的披露上差距仍然较大。

2. 机会平等、包容和非歧视

机会平等、包容和非歧视原则的整体覆盖率为29.33%，该原则评估从同工同酬原则、招聘中注意性别差异、女性占比最低数值和妇女生育、员工抚育子女关爱四个维度展开。其中，妇女生育、员工抚育子女关爱二级指标的覆盖率达到50.39%，表明多数ICT企业建立了完善的妇女生育关爱政策

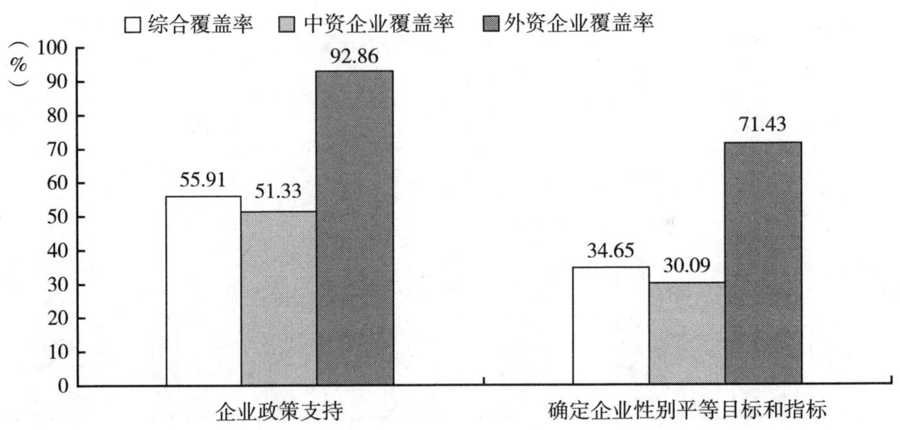

图2　企业领导者促进性别平等原则二级指标覆盖率

及服务。女性占比最低数值指标的覆盖率为0，一定程度上反映了ICT行业对于女性最低人数比例要求的现状。ICT企业应进一步强化女性同工同酬和招聘中性别差异保护工作，深化相关履责信息的披露。

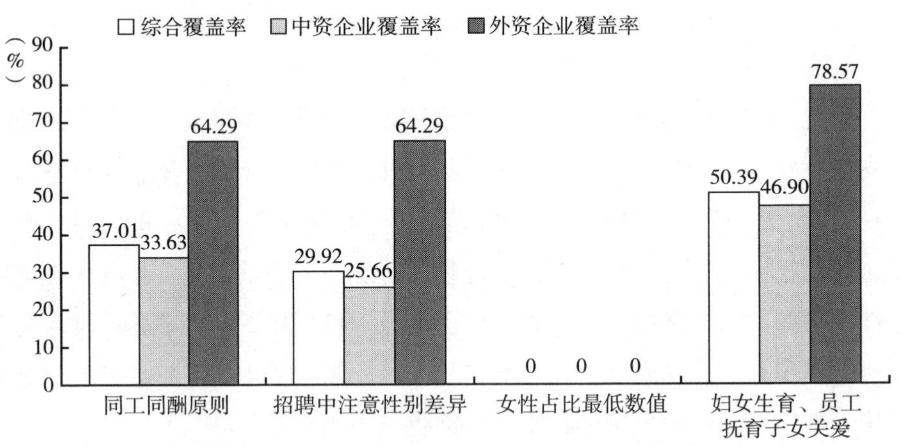

图3　机会平等、包容和非歧视原则二级指标覆盖率

3. 健康、安全和不受暴力侵害

健康、安全和不受暴力侵害原则的覆盖率为41.34%，两个二级指标中，员工健康保障的覆盖率为79.53%，明显高于防暴力、性骚扰政策，说明ICT企业更为重视对员工健康保障的披露，对防止暴力、性骚扰方面制度及政策的信息披露亟待提升，需要认识到工作中出现的所有形式的暴力，包括语言和身体的侮辱，都是对员工健康安全的侵害。

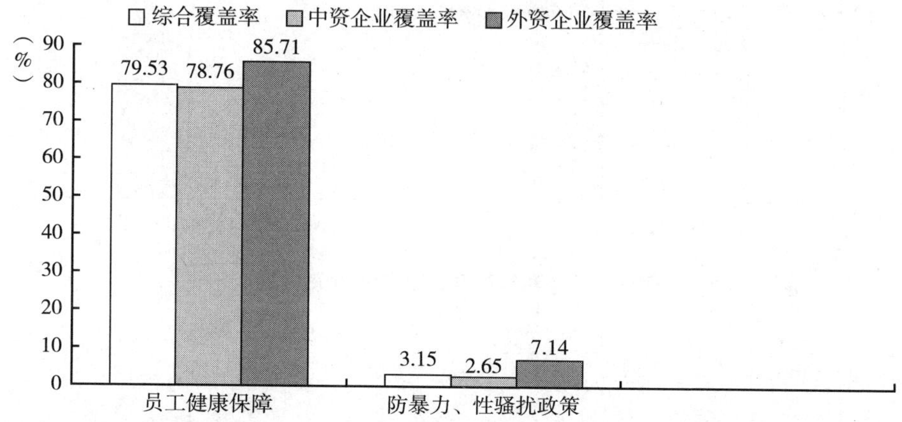

图4 健康、安全和不受暴力侵害原则二级指标覆盖率

4. 教育和培训

教育和培训原则的覆盖率为32.28%，略高于ICT企业关于性别平等信息披露的平均覆盖率27.09%。二级指标中，有58家企业披露了男女员工有平等的机会参与培训，占比45.67%，有24家企业披露了促进赋权妇女的案例仅占18.90%。由此可见，ICT企业社会责任报告在披露保障女性员工平等参与职业技能培训方面表现良好，而关于性别平等政策所产生的实际可量化的影响方面披露不足，外资企业在女性员工接受教育和培训方面的信息披露更为翔实。

5. 企业发展、供应链和营销方式

127家ICT行业社会责任报告中仅有五家企业披露了对供应链及相关企业有保护女性员工权益方面的要求，占比3.94%，明确披露要求供应商注重女性权益保护的企业数量较少。披露此项内容的企业中，四家为外资企业，中资企业仅一家，说明在披露对供应商的保护女性员工权益的要求方面，外资企业的表现好于中资企业。

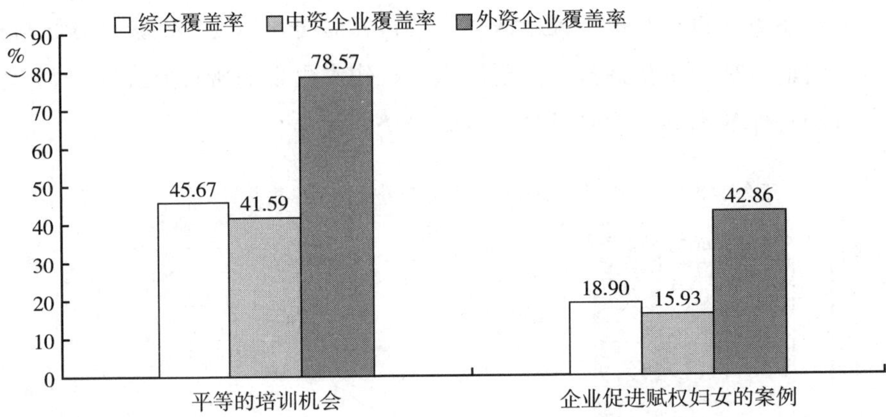

图 5　教育和培训原则二级指标覆盖率

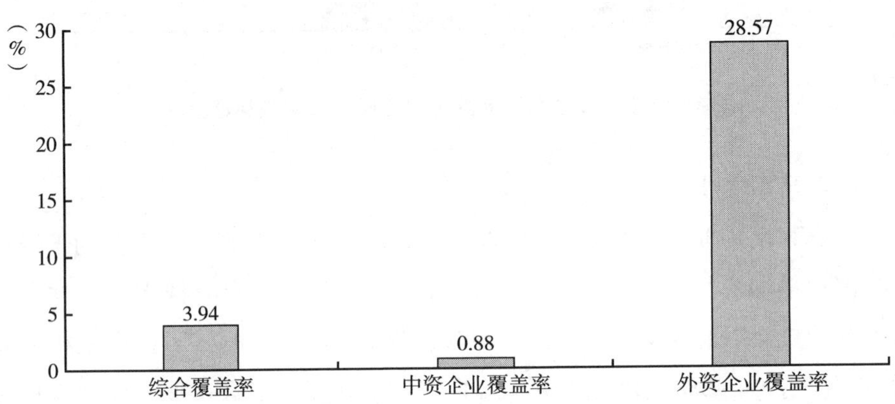

图 6　企业发展、供应链和营销方式原则二级指标覆盖率

6. 企业的社区领导力和社区参与

该项指标的整体覆盖率为 8.27%，远低于 ICT 企业关于性别平等信息披露的平均覆盖率 27.09%。二级指标方面，披露“宣传企业促进性别平等的实践”指标的企业有六家，占比 4.72%；披露企业“推进性别平等的公益项目”15 家，占比 11.81%。说明 ICT 企业社会责任报告中对企业开展女性公益项目，在社区领导力和社区参与方面的议题重视不够，尤其忽略对企业在社区推进性别平等实践的宣传信息的披露，披露程度亟待提升。

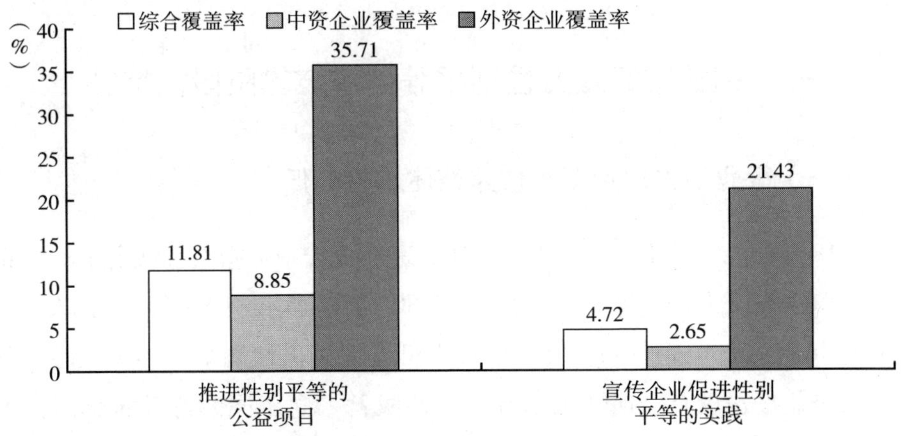

图 7 企业的社区领导力和社区参与原则二级指标覆盖率

7. 透明度、评估和报告

透明度、评估和报告原则的覆盖率为 15. 35%，两个二级指标公开性别平等的政策和计划、披露按照性别分类的数据的覆盖率分别为 18. 90%、11. 81%，处于较低水平，而外资企业的覆盖率远高于平均水平。可见，中资企业亟待提升在报告中公开促进性别平等的政策和计划，并对外呈现相应的量化标准。

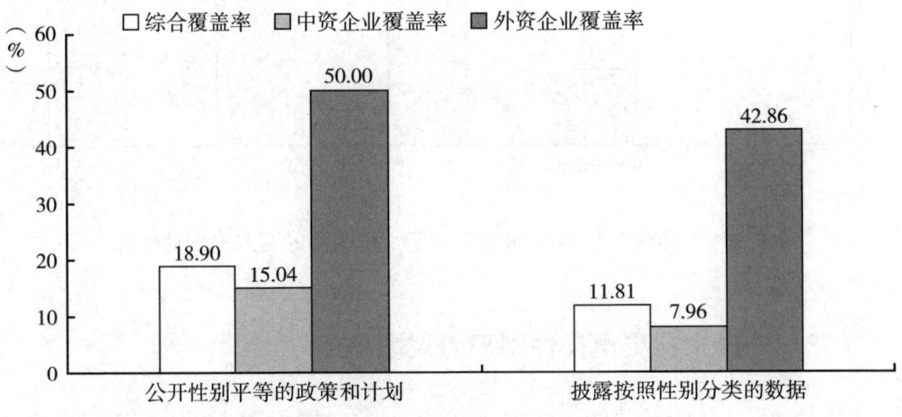

图 8 透明度、评估和报告原则二级指标覆盖率

三　中国 ICT 企业性别平等信息披露阶段性特征

（一）行业报告性别平等披露整体水平较低

2018 年，ICT 行业 127 家企业在社会责任报告中披露关于性别平等信息的平均覆盖率仅为 27.09%，覆盖率高于 80% 的企业仅有两家，低于 20% 的企业有 46 家。部分企业的社会责任报告没有识别出性别平等相关议题，其中九家企业报告没有出现性别平等、女性权益、同工同酬等关键词。样本中，覆盖率最高的指标是报告中披露为所有员工提供健康保险的内容，覆盖率为 79.53%；披露企业规定女性人数的最低占比指标的覆盖率为 0。整体来看，ICT 企业关于性别平等信息的披露较少，覆盖率较低，亟待提升披露的广度和深度。

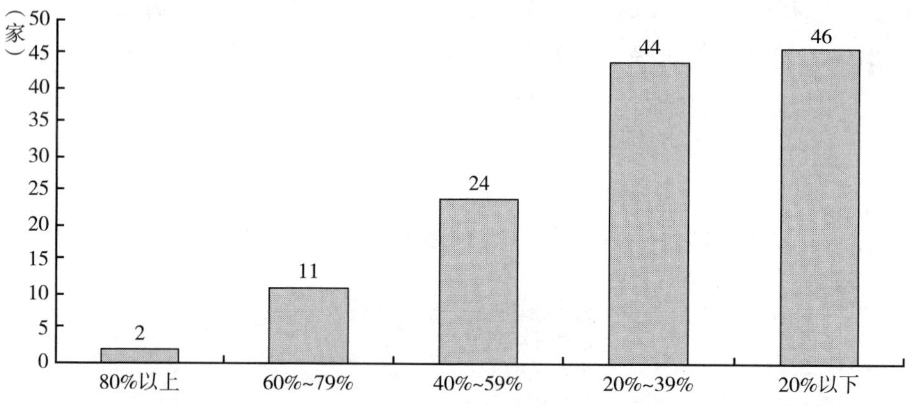

图 9　ICT 行业企业 CSR 报告中关于性别平等的覆盖率统计情况

（二）外资企业更重视性别平等议题披露

我们发现，在所评估的 127 家 ICT 企业中，指标覆盖率前 10 名的企业中有六家是外资企业，四家是中资企业。外资企业披露性别平等信息的平均覆盖率为50.95%，高于平均水平27.09%，且七项原则每项指标的覆盖率均表现突出。可见，相较于中资企业，外资企业社会责任报告中更加关注性别平等议题，对性别平等内容的披露也更丰富。

（三）企业政策支持性别平等信息披露充分

企业领导者促进性别平等原则在报告中披露情况最好，覆盖率为45.28%。其中，71家ICT企业在报告中披露将性别平等纳入企业政策，占比为55.91%；44家企业在相关政策中提到促进性别平等政策的目标和指标，例如平等雇佣、同工同酬等，占比为34.65%。可见，多数企业通过制定企业政策、计划参与推动性别平等工作。

（四）报告重视员工健康、安全的信息披露

健康、安全和不受暴力侵害原则在报告中披露情况较好，覆盖率为41.34%。101家企业在报告中披露为所有员工提供健康保险，例如社保等，覆盖率达79.53%，这在所有关于妇女权益保护的指标中得分最高。说明绝大多数企业都能遵守国家法律法规，为女性员工提供基本的健康安全保障。例如，《佳能（中国）2017～2018社会责任报告》中，披露了持续举办女性健康与母婴知识培训讲座，并在全国范围内完善“母婴室”及相关设备设施，佳能苏州和佳能珠海等生产企业还专门设立了“妈妈生产线”，为怀孕和哺乳期的女性员工提供特别支持等一系列保障特殊女性员工健康的措施。

（五）促进供应链性别平等信息披露不足

127家ICT行业社会责任报告中仅有五家企业披露了对供应链及相关企业有保护女性员工权益方面的要求，占比3.94%。中资企业该项指标的覆盖率仅为0.88%，即使是表现较好的外资企业，覆盖率也仅为28.57%。在对ICT行业社会责任报告进行评估时，我们发现，许多企业都会建立供应商考评及筛选机制，但是在报告中一般只是提到“要求供应商尊重和保障人

权”，未深入到要求供应商对女性权益保护的层面。可见，企业在社会责任报告编制过程中不注重此议题的披露。作为与上下游供应商联系密切的ICT企业，社会责任报告中关于供应链妇女权益保护信息披露急需加强。

（六）企业关于性骚扰等敏感话题披露保守

2012年，国务院发布的《女职工劳动保护特别规定》第11条规定，“在劳动场所，用人单位应当预防和制止对女职工的性骚扰”。在我们搜集到的ICT行业127份企业社会责任报告中提到“制定了有关性骚扰的政策”的企业仅有四家，这说明企业在对保障女性员工权利的信息进行披露时，一些像“性骚扰”之类的敏感话题鲜有披露，企业虽有保障性别平等的意识，对正面支持信息有所披露，但对负面惩罚等信息则披露不足，企业社会责任报告中关于防止暴力、性骚扰等敏感话题的披露较保守。

（七）企业开展女性公益项目的披露有待加强

企业的社区领导力和社区参与原则的整体覆盖率为8.27%，排在所有一级指标的倒数第二位，一定程度上说明企业对妇女权益保护相关项目的披露较少，最为显著的特征是不重视披露宣传效果，中资企业对“宣传企业促进性别平等的实践”的披露仅为2.65%。多数企业尚未充分认识到，在报告中披露企业社区领导力和社区参与实践活动也是非常重要的宣传手段。

四　中国ICT企业性别平等信息披露建议

总体上，中国ICT企业性别平等信息披露程度不高，各个企业参与推动及披露性别平等的状况差异较大，还需政府、行业、企业、社会公众和国际组织共同推进社会性别平等在中国的主流化，进一步提升企业性别平等信息披露的透明度。

具体建议如下。

（一）对标行业先进企业报告，扩大性别平等披露范围

ICT企业对性别平等的信息披露水平整体偏低，女性又是ICT企业重要的利益相关方，建议学习先进企业报告披露的做法，精准识别利益相关方的诉求，强化披露性别平等相关的政策、计划、实践进展等实质性具体议题，回应女性利益相关方关注的机会平等、非歧视等议题的期望，展现ICT行业的负责任形象。

（二）重视防性骚扰等敏感话题，加深具体议题披露

多数ICT企业在报告中披露了“平等雇佣”“同工同酬”等相关内容，但对“性骚扰”“女性在员工中的最低占比”等具体议题的披露也需要更深一步披露，公开披露企业的实践经验，让内外部利益相关方了解企业具体的实践情况，从而增强社会公众对性别平等的认知，构建有利于推动性别平等信息披露的良好环境。

（三）加强女性公益项目的披露，提升企业透明度

披露企业在社区开展女性相关的公益活动或项目有助于与女性利益相关方的沟通。ICT企业既要增强披露开展女性相关的社区活动，也要充分宣传活动效果与价值，提升企业透明度，将性别标签纳入现行的报告程序中，加强与利益相关方的沟通。关于妇女权益保护的公益活动开展、宣传、披露是未来ICT企业社会责任报告提升的重要方向。

（四）注重披露企业在供应链中促进性别平等的信息

供应链管理是ICT企业管理的重要环节，包括上下游庞大而复杂的管理内容。建议ICT企业在报告中披露要求业务伙伴和同行努力推动性别平等和包容性、维护女性在产业链的尊严、不被劳动剥削和性骚扰、防止暴力发生等信息，带动合作伙伴共同推进ICT行业性别平等责任建设，树立良好的责任形象。

B.17
金蜜蜂中国信息通信技术行业企业儿童权利信息披露研究报告

项　楠

摘　要： 本报告依据联合国儿童基金会、联合国全球契约、救助儿童会制定的《儿童权利与企业原则》，以及联合国儿童基金会发布的《可持续性报告中的儿童权利》，对收集到的127份电子信息技术（ICT）行业企业2018年发布的企业社会责任报告进行评估和分析，并提出针对性建议。本研究发现，中国ICT企业报告中对儿童权利信息披露的平均水平较低，并呈现以下特征：多数企业披露了儿童权利相关信息；儿童权利信息披露整体质量有待提升，对生产环节中儿童权利保护内容的披露有缺失；绝大多数企业尚未披露战略或制度中承诺保护儿童权利的信息。

关键词： ICT企业　儿童权利　儿童　青年工作者　父母工作者

儿童占世界人口的三分之一，他们可能是企业员工和消费者的孩子，也有可能是企业未来的消费者，或者成为企业未来的员工、商业领袖。因此，儿童是企业特殊的利益相关方，所有的企业都有责任保护好儿童的权利。

保护儿童权利是企业社会责任的一项重要议题，也是企业应该披露的重要信息。2012年，为帮助企业理解儿童权利保护各项内容，并将其纳入生产经营活动，联合国儿童基金会（UNICEF）、联合国全球契约（Global Compact）和救助儿童会（Save the Children）共同制定了《儿童权利与企业原则》，为企业提供了一个检查自身运营与儿童权利交叉点的基本框架。[①] 2013 年，结合全球报告倡议组织《可持续发展报告指南》，UNICEF 发布了《可持续性报告中的儿童权利》，指导企业更好披露儿童权利相关信息，加强与利益相关方的沟通。2016 年 12 月，在第九届中国企业社会责任报告国际研讨会上，UNICEF 发布了《可持续性报告中的儿童权利》中文版，更多的中国企业知道了需要披露儿童权利的信息。

现在的儿童出生于一个数字时代，他们是 ICT 技术的忠实使用者。联合国儿童基金会的报告《2017 年世界儿童状况：数字时代的儿童》显示，全球互联网用户中三分之一是儿童，[②] 所以 ICT 企业将保护儿童权利考虑在企业运营中就显得十分重要。

一　研究概况

为了评估企业将儿童识别为利益相关方的程度，以及企业保护儿童权利的状况，2018 年，金蜜蜂首次将儿童权利纳入报告评估体系中，共设置 8 个相关指标，分别是在企业战略或制度中承诺保护儿童权利、企业童工状况、保护父母工作者、为青年工作者提供良好工作条件、在生产活动中确保儿童安全、生产的产品确保儿童权利、使用尊重和支持儿童权利的营销方式、支持社区及政府保护和实现儿童权利。

由于是首次对儿童权利信息披露情况进行评估，我们挑选了 ICT 行业的报告作为评估对象。主要考虑现在的儿童大部分为“互联网原住民”，ICT 行业对儿童的影响比较广泛。儿童是其利益相关方，ICT 企业应将儿童权利纳入信息披露范围。

① 来源：《儿童权利与企业行为》，《WTO 经济导刊》2016 年 5 月。
② 来源：《2017 年世界儿童状况：数字时代的儿童》，联合国儿童基金会。

截至 2018 年 10 月，我们收集 ICT 企业发布的社会责任报告或可持续发展报告共计 127 份。

二　ICT 企业儿童权利议题披露情况

在对搜集到的 127 份 ICT 行业报告进行评估、分析后，我们发现，有 108 份报告披露了儿童权利相关信息，占比 85%。但平均得分率仅为 24.1%，可见大部分企业只披露了很少的内容，披露的信息少，覆盖面小，披露水平整体还很低。

在具体评估指标中，在企业战略或制度中承诺保护儿童权利的报告点 7.9%、披露企业童工状况的报告点 25.2%、披露保护父母工作者信息的点 54.3%、为青年工作者提供良好工作条件的占 50.4%、承诺生产活动中确保儿童安全的占 6.3%、生产的产品确保儿童权利的占 2.4%、使用尊重和支持儿童权利的营销方式的占 2.4%、支持社区及政府保护和实现儿童权利的占 44.1%。

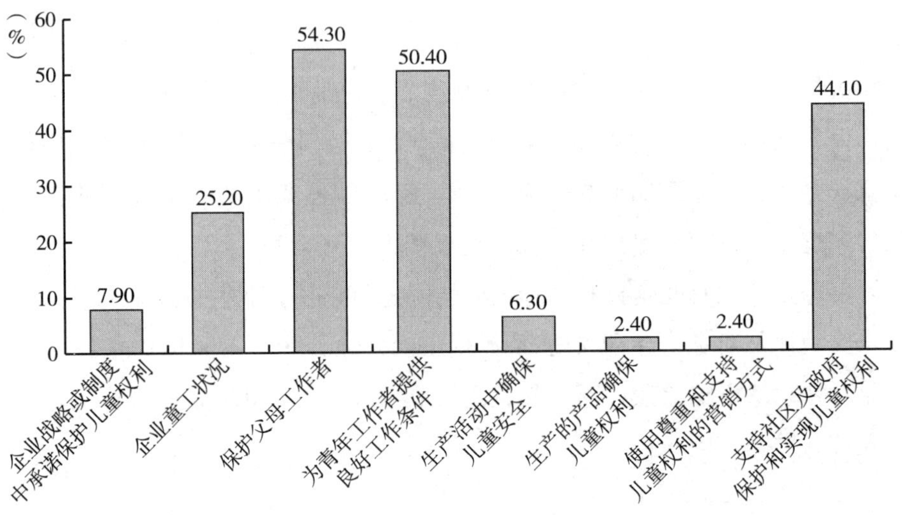

图 1　儿童权利信息披露整体情况

经评估，仅有 18 份报告披露的信息覆盖半数以上指标。ICT 企业在儿童权利信息披露方面得分最高的五份报告分别为《2017 腾讯企业社会责任报告》，指标覆盖率 87.5%；《中国联合网络通信（香港）股份有限公司 2017 社会责任报告》，指标覆盖率 75%；《永安国际有限公司 2017 ESG 报告》，指标覆盖率 62.5%；《英特尔中国企业社会责任报告 2017～2018 综述》，指标覆盖率 62.5%；《中国移动通信集团公司 2017 可持续发展报告》，指标覆盖率 62.5%。

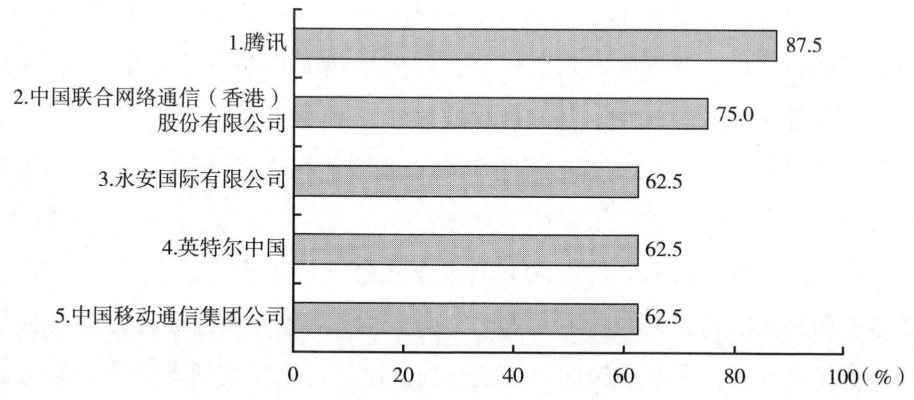

图 2　排名前五名公司指标覆盖率

其余披露的信息覆盖半数以上指标的企业报告为：《佳能中国 2017～2018 企业社会责任报告》《芜湖顺荣三七互娱网络科技股份有限公司 2017 企业社会责任报告》《索尼中国 2018 可持续发展报告》《富士施乐中国 2017 可持续发展报告》《Apple 中国 2017 社会责任报告》《中芯国际 2017 企业社会责任报告》《TCL 2017 年年度企业社会责任报告暨可持续发展报告》《首都信息发展股份有限公司》《天马微电子股份有限公司 2017 企业社会责任报告》《中国联通 2017 社会责任报告》《中国铁路通信信号股份有限公司 2017 社会责任报告》《LG 中国 2017 社会责任报告》《松下电器（中国）有限公司 2018 社会责任报告》，指标覆盖率均为 50%。其他企业信息披露指标覆盖率不足 50%。

三　2018年中国ICT企业儿童权利议题披露阶段性特征

（一）多数企业披露了儿童权利相关信息

ICT技术深刻影响着儿童。它塑造着儿童的生活，为他们提供无限的学习和社交机遇，让他们受到关注、得到倾听，同时也有可能让他们的权利受到威胁。ICT企业重视儿童权利，并采取措施保护儿童权利，有利于众多儿童健康成长。同时，ICT企业应该意识到，披露与儿童保护相关的信息，可以促使企业以儿童的视角审视企业可能存在的风险，以便采取改进行动。

在我们搜集到的127份中国ICT企业社会责任报告中，有85%的报告披露了和儿童权利相关的内容，占比较高。说明多数企业已经将儿童识别为其利益相关方，并采取措施保护儿童权利，这是将儿童权利真正融入企业运营的基础。

（二）儿童权利信息披露整体质量有待提升

虽然85.8%的企业都披露了和儿童相关的信息，但披露的指标覆盖率不高，多数企业只披露了个别指标，平均得分率仅为24.1%。

得分较高的指标分别为保护父母工作者（如女员工孕产假、男员工陪产假、灵活工作时间、设置母婴室、提供员工子女托管服务等）、为青年工作者提供良好工作条件（如为青年工作者提供良好的工作环境、定向培养青年工作者、促进青年就业和技术提高型学徒项目等）、支持社区及政府保护和实现儿童权利的各项措施（如开展儿童权利发展方面合作项目、与儿童有关的社会责任项目、倡导宣传活动等）、企业童工状况（如明确最低就业年龄、有核实年龄的程序、有为消除童工采取的行动等）得分率分别为

54.3%、50.4%、44.1%、25.2%。其余指标得分率仅为个位数。披露的信息量和指标覆盖率都有待提高。

（三）对生产环节中儿童权利保护内容的披露有缺失

不难看出，企业对儿童权利议题的理解有待提高。四项得分相对较高的指标涉及员工福利和社会责任项目，而涉及企业生产环节的指标，如在生产的产品中确保儿童权利、在企业生产活动中确保儿童安全、使用尊重和支持儿童权利的营销方式与广告信息，得分率仅为个位数，多数企业对儿童权利的理解还停留在公益层面。

实际上，在生产的产品中确保儿童权利（如开展产品和服务评估和监测，以识别出危害儿童健康和安全的因素；在相关产品说明书、标签和宣传中有针对儿童安全的注意事项等），以及在企业生产活动中确保儿童安全的政策或活动（如对儿童暴力、儿童剥削和儿童虐待零容忍政策、开展关于儿童安全的培训、对安保人员进行儿童权利培训等），包括使用尊重和支持儿童权利的营销方式和广告信息（如不传播与儿童有关的有害和不道德广告；有隐私规范，有儿童数据收集标准等）都会对儿童产生影响，是企业应该关注的问题，也是利益相关方想了解的信息。

（四）绝大多数企业尚未披露在战略或制度中承诺保护儿童权利的信息

127 份 ICT 企业报告中，仅有 10 份报告披露了在战略或制度中承诺保护儿童权利的信息，占比仅为 7.9%，绝大多数企业在披露企业战略或制度中承诺保护儿童权利信息方面还有缺失。值得一提的是，这 10 份报告的平均指标覆盖率为 55%，高于平均值 30.9 个百分点，与未披露战略中承诺保护儿童权利信息的企业相比，披露水平相对较高。

四　ICT 企业儿童权利信息披露建议

（一）加深对儿童权利议题的认识，全面提高儿童权利信息披露水平

企业对于儿童权利的影响，不仅仅限于童工问题、社区活动、对父母工作者以及青年工人的关爱等方面，企业的产品安全、营销方式、工作场所安全，也都需要关注对儿童权利的尊重和保护。在企业运营中，首先要将儿童权利保护纳入企业的战略和制度，从管理入手，提高企业儿童权利意识和实践绩效。其次，需要更有针对性地学习和持续不断改进报告，把儿童的权利指标纳入报告的考量中，同时也要跟利益相关方进行不断沟通，及时披露实践进展。

（二）主动应用相关信息披露工具

联合国儿童基金会发布的《可持续性报告中的儿童权利》，是企业披露儿童权利信息最实用的工具，对企业提高信息披露水平有很好的指导作用。该工作引导信息披露者关注全球报告倡议（GRI）框架的要素，并作为儿童权利报告的基础，还旨在向企业展示自身在报告过程如何与 GRI 及其他框架（如联合国全球契约下的“进展情况通报”公开披露承诺）保持一致。同时，它还为框架外的特殊儿童权利报告提供指导。

（三）多方联动，倡导更多企业披露儿童权利相关信息

除了企业自身加强能力建设外，儿童权利信息披露水平的提升也需要多利益相关方的共同推动。

第一，政府和行业协会在制定非财务报告信息披露的政策、指南时，需要将儿童权利纳入政策或指南的框架和指标体系，引导企业重视儿童权利信息的披露。

第二，政府、行业协会、社会组织、学术机构、国际机构等机构可以开展不同的活动，给予企业儿童权利信息披露的指导，如举办相关培训、研讨、实地辅导等，帮助企业提高儿童权利信息披露能力。

第三，媒体大力传播国内外优秀报告和优秀实践，为企业树立标杆，引领更多企业重视儿童权利信息披露。

B.18
后　记

自 2003 年成立以来，责扬天下始终致力于推动中国社会责任与可持续发展事业的发展，开展了一系列企业社会责任理论和实务研究，社会责任报告是其中重要的研究内容。自 2009 年系统开展社会责任报告研究，已有十个年头。

得益于历年来参加报告研究工作的同事的持续付出和不懈努力，金蜜蜂中国社会责任报告数据库已初具规模。截至 2018 年 10 月 31 日，金蜜蜂中国社会责任报告数据库收录了中国 2001 ~ 2018 年发布的超过 14000 份社会责任报告、报告评估数据及报告指数数据。这为我们研究中国社会责任报告整体发展情况提供了强大的基础。

本书旨在为从事社会责任工作和关注企业社会责任报告的利益相关方提供信息支持，从而能够使其更加清晰地了解中国企业社会责任报告的发展历史、现状和未来趋势，为下一步工作提供参考和依据。

本书的基础理论和研究方法是“中国企业社会责任报告理论模型”，以及据此搭建的“金蜜蜂中国企业社会责任报告评估体系”和“金蜜蜂中国企业社会责任报告指数”，由殷格非、于志宏、管竹笋研究制定。而本书能够继续出版的重要基础是责扬天下全体员工对报告的系统搜集和评价。近 1600 份报告，每份报告都要通过近百个指标进行分析和评价，工作量巨大。

本书内容结构由殷格非、于志宏、管竹笋共同确定，他们也承担了本书的整体指导工作。报告搜集工作主要由雷晓宇、王天衡、徐若秋扬和贾丽执行。总报告由殷格非、管竹笋、贾丽、李若楠、茆娟撰写。

截至 2018 年 10 月 31 日中国企业社会责任报告名单，由雷晓宇整理完成，可扫描封底二维码查看。

本书的顺利出版离不开社会科学文献出版社的大力支持，以及全体编辑为本书出版付出的辛勤劳动，在此致以诚挚的谢意。

本书受国家重点研发计划课题“重点行业企业社会责任技术标准研制与试点应用”（课题编号：2017YFF0207603）资助出版。

鉴于本书中企业社会责任报告搜集的来源主要是互联网、报告集中发布会等公开渠道，难免存在个别遗漏，敬请读者谅解、指正。

责扬天下（北京）管理顾问有限公司
2018 年 11 月

Abstract

In January 2018, GoldenBee CSR Consulting issued its first GoldenBee CSR Blue Book to systematically analyze the overall development of CSR reporting in China in 2017, and put forward corresponding recommendations. Following the research methods of the GoldenBee CSR Blue Book 2017, we systematically analyze the CSR reports of companies in China from January 1 to October 31, 2018 and compile the *GoldenBee Research on Corporate Social Responsibility Reporting in China (2018)*. The research report consists of the general report, theme report, industry report and feature report.

Based on the GoldenBee Corporate Social Responsibility Report Assessment System, the general report conducts an overall study on the quality of CSR reporting in 2018 from three levels of basic information, core content and basic principles, and six dimensions of materiality, completeness, credibility, readability, comparability and innovativeness. Combining the research results since 2009, the overall development trend of CSR reporting in China from 2009 to 2018 is analyzed, and the development characteristics are summarized with suggestions for improvement.

The theme report selects enterprises with different ownerships as research objects, separately interprets the annual characteristics of their CSR reports, and analyzes the development trend of their report indexes, facilitating different audiences to understand the development of CSR reporting for specific types of enterprises. In 2018, besides continuous analysis of CSR reports released by central SOEs, foreign-invested enterprises in China, and enterprises listed on HKEx in Mainland China, this report adds two special research reports on state-owned enterprises under the supervision of the Shaanxi SASAC and state-owned enterprises under the supervision of the Shanghai SASAC.

The industry report selects eight industries as research objects, namely, mining industry, auto industry, power industry, construction industry, ICT industry, banking industry, real estate and food industry in China and analyzes their unique characteristics and development trends in the framework, core issues, management approaches, presentation forms, etc. , providing reference for audiences in different industries. Among them, the report of food industry is released for the first time.

There are three reports in the feature report. The first one is the case study on excellent CSR reports in China. We select four high-quality reports from Sinopec, China Southern Power Grid, CSCEC, and Apple China as the research objects and systematically analyze their characteristics in terms of theme, framework, content, design, communication, etc. Their highlights are also analyzed from the perspective of experts, providing more specific reference and guidance for other companies. The second one is a research report on the information disclosure of gender equality in ICT industry in China. The third one is a research report on the information disclosure of children's rights in ICT industry in China.

The appendix lists the CSR reports released from January 1 to October 31 in 2018. We collected the information from the open channels.

Keywords: Social Responsibility; Assessment System; Report Index; Stage Characteristics; Development Trends

Contents

I General Report

Abstract: Based on the GoldenBee CSR Report Assessment System 2018 (GBEE – CRAS2018), 1579 corporate social responsibility (CSR) reports of companies in China from January 1 to October 31, 2018, were collected and assessed in this report. Combining the research results since 2009, the characteristics of this year's CSR reporting in China can be concluded as follows: the overall reporting quality in 2018 has sustained the characteristics in staged development, maintaining at 1300 points; the CSR reporting in 2018 focuses on the disclosure of hot topics such as targeted poverty alleviation, pollution prevention, SDGs, and overseas information disclosure, and also attaches more importance to the disclosure on management approach for core issues; the reporting quality of companies listed in Hong Kong and in Mainland China is relatively high; and the overall reporting quality of the storage and transportation industry, mining industry, information and communications technology (ICT) industry and power industry is generally high. Based on the above characteristics, corresponding suggestions were proposed in this report, such as to strengthen the identification of material issues for the reporting, increase the disclosure on management approach for core issues, respond to national development trends and great concerns of the society, and enhance the CSR reporting preparation capacity at different levels.

Keywords: Social Responsibility Information Disclosure; Reporting Index; Management Approach; Innovativeness

Ⅱ Sub Reports

B. 2 GoldenBee Research on CSR Reports of Central SOEs in China

Tan Xingxin, Yu Xianghai and Guan Zhusun / 069

Abstract: Based on the GBEE - CRAS2018, 54 CSR reports of the central state-owned enterprises (SOEs) under the supervision of the State-owned Assets Supervision and Administration Commission of the State Council (SASAC) in 2018 were collected, assessed and analyzed in this report, and suggestions were proposed accordingly. The research found that the report quality of the central SOEs is higher than the overall CSR reporting quality in China and has the following stage characteristics: disclosing social responsibility concepts with Chinese characteristics, responding positively to great concerns of the society, referring to dominant reporting standards and guidelines, and diverse demonstration forms, etc.

Keywords: Central SOEs; Social Responsibility Report; National Strategy; Social Responsibility Concepts

B. 3 GoldenBee Research on CSR Reports of Foreign-invested Enterprises in China

Guo Jing, Wu Yanan, Jiang Long and Lin Bo / 081

Abstract: Based on the GBEE-CRAS2018, 123 CSR reports of the foreign-invested enterprises in China in 2018 were collected, assessed and analyzed in this report, and suggestions were proposed accordingly. The research found that the materiality, innovativeness, readability, credibility, completeness and comparability of the CSR reports of foreign-invested enterprises in China are higher than the overall CSR reporting quality in China, and have the following stage characteristics: the reporting quality has witnessed continuous development and presents an overall upward trend; the reporting preparation follows the international trend by revealing the latest international hotspots; the content responds to China's development and promotes the localization process; the main focuses include the disclosure of innovation issues, upgrading of product and service quality, and attaching importance to employee development issues to help employees create values; but the credibility of the reporting needs to be strengthened and the disclosures of negative information are insufficient.

Keywords: Foreign-invested Enterprises in China, International Trends, Localization, Employee Values, Credibility

B. 4 GoldenBee Research on CSR Reports of Enterprises Listed on HKEx in Mainland China

Luo Wei, Zhang Yue and Guan Zhusun / 100

Abstract: Based on the GBEE-CRAS2018, 238 CSR reports of enterprises listed on the Stock Exchange of Hong Kong Ltd. (HKEx) in Mainland China in 2018 were collected and assessed in this report. The research found that the overall reporting quality of these companies is higher than the overall CSR reporting quality in China, and has the following characteristics: these reports emphasize the identification and communication with stakeholders; the quantitative information disclosure about environment and employees is more detailed and sufficient; green supply chain is a hotspot of the disclosures; community investment focuses on community development, cultural education and employment; the disclosure of social responsibility management and senior management commitments needs to be improved.

Keywords: Environmental; Social and Governance (ESG) ESG Reporting Guide; HKEx; Green Supply Chain; Social Responsibility Management

B. 5 GoldenBee Research on CSR Reports of SOEs under the Supervision of the Shanghai SASAC

Abstract: Based on the GBEE – CRAS2018, 25 CSR reports of the SOEs under the supervision of the Shanghai SASAC in 2018 were collected, assessed and analyzed in this report, and suggestions were proposed accordingly by comparing the evaluation scores with the overall situation of the CSR reports released by the SOEs under the supervision of the Shanghai SASAC and the central SOEs in 2017. The research found that the reporting quality of the SOEs under the supervision of the Shanghai SASAC is improving gradually and that the social responsibility management has been highly valued, but still has a long way to go if compared with the central SOEs. The reports released by the SOEs under the supervision of the Shanghai SASAC in 2018 focus on responding to social development trends and the information disclosure reflects industry characteristics.

Keywords: SOEs under the Supervision of the Shanghai SASAC; CSR Report; Information Disclosure; Industry Characteristics

B. 6 GoldenBee Research on CSR Reports of SOEs under the Supervision of the Shaanxi SASAC

Abstract: Based on the GBEE – CRAS2018, 17 CSR reports of the SOEs under the supervision of the Shaanxi SASAC in 2018 were collected, assessed and analyzed in this report, and suggestions were proposed accordingly. The research found that the reporting quality of the SOEs under the supervision of the Shaanxi SASAC is higher than the overall CSR reporting quality in China, and has the following characteristics: an increasing number of SOEs under the supervision of the Shaanxi SASAC releases their first CSR report, indicating their increased awareness of social responsibility information disclosure; more companies disclose social responsibility management information and introduce these management approach into their corporate governance; these reports value reading experience, show excellent features and positively respond to national strategy with more disclosure of targeted poverty alleviation; but the materiality needs to be strengthened, information communication and transmission mechanism needs to be improved; and the disclosure of CSR practices on environmental protection, suppliers, communities, social organizations and other stakeholders is relatively insufficient.

Keywords: SOEs under the Supervision of the Shaanxi SASAC; Social Responsibility Report; Information Disclosure

Ⅲ Industry Reports

B.7 GoldenBee Research on CSR Reports of Mining Industry in China

Zhang Di, *Wei Dong and Guan Zhusun* / 146

Abstract: Based on the GBEE – CRAS2018, 63 CSR reports of mining companies in 2018 were collected, assessed and analyzed, and suggestions were proposed accordingly. The research found that the CSR reports of mining companies in 2018 have the following stage characteristics: the overall reporting quality is improving constantly from the "development stage" to the "catch-up stage"; these reports focus on the disclosure of the Belt and Road Initiative practices, especially the community communication; more and more mining companies begin to disclose the information on the use of modern technology to improve the safety and environmental management as well as ecological protection and targeted poverty alleviation practices; these reports fail to keep tightly with the times and the degree of "internationalization" that needs to be improved.

Keywords: Mining Industry; the Belt and Road Initiative; Modern Technology; Targeted Poverty Alleviation; Ecological Protection

B. 8 GoldenBee Research on CSR Reports of Auto Industry in China

He Shijie, Zhang Jie and Lin Bo / 164

Abstract: Based on the GBEE – CRAS2018, 31 CSR reports of auto companies in 2018 were collected, assessed and analyzed, and suggestions were proposed accordingly. The research found that the number of reports of auto manufacturers has decreased compared with 2017; a majority of the CSR reports are from state-owned and state-owned holding enterprises and the reports of auto manufacturers are in the "development stage" overall; these reports focus on the disclosure of new energy, supply chain, employees and other key topics, the industry characteristics are outstanding, but they fail to keep tightly with the current hotspots.

Keywords: Auto Manufacturers; New Energy; Supply Chain; Responsibility to Employees

B. 9 GoldenBee Research on CSR Reports of Power Industry in China

Hou Shuyin, Ling Fei, Huang Kun, Jiang Bo and Dai Yibo / 181

Abstract: Based on the GBEE – CRAS2018, 121 CSR reports of power enterprises in 2018 were collected, assessed and analyzed, and suggestions were proposed accordingly. The research found that the readability, comparability and innovativeness of the reports from power companies are significantly higher than the average reporting level in China, and have the following stage characteristics: the reporting becomes more international due to the continuous adoption of international standards; these reports respond to national strategies actively and the convergence of the hotspots has been significantly enhanced; overseas CSR practice has significantly increased and has become a key topic; these reports value the identification of material issues, and the preparation process is more scientific; the content has been presented in diverse forms and the dissemination of reports has been enhanced.

Keywords: Power Industry; Innovativeness; Internationalization; Materiality; Current Hotspot

Abstract: Based on the GBEE – CRAS2018, 61 CSR reports of construction companies were assessed and analyzed in this report with recommendations. The research found that the CSR reports of construction companies are in the "development stage" overall. The structural integrity, innovativeness and materiality of reports are slightly higher than the overall CSR reporting quality in China. The credibility, readability and performance comparability are slightly lower than the overall CSR reporting quality in China. The CSR reports of construction industry should strengthen the information disclosure of social responsibility management and planning, enhance the continuity of performance disclosure and the participation of stakeholders in the reporting preparation, disclose negative information, and play the communication role; these reports also should improve information disclosure of overseas business to continue disclosing the latest progress of local CSR performance, and enhance the internationalization of these reports; the information disclosure should be closely follow the national strategy, meet the requirements of the three major challenges, and focus on disclosing the CSR performance of hot topics such as transformational development, green building, and targeted poverty alleviation; disclosing the implementation of SDGs to map the SDGs in the report is also suggested.

Keywords: Construction Companies; Green Building; "Belt and Road"; Infrastructure Development

B. 11 GoldenBee Research on CSR Reports of ICT Industry in China *Ren Xiang, Li Wanying, Zhang Rui and Lin Bo* / 216

Abstract: Based on the GBEE - CRAS2018, 127 CSR reports of ICT companies in 2018 were assessed and analyzed in this report with targeted recommendations. The research found that the materiality, innovativeness, completeness and credibility of CSR reports from ICT industry are higher than the average CSR reporting quality in China and present the following stage characteristics: the number of social responsibility reports in this industry has increased, in the "catch-up stage" overall. ICT companies compile reports according to the *Guidance on Social Responsibility of Information and Communication Technology Industry*, and more representatively present their CSR practices; supply chain and ecological protection are the key disclosure directions of them and information disclosure in the community engagement needs to be further strengthened.

Keywords: ICT companies; Supply Chain; Ecological Protection; Community Development

B. 12 GoldenBee Research on CSR Reports of Banking Industry in China

Peng Ying, Xuan Yuewen, Jiang Bo and Dai Yibo / 237

Abstract: Based on the GBEE -CRAS2018, 56 social responsibility reports of banking and financial institutions in 2018 were assessed and analyzed in this report with targeted recommendations. The research found that the overall report quality of banking industry has improved compared with previous years, higher than the average CSR reporting quality in China; the completeness, credibility, readability and materiality shows steady improvement, and there is a large room of improvement in terms of innovativeness and comparability; these reports stress the disclosure of social issues such as serving national strategies and supporting national economy and people's livelihood.

Keywords: Banking and Financial Institutions; Social Responsibility Reports; Transparent Operations; Real Economy; Green Finance

B. 13 GoldenBee Research on CSR Reports of Real Estate Industry in China

Zhu Aoran, Wu Yan and Guan Zhusun / 255

Abstract: Based on the GBEE – CRAS2018, 80 CSR reports from real estate companies in 2018 were assessed and analyzed in this report with targeted recommendations. The research found that the overall number of CSR reports in this industry remains stable, and private companies and state-owned holding companies maintain their pioneering position in reporting. The overall report quality is at the "development stage", and the information disclosure features real estate industrial style with better readability and innovativeness. There is still much room for improvement in terms of information disclosure of safety issues, negative information, and overseas CSR performance, etc.

Keywords: Real Estate; CSR Reports; Report Evaluation Score Rate; Green Building

B. 14 GoldenBee Research on CSR Reports of Food Industry in China

Liu Yuxuan, Ma Xiaojuan, Fu Yujie and Lin Bo / 272

Abstract: In this report, 70 CSR reports from food industry were collected, assessed and analyzed based on the GBEE-CRAS2018, with general description of these reports. The report quality was compared, analyzed and judged, and relevant recommendations were proposed accordingly. The research found that the CSR reports of food industry are in the "development stage" overall, with good completeness of the report structure. The information on employees, customers, innovation, and industry-featured issues are well disclosed, but the materiality, credibility, readability, and innovativeness of reports need to be improved improvement.

Keywords: Food Industry; Social Responsibility; Food Companies; Food Quality; Food Safety

Ⅳ Feature Reports

B. 15 GoldenBee Case Study on Excellent CSR Reports in China

Wang Litianzi, Zhong Shuai, Liu Xin, Wei Dong, Liu Jingda and Guo Jing / 285

Abstract: The report selected four excellent reports from all CSR reports released by companies in China in 2018, namely, Sinopec Social Responsibility Report 2017, China Southern Power Grid Social Responsibility Report 2017, CSCEC Sustainability Report 2017 and Apple China Corporate Responsibility Report 2017-2018. By analyzing their highlights and characteristics in terms of report theme, framework, content, design and communication, the report provides reference for other companies in CSR reporting preparation.

Keywords: Excellent Report; Highlight Analysis; Reporting History

B. 16 GoldenBee Research Report on Information Disclosure of Gender Equality in ICT Industry in China

Du Yuxin, Qiao Tong, Zhu Min and Lin Bo / 316

Abstract: Based on the Women's Empowerment Principles - Equality Means Business, a joint initiative of UN Women and the UN Global Compact, 127 CSR reports of ICT industries issued in 2018 were collected, assessed and analyzed with targeted recommendations in this report. The research found that the average level of information disclosure on gender equality in China's ICT companies is relatively low with the following characteristics: Most companies include gender equality in corporate policies, and the information on protection of the health and safety of female employees is more detailed, while the disclosure about driving supply chain partners to promote gender equality is insufficient. The disclosure on public welfare projects that show women empowerment needs to be strengthened. As for the type of business, the content of gender equality disclosed in these reports from foreign-funded companies is richer and more complete.

Keywords: ICT Companies; Gender Equality; Women Empowerment; Health Protection

Abstract: Based on the Children's Rights and Business Principles, jointly initiated by UNICEF, the UN Global Compact and Save the Children Fund, and the Children's Rights in Sustainability Reporting issued by UNICEF, 127 CSR reports of ICT industries issued in 2018 were collected, assessed and analyzed with targeted recommendations in this report. The research found that the average level of information disclosure on children's rights in China's ICT companies is relatively low with the following characteristics: most companies disclose information about children's rights, but the overall information quality of children's rights needs to be improved. There are incomplete disclosure on the protection of children's rights in production links and most companies have not disclosed the information that they promise to protect children's rights in corporate strategies or systems.

Keywords: ICT Companies; Children's Rights; Children; Young Workers; Parent Workers

皮书起源

“皮书”起源于十七、十八世纪的英国，主要指官方或社会组织正式发表的重要文件或报告，多以“白皮书”命名。在中国，“皮书”这一概念被社会广泛接受，并被成功运作、发展成为一种全新的出版形态，则源于中国社会科学院社会科学文献出版社。

皮书定义

皮书是对中国与世界发展状况和热点问题进行年度监测，以专业的角度、专家的视野和实证研究方法，针对某一领域或区域现状与发展态势展开分析和预测，具备原创性、实证性、专业性、连续性、前沿性、时效性等特点的公开出版物，由一系列权威研究报告组成。

皮书作者

皮书系列的作者以中国社会科学院、著名高校、地方社会科学院的研究人员为主，多为国内一流研究机构的权威专家学者，他们的看法和观点代表了学界对中国与世界的现实和未来最高水平的解读与分析。

皮书荣誉

皮书系列已成为社会科学文献出版社的著名图书品牌和中国社会科学院的知名学术品牌。2016 年，皮书系列正式列入“十三五”国家重点出版规划项目；2013~2018 年，重点皮书列入中国社会科学院承担的国家哲学社会科学创新工程项目；2018 年，59 种院外皮书使用“中国社会科学院创新工程学术出版项目”标识。

中国皮书网

（网址：www.pishu.cn）

发布皮书研创资讯，传播皮书精彩内容
引领皮书出版潮流，打造皮书服务平台

栏目设置

关于皮书：何谓皮书、皮书分类、皮书大事记、皮书荣誉、皮书出版第一人、皮书编辑部

最新资讯：通知公告、新闻动态、媒体聚焦、网站专题、视频直播、下载专区

皮书研创：皮书规范、皮书选题、皮书出版、皮书研究、研创团队

皮书评奖评价：指标体系、皮书评价、皮书评奖

互动专区：皮书说、社科数托邦、皮书微博、留言板

所获荣誉

2008 年、2011 年，中国皮书网均在全国新闻出版业网站荣誉评选中获得“最具商业价值网站”称号；

2012 年,获得“出版业网站百强”称号。

网库合一

2014 年，中国皮书网与皮书数据库端口合一，实现资源共享。

S 基本子库

SUB DATABASE

中国社会发展数据库（下设 12 个子库）

全面整合国内外中国社会发展研究成果，汇聚独家统计数据、深度分析报告，涉及社会、人口、政治、教育、法律等 12 个领域，为了解中国社会发展动态、跟踪社会核心热点、分析社会发展趋势提供一站式资源搜索和数据分析与挖掘服务。

中国经济发展数据库（下设 12 个子库）

基于"皮书系列"中涉及中国经济发展的研究资料构建，内容涵盖宏观经济、农业经济、工业经济、产业经济等 12 个重点经济领域，为实时掌控经济运行态势、把握经济发展规律、洞察经济形势、进行经济决策提供参考和依据。

中国行业发展数据库（下设 17 个子库）

以中国国民经济行业分类为依据，覆盖金融业、旅游、医疗卫生、交通运输、能源矿产等 100 多个行业，跟踪分析国民经济相关行业市场运行状况和政策导向，汇集行业发展前沿资讯，为投资、从业及各种经济决策提供理论基础和实践指导。

中国区域发展数据库（下设 6 个子库）

对中国特定区域内的经济、社会、文化等领域现状与发展情况进行深度分析和预测，研究层级至县及县以下行政区，涉及地区、区域经济体、城市、农村等不同维度。为地方经济社会宏观态势研究、发展经验研究、案例分析提供数据服务。

中国文化传媒数据库（下设 18 个子库）

汇聚文化传媒领域专家观点、热点资讯，梳理国内外中国文化发展相关学术研究成果、一手统计数据，涵盖文化产业、新闻传播、电影娱乐、文学艺术、群众文化等 18 个重点研究领域。为文化传媒研究提供相关数据、研究报告和综合分析服务。

世界经济与国际关系数据库（下设 6 个子库）

立足"皮书系列"世界经济、国际关系相关学术资源，整合世界经济、国际政治、世界文化与科技、全球性问题、国际组织与国际法、区域研究 6 大领域研究成果，为世界经济与国际关系研究提供全方位数据分析，为决策和形势研判提供参考。

法律声明